中国文字研究

教育部人文社会科学重点研究基地
华东师范大学中国文字研究与应用中心　　主办
华东师范大学语言文字工作委员会

第三十辑

社会科学文献出版社
SOCIAL SCIENCES ACADEMIC PRESS (CHINA)

THE STUDY OF CHINESE CHARACTERS

Vol. 30

Organized by

Center for the Study and Application of

Chinese Characters at East China Normal University

(Key Research Institute in University Authorized by

the Ministry of Education of

People's Republic of China)

East China Normal University Language Work Committee

SOCIAL SCIENCES ACADEMIC PRESS (CHINA)

编委会委员

（按音序排名）

顾 问

董莲池　李宇明　裘锡圭　王　宁　许嘉璐　曾宪通

编 委

阿辻哲次〔日〕　白于蓝　出野文莉〔日〕　丁克顺〔越〕　大形徹〔日〕　海村惟一〔日〕
何莫邪〔挪〕　河永三〔韩〕　黄德宽　黄天树　雷启立　李圭甲〔韩〕　李国英
李家浩　刘　钊　刘志基　潘玉坤　朴兴洙〔韩〕　蒲芳沙〔法〕　阮俊强〔越〕
史克礼〔德〕　苏培成　王贵元　王　辉　王　平　王元鹿　吴振武　夏含夷〔美〕
徐富昌　徐世猛　殷国光　喻遂生　臧克和　张涌泉　张再兴　赵平安　朱歧祥

主 编

臧克和

执行主编

潘玉坤

目　录

古文字研究

从金文的"族""旅"说到甲骨文的"秕" ………………………… 黄锡全（1）

殷卜辞"樊"字构形与相关问题试论 ………………………… 张惟捷（8）

仲阪父盆自名与古圭国研究 ………………………… 马　超　邹芙都（19）

娞鼎铭文读释 ………………………… 王进锋（26）

"十四年下邑令铍"考 ………………………… 张建宇（36）

河南新出"啙夫人孈鼎"铭文补释 ………………………… 冯　聪（40）

战国官玺"关市"考 ………………………… 张　飞（45）

天津静海出土陶文选释 ………………………… 何景成　盛立双（51）

"瑟"字形声结构新考 ………………………… 庞光华　吴　珺（57）

两周金文中的"勉"义词

　　——兼论先秦汉语中的"勉"义词 ………………………… 武振玉　易佳妮（65）

简牍碑刻文字研究

释清华简《摄命》中从宀咸声之字

　　——兼释"湛圂"相关诸词 ………………………… 史大丰　王　宁（74）

少卒补正 ………………………… 汤志彪　麦茵茵（78）

岳麓秦简《占梦书》的抄写年代考辩 ………………………… 翁明鹏（84）

马王堆简帛校读札记 ………………………… 鲁普平（94）

敦煌汉简考释拾遗 ………………………… 陈　晨（103）

唐代草书的构形特点及规律论析 ………………………… 尚磊明（109）

宋代石刻题名辨正 ………………………… 和艳芳（121）

传统语言文字研究

出土资料对解证传世文献疑难字词的价值 ………………………… 杨　琳（130）

豆卢回，抑豆卢田？

　　——唐诗人名俗字校考 ………………………… 罗　顺　臧克和（142）

《新集藏经音义随函录》"又音"与同形字考辨 ………………………… 郑贤章　左　晋（149）

避讳字"煠""葉""諜""枽"源自前代俗字说 ………………………… 谢国剑（158）

《楚辞章句》引《尔雅》异文考辨 …………………………… 窦秀艳　于　雪（162）

中华书局版《龙龛手镜》音注勘正 …………………………………… 刘本才（171）

陕西清至民国契约文书词语疏证 …………………………… 黑维强　孙彦波（179）

古汉语中的一种"N之A"结构 ……………………………… 潘玉坤　杨薇薇（191）

汉字规范与应用研究

汉字应用水平测试题库建设及应用 ………………………… 王淑华　郭曙纶（201）

部件、部首规范比较研究 ……………………………………………… 李　华（212）

"茬"字的不同来源补说 ………………………………………………… 姚　萱（221）

顾炎武《唐韵正》"逢""逄"讹混订误一则 ……………………… 田佳鹭　李　烨（228）

少数民族文字研究

关于八思巴字官印的一种拼写 ………………………………………… 正　月（231）

四川盐源县达祖村的一封东巴文感谢信 ……………………………… 甘　露（238）

汉语音读东巴经《五方五帝经》中的文字问题 ……………………… 张春凤（247）

海外汉字研究

《暹罗馆译语》所见古泰文的汉字对音及相关问题研究 ……… 李晨雨　郑　伟（255）

日本汉文古辞书引文模式研究

　　——以《倭名类聚抄》为例 ……………………………………… 刘寒青（271）

早期中国、古埃及及古中美洲最初的计时法 ………………………〔俄〕阿列霞（286）

书评

战国文字研究的一座里程碑

　　——评《出土战国文献字词集释》 …………………………… 赵平安　王挺斌（294）

汉字传播的历史重构与汉字文化的价值再现

　　——陆锡兴先生《汉字传播史》（增订版）读后 ………………… 王世友（298）

《肩水金关汉简字形编》评介 ………………………………………… 谢　坤（302）

Contents

The study about Characters "族" "旅" in Jinwen and "秕" in Jiaguwen ·············· Huang Xiquan 1

A Study of "Fan" （樊） in the Writings of Oracle Bones and Relative Issucs ········ Zhang WeiJie 8

Study on the Name of Zhongbanfu's Basin and the Country of Gui （圭） ····· Ma Chao　Zou Fudu 19

The Character Relationship and Historical Facts in the Shou Ding ····················· Wang Jinfeng 26

Research on "Shisinian Xiayiling Pi" ·· Zhang Jianyu 36

An Interpretation about Henan Newly Unearthed Inscriptions in "Wei Furen Xiao Ding"
··· Feng Cong 40

A Study on the Official Seal "Guan Shi" in the Warring States Period ····················· Zhang Fei 45

The Ancient Pottery Script Unearthed in Jinghai District, Tianjin
·· He Jingcheng　Sheng Lishuang 51

A New Textual Research on the Construction of Phonogram in " Se （瑟）"
·· Pang Guanghua　Wu Jun 57

A Probe into the Inscriptions on Ancient Bronze Objects Meaning "Diligent" in Zhou Dynasty：
Discussing the Pre-Qin Chinese Words Meaning "Diligent" at the Same Time
··· Wu Zhenyu　Yi Jiani 65

The Interpretation of "Xian" from *Sheming* in Tsinghua Bamboo Slips and the Explantion of the
words Related to "dian hun" ···················· Shi Dafeng Wang Ning 74

Correcting on the Word Shaozu ···················· Tang Zhibiao　Mai Yinyin 78

Discussion about the Transcription Age of the *Zhan Meng Shu* （《占梦书》）in Qin Bamboo
Slips Collected by Yuelu Academy ···················· Weng Mingpeng 84

Reading Notes on Bamboo Slips from Mawangdui ···················· Lu Puping 94

Gleaning of the Interpretations of Dunhuang Bamboo Slips of Han Dynasty ············ Chen Chen 103

A Study on the Characteristics and Disciplines of the Configuration of Cursive Script in Tang
Dynasty ···················· Shang Leiming 109

Title Correction of Stone Inscription Documents in Song Dynasty ····················· He Yanfang 121

The Value of Unearthed Materials to Knotty Words in the Handed-down Documents
··· Yang Lin 130

Doulu Hui or Doulu Tian
——Correcting the the Author's Name for a Tang Dynasity Poem through the Use of
Vulgarism-related Knowledge and Methods ···················· Luo Shun　Zang Kehe 142

Other Sounds of *The Sound and Meaning of the Tripitaka Newly Compiled*（新集藏经音义随函录）

and Textual Research of the Homomorphic Characters ·············· Zheng Xianzhang　Zuo Jin　149

The Version of the Taboo Chinese Characters of "die（牒）" "ye（葉）" "die（諜）"

"ye（枽）" Coming from the Former Popular Forms of Chinese Characters ······ Xie Guojian　158

Textual Research on Different Texts of *Erya* Quoted in *Chuci Zhangju* ······ Dou Xiuyan　YuXue　162

Proofreading Errors of the Phonetic Notation in *Longkan Shoujing*（《龙龛手镜》）Published

by Chung Hwa Book Company ·· Liu Bencai　171

The Illustration of Words and Expressions about Contract from Qing Dynasty to Republic of

China in Shaanxi ······································· Hei Weiqiang　Sun Yanbo　179

An "N + *zhi* + A"（N 之 A）Construction in Ancient Chinese ······ Pan Yukun　Yang Weiwei　191

The Construction and Application of Chinese Character Application Level Test

·································· Wang Shuhua　Guo Shulun　201

The Comparative Study of the Norms of Modern Chinese ··············· Li Hua　212

Further Discussion on Different Sources of the Character "Cha（茬）" ··············· Yao Xuan　221

A Textual Criticism for the Text Error of "Pang（逄）" and "Pang（逢）" in Gu Yanwu's

TangYunZheng ·································· Tian Jialu　Li Ye　228

The Review on One of Spelling Form of Official Seals of *hP'ags-pa Script* ··········· Zheng Yue　231

Translation and Annotation of the Letter of Thanks in Dongba Characters from Dazu Village,

Yanyuan, Sichuan ······································· Gan Lu　238

Study on Special Graphic Phenomenon in Naxi Manuscript *Wu Fang Wu Di* Recorded Chinese

Pronunciation ································· Zhang Chunfeng　247

The Chinese Transcription of Ancient Thai Characters Revealed by *Xianluoguan Yiyu* and the

Related Matters ································· Li Chenyu　Zheng Wei　255

An Analysis of the Quotations in Ancient Chinese-Japanese Dictionary: Based on the Study of

Wamyō ruiju shō ································· Liu Hanqing　271

Linking Rulers to Time Cycles: Earliest Calendrical Notation in China, Ancient Egypt, and

Mesoamerica ································· Olesia Volkova　286

The Milestone of the Study of the Warring States Characters: Review of *The Collection*

Exegesis of the Words and Vocabularies in Unearthed Warring States Documents

································· Zhao Ping'an　Wang Tingbin　294

Historical Reconstruction of Chinese Character Communication and Reproduction of Cultural Value

of Chinese Characters: Review of Lu Xixing's *History of Chinese Character Communication*

（*Revised Edition*）································· Wang Shiyou　298

A Review on *The Layout of Ancient Chinese Characters Copied on JianShuiJinGuan Han*

Wooden Slips ································· Xie Kun　302

从金文的"蔟""旅"说到甲骨文的"秜"*

黄锡全

【摘　要】曾伯克父甘娄与伯克父甘娄器铭"黍稷蔟梁"中的所谓"蔟"，簠乙器铭作"旅"。前者多释读为"稻"，认为"旅"为"蔟"误写。或以为"蔟"为"稻"省变。经比较分析，蔟应是从禾从"旅"省的"穞"字，簠乙的"旅"并非误书，蔟也非"稻"省变。蔟、旅即穞、秜，原本野生稻（或再生稻）名。金文"稻"从"臼"应是从"旅"省，是栽培稻来源于野生稻在文字上的反映。甲骨文的"秜"也为野生稻名，其用为"稻"字，犹如金文"稻"或作"蔟""旅"。目前所见甲骨文中究竟有没有"稻"字，还需要进一步探讨。

【关键词】蔟；旅；稻；秜；探讨

【作者简介】黄锡全，郑州大学特聘教授，郑州大学汉字文明研究中心，中国钱币博物馆研究员，主要从事古文字、古货币、楚史楚文化等方面的研究。（河南　郑州　450052；北京　100053）

吴镇烽先生《商周金文资料通鉴·续编》著录了几件曾伯克父甘娄与伯克父甘娄器。① 其中，伯克父甘娄盨甲、盨乙及曾伯克父甘娄簠甲的盖、器及簠乙的盖铭均有"黍稷蔟（稻）椋（粱）"句，所谓"蔟（稻）"字作""，从臼从禾。唯独簠乙器铭作"黍稷旅椋（粱）"。旅字作""，为"旅"字无疑。

曾伯克父甘娄盨甲盖、器　　　盨乙器　　簠甲盖　　簠乙器

吴镇烽先生于簠甲（30519）"备注"介绍：同坑出土有鼎、鬲、簋、盨、簠、铺、盘、盉等同一人所作之器数十件，香港某收藏家藏有鬲2件、簋2件、盨2件、铺1件、盘1件、盉1件。据

---

* 基金项目：本文为国家社科基金重大项目"甲骨学大辞典"（项目号：18ZDA303）阶段性成果之一。

① 吴镇烽：《商周金文资料通鉴·续编》曾伯克父甘娄器：30223鼎1、30445簋1、30467盨1、簠甲30518、簠乙30519；伯克父甘娄器：盨甲30474、盨乙30475。曾，国名；伯克父，字；甘娄，私名。"伯"为行次，非爵称。吴镇烽：《商周青铜器铭文暨图像集成》1—35卷，上海古籍出版社，2012。吴镇烽：《商周金文资料通鉴》（电子版），2013；《商周金文资料通鉴·续编》（电子版），2016（为方便查阅，编号前仍保留"3"）。

田率先生介绍，中国国家博物馆入藏有伯克父甘娄盨两件。① 张光裕先生在香港见到伯克父甘娄簠两件。②

簠乙盖、器对铭，11 行 79 字。盖铭较为清晰，器铭较差。吴镇烽先生释读盖铭如下：

佳（唯）曾白（伯）克父甘嬰（娄）

迺用吉父雒叔攸（鉴）

金，用自乍（作）旅祜（簠），用

征用行，徙（走）追三（四）方，

用龗用雀（糯），用盛秦（黍）

稷菽（稻）椋（粱），用卿（飨）百君

子辟王，白（伯）克父甘（其）

亘（眉）耆（寿）无强（疆），采夫无

若，雖（雍）人孔臭（泽），用高（享）于

我皇考，子孙永宝，

易（锡）害（匄）亘（眉）耆（寿），曾郢氏保。

另有一件郹召簠，1995 年出自山东长清仙人台 M3，时代为两周之际，盖、器同铭，各 23 字。器铭"用实稻粱"之"稻"，盖铭作"旅"（见附图）。器铭释文如下：③

郹醫（召）乍（作）为其

旅匡（簠），用实旃（稻）

籾（粱），用飤者（诸）母者

䢀（诸兄），吏（使）受宝，母（毋）又（有）疆。

相关铭文内容已有学者进行了研究，④ 本文不做讨论，只谈" "和"旅"字。

吴镇烽先生于"备注"中认为，"旅椋"是"菽椋"之误，也就是说"旅"字是误书。田率先

① 田率：《内史盨与伯克父甘娄盨》，北京大学出土文献研究所编《青铜器与金文》第 1 辑，上海古籍出版社，2017，第 418 页。
② 张光裕：《新见〈曾伯克父甘娄簠〉简释》，北京大学出土文献研究所编《青铜器与金文》第 1 辑，上海古籍出版社，2017，第 11—23 页。
③ 山东大学考古系：《山东长清县仙人台周代墓地》，《考古》1998 年第 9 期，只有器铭。器、盖铭文，见钟柏生等主编《新收殷周青铜器铭文暨器影汇编》1042 号（艺文印书馆，2006），不过将"旅"误释为"稻"。又见吴镇烽《商周金文资料通鉴》（2013 年电子版）05925 号。【备注】同墓出土 2 件，形制、纹饰、铭文、大小基本相同，另一件数据未发表。此器的盖将"旃粱"铸成"旅粱"。
④ 谢明文：《曾伯克父甘娄盨簠铭文小考》，复旦大学出土文献与古文字研究中心网，2016 年 10 月 30 日。黄锦前：《读伯克父甘娄盨铭琐记》《论新刊布的曾伯克父诸器》，2016 年 11 月未刊稿，可参见黄锡全编著《湖北出土商周文字辑证》增补本下编"可能出自湖北器"引录，武汉大学出版社，2019。

生认为"族是稻字的省变,字形也是首见"。①谢明文先生认为"稻"字从"队",它可能本是'旍'或'旋'的异体",未做进一步说明。②张光裕先生则有如下论述:

> 今复由《曾伯克父甘娄簋》盖铭"用盛族(稻)粱",而器铭则称"用盛旅(稻)粱",又《郘召簋》盖铭"用实旍(稻)粱",器铭则书作"用实旅(稻)粱",两器盖、器铭文皆"族""旅"二字互用,该现象之出现似非偶然,无论如何,从类比角度审视,综观凡从"队"之字,皆隐含标示性作用,如游、旋、旆等字皆然,"稻"字增益"队"旁,或正显示其重要及珍贵,而稻字书作"族"或"旅",当为省变所致。因疑从"队"之稻字多次出现,或宜与礼仪及"旅"字用为排列义有关。又另一可能则与禾熟体态相关,盖禾稻成熟高长,禾穗于风中摇曳,有如"队"之飘动,故稻字从"队",姑备一说,待考。③

可见,这一问题还需要进一步讨论。

金文"稻"字,已有多见,作下列形:④

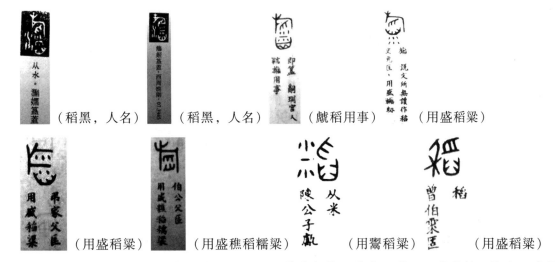

(稻黑,人名)　(稻黑,人名)　(飤稻用事)　(用盛稻粱)

(用盛稻粱)　(用盛稯稻糯粱)　(用鬻稻粱)　(用盛稻粱)

其共同特点,就是均从"舀"或"舀"省。其余部件,分为两种:一种从队,从米,或从水;一种从米或禾。米、禾或水,显然是形符或义符,舀为声符。为何从"队",一直不得其解。

《说文》:"稻,稌也。从禾,舀声。""舀,抒臼也。从爪、臼。《诗》曰:'或簸或舀。'""臼,舂也。"段注:"《生民》诗曰:或舂或揄,或簸或蹂。毛云:揄,抒臼也。然则揄者,舀之假借字也。抒,挹也。既舂之,乃于臼中挹出之。"根据构形,金文的稻,显然是表示以手在臼中操弄稻谷使其出米之义,所用工具可能为杵,也可能为碓舂。从米从舀是此字的主体部件,从禾代替从米少见。换言之,金文"稻"字主要形体从米。金文多用于"用盛稻粱"句,显然所盛也是

① 田率:《内史盨与伯克父甘娄盨》,北京大学出土文献研究所编《青铜器与金文》第1辑,第432页。
② 谢明文:《白句簋铭文小考》,《中国文字研究》第18辑,上海书店出版社,2013;收入谢明文《商周文字论集》,上海古籍出版社,2017,第176页。
③ 张光裕:《新见〈曾伯克父甘娄簋〉简释》,北京大学出土文献研究所编《青铜器与金文》第1辑,第11—23页。
④ 可参见容庚编著,张振林、马国权摹补《金文编》,中华书局,1985,第472、501页;董莲池编著《新金文编》,作家出版社,2011,第876—877、949页。

指加工好并已煮熟的粮食。稻，定纽幽部；舀，余纽幽部，古音相近。"黍稷稻粱"句多见于盨、簋，可能与器用有关。

甘娄器诸字，从所居的位置看，肯定是一种农作物，根据金文或典籍每每"稻粱"连称，应是与"稻"有关的字。簋乙器铭此字作"旅"，显然，[图]与"旅"应该是同类作物，当为同字异体。

金文"旅"或从车从旅，从车的"旅"可以省从队。如下举之例：①

其省变关系则为：[图]—[图]—[图]。

甘娄簋的"旂"或作"旅"，郜召簋的"稻"或作"旅"，结合金文从车之"旅"的省变，我们有理由认为，[图]就是从禾从"旅"省。目前还未见到从禾从旅之字可能只是时间问题。

其省变关系当为：[图]—旂—[图]。

也就是说，此字本应作檴，从禾，旅声，省形作旂，或作旅。旂、旅一字。可见，"旅"并非"旂"误书，"旂"也非"稻"简省。其义相当于"稻"。②

"旅"也是一种稻名，一般认为指野生稻，即谷之不播种而生者，与稆、稌音同字通（均来母鱼部），见于有关记载。如：

《说文》："旅，古文以为鲁卫之鲁。"《书·微子之命》"旅天子之命"，《史记·鲁周公世家》旅作鲁。清华简《系年》"旅易公"即"鲁阳公"。③《左传·宣公八年》"楚子旅卒"，《穀梁传》旅作吕。《说文》吕，篆文作膂。《国语·周语下》："氏曰有吕，谓其能为禹股肱心膂。"韦昭注："吕之为言膂也。"《玉篇·肉部》："膂，脊骨也。古与吕同。"④ 稆，穭或字，见《集韵》。《正字通》稆，同穭。穭，见《集韵·语韵》，两举切，音吕，禾自生。

《说文》："稆，稻今年落来年自生谓之稆。从禾，尼声。"段玉裁注："他书皆作穭，力与切。《埤苍》穭，自生也。亦作稆。《后汉书·献帝纪》尚书郎以下自出采稆。古作旅。史汉皆云，胥氏主葆旅事。晋灼曰，葆，采也，野生曰旅，今之饥民采旅生。按，离、稆、旅一声之转，皆谓不种而自生者也。"

《后汉书·光武帝纪上》："至是野谷旅生，麻尗尤盛……人收其利焉。"李贤注："旅，寄

---

① 容庚编著《金文编》，第464—470页；董莲池编著《新金文编》，第867—875页。

② 《商周金文资料通鉴·续编》30410白句簋的"粱"作[图]，吴镇烽误以为"队"从"京"，其实是"旅"字。旅，来母鱼部。粱，来母阳部。粱、旅声母相同，韵部对转，是假"旅"为粱。粱是本字，旅是借字。此处借"旅"为"粱"，与郜召簋、伯克父甘娄以"旅（稆）"为"稻"当无关系，犹如另一白句簋（《商周金文资料通鉴》04989）以"京"为"粱"。

③ 李学勤主编《清华大学藏战国竹简（贰）》（《系年》第二、三章），中西书局，2011。

④ 参见高亨纂著、董治安整理《古字通假会典》，齐鲁书社，1989，第884页。

也，不因播种而生，故曰旅。"

《梁书·武帝纪下》："大同三年九月，北徐州境内旅生稻稗二千许顷。"宋王安石《歌元丰五首》诗之三："湖海元丰岁又登，秜生犹足暗沟塍。"

《后汉书·献帝纪》："州郡各拥强兵，而委输不至，群僚饥乏，尚书郎以下自出采秜。"

因此，簋之盖铭作"族"，器铭作"旅"，绝不是误书，是稻也可称"旅"的佳证。

可见，有些对应文字不同，一定有其原因，不能轻易下"误书"的结论，也不能因为其字相当于"稻"就误以为一定是"稻"之简省。两见作"旅（穭）"者均在簋上，值得留意。

由此不难看出，其他金文"稻"字所从之"仈"，可能是由"旅"简省而来，表明"稻"来源于野生稻族、旅（穭），后经人工栽培而成。

甲骨文中有一""字，仅一见：

合集 13505：丁酉卜，争贞：乎甫于妯，受屮（有）年。

字，于省吾先生释读为"秜"，所从尼是会意字，象人坐于人之上。甫，人名。妯，地名，当是一个农业区。秜作为动词，是说令甫在妯地种秜。于先生认为，"秜是野生稻的专名，其通作穭、秜、旅者，泛指一切野生谷物"，"可见商人已经从自然的野生稻进一步加以人工培植"。[1]

秜从尼声，泥母脂部。旅、穭、秜，来母鱼部。泥母、来母均属舌音。诸字当如段玉裁所说，"秜、旅一声之转，皆谓不种而自生者也"。

秜、族、旅也可能是一种经人工培育的野生旱稻，故后人多以为野生稻。若如此，似可说明野生旱稻之名，殷代甲骨文称"秜"，周代金文称"族""旅"，均可用为"稻"或代替"稻"字，但与"稻"不是一个字。或许，秜、族、旅为"稻"之别名，或者当时旱稻、水稻并存，泛指"稻"时可以互用。

根据考古发现，我国从新石器时代开始就有稻谷，说明人工种稻早已有之，其中旱稻（或者野生稻）和水稻所占比例如何，可能只有靠专家鉴别揭示。据崔寔《四民月令》，古代种植水稻的方法有撒播、点播和条播，至东汉才出现如同现在的育秧插秧技术。可见，种植稻谷有一个发生发展变化的过程，而且稻的品种多种多样。这些，农学家的研究具有权威性。[2]

甲骨文的"秜"相当于"稻"，犹如金文的"族""旅"相当于"稻"，但均非"稻"字。"秜""族（槼）""旅"，即穭、秜，其在商周究竟是指人工栽培的旱稻还是水稻，还值得注意，尤其值得研究农业的学者予以特别关注，其对于探讨我国稻作的起源与发展当是不可忽视的信息。

---

① 于省吾：《甲骨文字释林·释秜》，中华书局，1979，第251页；又见于省吾《商代的谷类作物》，《东北人民大学社会科学学报》1957年第1期。

② 可参考游修龄《关于稻作起源问题的思考》，《中国水稻科学》1993年第1期；姚伟钧：《中国稻作农业起源新探》，《南方文物》1997年第3期；彭邦炯：《甲骨文农业资料考辨与研究》，吉林文史出版社，1997；吕厚远：《中国史前农业起源演化研究新方法与新进展》，《地球科学》2018年第2期。

甲骨文除"秜"以外，是否还有"稻"字，甲骨文的 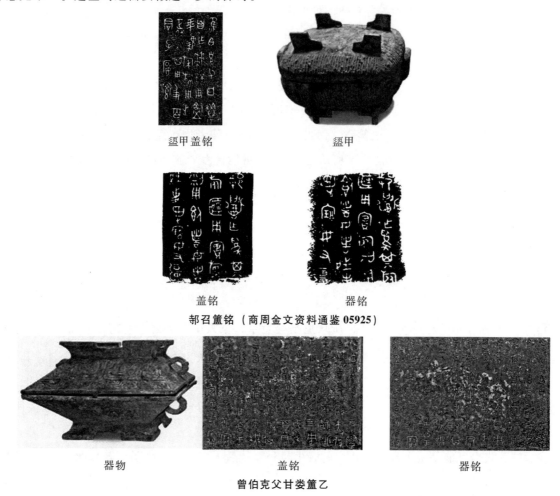 等究竟是不是"稻"字，学术界意见不一。这些均还需要做进一步的探讨。①

盨甲盖铭　　　　　　　　　盨甲

盖铭　　　　　　　　　器铭
郜召簋铭（商周金文资料通鉴 05925）

器物　　　　　　　盖铭　　　　　　　器铭
曾伯克父甘娄簋乙

The Study about Characters "族" "旅" in Jinwen and "秜" in Jiaguwen

Huang Xiquan

（Zhengzhou University，Chinese Numismatic Museum，Zhengzhou 450001，

Beijing 100053，China）

Abstract：In the inscriptions of Zengbokefu Ganlou（曾伯克父甘娄）and Bokefu Ganlou（伯克父甘

---

① 可参阅下列论著：赵锡元《甲骨文稻字及其有关问题》，《吉林大学学报》1988 年第 1 期；郭旭东《论甲骨卜辞中的"稻"字》，《中原文物》2006 年第 6 期；张军涛《甲骨卜辞所见中原稻作》，《古今农业》2017 年第 1 期；董珊《释沐——兼说哀成叔鼎铭文》，清华大学出土文献研究与保护中心编《纪念清华简入藏暨清华大学出土文献研究与保护中心成立十周年国际学术研讨会论文集》，2018 年 11 月 17—18 日；裘锡圭《甲骨文中所见的商代农业》，收入《裘锡圭学术文集·甲骨文卷》，复旦大学出版社，2012；宋镇豪《五谷、六谷与九谷》，《中国历史文物》2002 年第 4 期；杨升南、马季凡《商代经济与科技》，见宋镇豪主编《商代史》卷六，中国社会科学出版社，2016，第 105 页；等等。

娄），the character "秾" from "黍稷秾粱" is inscribed as "旅" in the inscription of Fuyi（簠乙）. The former is mostly interpreted as "稻" and "旅" is considered as a mistake in writing "秾". Or someone thinks that "秾" is a simplified transformation of "稻". Through comparative analysis，"秾" should be the character "稑" which composed of "禾" and the reduced form of "旅". The character "旅" in Fuyi is not a mistake，"秾" is not a simplified transformation of "稻"，too. "秾""旅" are also "稆""秜"，which were original names of wild rice. The ideographic component "臼" from Jinwen（金文）"稻" should be the reduced form of "旅"，which is the literal reflection of cultivated rice derived from wild rice. Jiaguwen（甲骨文）"秜" is also the name of wild rice and used as "稻"，just like the Jinwen "稻" could be "秾" and "旅". Whether there is "稻" in Jiaguwen we have seen at present still needs further discussion.

Key Words：秾；旅；稻；秜；discussion

殷卜辞"樊"字构形与相关问题试论[*]

张惟捷

【摘　要】关于古文字中樊字的考释，历来未能获得通盘的认识，主要由此字所从意符的减省所致。近年来由于出土材料层出不穷，学者得以透过新出《清华简》辨认出金文中的一种樊字异体，近来学者更得以据之释读出卜辞中的樊字，其结论是可信的。本文在学者研究的基础上，将卜辞樊字据字体特征分类，针对前人未能深入分析的初文结构、造字原理、语言特质以及氏族地名用法，进行进一步探讨，所得成果应有助于推进学界对此字的完整理解。

【关键词】卜辞；甲骨；考释；樊；鷟

【作者简介】张惟捷，厦门大学人文学院中文系副教授。主要研究领域为中国古文字、甲骨文与殷商史、周易等。（福建　厦门　361005）

一　前言

殷墟甲骨文中有如下一组字，可总称为 A，它们所代表的都是同一个词，这里先收齐可见之字例，根据其组成特征分为三类，制表如下：①

A1	A2		A3
《合》10759 =《粹》1594，典宾类，可能作人名或动词	《合》903 正 =《丙》197，宾组过渡 2 类	《合》18494 =《后》下 16.6，典宾类	《合补》6622，历类

---

* 本文系福建省社会科学规划项目"1949 年运台甲骨《殷虚文字丙编》整理与研究"（FJ2017B127）成果。

① 收字大体根据刘钊主编《新甲骨文编》增订本，福建人民出版社，2015，第 463 页，另增《合》10848。李宗焜的《甲骨文字编》将《合》20586、20587 二字收入 A1 类字形，恐不确。此二字在卜辞中用作动词，两手向内廾入，且所廾之物没有左右斜状交叉，与习见网字差异明显，为求谨慎此处不收这两字。本文甲骨字体分组分类主要采用黄天树所做之界定，见氏著《殷墟王卜辞的分类与断代》，科学出版社，2007。另以崎川隆更进一步的分类作为参照，见氏著《宾组甲骨文分类研究》，上海人民出版社，2011。

续表

A1	A2	A3
《合》10760 = 《续存》下 349，典宾类	《合》6959 = 《丙》119，宾组过渡 2 类	《合》33081 = 《库》1014 + 1095，师历间
《合》10848 = 《乙》2904，宾组过渡 2 类	《英》606，典宾类	《合补》6622，师历间

历来对此字的认识，尤其是应当与后世语言中哪个词、哪个字相对应，并未取得共识。直到近年来随着出土材料的增多，尤其是青铜器铭文与《清华简》所提供的证据，才大体确定其字应释为"樊"。然而，目前虽已经正确考证出此字，但相关研究仅着重于此字释"樊"的正确性以及与其他时期出土材料字形的比勘，未能对此字造字原理、结构变化，甚至卜辞中的用法进行通盘整理，这是较为可惜之处。

以下便先行简述此字研究历程，并针对其结构、流变做深入分析，并讨论其在甲骨文中的实际使用情形，推拟其地望，希望在前人的考证之外，所得成果能有助于提升学术界对"樊"字古今演变的综合认识。

二 殷卜辞樊字的考订与证成

目前所见最早针对此字进行分析的是郭沫若先生。1937 年，他在《殷契粹编》中考释针对《粹》1594 的 A1 类字体表示："⿵字象投网之形，殆即网之异文。"陈梦家先生亦曾针对 A3 类字体做过分析：

> 此⿵字象大（即人）双手张网于上以罗隹，乃罗字象形……俗语谓天罗地网，天罗即张网于空中也。卜辞或省隹做罒，亦罗字。《说文》增糸为罗，仍象以网罗隹，唯依小篆整齐之例，凡所网之物皆在网下，故隹亦在网下。[①]

陈梦家先生已精确地掌握樊的造字原理，不过很可惜仍与"罗"字混淆，并引《说文》新附罹字证罗字不从维，这是没有必要的。从后世确认的罗或罥（罩）字形体来看，其中的鸟部件均位

---

① 陈梦家：《史字新释补证》，引自于省吾编《甲骨文字诂林》第四册，中华书局，1999，第 2840 页。

于网的下方，未有例外，早在卜辞中即已如此，相关探讨可参看学者的研究。①

李孝定先生指出：

契文从网从 [字形]，象人投网之形，当即羁之初文。其字本非从 [字形]，惟 [字形] 形近篆变作羁耳。

其说虽正确指出象人投网之形，然摹字不确，且将上举的双手与"舞"的垂手视作一字，缺乏构形学上的证据。饶宗颐先生则据字形将之隶定作"哭"，透过后世韵书的记载，认为可联系古军字，读为郓，至于商代地望所在待考。② 近年先秦青铜器与战国简帛的大量出土，提供了很好的对照材料，为此字的新识读奠定了基础，许多学者都曾做过相关探讨，例如程燕以及李守奎等学者，均有很好的研究。③

陈剑教授针对 A1 字也做过重要的研究，俱见氏著《楚简"羿"字试解》，集中探讨了包山简、天星观楚简、上博简中的此字，做出了深入的剖析。不过在此文中陈先生并未论及 A2、A3 类字体，且在清华简出版后，新的字例证据给我们不同的视角来重新审视此字识读的正确性，至少在甲骨文部分，陈说仍存在进一步探讨之空间。

周忠兵教授对这段考释历程有过很好的略述，摘引如下：

而要对"羿"作出正确的释读，需从"樊"的一种特殊形体说起。1978 年淅川下寺二号春秋楚国大墓中出土过一件朋戈，其铭文中的楚王之名作 [字形]。其右侧从欠、食，皆为 [字形] 之义符，其左侧文字应为 [字形] 的声符。此字的释读历史较为曲折，或认为它是"樊"，或认为它是"罩"。直到 2010 年清华简的出版，[字形] 左侧是何字才有了定论。清华简《楚居》篇简 10 中的"樊"字作 [字形]，与 [字形] 的左侧完全相同。借此契机，学者们不但确定了 [字形] 的左侧是"樊"，还对楚文字中一种简省的"樊"字作了正确的释读。此种简省的"樊"作 [字形]（《上博四·昭》7），从网、收。其中的"网"由"樊"所从的"爻"符变形而来，而"收"为"樊"之声符"虬"的变形。将"[字形]"所从的"羿"与"[字形]"比照，可知"羿"应该也是"樊"的一种简省体，只是其上部仍作金文"樊"所从的更为多见的"爻"符而已。④

由此可见，两周青铜器与简帛中从罔从艹（虬）的文字，早期众说纷纭，目前透过学者陆续发表的研究成果，将之识读为樊应该已无太大问题，周教授根据这个确定的樊字省形，更进一步考释

---

① 参见于省吾编《甲骨文字诂林》第四册，第 2835—2836 页；裘锡圭《回忆唐兰先生》，《裘锡圭学术文集》第 6 卷，复旦大学出版社，2012，第 192 页。另，陈剑亦已细致地论证了羿与罗的区别，他的这方面工作是非常可信的，只是由于忽略羿与本文 A2、A3 类字的联系，未能注意到 A 类字构形上的特色，并受到《说文》翟字读若的影响，因此释为"罩"，从后引周忠兵的研究来看，此说法恐不可信。
② 二说均引自于省吾编《甲骨文字诂林》第四册，第 2839—2840 页。
③ 程燕：《说樊》，《中国文字学报》第 5 辑，商务印书馆，2014，第 146—149 页。李守奎：《〈楚居〉中的樊字及出土楚文献中与樊相关文例的释读》，《文物》2011 年第 3 期。
④ 周忠兵：《莒太史申鼎铭之"樊仲"考》，《吉林大学社会科学学报》2014 年第 1 期。

出春秋晚期莒太史申鼎铭文中的█字亦应释为"樊",可谓卓识。

有了出土简帛以及前人的研究基础后,卜辞"樊"字的考出也只是时间问题了,付强先生在2015 年的两篇文章中,根据前引清华简《楚居》█字做了进一步分析,确切地指出《合》903、6959、10760 等版所载前人未识字(即本文第一节列举之 A 类字),就是晚商时期的"樊"字写法。

> 由字形和辞例看,我们认为"█"和"█"当为一个字,"█"为"█"的省体。……上揭楚简中的"█"字释为"樊"皆文从字顺。由楚文字中"樊"字的确证,我们再回头看卜辞中的"█"字,"█"从"网"从"収"与楚文字中的"█"所从完全相同,"樊"字所从之"爻"是由"网"符变形而来,而"収"为"樊"之声符"双"的变形。①

其说理据充分,是可信的。他并据之推定西周中晚期铭文中习见的"康█"一词亦从樊,通假为"康盘";司马南叔匜的"█姬"当释为"樊姬"。② 目前虽已能建立卜辞 A 类字与樊的联系,但在字形结构与造字原理方面没有展开探讨,例如付文仅用较少的篇幅,指出楚简█与卜辞█字在字形上所从"完全相同",缺乏深入的剖析,这是较为可惜之处。以下便基于目前研究所得的基础,对"樊"字的早期形态进行进一步探讨。

三 樊字结构与造字原理分析

通过新出土材料的证明,卜辞 A 类字释作"樊"已无疑义,从结构上来看,樊字 A1、A2 类字形是减省自 A3,即象人站立左右伸手张网捕鸟之形,其中 A1 不仅省去佳意符,更略去除了双手之外的人体,形成后世樊字的固定形态,自西周金文始已不见从大的人形了,如█(小臣樊尹鼎)、█(樊夫人龙嬴盘)及前文所引,字形结构中的双手与网成为樊字的两大核心部件。值得注意的是,卜辞此字的双手绝大部分呈现向外翻出之█形,不是习见的廾形,这是初民造字时的刻意制作,表达的意念应即向左右张网之意,此形态一直到秦汉之际仍保留在篆字之中。

不过,在篆字与不少的战国文字中,樊的"网"意符已经被解构为"爻"或近似爻形,因此在后人的认识中,樊的本义已逐渐被遗忘,只留下蛛丝马迹。《说文解字·双部》:"█,鸷不行也。从双从棥,棥亦声。"关于许慎的这段话,段玉裁是这样认识的:

---

① 付强、薛培武:《卜辞"樊"字小释》,简帛网,2015 年 2 月 28 日;付强:《据清华简释甲骨金文中的"樊"字》,载《"鼎甲"杯甲骨文字有奖辨识大赛论文集》,中州古籍出版社,2015,第 37—42 页。引文引自后文第 38—39 页。

② 这里必须指出的是,尽管付先生将本文所指卜辞 A 类字释作樊,是完全可信的,但根据类似的字形考订经验,金文中的█这类手形上下张网之字为"樊",恐待商榷,从之前的甲骨文、之后的战国文字、篆字来看,樊所从的双手在文字结构下方,位置十分固定,可能还兼具表音的作用,没有理由在文字流传使用的过程中轻易改变部件的上下关系。

騺，各本讹鷙。马部曰：鷙，马重貌，鷙不行，沈滞不行也。《毛诗》：折柳樊圃，借为棥字。《庄子》：泽雉畜乎樊中。樊，笼也，亦是不行意。①

段玉裁大概是因为《说文》训"鸷"字为"击杀鸟"，以为"鸷不行"不辞，因而改作"騺"。季旭升先生针对段注指出：

《说文》以为"鸷不行也"，鸷是一种凶悍的鸟，"鸷不行也"无义，段注改为"騺不行也"，指马载过重而走不动。但是，从字形来看，字既从 𢆶棥会意，应该有攀爬围篱的意思，也就是"攀"字。当名词用，则可释为围篱。引申有止的意思，再引申才有"騺不行"的意思。文献中的樊，除了做姓名、地名之外，多半用为樊篱，未见"騺不行也"的用法。②

他对段氏的解释表示了怀疑，这是十分正确的，但认为此字会"攀爬围篱"意，又由名词的"围篱"义引申出"停止"的意思，则或有可商榷处。若细绎整体文义，本条从鸟之"鸷"实不必改作，清代王筠已指出樊字必与"止鸟"有关：

……馥谓此亦借鸷为縶。筠案，当云縶鸟不行也。樊乃樊笼，縶则绊马，假縶说樊，必言鸟以表其事也，縶字句绝。③

按，鸷字一般训为大型猛禽。《离骚》："鸷鸟之不群兮。"《后汉书·孝安帝纪》注："鸷鸟，谓鹰鹯之类也。"《孙子·兵势》："鸷鸟之疾，至于毁折者，节也。"《礼记·儒行》注："鸷虫，猛鸟猛兽也。"《淮南子·览冥训》："猛兽食颛民，鸷鸟攫老弱。"④《广雅》："鸷，执也。谓能执服众鸟也。鸟之勇锐者曰鸷，鹯之类也。"《说文解字·鸟部》训鸷为"击杀鸟"，段氏指出"谓能击杀之鸟，自鹯至鸐风，皆击杀鸟也。"《丸部》："鴯：鸷鸟食已，吐其皮毛如丸。从丸咼声。"指的无疑都是猛禽。

笔者认为，许慎"樊，鸷不行"的说法事实上相当清楚，且保留了古意，"鸷"就是猛禽的泛指，"不行"指无法穿行，是本身所无法控制的。古汉语中"不行"一语之前可直接附加名词主语；"鸷不行"，表达某种"连凶猛的大鸟亦不能穿过、逃逸"的情况，这就是许慎所理解的"樊"，与"捕杀禽鸟"的意思有意义上的承继性，而这个概念早在甲骨文中便已准确地呈现出来，文字上的证据是明确的。

请看上举 A3 字体，此字结构从隹，其下半部所从人手如 𢼐（《合》33081）亦显示向外张出之形。A3 的这两版卜辞字体属于师历间类与历组，时间断代可归入武丁中晚期，下限不会晚于祖甲，

---

① 许慎撰，段玉裁注《说文解字注》，台北洪叶出版社，1999，第718页。
② 季旭升：《说文新证》，艺文印书馆，2014，第176页。
③ 丁福保编《说文解字诂林》第四册，中华书局，2014，第3249页。
④ 阮元编《经籍籑诂》，台北中新书局，1977，第663页。

基本上与 A1、A2 类字的使用时代十分接近，甚至大部分重叠，显示出不同类组刻手书写同字的习惯差异。① 从 A3 类字体来判断，我们可以更加确定“樊”所表达的就是张网捕鸟一类的含义，从大从网从隹的结构应即樊字的最完整形态，人所站立反手向外张网之意显而易见；而且从后来青铜器、简帛文字率皆再加上意符“林”的现象进一步思考，“樊”字的造字本义大概和猎人在林中设网捕鸟脱不了关系，很可能原本所表达的就是“捕捉禽鸟使不得行”的含义。从这个角度来看，许慎的说法显然是有根据的。

我们知道，比起森林地带，设网捕鸟的活动在平原地区施行起来成效不会太大，尤其“樊”字中两手所张的网没有如同“毕”字下部的可持竿状物，不能持之随处狩猎，可知樊所从应该是大网的象形，必须固定在树木竹竿上才能张开。而且从 A3 字形上来看，樊猎主要网罗的对象是鸟类，则网子显然需要架在稍离地面的位置才能有所获，这又必须先将两端绑系在树木之上，否则根本无法完成此一狩猎准备；在原野树林间布置鸟网的方式可参附图一。由此看来，“樊”的字体由甲骨文中不带林木偏旁的 A 类字体，逐渐在西周以后发展至附加上林木偏旁，是有清楚内在理据可循的。

古史中关于张网捕鸟的记载甚多，其中最为后世所熟知的应即《史记·殷本纪》中成汤“网开一面”德泽鸟兽的故事。

> 汤出，见野张网四面，祝曰：“自天下四方皆入吾网。”汤曰：“嘻，尽之矣！”乃去其三面，祝曰：“欲左，左。欲右，右。不用命，乃入吾网。”诸侯闻之，曰：“汤德至矣，及禽兽。”②

以上可以作为商代普遍进行网猎的佐证。而上古此类狩猎活动不仅流行于中原，在世界范围内也是习见的，例如古埃及以之作为皇家畋猎的方式之一，可参附图二。

在先秦的文献中，樊字有时被用来表达竹木所造的围篱这层含义，例如《小雅·青蝇》：“营营青蝇，止于樊。岂弟君子，无信谗言。”《汉书·昌邑王刘贺传》作“止于藩”；《齐风·东方未明》：“折柳樊圃，狂夫瞿瞿。不能辰夜，不夙则莫。”有时表达圈养禽鸟的藩囿，如《庄子·养生主》：“泽雉十步一啄，百步一饮，不蕲畜乎樊中。神虽王，不善也。”郭象注：“所以笼雉也。”《经典释文》引崔注：“樊中犹笼中也。”《庄子·人间世》：“尽矣。吾语若！若能入游其樊而无感其名，入则鸣，不入则止。”《庄子·山木》：“庄周游于雕陵之樊，睹一异鹊自南方来者，翼广七尺，目大运寸，感周之颡而集于栗林。”《尔雅·释言》：“樊，藩也。”孙注：“圃之藩也。”以上这些用法，应该都是由“在林中设网捕鸟”的本义引申而来的，古人将大网架设于树木之间，自然便形成了围篱的形态，尤其是后者引申作藩囿，往往与圈养禽鸟相关，更保留了此字原始字义的直接线索，对后世研究很有启发意义。

就汉字的流变而言，樊字所从反手向外的（癶）在小篆中仍是一项重要特征，如（说

① 关于这方面的问题，可参见王子杨《甲骨文字形类组差异现象研究》，中西书局，2013。

② 〔日〕泷川资言编《史记会注考证》，台北唐山出版社，2007，第 50—51 页。

文·三上）、（秦印文字汇编·樊赵）、（汗简·1.13）都是很好的例子。在《说文》中，（𢆶）作为部首统辖"樊""爒"二字，其实"爒"即手部"挛"的异体字，段玉裁指出此二字音义皆同，这是很正确的。《说文》："爒，樊也。"《玉篇》："攀，爒也。"后者盖以攀训樊。《说文》四上有从"爻"的桒字，训为"蕃"，盖即篆字系统中为表达引申义而减省形体所形成的分化字，不过从后世文献的使用上来看，"桒"还是没有达到取代形声字"蕃""藩"的程度。

然而，分析可见的整体字例可知，在秦系篆字的实际使用中，樊、攀字所从 （𢆶）早已与收大量混同，例如 、、、、 等，不胜枚举，[1] 可见大约到了战国晚期，反手向外的 （𢆶）在历史认识中已逐渐失去与樊本义的意义联系，到后来廾（或 ）在隶书中写作"大"，乃体现出 （𢆶）的最终记号化，彻底失去了其原本的表音义作用。

除此之外，我们还可以进一步推测，"樊"字既然表达林中张网捕鸟的含义，则后来附加手旁的"攀"字或许体现了其造字原初意念的若干细节。这是因为若人们从事樊猎，必须借由树木方能张开大网，而为了将网子系在较高处，猎人很可能必须攀爬到树木上。据此可以合理地推想，每次的樊猎或许都与"爬树"存在某种关系，攀爬的"攀"应该就是由此种引申义所分化出来的新字，学者习知，汉字发展过程中，如果一字有了比本义更常用的引申或假借义，往往加注意符于原字上，分化出新字来表示本义，樊—攀的关系可说类似于此。

从训诂角度来说，"樊"在传统训释中多表"窒止""藩篱"义，已属于引申，而训为"爬"的攀字晚出，最早见于《国语》《战国策》《楚辞》，但考虑卜辞 A 字的造字原理以及"樊""攀"的古音相同等因素，笔者怀疑语言上｛樊｝这个词最早很可能同时表达"林中张网捕鸟""攀爬"这两个意义，后来书写上才分化出了"攀"字，卜辞 A 类字形则仅表达了前者义项而无法兼赅后者。《说文》𢆶字的或体即为 （攀），就反映了上述文字演化的情况。总的来说，由于缺少更多证据，这个想法尚待进一步研究加以厘清。

四 卜辞中"樊"字辞例及樊族地望相关问题

在这小节中，我们针对樊字在卜辞中的用例加以分析，对相关问题进行探讨。以下根据字形特征列举辞例如下：

A. 贞：A1囗（《合》10759，典宾类）

B. 癸酉卜囗A1囗（《合》10760，师宾间类）

C. 王曰子 A1。其隻。

王［弜］曰子 A1。不其隻。（《合》10848，宾一类）

---

① 引自许雄志《秦印文字汇编》，河南美术出版社，2001，第51页。〔日〕佐野荣辉等：《汉印文字汇编》（台版），台北美术屋，1978，第364页。

此类樊字结构上从廾从廾互见，可能与类组刻手差异有关。前两辞残缺太甚。从《合》10848用作畋猎动词的情况来看，樊在宾组卜辞中乃以最简省的形体表达其本义，也就是张网捕猎禽鸟之义。

  D. 贞：我用 A2 乎。（《合》903 正，宾组过渡 2 类）

  E. 辛巳卜，㱿贞：乎雀伐 A2。

   辛巳卜，㱿贞：弜（勿）乎雀伐 A2。（《合》6959，宾一类）

  F. ☑A2☑（《合》18494，宾三类）

  G. 乙亥卜，贞：今乙亥王敦 A2，戠（翦）。（《合补》6622 =《粹》1181 +《怀》B1638，师历间类）①

  H. ☑卜，㱿贞：我戋（翦）A2☑（《英》606，典宾类）

  《合》903 卜辞，据同版左面相对位置的辞例"酒升伐十、十宰"判断，干支可能在丁未。我们在这些辞例中清楚可见，樊用 A2 形体表达的都是方国/氏族名，这个国族在某一段时间内受到商人讨伐（伐、敦、戋），甚至俘虏后被"用"做人牲。《合》903 整版大部分记录用"伐"祭祀的卜辞很可能都与被捕捉的樊人有关；辞 E、G 辛巳、乙亥同旬，或为相近时间占卜同一事件，裘锡圭先生曾有过相关讨论。②

  I. 乙亥□王敦 A3。旬一日乙酉，王戋（翦）。 （《合补》6622 =《粹》1181 +《怀》B1638，师历间类）

  J. 丁丑卜：戋（翦）A3。

   丁丑卜：今日戋（翦）A3。（《合》合 33081，师历间类）

以上这两版都是历组卜辞，并且在字体上呈现出稍早的师历间特色。作为受征讨的对象，此处的樊（A3）从隹，与 A2 显然是同一个方国/氏族，辞 G、I 缀合后同版，樊字同时写作 ⚡、🦌 两种类型，可知二者只是刻手不同，实际上意义完全相同，指的都是"樊"方国/氏族，参见附图三。回过头来看 A1 字体，用作张网捕鸟的本义，保留了 廾（或廾）与网，省去人形，与方国/氏族名的用法刻意进行区分，应即卜辞习见的"异体分工"现象，可参见学者的相关研究成果。③

  由上可知，樊除了少数用作本义的省体外，大多在卜辞中用作方族名。这个方国/氏族是否可与后世地望联系起来？笔者认为这种工作必须谨慎进行，可以借由相关地名、辞例的对比分析来尝

---

① "翦"字从陈剑释，参氏著《甲骨金文"戋"字补释》，《甲骨金文考释论集》，线装书局，2007，第 99—106 页。

② 裘锡圭：《论历组卜辞的时代》，《裘锡圭学术文集》第一卷，第 122—124 页。

③ 张惟捷：《宾组卜辞文字"异体分工"现象再探》，《第廿二届中国文字学国际学术研讨会会后论文集》，台北圣环图书股份有限公司，2011；王子杨：《甲骨文字形类组差异现象研究》第三章。

试联系，逐步锁定较为可能的特定地域。^① 从相关辞例的大量判读可以得知，大约在武丁中期至晚期早段的一段时间内，商对樊方族有过征伐，此战争主要由大贵族"雀"与商王领导进行。与其他方国的战事相比，宾组甲骨中对樊作战的记载不多，不过裘锡圭先生已指出师历间类及宾组常见同卜征讨亘、樊、獋的辞例，这些辞例彼此在时间上应该是连续的。^②

先秦华北地区樊地的地望，一般指向河南济源，似无异说。《左传》中"樊"作为地名数见，如隐公十一年"王取邬、刘、芳、邘之田于郑，而与郑人苏忿生之田温、原、絺、樊"，庄公三十年"春，王命虢公讨樊皮。夏四月丙辰，虢公入樊，执樊仲皮归于京师"。竹添光鸿《左氏会笺》指出：

> 一名阳樊，野王县西南有阳城。笺曰：今济源县东南三十八里有古阳城，东迁后仲山甫子孙所封。庄二十九年，樊皮叛王，即此。后赐晋。晋以与阳处父为食邑。^③

据《国语》，周宣王时有大臣仲山父受封食采于樊，以采邑为氏名，地在济源西南，相关记载颇为详尽；^④ 此说多为后世学者接受。^⑤

至于卜辞的"亘"方，陈梦家以为即《汉书·地理志》中记载的垣地，在今山西垣曲县西二十里，并引《左传》《方舆纪要》指出"垣之附近在春秋为赤狄皋落氏之都，可能此本为鬼方盘据之地"^⑥。岛邦男认为该地在西方边缘地，接近西方的蒲县。钟柏生从之，认为仔细来说是在"山西陕西交界"处。^⑦ 其地望目前尚未取得一致的认识，不过若联系河南济源的地理位置，垣曲县东临济源市，同在黄河以北，直线距离仅60—70公里，商人同时在此二地区作战是有可能的，此联系或许值得考虑。

獋的地望亦有众说，唐兰以为此字所从旱即"覃"，盖即谭国之名，地望在山东历城县东南；饶宗颐、李平心、李孝定皆从唐说；然而裘锡圭则透过与历组卜辞方国"猎"对比，认为獋字也许不应释为"獋"。笔者认同裘说，其地仍待考。^⑧ 值得注意的是，前面屡次提到的《合补》6622（《粹》1181 + 《怀》1638）这版卜辞，内容如下：

> 癸酉卜：王敦猎。甲戌弐（翦）。
>
> 乙亥卜：弗敦猎。

---

① 关于商周时期出土材料中的方国氏族与后世文献记载之地名交相参证，是必须谨慎对待的工作，可参拙作《殷商武丁时期人物"雀"史迹研究》，《"中央"研究院历史语言研究所集刊》第85本第4分，2014，第736页。笔者对其中若干盲点有探讨。

② 裘锡圭：《论历组卜辞的时代》，第120—124页。

③ 竹添光鸿：《左氏会笺》上册，富山房，1978，第98页。

④ 参徐元诰《国语集解》，中华书局，2002，第22页。

⑤ 例如徐少华、付强等学者即采此说，见徐著《周代南土历史地理与文化》，武汉大学出版社，1994，第75页；付著《据清华简释甲骨金文中的"樊"字》，载《"鼎甲"杯甲骨文字有奖辨识大赛论文集》，第39页。

⑥ 陈梦家：《殷虚卜辞综述》，中华书局，2004，第276页。

⑦ 岛邦男：《殷墟卜辞研究》，上海古籍出版社，2006，第810页；钟柏生：《殷商卜辞地理论丛》，台北艺文印书馆，1989，第194—195页。

⑧ 诸说见于《甲骨文字诂林》第三册，第2713—2714页。裘说见前引《论历组卜辞的时代》，第316页。

乙亥卜：王敦樊。弌。／旬一日乙酉王弌（羽）。

此组卜辞可系联 YH127 坑所出的《丙》一一九、《丙》一七七对獋战争的刻辞，其时段横跨某年的年中前后，裘氏认为它们虽然组类不同，但占卜的必是一时一事，其看法确凿可信。据此排谱进行分析，验辞"旬一日乙酉王弌"发生在八月的可能性较大，商王独自（不待雀来）击败樊人，并可能在稍后加入对亘的作战。[1]

由此可知，樊族是在武丁中期某年的八月乙酉，被商王亲征所讨平，其俘虏后来甚至被商人用做牺牲。此事件之后到帝辛为止，现有卜辞未见关于樊族的记载，不过《左传·定公四年》记载周公复定天下之后，分康叔以大路、少帛、綪茷、旃旌、大吕；殷民七族：陶氏、施氏、繁氏、锜氏、樊氏、饥氏、终葵氏。学者已指出所谓的殷民六族、七族之名，往往能很好地对应甲骨金文的记载，[2] 由此看来，樊氏当与卜辞的樊方国/氏族密切相关，武丁征讨之后的樊地作为一个定居点，延续其地名，后来的居民以地为氏（无论新迁入或在地臣服），形成周人眼中殷遗民的一支，应该是合理的推测。

五　结语

综上可知，"樊"在甲骨文中有三种写法，其最繁形式象人站立，反手伸出张网捕鸟之形，已清楚地彰显出此字的意涵。这种捕捉禽鸟的方式大多施行于树林之中，与所张之网必须结系于树木有关，这后来也影响樊字"林"意符的形成。《说文》里许慎关于樊字的说解，很可能是符合实际情形的，后世注家或有改释，其实并无必要。从卜辞中可以发现，樊少数作为田猎方式，大部分则用作氏族方国名，这个樊族在武丁中期左右与亘、獋等方国同时受到商人征讨，后来陆续被讨平，此后甲骨文中未见樊的任何记载，《左传》中的"殷民七族"包括樊，被周公作为殷遗民交付给卫侯，很可能就与商代的这个樊地有关。

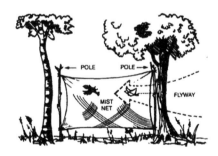

附图一：近代西方在树林间架设捕鸟网

附图二：古埃及人捕鸟

---

① 见拙作《殷商武丁时期人物"雀"史迹研究》，第 698 页。
② 参施谢捷《甲骨刻辞"索"字释说》，《南京师大学报》（社会科学版）1990 年第 3 期；高江涛、庞小霞：《索氏铜器铭文中"索"字考辨及相关问题》，《南方文物》2009 年第 4 期。

附图三:《合补》6622

A Study of "Fan" (樊) in the Writings of Oracle Bones and Relative Issues

Zhang Weijie

(Associate Professor, Dept. of Chinese Language & Literature,
Xiamen University, Xiamen 361005, China)

Abstract: The textual research of "Fan" characters in ancient Chinese characters has never been comprehensively understood. The main reason lies in the omission of the structure of "Fan". In recent years, due to the emergence of unearthed materials, scholars have been able to identify a variant of Fan characters in the bronze inscriptions through the newly published Tsinghua Bamboo Slips. Based on the research of scholars, this paper classifies the divination Fan characters according to their font characteristics, and further explores the structure of the original text, the principle of font formation, the linguistic characteristics and the usage of clan names which have not been deeply analyzed by the predecessors. The results obtained should be helpful to promote the complete understanding of the word.

Key words: oracle inscriptions; oracle bone; interpretation; 樊; 鷙

仲阪父盆自名与古圭国研究[*]

马　超　邹芙都

【摘　要】仲阪父盆自名为"益"，属金文首见，颇为费解。学界或将其读为彝，或认为从芈得声而读为盆，恐均难成立。益声之字或被音韵学家归入质部，从出土文献所见资料亦可推知"益"与质部关系密切，金文"益"字形体也应分析为从八、从血双声，据此知铜盆自名"益"应径读为"盆"。盆铭"戎伯"之"戎"为玉戈专字，当释作圭，"圭伯"就是圭地封君。《左传》载郑穆公后妃有"圭妫"，同为圭国之人，仲阪父盆证明了西周晚期作为帝舜之后的妫姓圭国就已存在，这对先秦古国历史、姓氏源流等研究具有一定的史料价值。

【关键词】仲阪父盆；铜器自名；圭国

【作者简介】马超，西南大学历史文化学院博士后，研究方向为商周金文与先秦史；邹芙都，西南大学历史文化学院教授、博士生导师，研究方向为商周金文与先秦史。（重庆　400715）

重庆中国三峡博物馆收藏有一件西周晚期的仲阪父盆，此器是在 20 世纪 50 年代由私人所捐赠，近来周博先生著文对其进行了专门介绍和研究，[①] 多有创获。铜盆器、盖同铭，周先生释读为：

仲阪父作戎伯宝益，万年子子孙孙永享用。

盆铭虽然简略，但其自名为"益"却颇为费解，"戎伯"的身份问题亦未见有学者深入研究，盆铭仍需作进一步探讨。

一　仲阪父盆自名考释

仲阪父盆自名之字原作 （器铭）、 （盖铭），器铭与盖铭写法一致，只是下部"皿"形稍有繁简而已。周博先生径释为"益"，金文所见西周王朝重臣益公之"益"一般作 （申簋盖，《商周青铜器铭文暨图像集成》[②] 05312）、 （永盂，《铭图》06230），但有时也会写作 （王臣簋，

---

* 本文是国家社科基金重大项目"商周金文字词集注与释译"（13&ZD130）、教育部人文社科青年基金项目"金文所见古国、古族姓氏资料整理与研究"（18YJC770022）、重庆市博士后特别资助项目"西周金文婚姻史料分国族整理与研究"（XmT2018091）阶段性成果。

① 周博：《重庆中国三峡博物馆藏仲阪父盆》，《文物》2018 年第 10 期。下文所引周先生之说均出此文，不再一一作注。

② 吴镇烽主编《商周青铜器铭文暨图像集成》，上海古籍出版社，2012。以下简称《铭图》。

《铭图》05313），皿旁上部的实心圆点"●"写为空心圆形"○"。众所周知，古文字形体中填实与空廓往往无别，[①] 所以周先生将仲阪父盆自名之字释为益，是可信的。周先生又据吴振武先生有关嗌、夷相通的论证以及典籍中夷、彝互通的文例，认为锡部与脂部音近可通，从而将仲阪父盆的自名"宝益"读为"宝彝"。益、彝分别为影纽锡部和喻纽（周博先生原文采用余纽之称）脂部，[②]文献中虽无二字直接相通之例，辗转为证似亦无不可，但这一意见仍有两方面的不足。

其一，目前已见于著录的有铭青铜盆不在少数（核查《铭图》以及《商周青铜器铭文暨图像集成续编》[③] 两书共有二十七件），其自名有"旅盆"（仲□父盆，《铭图》06258）、"飤盆"（郎子行盆，《铭图》06262）、"宝盆"（樊君夒盆，《铭图》06261）、"行盆"（奚子宿车盆，《铭图》06267）、"饋盆"（黄太子伯克盆，《铭图》06269）等多种，迄今尚未见有自名为"彝"者。[④] 其二，铜器铭文中用作器物共名的"彝"字也极少使用假借字来替代。春秋晚期的吴王光鉴（《铭图》15066、15067）铭文中"宗彝"之"彝"借"厘"字为之，似为金文中仅见的可以确定的"彝"用借字之例，[⑤] 且时代为春秋晚期又是吴国之器，郭永秉先生曾说明借"夷"声字表示"彝"是春秋晚期的用字习惯，这种习惯能否上推到更早乃至西周则有待证明，商、西周时代"宗彝""尊彝"之"彝"，从来没有借用过其他字来表示。[⑥] 因此从用字习惯上来说，将"宝益"读为"宝彝"也不太合适。

此外，尚有其他意见将仲阪父盆自名与转盘（《铭图》14359）自名、毁仲姜盆（《铭续》0537）自名合观，认为此二字右所从及仲阪父盆自名除去皿旁以外的部分，均为从"针"得声的"夵"字或其省廾之形，进而将仲阪父盆自名读为"盆"，[⑦]此说对字形的认识有误。《新金文编》指出毁仲姜盆字从"关"声，转盘自名右侧上部则为关省声。[⑧] "关"声之字可以和文部的麇、圂等通假，[⑨] 因此作盆的自名似可读为"盆"。至于认为转盘字从"关省声"之说，恐不确，王献唐先生释其为艋，[⑩] 当是，在铭文中当读为"盘"（参后文）。总之，转盘、毁仲姜盆自名一从益声，一从关声，并不相同，仲阪父盆自名则为"益"，三者不能相比附。

① 刘钊：《古文字构形学》（修订本），福建人民出版社，2016，第336页。

② 本文所引上古音意见如无特殊说明则即出自唐作藩先生《上古音手册》（增订本）（中华书局，2015）一书。

③ 吴镇烽主编《商周青铜器铭文暨图像集成续编》，上海古籍出版社，2016。以下简称《铭续》。

④ "彝"作为某些青铜器的共名是宗庙常设之器的意思。《左传·襄公十九年》："取其所得以作彝器。"杜预注："彝，常也，谓钟鼎为宗庙之常器。"张亚初先生也指出："彝训常是文献上的通诂。殷墟卜辞中的祭名彝就是指通常性的祭祀。铭文中器名称彝，应是常设器之意。"（张亚初：《殷周青铜鼎器名、用途研究》，《古文字研究》第十八辑，中华书局，1992，第275、276页），那么青铜盆不见自名为"彝"者，是否表示其并非宗庙常设之器也是可以考虑的。

⑤ 晋侯尊（《铭图》11610）"旅飤"之"飤"，陈剑先生认为是从"尸"声而将其读为"彝"（参陈剑《甲骨金文考释论集》，线装书局，2007，第124、125页）。郭永秉先生则指出此说有疑，其字仍当释为"飤"（参郭永秉《晋侯猪形尊铭文商榷》，《古文字与古文献论集续编》，上海古籍出版社，2015，第179—187页）。又乃孙鼎（《铭图》01924）"宝斋"之"斋"，沈培先生认为似乎可以读为"彝"，参沈培《新出曾伯漆壶铭的"元犀"与旧著录铜器铭文中相关词语考释》，复旦大学出土文献与古文字研究中心网站（http://www.gwz.fudan.edu.cn/Web/Show/4212），2018年1月23日。此说同样未能确定。

⑥ 郭永秉：《晋侯猪形尊铭文商榷》，第181页。

⑦ 付强：《谈谈仲阪父盆的自名》，微信公众号"古文字强刊"，2018年11月11日。

⑧ 董莲池：《新金文编》，作家出版社，2011，第614页。

⑨ 张儒、刘毓庆：《汉字通用声素研究》，山西古籍出版社，2001，第725、726页。

⑩ 王献唐：《国史金石志稿》第三册，青岛出版社，2004，第1238页。

仲阪父盆铭中的"宝益"，我们认为就应直接读为"宝盆"。盆属并纽文部，若采益属锡部的意见，则益、盆二字古音貌似有较大距离，但是部分益声字，如"溢""镒""齸"等，一些音韵学家是将其归入质部/质 2 部，[①] 而且出土简帛资料也能够证明益的上古音与质部十分密切。前文已述"益"在金文中常作 、 之形，其字从八从血，《战国古文字典》[②]、《古文字谱系疏证》[③] 均已指出"血"为其声符。《岳麓书院藏秦简（壹）·占梦书》简二十九正：

> 梦井溢者，出财。

整理者将"溢"解释为田间的水沟。[④] 陈剑先生指出若此则简文是说梦见"井"与"沟溢"，两者实不伦；该梦象与"出财"之占之间的关系，亦颇难明了，此处的"溢"字实是作为"溢"字用的，[⑤] 其说可从。陈先生文中还枚举有银雀山汉简、尹湾汉简、马王堆帛书等资料中多处"溢"用为"溢"字之例，只是陈先生并未言明"血""益"二字在语音上的关联，孟蓬生先生则进一步说明：

> 血、益两字音近可通。锡脂质多相通，伯益或伯翳，是其证也。金文益字多从八，从血（详《金文编》第 344 页），何琳仪以为从血声，其说似可从。其实八字也可以看作声符。《说文·弋部》："必，分极也。从八，弋声。"郭沫若以为"必"从八声。《说文·言部》："謐，静语也。从言，盗声，一曰无声也。"《说文·人部》："佖，静也。从人，血声。《诗》曰：閟宫有佖。"段玉裁注："佖与謐古音同部。"《尔雅·释诂上》："溢，静也。"……《诗·周颂·维天之命》："假以溢我。"段玉裁曰："此诗或作謐，或作溢，或作恤，皆静慎之意。"但他以为益为血之讹。（《诗经小学》卷四）王引之曰："卹、謐、溢古声相近，而字亦相通。"（《经义述闻·书·惟刑之卹哉》）[⑥]

陈复华、何九盈先生《古韵通晓》一书亦曾论述过溢、溢相通的问题，并据此将溢归入上古质部，[⑦] 因此《占梦书》中"井溢"之"溢"确是从水血声，应读为"溢"。《说文》云"必"字是"弋亦声"，段玉裁已对此进行了更正，云："……八各本误弋，今正，古八与必同读也。"[⑧] 其说明了必从八声。通过孟先生所举几字的通假关系可知，血、必（八）、益古音应接近，将益看作从八、从血双声是较有道理的。过去曾有学者将金文益字分析为从皿、从八或 ，并认为八、 是水形

① 陈复华、何九盈：《古韵通晓》，中国社会科学出版社，1987，第 242 页；郑张尚芳：《上古音系》，上海教育出版社，2003，第 526 页。
② 何琳仪：《战国古文字典》，中华书局，1998，第 733 页。
③ 黄德宽主编《古文字谱系疏证》，商务印书馆，2007，第 1987 页。
④ 朱汉民、陈松长：《岳麓书院藏秦简》（壹），上海辞书出版社，2010，第 164 页。
⑤ 陈剑：《岳麓简〈占梦书〉校读札记三则》，复旦大学出土文献与古文字研究中心网站（http://www.gwz.fudan.edu.cn/Web/Show/1677），2011 年 10 月 5 日。
⑥ 陈剑：《岳麓简〈占梦书〉校读札记三则》，第一楼评论。
⑦ 陈复华、何九盈：《古韵通晓》，第 359 页。
⑧ 段玉裁：《说文解字注》，上海古籍出版社，2014，第 50 页。

的小变，而 又是 形的进一步演变，① 现在看来应是不恰当的，季旭升先生已引诸家之说对此进行了辨析。② 值得注意的是，金文"益"字也写作异体" "形（毕鲜簋，《铭图》05050），从皿从八，花园庄东地甲骨中有 字与之结构相同，姚萱先生据此释其为益。③ 这样看来，"益"字最初或许就是从皿八声的，后来的血旁似是由"皿"变形声化而来。近来安徽大学藏战国竹简《诗经》以及新刊布的清华简《邦家处位》也间接证明了"益""血"二字的音近关系。

《楚帛书·甲篇》中两见 字，可以隶定为"衇"，旧不识。安大简《诗经·卷耳》篇中今本"不盈顷筐"之"顷"，对应的简文作 ，徐在国、管树强先生认为此字包括《楚帛书》中的衇，均是从矢血声，是形声构造的"倾"字异体。④ 此说得到了《清华简（捌）·邦家处位》的证实，在《邦家处位》篇中简1、简7两见"倾昃"一词，其中"倾"写作" "，⑤ 字形很清楚，就是从立血声。⑥ 这些材料均表明了血字上古音与倾字（耕部）的密切关系，而"顷"与"益"古音又接近（韵部耕、锡对转，声为邻纽），徐在国、管树强先生对此已有论述，比如"跬步"之"跬"《礼记·祭义》作"顷步"，《诗·小雅·天保》"吉蠲为饎"之"蠲"在《周礼》《仪礼》中又作"圭"。这样由楚简帛书"倾"字异体可确证血、顷二字音近可通，而顷又与益古音密切，那么血、益之间语音也应相近。将此与前文何琳仪先生、《古文字谱系疏证》、孟蓬生先生等对必、血、益间语音关系的论述，以及段玉裁等提出的必从八声之说合观，八、血均为益字声符的意见，应该是可信的。

八、分为同源词，《说文·八部》："八，别也。象分别相背之形。"段玉裁指出"八"训"别"是"此以双声叠韵说其义"。又同部："分，别也。从八从刀，刀以分别物也。"⑦ 其实这里的"别"同样是"分"的声训，王力先生《同源字典》已指出分、别同源，⑧《同源字典补》又论证了八、分、别等同源。⑨ 林义光说："八，征韵。分，文韵。双声对转，实本同字。"高鸿缙也说："八之本意为分。取假象分背之形……殷以来两字分行，鲜知其本为一字矣。"提出相近观点的还有戴家祥先生："八、分转注字，意义完全相同。古无轻唇音，八分古声亦同，实本一字。"⑩

既然知道益从八声，而八、分同源，那么仲阺父盆铭文中的"宝益"自然就可以直接读为"宝盆"了。其实换个角度，从益从血声这一点出发，同样可以找到将其读为盆的线索。血、必典籍多有相通之证，⑪ 而必又从八声，八、分"实本一字"，亦足证益、分（盆）音近。八、血二字一般

① 张世超等：《金文形义通解》，中文出版社，1996，第1225页。
② 季旭升：《说文新证》，艺文印书馆，2014，第417页。
③ 姚萱：《殷墟花园庄东地甲骨卜辞的初步研究》，线装书局，2006，第176—185页。
④ 徐在国、管树强：《楚帛书"倾"字补说》，《语言科学》2018年第3期。
⑤ 李学勤主编《清华大学藏战国竹简》（捌），中西书局，2018。
⑥ 从清华简的资料来看，安大简《卷耳》 字左旁很可能也是立，只是立的上面头部因为起笔书写而向左侧倾斜，《清华简》（捌）中"夫"作 ［参李学勤主编《清华大学藏战国竹简》（捌），第219页］即属此类。
⑦ 段玉裁：《说文解字注》，第49页。
⑧ 王力：《同源字典》，商务印书馆，1982，第523、524页。
⑨ 刘钧杰：《同源字典补》，商务印书馆，1999，第187页。
⑩ 林义光、高鸿缙、戴家祥之说参古文字诂林编纂委员会《古文字诂林》第一册，上海教育出版社，1999，第621—623页。
⑪ 张儒、刘毓庆：《汉字通用声素研究》，第824页。

归入质部，但是从先秦语音材料来看，八亦有可能在物部或微部，而血则有可能在微部，① 这样的话，八、血与分（盆）之间就只是韵部对转的关系而已。铜盆自称"宝盆"以及"盆"字使用借字为之（毁仲姜盆自名为⊞），在已著录的器物中均有先例，所以将"益"读为"盆"在语音和用字习惯上均是合适的。另外，前文所述转盘自名"艋"，也以益为声。益从八声，八与分、班、半、辨等同源，② 而分、班、半、辨诸字又均可与"般"声字相通，③ 故转盘自名"艋"完全可以读为"盘"，这也为益、八、分诸字的语音关系提供了证明。

综上所述，益字虽然常被归入锡部却又与质部关系密切，一些工具书将部分益声字归入质部，当即顾及了这种关系。龙宇纯先生提出过上古音脂（含质部）、真为微（含物部）、文变音的说法，④ 说明了这几部在语音上的关联性，本文论述了铜盆自名之"益"应读为"盆"，也可为龙先生的观点提供佐证。

二 玬伯与古圭国

仲阪父盆铭文中出现了两个人名——仲阪父和玬伯，"仲阪父"之名中未见有氏称，且其与玬伯之间又无亲属称谓，所以二人关系尚不明确，周博先生言玬伯是仲阪父的先祖，这种可能也是有的。"玬伯"之"玬"按照金文男性称名的惯例应为氏名，也就是国族名，玬伯就是玬地的封君。玬字原作玬，隶定为从玉从戈没有问题，应该就是"玉戈"的专字。在商周贵族墓葬中出土有一类玉戈形器，而这种玉戈实际上就是典籍中常说的圭，孙庆伟先生明确指出：

> 根据戈、圭在器物形制、制作工序和出土位置上的相似性，可以判定两者其实是同一类器物，所谓的圭不过是省略了内部的戈（引者按：指玉戈）而已。戈与圭异名同实，只是因为使用场合不同而名称有别。……在周代，当某种日常用器被用于礼仪和宗教场合时，它们也通常被赋予新的名称，这在《礼记·曲礼下》罗列有多项，如："凡祭宗庙之礼，牛曰一元大武，豕曰刚鬣……"由此推断，当一件形状为"戈"的瑞玉完成后，为区别于其日常用器以示珍重，故被赋予新名而称为"圭"。⑤

此外，西周铜器玉荀盘、盉铭文⑥提到的物品"凤圭"，我们曾指出其实就是考古资料中所见的那种内部雕刻有凤鸟纹的玉戈，⑦ 而且何琳仪、陈剑等先生还曾指出过戈、圭二字在语音上也有

---

① 龙宇纯：《古韵脂真为微文变音说》，《丝竹轩小学论集》，中华书局，2009，第316、317页。
② 王力：《同源字典》，第523、524页；刘钧杰：《同源字典补》，第187页。
③ 张儒、刘毓庆：《汉字通用声素研究》，第664、665页。
④ 龙宇纯：《古韵脂真为微文变音说》，第308—331页。
⑤ 孙庆伟：《周代用玉制度研究》，上海古籍出版社，2008，第197页。
⑥ 吴镇烽：《新见玉荀盘玉荀盉小考》，复旦大学出土文献与古文字研究中心网站（http://www.gwz.fudan.edu.cn/Web/Show/3069），2017年7月10日。吴先生原文称器主为"玉荀"，"荀"当是"荀"字笔误。
⑦ 邹芙都、马超：《金文考释拾零三则》，商周青铜器与金文研究学术研讨会论文，河南郑州，2017。

密切的联系。① 辨明了玉戈和圭之间的等同关系，仲阪父盆中的珐字释作"圭"就无疑了，其字可以理解为从玉戈声的形声字，也可解释为从玉从戈的会意字。

珐字得到释读以后，"圭（珐）伯"的身份问题也就有了线索。在文献记载当中先秦时期存在一个圭国，而同时又有一个邽国。《左传·襄公十九年》："子然、子孔，宋子之子也；士子孔，圭妫之子也。圭妫之班亚宋子，而相亲也；二子孔亦相亲也。"杜预注："宋子、圭妫皆郑穆公妾。"② 郑国为姬姓，宋为子姓，"宋子"是父国加父姓的女子称名方式。依此例，"圭妫"应就是出自妫姓圭国而嫁于郑穆公的女子。《姓觿》载："《姓考》云：'圭国，舜后。《左传》郑穆公妃曰圭妫是也。'一作邽。"③

又《史记·秦本纪》："（武公）十年，伐邽、冀戎，初县之。十一年，初县杜、郑。灭小虢。"《集解》云："《地理志》陇西有上邽县。应劭曰：'即邽戎邑也。'"④ 《姓觿》引《姓源》说："《左传》郦子以邦奔鲁，《史记》秦武公灭邽，后因氏。《千家姓》云：'鲁郡族孔子弟子有邦巽。'"⑤ 《姓觿》《姓源》将"郦子以邦奔鲁"之邦解释为地名，始于杜预之误。《左传·文公十二年》："十二年春，郦伯卒，郦人立君，大子以夫钟与郦邦来奔。"杜预注："郦邦亦邑名。"⑥ 从杜注开始既已将"郦邦"解释为地名，但是"郦邦"之"邦"本当作"圭"，杨伯峻先生已引服虔等前贤之说，对此辨之甚详，古时珍贵之器物，常有系以国名的先例，如《尚书·顾命》之"越玉、夷玉"之类，"郦圭"就是郦国之宝玉圭，"郦圭"误作"郦邦"当是后人所改。⑦

如上所论，春秋时期存有一个郑穆公夫人圭妫所出的圭国，乃是帝舜之后妫姓，至于其地望则暂时未详。同时尚有一个秦武公所灭的邽国，地在今甘肃天水，或言其为姜姓。⑧ 曾有观点将此二国混而为一，认为圭妫即出自邽戎国。陈槃先生已说明邽戎在秦武公十年被灭，秦武公十年当鲁庄公六年，而郑穆公夫人圭妫则见于鲁襄公十九年，圭妫不应出自邽戎，⑨ 陈说甚是。甘肃天水一带西周时期已是周王朝统治的西部边缘，从典籍习称邽为"邽戎"来看，其国应是戎人所立，似尚未融入华夏之中。与之相对，圭国虽然地望不详，但是其与郑国通婚，已属于姬周统治集团的姻亲。两相比较，"圭（珐）伯"显然更有可能出自圭国而不是地处蛮荒的邽戎。仲阪父盆的发现为圭国研究提供了新的出土文献史料，根据铜盘的年代还可推知西周晚期圭已立国。

三　结语

通过新刊布的仲阪父盆铭文可以得到如下两点重要认识：

① 何琳仪：《战国古文字典》，第741页；陈剑：《说殷墟甲骨文中的"玉戚"》，复旦大学出土文献与古文字研究中心网站（http://www.gwz.fudan.edu.cn/Web/Show/902），2009年9月11日。
② 杜预注，（唐）孔颖达正义《左传正义》，阮元校刻《十三经注疏》，中华书局，2013，第4275页。
③ 陈士元：《姓觿》，商务印书馆，1936，第53页。
④ 司马迁著，（宋）裴骃集解《史记》，中华书局，2014，第233、234页。
⑤ 陈士元：《姓觿》，第53页。
⑥ 杜预注，（唐）孔颖达正义《左传正义》，阮元校刻《十三经注疏》，第4019页。
⑦ 杨伯峻：《春秋左传注》（修订本），中华书局，2008，第587页。
⑧ 罗泌撰，罗苹注《路史》（四部备要本），中华书局，1989，第78页。
⑨ 陈槃：《不见于春秋大事表之春秋方国稿》，上海古籍出版社，2009，第162、163页。

首先，铜盆自名为"益"，这在以往所著录铜器中是未见过的，过去常将"益"字上古音归入锡部，但是通过《岳麓秦简》等资料所见益字语音关系，可知其读音也应与质部关系密切，通过对"益"字形体的分析可知八、血应均为其声符，仲阪父盆中作为自名的"益"应直接读为"盆"。

其次，根据学界关于玉戈和圭这两种器物关系的研究，知盆铭"戈伯"当释为"圭伯"，"圭伯"为圭地封君。典籍记载中春秋时期有妫姓的圭国以及地处天水的邦戎国，圭伯当出自前者，这也说明圭国历史至少可以上推至铜盆的铸作年代——西周晚期。

总之，仲阪父盆在铜器自名、古国历史、姓氏源流等方面均具有重要研究价值，应当引起重视。

Study on the Name of Zhongbanfu's Basin and the Country of Gui（圭）

Ma Chao　Zou Fudu

（College of History and Culture, Southwest University）

Abstract：The name of Zhongbanfu's basin is yi（益）, it is the first time we can find in the bronze inscriptions, this is hard to understand. Some scholars change it's pronunciation as yi（彝）, some think it's phonetic component is zhuan（羴）and then change it's pronunciation as pen（盆）. These opinions are possibly wrong. The characters which phonetic component is yi（益）, are incorporated into the rhyme group of zhi（质）, in before. Unfounded Chinese character materials show us the close relationships between yi（益）and rhyme group of zhi（质）. The character of yi（益）in bronze inscriptions should have two phonetic component, they are ba（八）and xue（血）, so the name of Zhongbanfu's basin ought to changing it's pronunciation as pen（盆）straightly. The character "戈" in "戈伯" of Zhongbanfu's basin means jade dagger-axe, should explicate to gui（圭）, "gui bo"（圭伯）is the sovereign of gui（圭）. According to the record of *Zuo Zhuan*（左传）, "Gui Wei"（圭妫）is Zheng Mugong's wife, she is also come from the country of gui（圭）. The words in Zhongbanfu's basin proves that, as the descendant of Emperor Shun（舜）, the country of gui already exist in the late Western Zhou Dynasty, this is valuable to the study of country history and origin and development of surnames in the Pre-Qin Period.

Key words：Zhongbanfu's basin; the name of bronze vessels; the country of gui（圭）

嫒鼎铭文读释*

王进锋

【摘　要】嫒鼎是一件西周中期早段、畿内井氏家族的铜器。嫒鼎铭文中的妫是井氏家族的宗妇，器主嫒是同家族宗子的某位兄弟之妻；妫和嫒是妯娌关系。嫒之前在周王内宫任职，退职以后，被妫任命来管理井氏家族宗庙里的臣、妾；这是一种女性官员迁转的现象。嫒鼎是研究西周时期女性官员的重要史料。

【关键词】嫒鼎；妫；井氏家族；人物关系；迁转

【作者简介】王进锋，华东师范大学历史学系副教授，研究方向为出土文献与先秦史。（上海200241）

吴镇烽在 2016 年出版的《商周青铜器铭文暨图像集成续编》（以下简称《铭图续》）中公布了一件以前未见著录的青铜器——嫒鼎[①]。嫒鼎的内壁有 31 字铭文，吴先生做了初步的隶定。近来，还有学者对嫒鼎铭文进行了考释[②]。

笔者在深入阅读这几篇文章之后，发现自己的理解与他们多有不同。与此同时，铭文背后还牵涉到一些有趣的人物关系和历史问题，非常值得研究。鉴于这两方面的原因，在下文中，笔者将对嫒鼎铭文及相关问题做进一步探讨，希祈指正。

一　嫒鼎的时代与性质

嫒鼎敛口，腹部不深且略呈袋状；口沿上有一对立耳；有三条柱足，足部不长，还微向内倾。形制与西周中期的师旋鼎、十五年趞曹鼎、五年卫鼎、九年卫鼎和师奎父鼎接近[③]。嫒鼎内壁铸有31 字铭文；铭文的字体小而规整，略有拘谨的色彩；每横向和竖列的字数均呈对称状态（第一列虽然多出一字，但也被巧妙地处理，从而也与后面几列对称）；字与字之间的距离不是很紧密，也不是很松散。字体风格和布局特征界于西周早期第二阶段的御正卫簋铭文和西周中期第一阶段的彧鼎铭文之间[④]。嫒鼎的颈部饰有浮雕状圆涡纹，间有四瓣花纹；与上海博物馆收藏的宜子鼎、格伯

---

　*　基金项目：国家社会科学基金青年项目"西周时期的社会流动研究"（批准号：18CZS007）。

①　吴镇烽编著《商周青铜器铭文暨图像集成续编》，上海古籍出版社，2016，第 263 页。
②　韦心滢：《嫒鼎相关问题试析》，《青铜器·金文与齐鲁文化学术研讨会会议手册》，山东潍坊，2018；叶先闯：《西周金文札记两篇》，《第二届"商周青铜器与先秦史研究青年论坛"论文集》，重庆，2018。
③　王世民、陈公柔、张长寿：《西周青铜器分期断代研究》，文物出版社，1999，第 29—34 页。
④　朱凤瀚：《中国青铜器综论》，上海古籍出版社，2009，第 627—631 页。

簋纹饰相同①。四瓣花纹在西周时期只在早期青铜器中有，西周中期就逐渐消失了②。综合器物形制、铭文字体、布局特征和青铜纹饰来看，媵鼎的时代当如吴镇烽、韦心滢先生所说③，为西周中期早段，约为昭、穆时期。

西周时期出现"井"字铭文的青铜器都是畿内井氏家族的青铜器④。依此看来，同样出现了"井"字的媵鼎铭文应当也是畿内井氏家族的青铜器，而不是畿外邢国青铜器。同时，媵鼎颈部饰有浮雕状圆涡纹，间有四瓣花纹；这种纹饰和邢台葛家庄西周墓地 M73 出土的戈鼎纹饰⑤几乎一模一样，和邢台南小旺西周墓地 M28 出土的一件鼎上的纹饰⑥也十分相似。而邢台葛家庄墓地和南小旺墓地是西周时期邢国的遗存，这说明西周时期的畿内井氏家族和邢国之间可能有某种联系。

总之，媵鼎的时代是西周中期早段，约为昭、穆时期。它是畿内井氏家族的铜器，但是从纹饰来看，又和畿外邢国之间有着千丝万缕的联系。

二　媵鼎铭文考释

接下来重点讨论媵鼎铭文。

为讨论方便，兹将媵鼎铭文（《铭图续》214）逐录于下：

　　丁卯，退事于内宫。妫易（赐）媵玄衣，曰："隹（唯）女（汝）聿（弼）井（井），司宗臣、妾。"用乍（作）宝鼎，其万年用事宗。

《说文》："事，职也"；《玉篇》："事，职也"；《国语·晋语八》："夫爵以建事"，韦昭注："事，职也。"曶鼎铭文"用更乃祖考司卜事"（《集成》2838，西周中期）、吕服余盘铭文"余命汝更乃祖考事"（《集成》10169）、师虎簋铭文"载先王既命乃祖考事"（《集成》4316）中的"事"都有"职"的含义。

"退事"在金文中是首次出现。它的用法，可以与金文中的"进事"对读。召圜器铭文记载：

　　唯十又二月初吉丁卯，召启进事，奔走事皇辟君。休王自毅使赏毕土方五十里。召弗敢忘王休，冀用作妖宫旅彝。（《集成》10360，西周早期）

---

①　朱凤瀚：《中国青铜器综论》，上海古籍出版社，2009，第 595—598 页。

②　朱凤瀚：《中国青铜器综论》，上海古籍出版社，2009，第 616 页。

③　吴镇烽编著《商周青铜器铭文暨图像集成续编》，上海古籍出版社，2016，第 263 页；韦心滢：《媵鼎相关问题试析》，《青铜器·金文与齐鲁文化学术研讨会会议手册》，山东潍坊，2018。

④　陈颖飞对金文中出现过"井"字的青铜器做过统计（陈颖飞：《清华简井利与西周井氏之井公、井侯、井伯》，《出土文献》第二辑，中西书局，2011，第 45—46 页）。从中可以看出，这些铜器基本上都是畿内井氏家族的青铜器。

⑤　任亚珊等：《1993—1997 年邢台葛家庄先秦遗址、西周贵族墓地考古工作的主要收获》，《三代文明研究（一）——1998 年河北邢台中国商周文明国际学术研讨会论文集》，科学出版社，1999。

⑥　李军：《邢台南小旺 28 号西周墓》，《文物春秋》2005 年第 2 期。

铭文中的"启"有"初"的含义①;"进事",即任命职务;"召启进事"意即召初次被任命职务。与召圜器铭文"进事"相比较,嫒鼎铭文"退事"即"退职",即退去职务。

"内宫",是周王的后宫。《周礼·天官·内宰》:"会内宫之财用。"郑玄注:"计夫人以下所用财。"贾公彦疏:"以其云内宫,是总六宫之内所有财用皆会计之。"《周礼·天官·女史》:"女史掌王后之礼职,掌内治之贰,以诏后治内政,逆内宫。"郑玄注:"钩考六宫之计。"这两处的"内宫"都指天子的内宫。《左传·成公十八年》:"齐侯使士华免以戈杀国佐于内宫之朝。"杜预注"内宫,夫人宫",即齐国国君的后宫。《左传·襄公二十八年》"陈须无以公归,税服而如内宫。庆封归,遇告乱者。丁亥,伐西门,弗克。还,伐北门,克之。入,伐内宫"中的"内宫"是指齐景公的后宫。如此看来,只有天子和诸侯国国君的后宫才能称为"内宫"。嫒鼎是畿内青铜器,铭文中的人员妋、嫒都处于周王国,那么铭文中的"内宫"只能指周王的后宫。

"退事于内宫",应是"嫒退事于内宫",即嫒从周王内宫退职下来②。可以看出,嫒此前在周王后宫任职。

妋是一名女子,她是以姓来称名的;妋是她的本姓。女子以本姓来称名的情况,在西周金文中屡次出现,请看以下几例:

> 亢伯作姬宝簋。(亢伯簋铭文,《集成》3530,西周早期)
>
> 尧敢作姜盘,用万年用楚,保眔叔尧。(尧盘铭文,《集成》10106,西周中期)
>
> 畎叔作姒尊。(畎叔作姒尊铭文,《集成》3365,西周早期)
>
> 伯卫父作赢霖彝。孙孙子子,万年永宝。(伯卫父盉铭文,《集成》9435,西周早期)
>
> 妊作邦赢彝。(妊爵铭文,《集成》9027—9028,西周早期)

以上铭文中的姬、姜、姒、赢、妊都是以本姓来称名的女子。嫒鼎铭文中妋的称名形式与她们相似。妋姓在金文中多次出现③,但是单独称妋,在金文中还是第一次出现。

在嫒鼎铭文中,妋的全称应是"井妋"。作器者可能为了节省铸造铭文的地方,才进行了简省。在"井妋"中,"井"是夫族名,"妋"是女子的本姓。这和金文中的"晋姜"(晋姜鼎铭文,《集成》2826,春秋早期)、"虢姜"(虢姜簋盖铭文,《集成》4182,西周晚期)、"虢改"(虢仲鬲铭文,《集成》708,春秋早期)、"楚赢"(楚赢匜铭文,《集成》10273,春秋早期)、"同姜"(同姜鬲铭文,《集成》522,西周晚期)、"密姒"(密姒簋铭文,《集成》4522,西周晚期)、"散姬"(散姬方鼎铭文,《集成》2029,西周中期)、"蔡姞"(蔡姞簋铭文,《集成》4198,西周晚期)、"卫姒"(卫姒鬲铭文,《集成》594,春秋早期)、"内(芮)姞"(芮姞簋铭文④,西周早期)、"獣姬"(獣叔獣姬簋铭文,《铭文选》371,西周中期)的称名形式相同。像"井妋"省称为"妋"的

---

① 陈梦家:《西周铜器断代》,中华书局,2004,第52页。

② 韦心滢(《嫒鼎相关问题试析》,《青铜器·金文与齐鲁文化学术研讨会会议手册》,山东潍坊,2018)认为"退事于内宫"的含义为:嫒退下来,到内宫任职。如果按此解释,那么"宗"是属于内宫的事务。然而,根据传世文献和金文,宗并不在内宫内,所以这种看法似乎并不恰当。

③ 曹兆兰:《金文女性称谓中的古姓》,《考古与文物》2002年第2期。

④ 张懋镕:《芮姞簋赏析》,《收藏》2007年第5期。

形式，还可以参看作册矢令簋铭文：

唯九月既死霸丁丑，作册矢令尊宜于王姜。姜赏令贝十朋，臣十家，鬲百人。（《集成》4300，西周早期）

铭文中的"王姜"就是"夫族名＋本姓"的形式；这位女子的本姓是姜，她的丈夫是周王。她的名字在铭文中再次出现的时候就省称为"姜"。

"妠"是井氏家族宗子的正妻，也即宗妇。西周时期贵族家族的宗妇，"在家族内部拥有仅次于宗子的地位，并有支配家族财产、命令家臣管理家族内部事务的权力与职责，同时还要统领宗族中的妇女、襄理祭祀并宴飨招待家族中的家属成员，以加强本家族成员间的团结"①。正因为此，妠有权力命令嬡来管理井氏家族的事务。

嬡是嬡鼎的器主，从所从的"女"旁来看，应当是一位女性。嬡不是姓，而是名。关于这点，可以参看以下金文：

王作刜弄。（王作刜弄卣铭文，《集成》5102，殷）
伯先父作妖尊鬲。其子子孙孙永宝用。（伯先父鬲铭文，《集成》649，西周中期）
妆作乙公宝彝。毗。（妆舨铭文，《集成》7304，西周早期）
伯疑父作嬟宝簋。其万年，子子孙孙永宝用。（伯疑父簋盖铭文，《集成》3887，西周晚期）

以上铭文中的刜、妖、妆、嬟都是女子的名。嬡的称名形式与她们相同。

西周时期的贵族家族里，除了宗子和以他为核心的小家庭生活于其中外，还有一些其他人员②，这其中非常重要的就是宗子的同胞兄弟（及以其为核心的小家庭）、从父兄弟（及以其为核心的小家庭）、从祖兄弟（及以其为核心的小家庭）。如在贵族荣氏家族里，除了宗子荣伯之外，还有其弟荣季（卯簋盖铭文，《集成》4327，西周中期）。旅伯鼎铭文（《集成》2619，西周后期）中的"旅伯"是裘卫家族的宗子③，而这个家族当时还有成员"旅仲"（旅仲鼎铭文，《集成》3872），旅仲是旅伯之弟。在匋君公伯家族里，有他的弟弟虔（虔簋铭文，《集成》4167，西周中期）。

在贵族家族里，宗子的兄弟虽然都受大宗宗子管理，但是他们内部之间也是有差别的。有的已

---

① 耿超：《性别视角下的商周婚姻、家族与政治》，人民出版社，2017，第159—173、202—203页。
② 这些人包括：宗子的同胞兄弟（及以其为核心的小家庭）；宗子的从父即世父、叔父（及以其为核心的小家庭）、从父兄弟（及以其为核心的小家庭）；宗子的从祖兄弟（及以其为核心的小家庭）；与宗子没有血缘关系的、担任家族官吏的人员；从事生产的各类平民和奴隶。见朱凤瀚《商周家族形态研究》（增订本），天津古籍出版社，2004，第297—301、314—315页。
③ 1975年陕西省岐山县董家村出土了一批铜器，它们是一个家族所铸造的铜器。裘卫、旅伯和旅仲都见于这批铜器铭文。从相关内容来看，裘卫是这个家族的祖先，旅伯、旅仲是后世的子孙，并且旅伯是旅仲之兄。见周瑗（李学勤）《矩伯、裘卫两家族的消长与周礼的崩坏——试论董家青铜器群》，《文物》1976年第6期。

经在家族内部分立，成为小宗，称"小子"①；有的还没有分立，还要依附于宗子。关于这种差别，请看叔㚤簋铭文：

> 叔㚤作宝尊簋，眔仲氏万年。用偁喜百生（姓）、佣（朋）友眔子妇。子孙永宝，用夙夜享孝于宗室。（《集成》4137，西周晚期）

叔㚤是贵族之家的宗妇，仲氏是她的丈夫，也即宗子。偁喜，在兮仲钟铭文（《集成》65，西周晚期）、师㝬钟铭文②、吴生残钟铭文（《集成》105，西周晚期）中作"喜偁"，意为喜乐③；百姓，是仲氏家族内部分立的各小宗的宗族长④；朋友是没有分立的仲氏同胞兄弟、从父兄弟、从祖兄弟等兄弟辈的族人⑤。可见，贵族家族内部的诸多兄弟之间也是有差别的。井氏家族，当和荣氏家族、裘卫家族、匋君公伯家族、仲氏家族一样，其间除了宗子之家之外，还有宗子的诸多兄弟之家；同时，这些兄弟之间也有分立和未分立之别。

媵应当本身就来自井氏家族，是井氏家族宗子某个兄弟之妻。而且，媵所在的小家庭在井氏家族内部已经分立，成为一支小宗，所以她所在的小家族有自己的"宗"（媵鼎铭文最后一字）。但在总体上，她及其家庭还要受井氏家族的宗子及宗妇管理。井氏家族是西周时期地位显赫的贵族家族，其宗子及其兄弟都是周王朝的卿大夫、士。西周时期很多贵族之家的小宗都在周王朝担任卿士，如师望，师望鼎铭文（《集成》2812，西周中期）中他自称"大师小子师望"，可见他是大师家族的小宗宗子，他职掌的是"出入王命"，则他在周王朝任职，担任的应是卿士职务。又如伯公父，他自称"伯大师小子"，则是伯大师家的小宗宗子；他作器是为了"我用召卿事辟王"（《集成》4628，西周晚期），则他在周王朝任职，担任的应当是卿士类职务。井氏家族宗子之弟，当和师望、伯公父一样，也在周王朝任卿士。媵作为井氏家族宗子兄弟之妻，从身份上讲，是卿大夫、士之妻。

上文提及媵之前在周王后宫任职。西周时期的周王后宫里，在王后和周王嫔妃之外，还有几类不同的女性官员⑥。其中有一类"外命妇"，必须由卿大夫、士之妻担任。请看以下的记载：

> 凡丧事，佐后使治外、内命妇，正其服位。……中春，诏后帅外、内命妇始蚕于北郊，以为祭服。（《周礼·天官·内宰》）
> 追师……为九嫔及外、内命妇之首服，以待祭祀宾客。（《周礼·天官·追师》）

---

① 朱凤瀚指出，西周金文所见贵族家族组织中的"小子"，是贵族家族中的分族之长；他们"在宗法关系上相对于整个家族之长（即大宗）是为小宗，在亲属组织上各有分族，可以说另立户口，但在居住形式上以及经济、政治生活中未必皆独立出去"。见朱凤瀚《商周家族形态研究》（增订本），天津古籍出版社，2004，第312—313页。
② 吴镇烽、雒忠如：《陕西省扶风县强家村出土的西周铜器》，《文物》1975年第8期。
③ 耿超：《性别视角下的商周婚姻、家族与政治》，人民出版社，2017，第170—171页。
④ 张政烺：《古代中国的十进制氏族组织》，《张政烺文史论集》，中华书局，2004，第277—313页。
⑤ 朱凤瀚指出"朋友"即指贵族的同胞兄弟、从父兄弟、从祖兄弟等兄弟辈的族人。见朱凤瀚《商周家族形态研究》（增订本），天津古籍出版社，2004，第292—297页。
⑥ 研究者曾经对周王内宫女性官员的种类做过总结，可以分为命妇（有分外命妇、内命妇）、保官、侍奉周王和妃嫔生活起居及相关事务的女性官员、女宫四类。见王进锋《西周时期的女性官员》，《社会科学战线》2017年第10期。

屦人……辨外内命夫、命妇之命屦、功屦、散屦。(《周礼·天官·屦人》)

内司服……辨外、内命妇之服，鞠衣、展衣、缘衣、素纱。(《周礼·天官·内司服》)

大丧，比外、内命妇之朝莫哭。(《周礼·春官·世妇》)

郑玄解释说："内命妇谓九嫔、世妇、女御。郑司农云：'外命妇，卿大夫之妻，王命其夫，后命其妇'，玄谓士妻亦为命妇。"① 可见，周王后宫的"外命妇"需要由卿大夫、士的妻子担任。嫚在周王后宫担任的职官可能就是"外命妇"；她是以卿大、士之妻的身份去周王内宫任职的。

如上所言，妠是井氏家族宗子之妻，而嫚是宗子兄弟之妻，那么，妠和嫚是妯娌关系。

嫚鼎铭文中，井氏家族宗妇妠，扮演的角色主要是在妯娌嫚退职以后任命给她职务。妠这样做，一方面是在管理家族内部的事务，履行宗妇的职责；另一方面应当是为了团结妯娌，维护家族的团结、和睦。类似的情况，在其他金文中也出现过。叔妖簋铭文"叔妖作宝尊簋，罙仲氏万年。用侃喜百生（姓）、朋友罙子妇"(《集成》4137，西周晚期)中，叔妖是贵族之家的宗妇，仲氏是她的丈夫，也即宗子。上文已经指出百姓是仲氏家族各小宗的宗族长；朋友是仲氏同胞兄弟、从父兄弟、从祖兄弟等兄弟辈的族人；子妇，指这些人的儿子、妻子。可见，叔妖作这件器物，就是为了给族人喜乐；而族人就包括"妇"，即叔妖的妯娌。再看仲姬簋铭文：

叔家父乍（作）仲姬匡（筐）。用盛稻粱（梁），用速先后、诸兄，用祈眉考（老）无疆。悊（哲）德不忘，孙子之贶。(《集成》4615，春秋早期)

这件簋的时代去西周不远，也能反映西周时期的历史状况。这件器物是叔家父为他的妻子仲姬所作。叔家父应是宗子，而仲姬是宗妇。《诗经·小雅·伐木》："既有肥羜，以速诸父。……既有肥牡，以速诸舅"，郑笺："速，召也。"诸兄，即叔家父的兄弟。《尔雅·释亲》："长妇谓稚妇为娣妇，娣妇谓长妇为姒妇"，郭璞注："今相呼先后，或云妯娌。"可见，贵族叔家父之家里有宗妇仲姬和她的妯娌。从铭文来看，叔家父给妻子仲姬作这件簋的一个重要目的是让她来招待妯娌和兄弟，从而团结他们。嫚鼎铭文中的相关情况与之相似。

聿，通假为"弻"。《说文》："聿，所以书也。……燕谓之弗。"《汉书·东方朔传》："上以拂主之邪"，颜师古注："拂与弻同"；"弻"的《说文》古文作"弯"，从弗从弓；朱骏声《说文通训定声》谓"弻""假借为弗"。这些都表明"聿""弻"二字皆为"弗"音，音同可以通假。弻，辅。《说文》："弻，辅也"；《尚书·大禹谟》："以弻五教"，孔安国传："弻，辅也。"

"井"就是"井"。五祀卫鼎铭文(《集成》2832)中"井伯"两见，一写作"井伯"，另一写作"井伯"；其他青铜器铭文中也有"井"有时作"井"的例子②。这些都可作为嫚鼎铭文中"井"就是"井"的证据。

---

① 《周礼·天官·内宰》"凡丧事，佐后使治外、内命妇，正其服位"郑玄注，见《周礼注疏》，上海古籍出版社，2010，第247页。

② 陈颖飞：《清华简井利与西周井氏之井公、井侯、井伯》，《出土文献》第二辑，中西书局，2011，第46页。

"井"即指井氏家族①。西周金文中有以单个字来指代整个家族的例子，"卫小子犕"（裘卫盉铭文，《集成》9456）、"卫小子"（五祀卫鼎铭文，《集成》2832）、"卫小子家"（九年卫鼎铭文，《集成》2831）中的"卫"就是指卫氏家族；"颜小子"（九年卫鼎铭文，《集成》2831）中的"颜"指颜氏家族。这和"井"的情况十分相似。此外，还有更直接的证据，犀甗铭文（《集成》919，西周中期）和伯㚖父甗铭文（《集成》923）中的"井（井）"就是指井氏家族。"弼井"就是辅佐井氏家族。

"司宗臣、妾"之宗，即宗庙；铭文中的宗，是指贵族井氏的家族宗庙。小夫卣铭文："小夫作父丁宗尊彝"（《集成》5320），意为小夫给父亲丁的宗庙作宝卣。西周中期的尹姞鬲铭文记载：

> 穆公作尹姞宗室于繇林。唯六月既生霸乙卯，休天君弗望穆公圣犅明龏事先王，格于尹姞宗室繇林。君蔑尹姞历，赐玉五品，马四匹。拜稽首对扬天君休，用作宝盉。（《集成》754—755）

穆公是周王国的一名贵族，他给自己的妻子尹姞在繇林作了宗室。这两篇铭文说明像小夫、尹姞这样的贵族之家有宗庙，那么井氏家族有宗庙也是很正常的事情。

"司宗臣、妾"就是管理井氏家族宗庙里的臣、妾。可与之相比较的是宰兽簋铭文和伊簋铭文，它们的内容分别为：

> 王呼内史尹仲册命宰兽曰："……㸔司康宫王家臣、妾。"（宰兽簋铭文，《铭图》5376—5377，西周中期）

> 王呼命尹封册命伊："㸔官司康宫王臣、妾、百工。"（伊簋铭文，《集成》4287，恭王时期）

第一篇铭文中的"王家臣、妾"即"王家臣""王家妾"。第二篇铭文中的"王臣、妾"应是"王臣""王妾"的合写。大意为：周王命令尹封册命伊来管理康宫里的王臣、王妾、百工。王臣、王妾与"百工"并列出现，说明他们的身份和职务与百工相当。这两篇铭文告诉我们，西周时期先王的宗庙里有臣、妾。还可以与之比较的是大克鼎、逆钟和复作父乙尊铭文：

> 王若曰："克，……赐汝井家㽎田于峆，以（与）厥臣、妾。"（大克鼎铭文，《集成》2836，孝王时期）

> 叔氏若曰："逆，乃祖考许政于公室。今余赐汝干五锡、戈彤沙，用总于公室仆庸、臣妾、小子室家。"（逆钟铭文，《集成》60—63，西周晚期）

> 燕侯赏复冂、衣、臣、妾、贝。用作父乙宝尊彝。（复作父乙尊铭文，《集成》5978，西周早期）

---

① 韦心滢（《娭鼎相关问题试析》，《青铜器·金文与齐鲁文化学术研讨会会议手册》，山东潍坊，2018年）将铭文中的"井"解释为井氏家族的家法。反复揣摩文意，我们发现她实际上将一个字解释成了两个词，有增字解经之嫌。

第一篇铭文说明克、井这样的贵族之家有臣、妾；第二篇铭文说明贵族叔氏家有臣、妾，而且让逆来进行管理；第三篇铭文说明燕国的贵族复家也有臣、妾。嫚鼎铭文则说明当时贵族家的臣、妾，有一部分是在家族宗庙里，并且还会让家臣来进行管理。

可见，嫚退职之后，又回到井氏家族。井氏家族宗妇妫让她来辅佐井氏家族，并任命了新的职务，管理家族宗庙里的臣、妾。

“其万年用事宗”之“宗”，也是宗庙。这个“宗”和“司宗臣、妾”之“宗”不同，是嫚所在的井氏家族小宗的宗庙。贵族家族小宗有独立宗庙的情况，也见于西周晚期的伐簋铭文：

> 唯王十年正月初吉甲申，王命伐遗鲁侯。伯頻蔑厥老父伐曆，赐圭瓒、彝一肆、𬀪尊，以厥备；赐小子寯一家：师曰引，以（与）友五十夫。伐拜稽首，敢对扬朕公子鲁侯丕显休，用作吕姜□宝尊簋，其用夙夜享于宗室，用祈纯鲁，世子孙永宝用。（《铭图》5321）

器主伐是上一代鲁侯的兄弟，是这一代鲁侯伯頻的叔父，所以又被称为“老父”[①]；他还是鲁侯家族小宗的宗子，所以他也就是铭文中的“小子”。寯可能是地名，类似于𠂤季姬方尊铭文[②]中的“空木”；“寯一家”即在寯的一家人。铭文中的“宗室”应当是伐所在小宗的宗庙，而不是鲁侯的宗庙。诸侯家族小宗有宗庙与井氏家族小宗有宗庙的情形相似。

综上所述，嫚鼎铭文的大意为：在丁卯日，嫚从周王的内宫退职下来（并回到了井氏家族）。井氏家族的宗妇妫赏赐嫚玄衣，并说道：“你要辅佐井氏家族，管理井氏家族宗庙里的臣和妾。”嫚作了宝鼎，将它万年用于（嫚所在井氏家族小宗）宗庙里的事务。

三　西周时期女性官员的迁转

在嫚鼎铭文中，嫚本是井氏家族宗子兄弟的妻子，后来来到周王的后宫任职；从周王后宫退职之后，又回到井氏家族，被任命管理井氏家族宗庙里的臣、妾，从而由周王的内廷官员变成了贵族的家臣。这是一种女性官员的迁转现象[③]。

西周时期女性官员的迁转，并不仅见于此。与嫚相似，职务变动的还有伯姜的例子。西周早期的伯姜鼎铭文云：

> 唯正月既生霸庚申，王在莽京溼宫。天子㳄宣伯姜，赐百朋。伯姜对扬天子休，用作宝尊彝。用夙夜盟享于卲伯日庚。天子万年，百世孙孙子子受厥屯鲁。伯姜日受天子鲁休。（《集成》2791）

① 朱凤瀚：《关于西周金文历日的新材料》，《故宫博物院院刊》2014年第6期。

② 蔡运章、张应桥：《季姬方尊铭文及其重要价值》，《文物》2003年第9期。下文所称刊布专家的文章，就指此文。

③ 所谓“迁转”就是指官员的升级或调动任所。见罗竹风《汉语大词典》，上海辞书出版社，1994，第1180页。具体来说，它应当包括两个层面的意蕴：第一，一般社会人员进入仕途，变成官员；第二，已经担任官职的人员职务变动、升迁、贬谪、罢黜、致仕。嫚鼎铭文中嫚的情况属于职务变动。

"伯姜"是器主；"邵伯"是她已殁的丈夫①。伯姜应当是邵伯家族的宗妇。在以上铭文中，伯姜一方面在都城莽京的濕宫受到天子的赏赐；另一方面，她希望自己能"日受天子鲁休"。从这两方面来看，她应该是在周王朝担任官职。很明显，伯姜是从贵族邵伯之家到周王朝任职的。另外，西周贵族妇女尹姞的职位，也发生了变动。西周中期的尹姞鼎铭文记载：

> 穆公作尹姞宗室于繇林。唯六月既生霸乙卯，休天君弗望穆公圣犀明紌事先王，格于尹姞宗室繇林。君蔑尹姞历，赐玉五品，马四匹。拜稽首对扬天君休，用作宝盉。（《集成》754—755）

尹姞是穆公的夫人；穆公是一名贵族，为先王的公尹，有功于先王；天君是周王的王后。铭文中，周王后特地来到尹姞的宗庙赏赐尹姞，主要原因是她的丈夫有功于先王。在这篇铭文中，尹姞在自己家中。尹姞的职务暂时看不出来。同一人所作的公姞鼎②铭文云：

> 唯十又二月既生霸，子仲渔［大］池。天君蔑公姞历，使赐公姞鱼三百。拜稽首对扬天君休，用作盉鼎。（《集成》753，西周中期）

铭文中的子仲是何人不太清楚；"大池"位于周都，是周王举行礼仪活动的重要场所。周王后在子仲"渔大池"后赏赐公姞，应当是因为她在其中发挥了作用，可以判断，公姞担任的是与大池有关的职务，也即她此时在周王朝任职。尹姞从自己家中来到周王朝任职，职务发生了迁转。

西周时期也有女官升迁的案例。西周时期的"卫巫"③，从"在男曰觋，在女曰巫"④ 来看，可能是一位女性。韦昭注："卫巫，卫国之巫也"，那么她本是一名来自卫国的巫官。卫巫的事迹见于《国语·周语上》：

> （周厉王）得卫巫，使监谤者，以告则杀之。国人莫敢言，道路以目。

卫巫来到了周王国，而且司职"监谤者"。卫巫的职务与之前相比，发生了升迁。另外，她的任所也发生了变化。

姬㝬母是女性官员升迁的又一例证。西周时期的贵族家族已经仿照王朝建立了家朝和廷礼制度，借以强化主臣间的政治等级关系⑤。从这个意义上讲，家主和家臣的关系就相当于君与臣，而贵族家族里的宗子、宗妇和起到管理作用的成员都可被看成官员。在贵族家族政治里，宗妇有仅次于宗子的地位，地位十分崇高；而诸如宗子的妻妾等家族内部的女性成员都是宗妇的下属。由于自

---

① 陈昭容：《周代妇女在祭祀中的地位——青铜器铭文中的性别、身份与角色研究（之一）》，《妇女与社会》，中国大百科全书出版社，2005，第19页。
② 公姞鼎的花纹和形制与尹姞鼎相同，因而公姞与尹姞是一人。见陈梦家《西周铜器断代》，中华书局，2004，第136页。
③ 《国语·周语上》。
④ 见于《国语·楚语下》。许慎《说文解字》在解释"觋"字时也说："在男曰觋，在女曰巫。"
⑤ 朱凤瀚：《商周家族形态研究》（增订本），天津古籍出版社，2004，第314—321页。

然的原因，有些贵族家族的宗妇因为年老而去世，为了管理整个家族，宗子的某个妻妾会顶替上来成为新的宗妇。那么，从家族的管理作用和政治职能上讲，这个妻妾的职务就发生了升迁。金文中确实有这样的情况，请看姬皂母温鼎铭文：

姬皂母作鲁鼎，用旨尊厥公、厥姊。（《铭图续》153，西周早期）

"公"是某个贵族家族的宗子；"姊"是宗妇，同时是器主姬皂母的姐姐；姬皂母是随着"姊"一同嫁给公的媵妾①。在铭文中，公与姊已经去世，姬皂母成为家族新的宗妇。可见，姬皂母从媵妾成为宗妇，在家族内部的职位发生了升迁。

总之，在嫚鼎铭文中，嫚起初从井氏家族到周王的后宫任职；退职之后，又回到井氏家族担任家臣，管理宗庙里的臣、妾。这是一种女性官员的迁转现象。与之类似，西周时期的女子尹姞身上也发生了职务变动的情况；卫巫、姬皂母的职务则得到了升迁。

四　结语

嫚鼎铭文中"井"指井氏家族；"妫"是"井妫"之省，为井氏家族的宗妇；"嫚"是器主，她本身就来自井氏家族，可能是宗子的某位兄弟之妻。妫和嫚是妯娌关系。嫚以卿、大夫之妻的身份来到周王内宫任职；从周王内宫退职以后，又回到井氏家族，被宗妇妫任命来管理井氏家族宗庙里的臣、妾。嫚的职务变动是一种女性官员的迁转现象，为探讨相关问题提供了线索。嫚鼎铭文丰富了西周时期女性官员研究的史料，意义非同寻常。

The Character Relationship and Historical Facts in the Shou Ding

Wang Jinfeng

(Department of History, East China Normal University, Shanghai 200241, China)

Abstract: Shou Ding, whose owner came from Jing family, is a bronze ware of early Mid-Western Zhou. Gui in the Shou Ding inscription was wife of the master of Jing family. Shou, who was the owner of Shou Ding, was wife of a brother of the Jing family master. Gui and Shou were sisters-in-law. After retiring from the position in the inner palace of Zhou King, Shou was appointed by Gui to manage the ministers and concubines in the temple of Jing family. This was a phenomenon of the transfer of female officials. Shou Ding is an important historical material for researching female officials in the Western Zhou dynasty.

Key Words: Shou Ding; Gui; Jing family; the characterrelationship; the moving of positions

---

① 黄国辉：《略论"姬皂母温鼎"中的人物关系及婚姻制度》，《中国史研究》2010年第1期。

"十四年下邑令铍"考

张建宇

【摘　要】战国时期三晋地区负责制造兵器的库中只有一名工师。"十四年下邑令铍"铭文中的"█"字，当释为"善"，读作"缮"，训"治"或"造"。该铍为战国时期宋国所造，制作年代为宋王偃十四年。

【关键词】十四年下邑令铍；宋国兵器；工官制度

【作者简介】张建宇，吉林大学古籍研究所博士研究生，研究方向为古文字学与战国史。（吉林长春　130012）

《铭像》18002 号器 2009 年见于西安，此前未见著录，其铭文为：

十四年五月，下邑令疡，左库工师洮所█者。

樊俊利先生将"者"前一字隶作"莧"，读为"原"。樊先生将"洮所"与"原者"看成两位工师的姓名，并结合另外两件器物铭文，认为"战国时期三晋地区负责制造兵器的库中的工师不一定只有一个"[1]，从而否定了黄盛璋先生"每库都有工师，并且每库工师好像只有一个"的观点。笔者以为此似有可商之处，下面试做说明。

樊先生援引的另外两件器物，其铭文真实性颇值得怀疑。《集成》11672 号匕首，李学勤先生曾目验原器，认为"读之难通，似有讹漏"[2]。另一件公布在《文物》2005 年第 2 期的器物（《铭像》18042），其铭文有"廿年""相邦建信君""冶尹"等。该铍"建"字写法诡异，与其他确定为真铭的建信君铍皆不类。另外，战国中后期赵国君主在位年限有二十年者，仅武灵王、惠文王及孝成王三人。据吴振武先生考订，一批由相邦建信君负责督造的低纪年器物为悼襄王而造。[3] 以情理推论，若此器为真，上述三王符合条件的只有孝成王。但是，在目前确定无伪的铭文当中，"冶尹"最早出现在造于悼襄王二年的东新城令铍铭文当中，[4] 而元、三、四年建信君铍皆不见。故而

---

① 樊俊利：《十四年下邑令疡铍铭文补释及其他相关问题探讨》，《中国文字研究》第二十一辑，上海书店出版社，2015，第47—50 页。

② 李学勤：《〈珍秦斋藏金·吴越三晋篇〉前言》，萧春源《珍秦斋藏金·吴越三晋篇》，澳门基金会，2008，第 15 页。

③ 吴振武：《赵武襄君铍考》，《文物》2000 年第 1 期；吴振武：《谈济南市博物馆藏元年相邦建信君铍》，《揖芬集·张政烺先生九十华诞纪念文集》，社会科学文献出版社，2002，第 305—308 页。

④ 徐俊刚：《二年东新城令铍考》，《中国文字学报》第八辑，商务印书馆，2017，第 62—65 页。

从监造制度演变的角度观察，在孝成王二十年的器物铭文中出现了"冶尹"，也大大增加了其为伪刻的嫌疑。所以，不能据此两器铭文来反驳黄盛璋先生旧有的观点，即还是应以每库仅有一名工师为准。也正因如此，"■者"不会是另一位工师之名。

战国题铭常见"所某"辞例，略举例如下：

郳姬府所造 （《铭像》06161）

冶臣市所伐 （《铭像》02387）

马童丹所为 （《铭像》17312）

冶人参所铸钴者 （《铭像》17693）

"所"后一字均有铸造之意，铍铭似亦当如此，故读"原"不可通。细审彩色照片，樊先生对此字的隶定亦有偏差。吴振武先生提示笔者，此字应为"善"字，甚是。"八年阳城令戈"中的"■"字，何琳仪、焦智勤先生释为"敽"，[1] ■省略下半部分"口"形，写法与 ■（《玺汇》5354）、■（《玺汇》5387）等字极为相近。铍铭"善"当读为"缮"，训为"治"或"造"。

关于该铍的国别，吴镇烽与樊俊利两位先生均定为魏国。现梳通铭文之后再看，亦有不妥之处。对战国兵器国别的判断，应结合地名与监造制度两方面进行分析。下邑见于《汉书·地理志》，属梁国。其地望目前有两种说法：其一见于《中国历史地图集·秦汉卷》、《汉书地理志汇释》及《中国行政区划通史·秦汉卷》等，认为地在今安徽省砀山县。[2] 另一种说法则见于一些地理总志，如《寰宇通志》《明一统志》及《大清一统志》等，认为下邑即今河南省夏邑县。[3] 其实，无论其在砀山县还是夏邑县，在战国时期一度属宋是没有问题的。宋灭后，五国伐齐，魏国趁机占领故宋大片区域。若该铍属魏，则只能属魏昭王或安釐王之世，但该铍铭文中只出现了"令"与"工师"，这种辞铭格式流行于战国中期。至迟在魏惠王更元时，魏国兵器铭文便是三级辞例。[4] 从监造制度由简趋繁的角度看，此铍不会是魏国晚期的产物。即便魏国在战国中期曾经一度占领下邑，该铍铭文显示的监造制度也和目前已知的魏兵器铭文不符。秦晓华先生曾指出，魏兵器铭文所见的二级监造款式，只记工师和冶。[5] 而此铍则只记令与工师，所以不会是魏器。

另外，《国语·晋语九》载："下邑之役，董安于多。赵简子赏之，辞。"韦昭注："下邑，晋邑。董安于，赵简子家臣……鲁定十三年，简子杀邯郸大夫赵午，午之子稷以邯郸叛……时安于力战有功。"今按，赵简子杀赵午事，亦见于《左传》与《史记》，但二书记董安于在第二年自缢而死，所以也就无法推辞赵简子的赏赐。故《国语》此条材料的真实性存疑，本文所论之铍似亦与赵

① 何琳仪、焦智勤：《八年阳城令戈考》，《古文字研究》第二十六辑，中华书局，2006，第214页。

② 参谭其骧主编《中国历史地图集·秦汉卷》，中国地图出版社，1982，第19—20页；周振鹤《汉书地理志汇释》，安徽教育出版社，2006，第471页；周振鹤、李晓杰、张莉：《中国行政区划通史·秦汉卷》，复旦大学出版社，2017，第274页。

③ 王兴亚：《河南夏邑县改为今名小考》，《史学月刊》1985年第3期。

④ 参"王之一年向令戈"（《铭像续》1231）及"王二年王垣令戟"（《铭像》17234）。

⑤ 秦晓华：《战国三晋兵器铭辞格式特点研究》，《中山大学学报》（社会科学版）2015年第3期。

无关。同时，文献中也能找到春秋时期宋人已经开始使用铍的记载。① 故笔者认为该器属宋的可能性最大。

如此，我们便可以进一步讨论它的制造年代。黄盛璋先生认为，战国题铭实行"物勒工名"之制应与法家变法有关，其最早出现于魏国，进而影响至其他国家。② 故该铍的年代便应从宋休公至王偃之世求得。战国时期宋国世系争讼颇多，据《清华简·系年》第二十二章可知宋悼公卒年在楚声王元年。③ 此亦可说明钱穆先生的观点更为合理，故本文暂从。④ 钱氏以为，宋休公在位二十三年，桓侯（即辟兵）在位四十一年，剔成在位三年，王偃在位五十一年。铍铭"十四年"，自可排除属剔成世的可能。休公与桓侯十四年当周安王十二年与周显王二年，此时魏国的兵器铭文格式尚处在发轫阶段，并没有出现二级辞例。故在受其影响的宋国，二级辞例的出现亦应晚于此时。那么，该铍年代唯一的可能便是宋王偃十四年，即公元前 324 年。附带一提，吴良宝先生认为"二十三年单父司寇铍"属宋的可能性较大。⑤ 单父铍的铭文已是完整的三级格式，若吴先生所论不误，则其制作年代为王偃二十三年。

最后值得说明的是，该铍通体较长，铭文分四列刻写，又在年份后记月份，这些都与以往所见之铍不同，所以这件"十四年下邑令铍"的出现，无疑为今后研究战国政区、工官制度与文字写法都提供了宝贵的材料。

引书简称

《铭像》——《商周青铜器铭文暨图像集成》，吴镇烽编著，上海古籍出版社，2012。

《铭像续》——《商周青铜器铭文暨图像集成续编》，吴镇烽编著，上海古籍出版社，2016。

《集成》——《殷周金文集成》，中国社会科学院考古研究所编，中华书局，1984—1994。

《玺汇》——《古玺汇编》，故宫博物院编，文物出版社，1981。

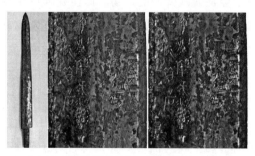

《商周金文资料通鉴》、《铭像》33·370

---

① 《左传·襄公十七年》载："宋华阅卒，华臣弱皋比之室，使贼杀其宰华吴，贼六人以铍杀诸卢门……"
② 黄盛璋：《试论三晋兵器的国别和年代及其相关问题》，《考古学报》1974 年第 1 期。
③ 李学勤主编《清华大学藏战国竹简（二）》，中西书局，2011，第 192 页。
④ 钱说见氏著《先秦诸子系年》，九州出版社，2011，第 149—150、203—204 页。下文宋、周纪年皆依此书。
⑤ 吴良宝：《二十三年单父铍考》，《古文字研究》第三十辑，中华书局，2014，第 235—237 页。

"盛世收藏"网站

Research on "Shisinian Xiayiling Pi"

Zhang Jianyu

(The Institute of Ancient Document, Jilin University, Jilin Changchun 130012, China)

Abstract: During the Warring States Period, there was only one engineer in the warehouse responsible for the manufacture of weapons in Sanjin area. In the inscription of "Shisinian Xiayiling Pi", the word "" should be interpreted as "Shan" (善), read as "Shan" (缮), and instruct "Zhi" (治) or "Zao" (造). The Pi was made in the Warring States Period of the Song Dynasty and was produced in 14 years by Wang Yan (王偃) of the Song Dynasty.

Key words: Shisinian Xiayiling Pi; Weapons of Song State; Workers system

河南新出"皉夫人嬭鼎"铭文补释

冯　聪

【摘　要】本文试图对"皉夫人嬭鼎"铭文中的歔瞀、遴、皉、嬭、𡧼等字进行讨论，并据此对"嬭""𡧼"释读提出了自己的看法，认为"嬭"是夫人之母家姓，"𡧼"是"兄"字，是大尹之私名。

【关键词】甲；嬭；𡧼（兄）

【作者简介】冯聪，安徽大学文学院博士研究生，研究方向为出土文献与古文字。（安徽　合肥　230031）

蓮夫人嬭鼎著录于吴镇烽先生《商周青铜器铭文暨图像集成》02425①，由于铭文纪年方式特殊，备受学者关注。自 2008 年《考古》刊布了《河南淅川县徐家岭 11 号楚墓》的考古发掘简报以来，王长丰②、郝本性③等先生均做过研究，笔者不揣谫陋，略作补释。

全铭共内外两周 49 字，下面是铭文内容，尽可能用通行字体：

> 隹（唯）正月初吉，戌（岁）才（在）歔（涒）瞀（滩），
> 孟甲才（在）奎之遴（际），皉（蓮）④ 夫人嬭（嫽）⑤ 择亓（其）古（吉）金，
> 乍（作）盥（铸）辻（沐）⑥ 鼎，吕（以）和御汤；
> 长賸（迈）亓（其）吉（古）⑦；
> 永寿无彊（疆）；
> 皉（蓮）大尹𡧼（兄）乍（作）之；
> 后民勿惶（忘）。

铭文押韵，"汤""疆""忘"，古音阳部；"古"，古音鱼部，鱼是阴声韵，阳是阳声韵；古代常见二部字通押。"作"，铎部字，与阳部一音之转，亦可押韵。因此，铭文的求福之辞，以四字、

---

①　吴镇烽编著《商周青铜器铭文暨图像集成》，上海古籍出版社，2012。
②　王长丰、乔保同：《河南南阳徐家岭 M11 新出皉夫人嬭鼎》，《中原文物》2009 年第 3 期。
③　王长丰、郝本性：《河南新出"皉夫人嬭鼎"铭文纪年考》，《中原文物》2009 年第 3 期。
④　李零：《再论淅川下寺楚墓——〈读淅川下寺楚墓〉》，《文物》1996 年第 1 期。
⑤　冯时：《"皉夫人嬭鼎"铭文及相关问题》，《中原文物》2009 年第 6 期。
⑥　〔日〕广濑薰雄：《释卜缶》，《古文字研究》第 28 辑，中华书局，2010。
⑦　参看管树强《由青铜器铭文铸造方法谈古文字释读的几个问题》，《中国文字学报》第 8 辑，商务印书馆，2018。

六字杂配押韵。

王长丰、郝本性等先生均将"歃籫"读为"涒滩",甚是。【图】,隶定为"歃",是一个从"衰"得声的形声字。上古音"衰"在"微"部,"涒"在"文"部,阴阳对转,音可通。"籫"是一个从"难"得声的形声字。"难""滩"上古音同在"元"部,同音可通。涒滩,太岁纪年的十二岁干之一,"岁在涒滩"是太岁纪年。这是铭文中最早出现太岁纪年的明确证据。① 太岁一词亦见于出土文献的马王堆汉墓帛书,有"兵避太岁"的辞例。【图】,隶定为"遘",从辵,蔡声。上古音"蔡"清纽,月部;"际",精纽,月部;二字上古音可通。"奎"是二十八星宿之一。

铭文"孟甲才(在)奎之遘(际)"中有字形"【图】",诸家意见不一。王长丰、乔保同、郝本性、吴镇烽、冯时等先生将该字隶定为"屯",释为春,冯时先生并据"孟春"一词,认为古代历法的四时体系已经形成,即"四时之别,于春秋中晚期已经形成"②。黄锦前③、广濑薰雄先生释"孟甲"为"初甲",即"即上旬之甲日"。④ 甚是。以此,该句铭文应释为:"涒滩这一年的正月初太岁在奎,甲日的这一天,薳夫人……"⑤

现将需要专门解释的地方试做以下说明。

一 邼(薳)、嬬(嫽)

我们先从"邼(薳)夫人嬬(嫽)择丌(其)古(吉)金"一句中的"邼"字说起。邼,或作"�",见于《说文·邑部》:"地名。从邑爲声。"鄬,为地名,文献或作"薳",李零先生已有详考。"薳",男子之氏。《通志·氏族略》:"三代之前,姓氏分而为二,男子称氏,夫人称姓。氏所以别贵贱,贵者有氏,贱者有名无氏。"⑥"生民之本,在于姓氏。帝王之制,各有区分,男子称氏,所以别贵贱,女子称姓,所以别婚姻,不相紊滥。"⑦

"嬬",冯时先生读为廖,认为是薳夫人之姓。"嬬",女子之姓,从"女""嚣"声,以音求之,当读为"嫽"。《诗·小雅·北山》:"或不知叫号。"陆德明《经典释文》:"叫本又作嚣。"

① 冯时:《"阠夫人嬬鼎"铭文及相关问题》,《中原文物》2009 年第 6 期。
② 冯时:《"阠夫人嬬鼎"铭文及相关问题》,《中原文物》2009 年第 6 期。
③ 黄锦前:《楚系铭文中的"孟庚"与"孟甲"》,《中原文物》2012 年第 4 期。
④ 〔日〕广濑薰雄:《释卜鼎——〈释卜缶〉补说》,《古文字研究》第二十九辑,中华书局,2012。
⑤ 另外,玺印中亦有"甲"字,过去被误认为其他字,这里简单说明。《玺汇》(姓名私玺)1715 号【图】,亦见有此字形,我们认为也是"甲"字。【图】,《玺汇》释为"止"(故宫博物院编《古玺汇编》,文物出版社,1998,第 177 页),《玺文》列于"止"字下(《古玺文编》第 31 页),刘钊先生认为是"乍"(《古文字构形学》,福建人民出版社,2006,第 329 页),何琳仪先生在《战国古文字典》(中华书局,1998,第 576 页)中也将其归于"乍"字下,我们认为是"甲"字。首先,它与以上讨论的"甲"字形体相同。其次,《玺汇》(姓名私玺)中,以"事"为姓氏的还有 1724 号的"事丁",如【图】。可见,天干为名在古玺中常见。而且,"甲"作为人名从甲骨文时代就已有之,亦见于后世文献,如《春秋公羊传·宣公十六年》:"春,王正月,晋人灭赤狄甲氏,及留吁。"另外,金文有兮甲盘,称"兮甲",又自称"兮伯吉父",王国维以为即《诗经》中的"文武吉甫",这里"吉甫"为字,"甲"为名。东周金文苏予子癸父甲簋铭之"癸父"是作器者之字,"甲"其名。
⑥ 郑樵撰,王树民点校《通志·二十略》(全二册),中华书局,1995,第 1—2 页。
⑦ 郑樵撰,王树民点校《通志·二十略》(全二册),中华书局,1995,第 5 页。

《诗·周南·樛木》:"南有樛木。"陆德明《释文》:"马融、《韩诗》并本作朻。"是"嚣""翏"通假之证。①

另外,被列为姓的字出现在金文中往往带有"女"字。李零先生在《楚国族源、世系的文字学证明》一文中指出,见于金文的族姓往往带有"女"字,是真正的姓。②后又在《帝系、族氏的历史还原——读徐旭生〈中国古史的传说时代〉》中讲道:"两周族姓,特点是带女子旁。姓本作生,与出生有关,人是女人所生,加女为姓。姓与婚姻生育有关,属于血缘关系。氏与封土授官有关,属于地缘关系。族姓制度下,氏是姓的分支,男人称氏,女人称姓,用以别婚姻。"③

见于金文的族姓,有如"己"姓作"妃","妘"姓作"娟","曹"姓作"嫨","芈"姓作"嬭"这些字。辞例如下:

伯氏鼎:伯氏乍(作)嫨(曹)氏羞贞(鼎)。(《集成》02443)

鼄(邾)友父鬲:鼄(邾)友父躲(媵)其子胉(胙)嫨(曹)宝鬲。(《集成》00717)

曾侯簠:曾侯乍(作)叔姬、邛(江)嬭(芈)剩(媵)器蠶彝。(《集成》04598)

辅伯尪父鼎:辅白(伯)尪父乍(作)丰孟娟(妘)饋(媵)鼎。(《集成》02546)

季良父簠(季良父簠):季良父乍(作)宗娟(妘)儫(媵)匿(簠)。(《集成》04563)

如此,按照古代族姓字形的一般构造通例,该铭文中的"嬭"字是否为女子私名值得怀疑。而且,铭文中所见的"夫人"一词后面往往缀以母家姓。例如:

(1)黄子鼎:黄子乍(作)黄甫(夫人)孟姬器。(《集成》02567)
(2)卫夫人鬲:卫文君夫人叔姜④作其行鬲。(《集成》00595)
(3)樊夫人龙嬴鬲:樊夫人龙嬴用其吉金自作鬲。(《集成》00675)

分析如下:

(1)夫家姓+夫人+排行+母家姓
(2)夫家姓+文君+夫人+排行+母家姓
(3)夫家姓+夫人+号+母家姓

---

① 引自冯时《"阤夫人嬭鼎"铭文及相关问题》,《中原文物》2009年第6期。
② 李零:《楚国族源、世系的文字学证明》,《文物》1991年第2期。
③ 李零:《帝系、族氏的历史还原——读徐旭生〈中国古史的传说时代〉》,《文史》第三辑,中华书局,2017。
④ "文君叔姜"是后来加刻的,"卫夫人"和"作"之间间隔较大,"文君叔姜"便刻于这个位置。同铭器物还见于吴镇烽《商周青铜器铭文暨图像集成》02863,"文君"加刻在"卫"和"夫人"之间,"叔姜"刻于"人"右旁。

以上的"姬""姜""嬴"均为母家姓。古代女子的名号称谓形式，前人多有总结。"母家姓"在古代女子名号称谓中经常出现，具体可以参看汪中文《两周金文所见周代女子名号条例（修订稿）》① 一文所列的名号条例。依上论述，把"茈+夫人+孀"中之"孀"视为夫人之母家姓更有道理。

二　🀄（㒼）

关于该铭文中"大尹"后面一字诸家意见不一，冯时先生隶定为"擩"，释为承担义，动词。广濑薰雄先生隶定为"嬴"，并句读为"茈大尹、嬴作之"，认为"嬴"是茈夫人之姓。我们在这里，根据字形严格隶定为"㒼"，疑为人名用字。

铭文中"茈（茈）大尹㒼（兕）乍（作）之"之"㒼"字，从字的形体上来看，是一个新字形，却与以下字形相似：

🀄包山41：大夫番~　　🀄包山48：大夫番~　　🀄包山牍1：一和~虡（甲）

🀄包山269：一和~虡（甲）　　🀄信阳2-019：一枰嬴庸，锦韬，有盖

徐在国先生根据安徽大学藏战国楚简《诗经》的材料将上引字形释为从兕加注厶声的形声字"兕"，② 并将楚简中"兕"之义项归为：地名、人名、似牛的一种动物等。

我们认为，鼎铭中的🀄与上引"兕"形体相似，当释为"兕"，为"大尹"之私名。

该字下方为"能"之讹变，上方加注了声符"厶"。包山楚简41、48，用作人名，是其佐证。古籍文献中"兕"作为人名的例子有：《史记·十二诸侯年表》"曹惠公伯稚元年"索隐："稚，一作'兕'"③，《史记·齐太公世家》"师尚父左杖黄钺，右把白旄，以誓曰：'苍兕苍兕，总尔众庶，与尔舟楫，后至者斩！'遂至盟津"索隐："本作'苍稚'。按：马融曰：'苍兕，主舟楫官名。'又王充曰：苍兕者，水兽，九头。"④"兕"与"稚"可通假。马王堆帛书《老子》甲本卷后古佚书《明君》："猎射稚虎，比胜之。"影本"稚"读为"兕"。可见，"兕"可作为人名或者官名。

综上所述，本铭文的大意为：湛滩这一年的正月里的第一个甲日，奎星正值天空的西部，茈夫人选择上好的铜，作铸沐鼎，供其烧洗浴的热水；希望沐鼎结实永存，茈大尹兕作此沐鼎，希望子孙后代铭记。

---

① 汪中文：《两周金文所见周代女子名号条例（修订稿）》，《古文字研究》第二十三辑，中华书局，2002。
② 徐在国：《谈楚文字中的"兕"》，《中原文化研究》2017年第5期。
③ 司马迁撰，裴骃集解，司马贞索隐，张守节正义《史记》，中华书局，2013，第657页。
④ 司马迁撰，裴骃集解，司马贞索隐，张守节正义《史记》，中华书局，2013，第1784页。

附图　㪉夫人嬭鼎（《商周青铜器铭文暨图像集成》02425）

An Interpretation about Henan Newly Unearthed Inscriptions
in "Wei Furen Xiao Ding"

Feng Cong

（College of Liberal Arts, Anhui University, Anhui Hefei 203061, China）

Abstract：This work is focused on several inscriptions in "Wei Furen Xiao Ding". We suggest that "Xiao" is the Furen's surname, and that ▦ pronounced "si" which is the private name of Dayin（大尹）.

Key words：Jia; Xiao; Si

战国官玺"关市"考

张 飞

【摘 要】本文考释了战国官玺"关市",并认为单字玺中原先释为"闑"或"闸"的字当释为"关",顺便考释了私玺中的"丗"字。

【关键词】丗;关市;闑;贯

【作者简介】张飞,安徽大学文学院硕士研究生,研究方向为古文字学。(安徽 合肥 230039)

吴砚君先生主编的《盛世玺印录(续一)》(以下简称《续一》),于 2017 年 8 月由文化艺术出版社出版。吴先生跋涉大江南北,辛苦采撷,汇集成书,嘉惠学林,功莫大焉。笔者拜读后,对该书著录的 009 号官玺特别感兴趣,拟把自己不成熟的想法写下来,以求教于方家。

据《续一》009 号玺印的实物照片和说明文字,此印鼻纽,尺寸为 14.0 毫米 × 14.5 毫米 × 12.2 毫米,朱文二字。现将玺印照片及印文揭示于下:

从玺印的形制和文字风格看,此印的国别当属三晋。关于释文,整理者释为"市□"。

按:笔者认为 㘊 当是一个从"门""丗"声的形声字,是"关"之异体。

该字所从 ⽥ 是丗。古文字中"丗"作:

㗊集成949   㗊集成2826   田古钱65

林沄先生说:"孙诒让已经指出:中鼎的 㗊 象穿贝之形,即丗字的初文。这是很对的。晋姜鼎铭'贯通'作'㗊循',㗊正是由穿两贝之形演化而成的讹体。《说文》:'实,富也。从宀从贯,贯,货贝也。'㽱簋的实字作 实 形,贯上所从的丗作 田,正是 㗊 形省略一半。国差瞻的实字作 实 形。

所从的 ⊞ 是 ⊞ 进一步简化。所以,《说文》说的'毌,穿物持之也。从一横贯,象宝货之形'并非全错。⊞、⊞ 乃是从竖贯的贝形变来。"①

"毌""关"古音皆属见母元部,双声叠韵,可通。

"关"可通"贯"。《说文通训定声·干部》:"关,假借为贯。"《礼记·杂记下》:"见轮人以其杖关毂而輠轮者。"孔颖达疏:"关,穿也。"《广雅·释言》:"贯,穿也。"《易·剥》:"贯鱼,以宫人宠。"陆德明释文:"贯,穿也。"《法言·五百》:"关百圣而不惭,蔽天地而不耻。"刘师培校补:"关,与贯通。"且"贯"可通"毌"。《说文通训定声·干部》:"贯,假借为毌。""毌"亦通"关"。赵布"毌",读"关"。"闗",从"门""毌"声,是"关"之或体。② 可证"关"通"贯"。《说文》:"贯,钱贯之贯。从毌、贝。"王筠《句读》:"毌亦声。"故"毌"可读为"关"。

此外,古文字中有从"串"声之"闗",亦是"关"字异体。"串"较"毌"出现得更早,李守奎先生认为"串"与"毌"同源③,徐在国师认为"串"是"毌"之初文④,说明"串"与"毌"关系密切。"闗"是将声符"串"改换成了"毌"。

战国两字方玺行款排列,大致有如下 A、B 两类(阿拉伯数字表示文字排列顺序):

A:[2 1]   B:[1 2]

A 类常见,B 类少见。以《古玺汇编》著录的三晋官玺为例,仅有 0349 号"千畞(亩)左军"、1814 号"鄨(县)吏"、2375 号"尚(掌)旂(旗)"、2383 号"旂(旗)圠(士)"、4561 号"相室"、4634 号"上士"等少数十几枚的行款是 B。大概是由于这样的原因,整理者便按照行款 A 的文字顺序来处理释文。其实,《续一》009 号玺印的行款是 B,笔者认为其文字应该释读为"闗(关)垪(市)"。

"关市"指位于交通要道的市集。《周礼·天官·大宰》:"七曰关市之赋。"贾公彦疏:"王畿四面皆有关门,及王之市廛二处。"或指掌管关市的官吏。《韩非子·内储说上》:"关市乃大恐,而以嗣公为明察。"《资治通鉴·周赧王三十二年》:"[卫嗣君]又使人过关市,赂之以金,既而召关市,问有客过与汝金,汝回遣之;关市大恐。"胡三省注:"此盖赂掌关市之官。《周礼》:司关掌国货之节,以联门市,司货贿之出入者,掌其治禁与其征廛;司市掌市之治教政刑,量度禁令。战国之时,合为一官。"战国关于"市"的玺印有很多,裘锡圭先生曾在《战国文字中的"市"》一文中有详细论述。三晋玺"关市"的发现,也可与典籍互证。

《玺汇》5328、5329 著录如下两枚玺印⑤:

---

① 林沄:《说干、盾》,《古文字研究》第二十二辑,中华书局,2000,第 94 页。
② 黄德宽等:《古文字谱系疏证》,商务印书馆,2007,第 2633 页。
③ 李守奎:《读〈说文〉札记一则》,《古籍整理研究学刊》1997 年第 3 期。
④ 徐在国:《上博楚简文字声系》,安徽大学出版社,2013,第 2990 页。
⑤ 《玺汇》之例承蒙徐在国师指出,谨致谢忱!

罗福颐先生释为"闸",并将其归为单字玺。刘钊先生认为该字从"门"从"甲",应释为"闸",疑为掌闸之官的官玺①。徐畅先生从刘钊先生说,并将两枚玺印分别归为三晋官玺和秦官印②。

按:该字也当释为"閚",即"关"。"关",指守关人,疑为三晋官玺。战国文字中"申"作:

战国文字中"甲"作:

申或甲都没有类似 的写法,即旁边两竖笔向下拖曳;"申"字中间一笔多作弯曲形;秦文字中没有见到"甲"字中间竖笔出头的写法,它系文字亦未见。比较 与 可知其应是"冊",类似"尹"作:

是在 基础上的进一步简省。

"閚"字见于后世字书,《龙龛手鉴》认为是"闸"之俗字。《说文》:"闸,开闭门也。从门,甲声。"《说文解字注》:"谓枢转轧轧有声。""闸"本字可能是表示开关门的声音,表示水闸应是后世的用法。《正字通·门部》:"闸,旧注同'牐'。按:今漕艘往来,叠石左右如门,设版潴水,时启闭以通舟。水门容一舟衔尾贯行。门曰闸门,河曰闸河,设闸官司之。"关于"闸"字,裘锡圭先生有很精当的看法:

---

① 刘钊:《古文字考释丛稿》,岳麓书社,2005,第166页。
② 徐畅:《古玺印图典》,天津人民美术出版社,2016,第15、261页。

"闸"本是从"门""甲"声的一个形声字（音同"押"。又马王堆帛书《老子》甲本"母闸其所居"，借"母闸"为"毋狎"），《说文》训为"开闭门"。明清以来借"闸"为"牐"，指可以随时开闭的水门（"牐"音zhá，本来并不是专用来指水门的，《广韵》入声洽韵士洽切："牐，下牐，闭城门也。"现在"牐"已经作为异体并入"闸"字）。"闸"字本义跟"牐"相近。而且如果不管它原来的结构，单从字的外形上看，还真有点像门中有一块牐板的样子。它的原来读音，声母跟"牐"显然不同，但是韵母跟"牐"很接近（"闸"属狎韵，"牐"属洽韵，都是咸摄二等入声字）。古人所以借"闸"为"牐"，大概在形、音、义三方面都是有所考虑的（但从音的方面看，借"闸"为"牐"的条件是不充分的）。所以这有可能是一个兼有假借、形借和同义换读等性质的文字借用的特例。①

所以笔者认为该字当释为"閒（关）"。

"关"，指守关人。《周礼·地官·掌节》："门关用符节。"郑玄注："关，司关也。"《仪礼·聘礼》："及竟，张旃誓，乃谒关人。"胡培翚正义："关人之长，天子谓之司关，诸侯谓之关尹。"《逸周书·大聚》："远旅来至，关人易资，舍有委。"此为古代守关官吏所用的官玺，与《玺汇》0175"豕母飾（司）閒（关）"相类。

《续一》第92页收录一件编号072的三晋阳文私玺，如下图所示：

该玺为青铜鼻纽，尺寸为12.3毫米×12.6毫米×14.4毫米。原书释为"□琈"。

按：首字当释为"毌"，或读为"贯"，用作姓氏。

毌与晋姜鼎毌字构形基本相同，只是有方正与圆曲的差别，类似的例子还有：

君： 玺汇2766　　陶录5·11·2

君： 玺汇0004　　货系196

疋： 玺汇0045　　郭店·老甲28

① 裘锡圭:《文字学概要》,商务印书馆,2013,第213页。

下部一点为饰笔，无实义，古文字习见：

羌：集成 157　　　耳：玺汇 2797　　　帛：上博二·鲁 4

可知是冊。

"冊""贯"双声叠韵，可通。《史记·田敬仲完世家》："宣公与郑人会西城，伐卫，取冊丘。"司马贞索隐："冊，音贯。古国名，卫之邑。今作冊者，字残缺耳。"中甗"冊行"，读"贯行"。晋姜鼎"冊甬"，读"贯通"。《战国策·赵策四》："祸与福相贯，生与亡为邻。"鲍彪注："贯，犹通。"赵方足布"冊它"，读"贯地"。[1]

"冊（贯）"为古姓氏。《正字通·冊部》："杨慎曰：复姓有冊丘诸姓氏……今分为二姓，曰冊，曰丘。"《字汇补·冊部》："案《古音略》，贯高之贯音冠，本冊丘，复姓，后去丘为冊氏，又作贯氏，魏有冊丘俭，今多呼为父母之母，非也。"《姓解》卷二引《姓苑》云："贯，齐有贯珠，汉有赵相贯高。"《汉书·贾谊传》："张敖王赵，贯高为相。"汉印中有"贯寿""贯赫""贯宰"等。

以上就是笔者关于《续一》009 号玺印的一些想法，错谬之处，恳请专家批评指正。

引书简称表

集成：《殷周金文集成》

古钱：《古钱大辞典》

玺汇：《古玺汇编》

秦风：《秦代印风》

陶录：《陶文图录》

曾乙：《曾侯乙墓》

先秦编：《中国钱币大辞典·先秦编》

货系：《中国历代货币大系·1·先秦货币》

郭店：《郭店楚墓竹简》

上博二：《上海博物馆藏战国楚竹书（二）》

附记：本文写作之初，曾请教徐在国老师与程燕老师，徐师对初稿中所存在的问题予以指出，笔者也是在徐在国老师的指导意见下进行修改的。此外，程燕老师也提出了许多宝贵意见，在此一并感谢！文中错误由本人负责。

---

[1]　裘锡圭：《文字学概要》，商务印书馆，2013，第 213 页。

A Study on the Official Seal "Guan Shi" in the Warring States Period

Zhang Fei

（School of literature, Anhui University, Anhui Hefei 230039, China）

Abstract：The research mainly focus on the official seal "Guan Shi （关市）" in the Warring States Period. And holds the view that the seal characters should be better interpreted as "Guan （关）" rather than "chan （闑）" or "zha （闸）". Besides, this paper researches on the character "Guan （冊）" used by personal seal.

Key words：Guan （冊）; Guan Shi （关市）; Guan （闑）; Guan （贯）

天津静海出土陶文选释[*]

何景成　盛立双

【摘　要】近年来，天津市文化遗产保护中心在静海区西钓台村遗址和纪庄子遗址进行的考古发掘中，发现了一定数量的战国陶文资料。作者选取部分陶文作了释文和说明，并对这些陶文进行了国别分类。

【关键词】陶文；天津；考释

【作者简介】何景成，吉林大学考古学院/古籍所教授，主要从事古文字研究；盛立双，天津市文化遗产保护中心研究员，从事考古与文保研究。（吉林　长春　130012；天津　300050）

2017 年 6 月至 8 月，因基建工程需要，天津市文化遗产保护中心先后对天津市静海区西钓台村遗址和纪庄子遗址进行了大规模考古发掘。两处遗址位于天津市西南部的静海区，地处海河以南地区，地形比较平缓但多洼淀，东周时期文化发达。这一地区位于燕国西南和齐国西北地区，是燕国和齐国极力争夺的地区，也是战国燕文化和齐文化交错分布的地带。此次发掘的西钓台村遗址和纪庄子遗址，时代属战国时期，遗迹丰富，出土遗物包括陶釜、鼎、罐、豆、盆、瓮、砖、板瓦、筒瓦以及铁质工具等。本次遗址的发掘及其成果，为探讨战国时期天津南部地区燕文化和齐文化的融合和发展提供了难得的实物资料。^①

两处遗址出土了一定数量的陶文和刻划符号，从陶文风格看，燕系和齐系风格混杂，揭示了这一地区在战国时期的文化状况。现对这部分陶文资料择要做如下说明。

一　公孙士恭

标本 H44：1（图一：1、2），泥质灰陶，西钓台村遗址出土。陶文作"公孙士恭"，为私名。

1　　　　　　　　　　2

图一

---

* 本文为吉林大学"中央高校基本科研业务费专项基金资助项目"（2018XXJD06）的阶段性成果。
① 参考盛立双等人所撰写的遗址发掘报告（未刊）。

二　市玺

标本 H45：1（图二：1、2），泥质灰陶，西钓台村遗址出土。陶文作"市玺"。"市"指市场，陶文市为官玺印文。

1　　　　　　　　　　2

图二

三　奠阳陈得再右廪

标本 T0130②：8（图三：1、2），泥质灰陶，西钓台村遗址出土。陶文作"奠阳陈得再右廪"。其中"奠阳"即郑阳，为地名。《季木藏陶》111·4 著录一残陶文作"奠昜陈得三"。《铁云藏陶》69·4 著录陶文作"奠昜得叁"，其中"得"当即"陈得"。这两方陶文均以"郑阳"与"陈得"相联系，可见"郑阳"当是陈得治事的官府所在地。[1] 齐文字资料多见"陈得"这一名字，如子禾子釜和陈骍壶铭文。张政烺考证陈得即田齐惠子得，陈得治事之年当在子禾子（太公田和）之世。[2] "再"是"再立事"之省。战国齐文字资料常见"立事岁""再立事岁""叁立事岁"的说法，"再立事"是指居官治事的第二年。"右廪"为仓廪机构名称。

1　　　　　　　　　　2

图三

四　化

标本 H45：2（图四：1、2），泥质灰陶，西钓台村遗址出土。陶文作"化"。这个陶文亦出现

---

① 汤余惠：《战国铭文选》，吉林大学出版社，1993，第 96 页。
② 张政烺：《"平陵陈得立事岁"陶考证》，《张政烺文史论集》，中华书局，2004，第 46—57 页。

在标本 T0109②：1、T0321②：7、T0421②：1 和 T0426②：1 等陶片上。"化"可能是陶工私名。

1　　　　　　　2

图四

五　□

标本 G3：1（图五：1、2），泥质红陶，西钓台村遗址出土。陶文字不识。

1　　　　　　　2

图五

六　鹿

标本 H4：1（图六：1、2、3），泥质灰陶，纪庄子遗址出土。陶文作"鹿"。齐国陶文"鹿"字常作此形。① "鹿"可能为陶工私名。

1　　　　　　　2　　　　　　　3

图六

①　高明：《古陶文汇编》，中华书局，1990，编号 3·153、3·523。

七 忐

标本 T0302②: 1（图七: 1、2），泥质灰陶，纪庄子遗址出土。陶文从"上"从"心"，当为"忐"。"忐"可能为陶工私名。

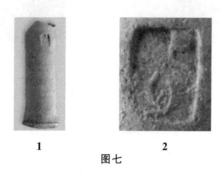

1　　　　2

图七

八 己

标本 T0305③: 1（图八: 1、2），泥质灰陶，纪庄子遗址出土。陶文作"己"。"己"可能是陶工私名。

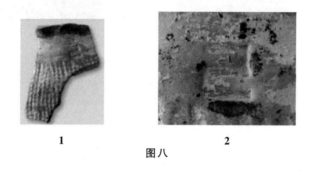

1　　　　2

图八

九 得

标本 T0204③: 1（图九: 1、2），泥质红陶，纪庄子遗址出土。陶文作"得"。"得"可能是陶工私名。

1　　　　2

图九

十　卑

标本 T0203②：2（图十：1、2），泥质灰陶，纪庄子遗址出土。陶文疑作"卑"。"卑"可能是陶工私名。

1　　　　　　　　　2

图十

十一　寺

标本 H19：2（图十一：1、2、3），纪庄子遗址出土。陶文疑作"寺"。"寺"可能是陶工私名。

1　　　　　　　　　2　　　　　　　　　3

图十一

十二　陈枳忎左廪

此外，20 世纪 70 年代，天津市考古工作者在静海区西钓台遗址中采集到一块泥质红陶。[1] 印有"陈枳忎左廪"圆形戳记（图十二）。其中"陈枳忎"为人名，"左廪"为仓廪机构名称，与"右廪"相对而言。

图十二

---

[1]　天津市文物考古工作三十年编写组：《天津市文物考古工作三十年》，《文物考古工作三十年》，文物出版社，1979，第 24 页。

以上这批陶文资料，从文字风格看，一和八属于燕国陶文，二、三、四、五、六、七、九、十、十一、十二等属于齐国陶文。燕、齐两种不同风格的陶文，共同出现于静海地区，正体现了战国时期这一地区文化上的交融。

　　附记：本文在写作过程中得到徐在国先生、汤志彪先生的帮助，谨致谢忱。

The Ancient Pottery Script Unearthed in Jinghai District，Tianjin

He Jingcheng　Sheng Lishuang

（School of Archaeology，Jilin University，Jilin Changchun 130012，China；

Tianjin Cultural Heritage Protection Center，Tianjin 300050，China）

Abstract：There are a passel of ancient pottery script which were excavated in Jinghai District，Tianjin. the authors put forward some new opinions on the textual research and explanation of the pottery script，and classified them according to the states.

Key words：pottery script；Tianjin；textual research and explanation

"瑟"字形声结构新考

庞光华　吴　珺

【摘　要】《说文》将"瑟"字分析为以"必"为声符的形声字,这样的分析不符合古音学原理。本文考证"瑟"是以"弋"为声符的形声字,并非以"必"为声符。上古音中"瑟"有-k和-t音两种读法。-t和-k在客赣方言和闽南方言中可以通转。喻四声母与舌叶擦音、舌上擦音可以通转。"瑟"的上古音不可能是复声母。《说文》对文字形声结构的分析有时误判。在先秦的秦国乐器中不存在"瑟"这种乐器。"瑟"这种字形是秦国从中原或齐鲁文字中传入的,不是从楚文字中传入的。先秦的秦文字中本来没有"瑟"字。《说文》古文的"瑟"字形来自中原或齐鲁文字,与楚系文字不同。

【关键词】瑟;必;弋;形声;复声母

【作者简介】庞光华,五邑大学文学院教授,主要从事汉语史、音韵学、训诂学、文字学、古文献学、文化史等研究。吴珺,女,五邑大学文学院硕士研究生,主要从事古文献学研究。(广东江门　529020)

关于"瑟"字的形声结构,学者有疑问。《说文》:"瑟,庖牺所作弦乐也。从珡必声。▨,古文瑟。"《说文解字诂林》所引各家注都没有怀疑"瑟"以"必"为声符。现代的古文字学者也采取《说文》之说,以"必"为声符,例如李学勤主编《字源》[①]"瑟"字条(徐在国撰),季旭升《说文新证》[②]"瑟"字条,董莲池《说文解字考正》[③]"瑟"字条,日本著名汉学家诸桥辙次等《广汉和辞典》[④] 中卷"瑟"字条,日本学者尾崎雄二郎等编撰《角川大字源》[⑤]"瑟"字条,日本古文字学的著名学者白川静《字统》[⑥]"瑟"字条、《说文新义》[⑦]"瑟"字条。近年刘国胜采取旧说:"瑟所从必当系附加的声符。"[⑧] 但"必"的古音为唇音的帮母,"瑟"为生母,帮母与生母万无相通的道理。这个形声结构该怎样解释呢?在战国古文字中,"瑟"为象形字,《说文》古文的

①　李学勤主编《字源》,天津古籍出版社、辽宁人民出版社,2013,第1113页。

②　季旭升:《说文新证》,福建人民出版社,2010,第906页。

③　董莲池:《说文解字考正》,作家出版社,2006,第502页。董莲池书对"瑟"没有任何按语。

④　〔日〕诸桥辙次等:《广汉和辞典》(中册),大修馆书店,昭和五十七年(1982),第1154—1155页。

⑤　〔日〕尾崎雄二郎等编撰《角川大字源》,角川书店,1993,第1170页。《大字源》认为"必"与"丕"同源,是"大"的意思,"瑟"是大琴。这样就成为会意字了,或会意兼形声,但"必"为声符没有道理。

⑥　〔日〕白川静:《字统》,平凡社,1984,第388—389页。

⑦　〔日〕白川静:《说文新义》,白鹤美术馆,昭和六十年(1985),第2572—2573页。

⑧　见刘国胜《曾侯乙墓E61号漆箱书文字研究——附瑟考》,收入《第三届国际中国古文字学研讨会论文集》;又见《古文字诂林》第九册,上海教育出版社,2004,第999—1000页。

"瑟"也是象形字，不是形声字。作形声字只是在战国时代的秦系文字中才出现的。要注意的是日本学者藤堂明保《学研汉和大字典》①"瑟"字条将其分析为会意字，这就是因为认定"必"不能作为"瑟"的声符。我们且看"瑟"在战国文字中的各种字形。

季旭升《说文新证》第906页所录的战国楚文字之形是：

1 战.楚.曾箱漆书	2 战.楚.上一诗14	3 战.楚.望2.49	4 战.楚.郭.六30	5 战.楚.玺汇279
6 战.楚.包260	7 战.楚.信2.3《楚》	8 战.楚.上一性15	9 西汉.一号墓竹简276《篆》	

另参看滕壬生《楚系简帛文字编》（增订本）② 第1064—1065页、徐在国《上博楚简文字声系》③ 第五册第2148页、徐在国等《战国文字字形表》④（下）第1717—1718页、汤余惠主编《战国文字编》（修订本）⑤ 第824页、高明等《古文字类编》（增订本）⑥ 第790页、李守奎《楚文字编》⑦ 第707—708页。可见在战国楚系文字中"瑟"有各种繁简不同的表意字形，而且"瑟"在迄今为止所发现的先秦古文字中只存在于战国时代的楚系文字中。要注意的是，上博简的《性情论》15号简和《容成氏》2号简、信阳简、包山简的"瑟"明显从"必"，而郭店简的"瑟"都是象形字，不从"必"，从此可以推断至少上博简的《性情论》《容成氏》二篇和包山简、信阳简的产生在郭店楚简之后⑧。那么秦系小篆文字中的声符"必"是怎样产生的呢？李学勤主编《字源》⑨"瑟"字条（徐在国撰）认为声符"必"是来自战国楚文字的字形，即来自前揭季旭升《说文新证》的6、7两个字形，也就是说来自战国的楚文字。这个说法不一定正确，因为楚文字中从"必"的"瑟"字形也是楚文字中比较晚的字形，很可能也是来自战国时代的北方文字系统。

笔者进一步考察了古文献和考古文物，发现先秦的秦国音乐文化实际上没有流行过"瑟"。现在考古发现的"瑟"都是楚地出土的。李纯一先生《中国上古出土乐器综论》⑩ 第十七章"瑟"第一节的表106（427页）列举了春秋晚期至西汉早期的17件出土文物"瑟"，全部都是楚国出土的，

---

① 〔日〕藤堂明保：《学研汉和大字典》，学习研究社，昭和五十三年（1978），第842页。

② 滕壬生：《楚系简帛文字编》（增订本），湖北教育出版社，2008。

③ 徐在国：《上博楚简文字声系》，安徽大学出版社，2013。

④ 黄德宽主编《战国文字字形表》，上海古籍出版社，2015。

⑤ 汤余惠主编《战国文字编》（修订本），福建人民出版社，2015。

⑥ 高明、涂白奎编著《古文字类编》（增订本），上海古籍出版社，2008。

⑦ 李守奎：《楚文字编》，华东师范大学出版社，2003。因为出版时间较早，李守奎此书没有收录上博简和清华简的字形。

⑧ 是否可以推断出整个上博简的年代都在郭店简之后，还需要翔实的考证，现在不好下断语。

⑨ 李学勤主编《字源》，天津古籍出版社、辽宁人民出版社，2013，第1113页。

⑩ 李纯一：《中国上古出土乐器综论》，文物出版社，1996。

没有一件是秦国出土的①。王子初《中国音乐考古学》② 第五章"春秋战国"第九节"瑟"所考察的 23 件"瑟"全部是楚国出土的，无一例外都是在湖北境内。孙楷著、徐复订补《秦会要订补》③卷九"乐器"节，孙楷著、杨善群校补《秦会要》④ 卷九"乐器"节，马非百《秦集史·音乐志》⑤，都没有提到秦国的乐器中有"瑟"。乐声《中华乐器大典》⑥ 第一章"弦鸣乐器"第 24 页"瑟"节称，瑟"春秋战国时期广泛流传于齐、鲁、中原和楚地民间，是当时极为盛行的弹弦乐器之一"。可见秦国根本没有"瑟"。秦国既然没有"瑟"这种乐器，其文字自然就不会有"瑟"，而东方各国都有"瑟"。《论语》中只有"瑟"字，没有"琴"字，孔子所弹奏的弦乐器是"瑟"，不是"琴"。可以说"瑟"是东方文化系统（包括楚国）的乐器，而不是西方秦国的乐器，因此，秦系文字中本来没有"瑟"字。考王辉主编《秦文字编》⑦ 第三册第 1816 页的"瑟"字条所收录的两个"瑟"字，字形已经是古隶，时代颇晚，在小篆之后。秦国最早的"瑟"字很可能就是从"瑟"文化流行的东方诸国输入的外来词。"瑟"从"必"不一定是从楚文字开始的，在楚文字中也是出现得比较晚的。从目前的出土文献来看，"瑟"从"必"最早发现于上博简中的《性情论》和《容成氏》，还有包山 2 号墓的 260 号简、信阳简。其年代应在公元前 300 年之后，即战国中晚期，时代相当晚。因此，楚系文字中加"必"的"瑟"字形应该另有来源，不是楚文字固有的字形，很可能是从中原或齐鲁文字中输入的，可惜中原和齐鲁文字中的"瑟"字在先秦考古材料中没有发现。汤志彪《三晋文字编》⑧、张振谦《齐鲁文字编》⑨ 都没有收录"瑟"字。但《说文》所保留的古文，与前揭所有楚系文字的字形不合，应该不属于楚文字系统，而是属于中原或齐鲁文字系统。"瑟"字形的演变应该是：在中原或齐鲁象形文字的基础上加注声符"弋"，然后这个声符"弋"与"瑟"的古文的下边的左右两画一起在北方文字系统中演化为"必"字，在战国晚期输入秦系文字，进而被《说文》误判为声符，其实声符应该是"弋"字。在上博简《性情论》《容成氏》、包山简、信阳简时代，从"必"的"瑟"字形又传入楚国，使得楚文字中的"瑟"也加注了"必"，从而取代了楚系文字中固有的属于象形文字系统的"瑟"（例如郭店简文字系统）。

"瑟"古文下部左右相连的象形部分与在战国中原或齐鲁诸国文字中所加的声符"弋"，一起合并为"必"，这样的讹变主要是为了让象形部分的偏旁成字，以方便学习、书写和记忆，而被《说文》误断为"必"字是声符，其实"瑟"本不从"必"，而是从"弋"声。这样的"偏旁成字"的形变现象在汉字演变过程中是比较常见的。依据裘锡圭先生《文字学概要》⑩ 八"形声字"

① 另参看李纯一《先秦音乐史》（修订版）第四章"春秋音乐"第三节"春秋乐器"，人民音乐出版社，2005，第 143—144 页。
② 王子初：《中国音乐考古学》，福建教育出版社，2004，第 247—257 页。
③ 孙楷著、徐复订补《秦会要订补》，中华书局，1998。
④ 孙楷著、杨善群校补《秦会要》，上海古籍出版社，2004。
⑤ 马非百：《秦集史·音乐志》，中华书局，1982。
⑥ 乐声：《中华乐器大典》，民族出版社，2002。
⑦ 乐声：《中华乐器大典》，民族出版社，2002。
⑧ 汤志彪：《三晋文字编》，作家出版社，2013。
⑨ 张振谦：《齐鲁文字编》，学苑出版社，2014。
⑩ 裘锡圭：《文字学概要》，商务印书馆，2010，第 151 页。

举例如下：（1）"鸡"在甲骨文中是象形字，无声符"奚"旁，后来加上"奚"旁表音，同时将原来的象形部分改成"鸟"，以便于书写和记忆，这就是象形部分的"偏旁成字"。（2）"裘"的本义是皮衣，甲骨文是象形字，无声符，后来加注声符"又"，后又将象形的部分改成"衣"，这就是"偏旁成字"，后又将声符的"又"改为"求"。（3）"凤"在甲骨文中是象形字，既无"鸟"旁，也无声符"凡"，后来加注声符"凡"，其后象形部分又改为"鸟"。这就是"偏旁成字"的汉字演变规律，类例甚多。"瑟"字演变就是如此。

更考《说文》："必，分极也。从八、弋，弋亦声。"《说文解字诂林》引《系传校录》称"弋亦声，非"。段注改为"八亦声"，且称："八，各本误弋，今正。古八与必同读也。卑吉切。十二部。"段玉裁注是正确的。朱骏声《说文通训定声》"必"字条也认为"弋"非声，断为会意字，不如段玉裁精确。日本学者诸桥辙次等《广汉和辞典》①"必"字条和尾崎雄二郎等《角川大字源》②"必"字条取朱骏声之说，将其分析为会意字，八和弋都非声符，这应属错误。日本学者白川静《说文新义》③第226—227页"必"字条认为在金文中，"必"所从的"弋"是裸礼中的玉器，在金文中"弋"与"必"有时可通用，也以为"弋"非声，详引段玉裁之说。郭沫若《金文丛考·释弋》④读金文的"弋"为"必"："余谓乃弋字，亦即古必字。……然形声之字后于象形，则弋又古必字，必其后起者矣。"郭沫若、白川静的这个观点曾经在学术界很流行，崔永东《两周金文虚词集释》⑤第72—73页采用此说，列举金文中的四证。不过，这个观点已经过时了。金文中用作虚词的"弋"要读为"式"，不能读为"必"。裘锡圭先生《史墙盘铭解释》⑥称："《说文》以为'必'从'弋'声，不可信。用作虚词的'弋'应该读为《诗经》中常见的虚词'式'。丁声树先生认为'式'者劝令之词，殆若今言'应'言'当'（《史语所集刊》六本四分第487页）。"恐当以裘先生之说为然。而且裘锡圭先生在《释"柲"》⑦中不赞成《说文》和郭沫若以"必"从"弋"的观点，认为在金文中"必"所从的不是"弋"字，而是"柲"的象形初文。裘先生的论述有说服力，但与本文认为"瑟"从"弋"声的观点没有直接的关联。

二

"弋"的上古音是喻四职部，与"瑟"的生母质部似乎有较大距离。其实，二者在上古音中可以通转，完全合乎音理。论证如下。

在上古音中，喻四与书母确有关系，音近可通，在谐声字中多有例证。例如：

（1）《说文》："失，纵也。从手乙声。"今按，"失"上古音为书母，其声符"乙"是喻四⑧。

---

① 〔日〕诸桥辙次等：《广汉和辞典》（中卷），大修馆书店，昭和五十七年（1982），第4页。
② 〔日〕尾崎雄二郎等编撰《角川大字源》，角川书店，1993，第624页。
③ 〔日〕白川静：《说文新义》，白鹤美术馆，昭和六十年（1985）。
④ 见《郭沫若全集·考古编》第五卷，科学出版社，2002，第481—482页。
⑤ 崔永东：《两周金文虚词集释》，中华书局，1994。
⑥ 见《裘锡圭学术文集·3·金文及其他古文字卷》，复旦大学出版社，2012，第16—17页。
⑦ 见《裘锡圭学术文集·1·甲骨文卷》，复旦大学出版社，2012。
⑧ 段玉裁注："（失）古多假为逸去之逸，亦假为淫泆之泆。"而《睡虎地秦墓竹简·语书》"淫泆"正作"淫失"，足见段说之精。

（2）《说文》："弞，况也，词也。从矢，引省声。从矢，取词之所之如矢也。"今按，弞是书母，而得音于喻四的"引"[1]。（3）《说文》："抒，挹也。从手予声。"今按，"抒"为书母，得音于喻四的"予"。（4）《说文》："输，委输也。从车俞声。"今按，"输"是书母，得音于喻四的"俞"[2]。（5）书母的"式"从喻四的"弋"得声。

生母为舌叶清擦音，书母为舌上清擦音，发音部位非常接近，发音方法完全相同，因此生母与书母在上古音的方言中常常可以相通。在现代汉语方言中，舌叶清擦音和舌上清擦音相通的也很多，不烦举例。因此，喻四与生母在上古音相通没有任何困难[3]。

至于职部是-k尾，质部是-t尾，其实这两个入声尾也是可以通转的。在现代汉语方言中例证极多，举例如下[4]：

-k的织，南昌方言、梅县方言、厦门方言读-t。

-k的直、值、职、植，梅县方言、厦门方言读-t。

-k的吃（吃饭），梅县方言、阳江方言读-t。

-k的食、蚀，南昌方言读-t。

-k的蚀，阳江方言白读-t。

-k的式，厦门方言白读-t。

-k的适、饰、释、逼、璧、僻、踢、剔、惕、力、历（历史）、积、极、籍、即、激、击、绩、的（的确）、敌、狄，南昌方言、梅县方言读-t；历（日历），南昌方言读-t。

-k的壁，梅县方言文读-t、白读-k。

-k的滴、脊，南昌方言文读、梅县方言读-t。

-k的笛，厦门方言白读、南昌方言文读-t。

-k的力、踢、贼、直、得、翼，厦门方言读-t[5]。

-t的虱，厦门方言文读、潮州方言读-k。

-t的室，厦门方言、潮州方言读-k。

-t的日、笔、毕、必、匹、密、蜜、疾，潮州方言读-k。

-t的杰、竭、截、节（文读），潮州方言读-k。

-t的疾，厦门方言-t和-k可以自由变读。

---

① 笔者曾经试图将"矤"分析为自反字，得音于"矢、引"切，而"矢"是书母，但最终放弃这个想法。因为据古文字学家的研究，"引"在金文中有时可以用为虚词，就假借为"矤"。（可参看裘锡圭《说金文"引"字的虚词用法》，收入《裘锡圭学术文化随笔》，中国青年出版社，1999；《裘锡圭学术文集·3·金文及其他古文字卷》）在先秦典籍中是有"矤"字的，而且典籍中的"引"没有用为"矤"的例子。这可以有两种解释：先秦的"引"字本身就有两个读音，一为余母，一为书母，读为书元音的后来出现了相应的分化字"矤"；或者在金文中通假为"矤"的"引"就是"矤"的省文形式。这种观点必须有一个前提：在西周金文时代已经有了"矤"字形，否则不能说"引"是"矤"的省文。我倾向于先秦的"引"字本身就有两个读音，一为余母，一为书母，二者是古音通假关系。

② 《说文》中还有几个从"俞"得声而读书母的字，此不录。由于余母是三等字、书母是照三系字，所以以上材料表明在上古音中确实发生过大规模的语音腭化现象。详细的情形另撰文讨论。

③ 详细的研究参看拙著《上古音及相关问题综合研究》第三章第六节，暨南大学出版社，2015。

④ 本文所举方言字音材料除特别注明外，皆来自北京大学中国语言文学系语言学教研室编、王福堂修订《汉语方音字汇》（第二版重排本），语文出版社，2008。

⑤ 参看周长楫编纂《厦门方言词典》之"引论"第16页（《同音字表》），江苏教育出版社，1998。

通过方言学和音变规律可以推知，-k 的 "弋" 在南昌方言和梅县方言中也读-t。类似的例子非常多，难以尽举。还有其他旁证，例如：

-p 的立、粒、笠、及、集、级、急，南昌方言读-t。"立" 在现代日语中音读也是-t。因此，不同的入声尾有通转的可能。

在谐声字中也有例可寻，例如 "节/即"，"节" 在《切韵》中是-t，而 "即" 是-k，但 "即" 是 "节" 的声符。《楚辞·离骚》："汝何博謇而好修兮，纷独有此姱节？薋菉葹以盈室兮，判独离而不服。" 陈昌齐《楚辞辨韵》（《丛书集成新编》本）认为此以 "节" 和收-k 的职部 "服" 为韵，当属可信。江有诰《音学十书·楚辞韵读》、王力《楚辞韵读》认为此节无韵。我取陈说。考《切韵》"即" 音子力切，是职韵开口三等字。郭锡良先生《汉字古音手册》[①] 第 69 页将 "即" 的上古音归为质部，收-t 尾。我认为根据 "节/即" 这组谐声字，将上古音中的 "即" 归为收-t 的质部，这是正确的。但在先秦的方言中就有-k 音，也就是说 "即" 在先秦应该有-t 与-k 二音，当然这属于不同方言的语音。这两个音哪个更早呢？应该是-t 音更早，因为这样的韵尾出现在《诗经》的押韵中。《诗经·郑风·东门之墠》："东门之栗，有践家室。岂不尔思？子不我即！" 以 "栗、室、即" 为韵，则 "即" 音-t。《诗经·齐风·东方之日》："东方之日兮，彼姝者子，在我室兮。在我室兮，履我即兮。" 以 "日、室、室、即" 为韵，则 "即" 音-t。《诗经·大雅·公刘》："止旅乃密，芮鞫之即。" 以 "密、即" 为韵，则 "即" 音-t。但在战国时代的楚方言中，"即" 就发生了-t→-k 的音变。因此，以 "即" 为声符的 "节" 在《离骚》中才与 "服" 押韵。"节" 在潮州方言和广东西南部的廉江方言中读-k[②]。依据《楚辞》来看，"节" 读-k 音在战国时代的楚方言中已经存在，今留存于潮州方音和廉江方音中，于此可见潮州方音和廉江方音的语音层次很古老，保留有先秦时代的南方音，至少有楚方言音。"即" 在潮州方言中音-k，而在梅县和南昌方言中音-t，但是在《诗经》中，"即" 押质部韵，收-t。也就是说梅县和南昌方言中的 "即" -t 保留了春秋以前的古音韵尾，而厦门文读音、潮州音、广州音、阳江音等收-k 的闽方言粤方音，虽然与《广韵》音相合，但与《诗经》押韵不合。似乎不能认为 "即" 在南昌和梅县方音中，是经历了上古的-t→中古的-k→近世的-t 的演变。这种回头音变虽然不是完全不可能，但应该有相当的证据才行。我倾向于认为 "即、节" 二字在上古音本有-t、-k 二音。在《广韵》中 "即" 保留了-k 音，"节" 保留了-t 音。而 "即" 的-t 音保留在梅县方言和南昌方言中，"节" 的-k 音保留在潮州方言和广东的廉江方言中。在语音层次上，-t 要早于-k，在战国时代的楚方言音系中，已经发生了-t→-k 的音变。

曹操《度关山》诗："天地间，人为贵。立君牧民，为之轨则。车辙马迹，经纬四极。黜陟幽明，黎庶繁息。於铄贤圣，总统邦域。封建五爵，井田刑狱。有燔丹书，无普赦赎。皋陶甫侯，何有失职？嗟哉后世，改制易律。劳民为君，役赋其力。舜漆食器，畔者十国，不及唐尧，采椽不斫。世叹伯夷，欲以厉俗。侈恶之大，俭为共德。许由推让，岂有讼曲？兼爱尚同，疏者为戚。" 全诗明显押-k 韵，而其中的 "律" 是-t 韵尾字，只能解释为在曹操的方言中，-t 尾有的音变为-k

---

① 郭锡良：《汉字古音手册》，北京大学出版社，1986。又见郭锡良《汉字古音手册》（增订本），商务印书馆，2010，第 60 页。

② 廉江方音的 "节"，参见詹伯慧主编《广东粤方言概要》第五章 "广东粤方言代表点字音对照表"，暨南大学出版社，2002，第 352 页。并非单个的字音如此，而是有规律的一系列的字音在《广韵》中是-t，而在廉江音中是-k。主元音多是细音 i。

尾，而曹操的方言是东汉的安徽亳县方言，正是春秋战国以来的楚方言区。

以上数十条例证表明，在客赣方言和闽南方言中，-t 与-k 可以相通转，这是正常的音变。而且"必"字在潮州方言中就读-k，"必"字此音应是极为古老的音变。这类音变的条件似为开口细音（三四等）较多，但在南昌方言和梅县方言中，中古音的一二等韵也常常发生这样的音变，如-k 的勒、则、择、泽、责、册、策、色等都读-t。从音变的方向来看，客赣方言主要是-k→-t，而潮州方言主要是-t→-k。厦门方言的音变比较复杂，两个方向的音变都有。

从声训上看，《说文》段注："瑟之言肃也。"这是声训，而"肃"是-k。《白虎通·礼乐》："瑟者，啬也。"这明显是声训，而"啬"是-k。因此，"瑟"有-k 音当无可疑。

更考"瑟"的《切韵》音本为-t，但在厦门方言和潮州方言中都音-k①，闽南方言的"瑟"必是保存了先秦古音。综上所述，"瑟"以"弋"为声符完全符合音理，二者声韵皆通，毫无可疑。

有证据表明"瑟"的上古音不可能是复声母 sp-。①《淮南子·说林》："头虱与空木之瑟，名同实异也。"高诱注："头中虱，空木瑟，其音同，其实则异也。"② 《墨子·经说上》："户枢免瑟。"孙诒让《墨子间诂》引张云："瑟、虱同。"可知，在先秦的《墨子》、西汉前期的《淮南子》时代"虱"与"瑟"同音（即所谓"名同"），而没有任何证据表明"虱"是复声母 sp-，只能是单声母的生母。这就证明与"虱"同音的"瑟"在上古音中也是单声母，不可能是复辅音声母。②还有联绵词的证据。《吕氏春秋·古乐》："筋骨瑟缩不达。"陈奇猷《吕氏春秋新校释》③："瑟缩，犹言收缩。""缩"的上古音为生母觉部，只能是单声母。因此，"瑟缩"一词明显为双声。如果将"瑟"定为复声母 sp-，"瑟缩"就不可能是双声联绵词了，这显然不符合《吕氏春秋》此处的修辞。《楚辞·九辩》："萧瑟兮，草木摇落而变衰。""萧瑟"一词也是双声联绵词。"萧"的上古音为心母，"瑟"为生母，为照二系声母，正如黄季刚《音略》④ 所论，在上古音中"照二归精"。因此，"萧瑟"可为双声。如果"瑟"为复声母 sp-，二者就不是双声了。这就不符合《楚辞》的修辞。③东汉末刘桢《赠从弟》诗之二："亭亭山上松，瑟瑟谷中风。"瑟瑟是形容风声的象声词，显然不可能是复声母的 sp-。④从声训也可以证明。《说文》段注："瑟之言肃也。"这是声训。而"肃"只能是单声母，因此"瑟"也必是单声母。《白虎通·礼乐》："瑟者，啬也。"这明显是声训。"啬"只能是单声母的生母，因此"瑟"也只能是单声母。以上四证表明"瑟"的上古音不会是复声母，只能是单辅音的生母。

由于在潮州方言中的"瑟"与"虱"都是-k 尾，我们可以推测这个音在上古时代已经如此，并非后世的音变。闽南方言多能保留汉语上古音，这是一个好例。当然，在上古音中，"瑟"也应该有-t 音。《诗经·唐风·山有枢》："山有漆，隰有栗。子有酒食，何不日鼓瑟？且以喜乐，且以永日。宛其死矣，他人入室。"以"漆、栗、瑟、日、室"为韵，则"瑟"必为-t 音。《诗经·秦风·车邻》："阪有漆，隰有栗。既见君子，并坐鼓瑟。今者不乐，逝者其耋。"以"漆、栗、瑟、

① 参看北京大学中国语言文学系语言学教研室编、王福堂修订《汉语方音字汇》（第二版重排本），语文出版社，2008，第19 页。《现代汉语方言大词典》（合订本），江苏教育出版社，2002。其中，第五册的"瑟"字条仅收乌鲁木齐方言的读音和释义，无足参考。
② 参看张双棣《淮南子校释》（增订本）下，北京大学出版社，2013，第1820—1822 页。
③ 陈奇猷：《吕氏春秋新校释》，上海古籍出版社，2011，第294 页。
④ 参看《黄侃国学文集》，收入《黄侃文集》，中华书局，2006，第68—69 页。

鼗"为韵，则"瑟"必为-t音。《诗经·大雅·旱麓》："瑟彼玉瓒，黄流在中。"《周礼·典瑞》郑玄注引《诗》："邲彼玉瓒。"《释文》："邲音瑟。"马瑞辰《毛诗传笺通释》[①]："作邲者盖是三家诗。瑟、邲古音同部，故通用。"王先谦《诗三家义集疏》[②]："三家诗'瑟'作'邲'。"当是取马瑞辰之说。这里的"瑟"与"邲"应是通假字，而"邲"是-t。因此，《诗经》的"瑟"应是-t音。"瑟"的-t音由于广泛见于《诗经》，因此要早于"瑟"的-k音。"瑟"的-k音应该是战国时代的楚国方音，这个读音也流传于后世的厦门方言和潮州方言中。

A New Textual Research on the Construction of Phonogram in " Se （瑟）"

Pang Guanghua　　Wu Jun

（School of Liberal Arts，Wuyi University，Guangdong Jiangmen 529020，China）

Abstract：The "Bi （必）" in " Se （瑟）" is improperly regarded as phonological symbol. But in fact，the phonological symbol is "Yi （弋）". -t and -k can change each other phonetically，just as in hakka dialect and Southern Min Dialect. " Se （瑟）" has not consonant cluster in the ancient times of China. *Shuowen* （《说文》） sometimes mistakes the construction of a Chinese character.

Key words：se （瑟）；bi （必）；yi （弋）；phonogram；consonant-cluster

① 马瑞辰：《毛诗传笺通释》，陈金生点校，中华书局，1992，第830页。
② 王先谦：《诗三家义集疏》，中华书局，吴格点校，2018，第846页。

两周金文中的“勉”义词

——兼论先秦汉语中的“勉”义词*

武振玉　易佳妮

【摘　要】表达“勉”义的词，两周金文中有“懋、薄、农、圂、敏、肇、享、勤”八词，传世先秦文献中有“懋、农、敏、肇、劝、勉、明、勖、励、勤、劭、蘉、黾勉”13 个词。将两者加以比较，可以看出“勉”义场成员的历时替代变化，也可以在一定程度上厘清各词词义引申和消亡的情况。

【关键词】两周金文；先秦文献；“勉”义词

【作者简介】武振玉，女，吉林大学文学院教授，博士研究生导师，研究方向为汉语史、金文等；易佳妮，女，吉林大学文学院博士研究生，研究方向为汉语史。（吉林　长春　130012）

一　两周金文中的“勉”义词

两周金文中表“勉”义的词计有“懋、薄、农、圂、敏、肇、享、勤”八个，其例如下：

1. 瘭不敢弗帅且（祖）考秉明德，圂夙夕左（佐）尹氏。皇王对瘭身楙（懋），易（赐）瘭佩。（1·247—250 瘭钟，西中）①

2. 𡭔（小子）夙夕尃（薄）由先且（祖）剌（烈）德，用臣皇辟。（5·2830 师𩛥鼎，西中）

3. 不（丕）显皇且（祖）考穆穆异异，克慎乎（厥）德，农臣先王，得屯（纯）亡敃。（1·192 梁其钟，西晚）

4. 女（汝）母（毋）敢豙（惰）才（在）乃服，圂夙夕敬念王威不睗（易）。（5·2841 毛公鼎，西晚）

5. 王曰：盂，乃召夹死（尸）司戎，敏諫罚讼，夙夕召我一人烝四方。（5·2837 大盂鼎，

* 基金项目：国家社会科学基金项目“上古汉语动词词义系统演变研究”（16BYY112）。

① 相关引例参见张亚初《殷周金文集成引得》，中华书局，2001；华东师范大学中国文字研究与应用中心：《金文引得·殷商西周卷》，广西教育出版社，2001；华东师范大学中国文字研究与应用中心：《金文引得·春秋战国卷》，广西教育出版社，2002；刘雨、卢岩：《近出殷周金文集录》，中华书局，2002；刘雨、严志斌：《近出殷周金文集录二编》，中华书局，2010。例句后括号中依次为中国社会科学院考古研究所《殷周金文集成》（中华书局，1984—1994）编号、器名、分期（“西早”指西周早期，其他同此）。□表示残泐不清或难以隶定的字。

西早)

6. 卒献，公饮在馆，赐虆马，曰：用肇事。虆拜稽首，对扬公休，用作父巳宝尊彝。（虆卤，西中，《近出殷周金文集录》第三册66页605）

7. 遣孙孙子子其永亡冬（终），用受德，妥（绥）多友，高（享）奔走。（11·6015麦方尊，西早）①

8. 王肇遹眚（省）文武堇（勤）强（疆）土，南或（国）艮□（子）敢舀（陷）虐我土，王敦伐其至，扑伐氒（厥）都。（1·260㝬钟，西晚）

例1，高明谓"楙通懋"，并引《说文》"懋，勉也"为证②。例2，于豪亮谓："'尃'读为薄，《方言》一：'钊、薄，勉也。秦晋曰钊，或曰薄，故其鄙语曰薄努，犹勉努也。南楚之外曰薄努'"；王辉谓："尃读为薄，《方言》卷一：'薄，勉也。……'由，《广雅·释诂》：'行也。'……此句意谓夙早晚勉力遵行先祖美德。"《商周古文字读本》（343页）谓："尃，通'薄'，勉力，努力"；《金文常用字典》（356页）、《金文形义通解》（707页）亦均释为"勉"。③例3，郭沫若谓："农者，勉也。《洪范》：'农用八政。'"陈梦家谓："'农臣先王'即勉臣先王。《广雅·释诂》三'农，勉也'"；《商周青铜器铭文选（三）》谓："《说文通训定声》：'农，假借为努，农、努一声之转。'《广雅·释诂三》：'农，勉也。'"④例4，孟蓬生谓："金文又恒见'圐夙夕'一语，'圐'当读为'勖'。《说文》：'勖，勉也。'"陈秉新同⑤。例5，多释为敏疾义⑥，或释为"慎重"义⑦。今按：从前文的"召夹""尸司"，后文的"召""烝"看，"敏"释为"勉"义更切合上下文意。于省吾《双剑誃吉金文选》（117页）翻译为"对于罚惩讼狱须明敏整饬"，"明"有"勉"义，"敏"亦可释为"勉"义。例6，陈英杰谓："'肇享'的意义相当于其他册命铭文中常见的'用事'。……'用肇事'仅见虆卤，'肇'当与敬或勉义近。……觊簋'汝肇享'之'肇'亦是此义。"⑧日月谓：

---

① 武振玉《两周金文"享"字释义》（古汉语研究的新探索——第十一届全国古代汉语学术研讨会论文，江苏扬州·2012）曾将"享奔走"中的"享"释为"敬"，现在看来释为"勉"更恰当。陈英杰《谈觊簋铭中"肇享"的意义——兼说册命铭文中的"用事"》（《古文字研究》第二十七辑，中华书局，2008，第212页）谓："金文中有'享奔走'……'享'多训'敬'，但没有训诂学上的依据，不可信。"

② 高明：《古文字学通论》，北京大学出版社，1996，第391页。

③ 于豪亮：《陕西扶风县强家村出土虢季家族铜器铭文考释》，《古文字研究》第九辑，中华书局，1984，第260页；王辉：《商周金文》，文物出版社，2006；刘翔等《商周古文字读本》，语文出版社，2004；陈初生编撰，曾宪通审校《金文常用字典》，陕西人民出版社，2004；张世超等《金文形义通解》，〔日本〕中文出版社，1996。

④ 郭沫若：《陕西新出土铜器铭考释》，《郭沫若全集·考古编6》，科学出版社，2002，第40页；陈梦家：《西周铜器断代》，中华书局，2004，第279页；马承源主编《商周青铜器铭文选（三）》，文物出版社，1988，第274页。

⑤ 孟蓬生：《金文考释二则》，《古汉语研究》2000年第4期，第17页；陈秉新：《释"圐"及相关字词》，《古文字研究》第二十二辑，中华书局，2000，第96页。

⑥ 参见唐兰《西周青铜器铭文分代史征》，中华书局，1986，第169页；陈初生：《金文常用字典》，陕西人民出版社，2004，第362页；王文耀：《简明金文词典》，上海辞书出版社，1998，第318页；许伟建：《上古汉语词典》，吉林文史出版社，1998，第180页；张世超等：《金文形义通解》，〔日本〕中文出版社，1996，第719页；黄德宽主编《古文字谱系疏证》，商务印书馆，2007，第321页。

⑦ 如马承源主编《商周青铜器铭文选（三）》（文物出版社，1998）第40页注21谓："'敏谏罚讼'即所谓慎罚。敏，审。"

⑧ 陈英杰：《谈觊簋铭中"肇享"的意义——兼说册命铭文中的"用事"》，《古文字研究》第二十七辑，中华书局，2008，第212页。

"覩篡'汝肇享'、霝卣'用肇事'之'肇'亦可训作敏勉义。"① 例 8 的"勤"与其他各词略有不同，词义上更侧重表示"勤勉、勤劳"。

金文中表"勉"义的"懋、薄、农、圂、敏、肇、享、勤"八词共出现 36 次（懋 4 见、薄 3 见、农 1 见、圂 2 见、敏 5 见、肇 15 见、享 2 见、勤 4 见），其句法功能主要是充当状语（29 例）；形式上相同的有"圂夙夕、肇夙夕、敏夙夕"组合。总体而言，金文中的勉义词并不多且出现频次也都很低，但表现出了一些与传世文献的差异：一是个别词的同类用法不见于传世文献；二是个别词的同类用法虽也见于传世文献，但被误释了；三是传世先秦文献中多见的"劝、勉"等词尚未见于金文（这或可表明金文中的此类词代表了早期用法）。

二 传世先秦文献中的"勉"义词

传世先秦文献中计有"懋、农、邵（劭）、敏、享、薄、劝、勉、黾勉、励（砺、厉）、勖、钊、奖、明、孟"13 个"勉"义词。分述如下：

懋：《说文·心部》《尔雅·释训》皆训为"勉"；传世先秦文献凡 13 见（《尚书》9 例、《国语》4 例）②，句法形式以单独作谓语和充当状语为主（各 6 例），其例如：

1. 禹，汝平水土，惟时懋哉！（尚书·尧典）
2. 无戏怠，懋建大命。（尚书·盘庚下）
3. 轻关易道，通商宽农。懋穑劝分，省用足财、利器明德，以厚民性。（国语·晋语四）

例 1，孙星衍古文注疏谓："史迁懋作勉。"

例 2，刘逢禄今古文集解："汉石经作勖建大命。"（参见《故训汇纂》第 829 页）

又，《尚书》有"冒"（此类 3 例），《说文·冃部》朱骏声通训定声谓："冒，假借为勖。"如：

4. 乃惟时昭文王，迪见冒闻于上帝，惟时受有殷命哉。（尚书·君奭）

陆德明释文："冒，马作勗，勉也。"孙星衍今古文注疏谓："冒与懋音相近，义得为勉。"（参见《故训汇纂》第 202 页）

农：《说文·农部》朱骏声通训定声："勉也；又假借为努。"传世先秦文献 6 见（《尚书》3 例、《墨子》2 例、《左传》1 例），基本充当状语（5 例）。其例如：

---

① 日月：《金文"肇"字补说》，复旦大学出土文献与古文字研究中心网站，2010 年 6 月 14 日（www. gwz. fudan. edu. cn）。另，关于金文"肇"可参看武振玉《两周金文中的"肇"》，《中山大学学报》2016 年第 1 期。

② 传世先秦文献的语料调查范围为：《尚书》《诗经》《仪礼》《周礼》《周易》《论语》《老子》《孟子》《墨子》《庄子》《荀子》《韩非子》《左传》《国语》《战国策》《晏子春秋》《吕氏春秋》。

1. 稷降播种，农殖嘉谷。（尚书·吕刑）

2. 焉率天下之百姓，以农臣事上帝、山川、鬼神。（墨子·非攻下）

3. 世之治也，君子尚能而让其下，小人农力以事其上。（左传·襄公十三年）

例3，王引之按引王念孙曰："农力，犹努力，语之转也。"

敏：传世先秦文献凡19见（《尚书》1例、《诗经》3例、《论语》6例、《周礼》2例、《左传》3例、《国语》1例、《荀子》2例、《晏子春秋》1例）。句法功能以不带宾语为主（14例），带宾语的为少数（5例）。其例如：

1. 蔽时忱，丕则敏德，用康乃心。（尚书·康诰）

2. 无曰予小子，召公是似。肇敏戎公，用锡尔祉。（诗经·大雅·江汉）

3. 君子食无求饱，居无求安，敏于事而慎于言，就有道而正焉。（论语·学而）

例1，《尚书词典》（第143页）敏德：勉行德政（1次）[1]；臧克和谓："敏、勉、懋音近义通；敏德，勉力于德。"[2] 例2见下"肇"。例3，旧或释为"敏疾"，如皇侃疏、邢昺疏；或释为"审慎"义，如黄怀信引戴氏注："敏，审也。"焦循《论语补疏》："敏，审也。谓审当于事也。"[3] 或释为"勉"义，如杨伯峻释为"敏捷，勤敏"[4]；《十三经辞典·论语卷》释为"勤勉"[5]；黄怀信引《朱子集注》："敏于事者，勉其所不足也。"引刘氏正义："敏于事，谓疾勤于事，不懈怠也。"（《十三经辞典》第83—84页）

肇：《尔雅·释言》："肇，敏也。"传世先秦文献仅见于《尚书》《诗经》：

1. 肇牵车牛，远服贾，用孝养厥父母。（尚书·酒诰）

2. 汝克绍乃显祖，汝肇刑文武，用会绍乃辟，追孝于前文人。（尚书·文侯之命）

3. 无曰予小子，召公是似。肇敏戎公，用锡尔祉。（诗经·大雅·江汉）

例3"肇"旧有释为"谋"[6]、释为"长"[7]、释为"开"[8]等意见。后来的学者则多释为"敏"，如向熹《诗经词典》释为"勤勉努力（于）"，引马瑞辰《通释》："《尔雅·释言》：肇，敏也。《说

---

① 周民：《尚书词典》，四川人民出版社，1993。

② 臧克和：《尚书文字校诂》，上海教育出版社，1999，第328页。

③ 黄怀信主编《论语汇校集释》，上海教育出版社，2008，第84页。

④ 杨伯峻：《论语译注·论语词典》，中华书局，1980，第276页。

⑤ 陕西师范大学辞书编纂研究所：《十三经辞典·论语卷》，陕西人民出版社，2002，第92页。

⑥ 毛传：肇，谋；敏，疾；戎，大；公，事也。向熹：《诗经词典》（四川人民出版社，1997）第885页释为"谋划"义。其他则有《尔雅·释诂上》、《集韵》"小韵""皓韵"："肇，谋也。"《群经平议·孟子二》："肇、基，谋也。"俞樾按：肇，亦谋始之意。

⑦ 陆德明《经典释文》引《韩诗》云："肇，长也。"另，《玉篇·戈部》《广韵·小韵》："肇，长也。"

⑧ 《诗·大雅·江汉》"肇敏戎公"、《商颂·玄鸟》"肇域彼四海"，朱熹集传："肇，开也。"

文》:敏,疾也。肇敏连言,即训肇为敏。"闻一多《尔雅新义》:"肇敏与劭勉声近义同。……义犹黾勉也。"[①] 裴锡圭谓:"高亨《诗经今注》据《尔雅·释言》释《江汉》'肇'字之义为'敏',或可信。"[②] 释为勉义的"肇",或认为是"劭"之借字,如朱骏声《说文通训定声》谓:"肇,假借又为劭";闻一多《尔雅新义》谓:"肇敏与劭勉声近义同。"

劝:《说文·力部》:"劝,勉也。"传世先秦文献凡 158 见(《尚书》9 例、《论语》2 例、《周易》3 例、《墨子》25 例、《庄子》7 例、《荀子》11 例、《韩非子》45 例、《左传》18 例、《国语》9 例、《战国策》7 例、《晏子春秋》7 例、《吕氏春秋》15 例),其例如:

1. 小人不耻不仁,不畏不义,不见利不劝,不威不惩。(周易·系辞下)

2. 世之爵禄不足以为劝,戮耻不足以为辱。(庄子·外篇·秋水)

3. 故赏不用而民劝,罚不用而民服,有司不劳而事治,政令不烦而俗美。百姓莫敢不顺上之法,象上之志,而劝上之事,而安乐之矣。(荀子·君道)

4. 先王之立爱,以劝善也,其立恶,以禁暴也。(晏子春秋·内篇谏上)

5. 仲吕之月,无聚大众,巡劝农事,草木方长,无携民心。(吕氏春秋·季夏纪第六·音律)

句法功能以不带宾语为主(81 例),但是带宾语的比率也不低(77 例)。形式上,一是多与"沮""禁"等类词对文,二是"劝"的多为"赏、誉、爱、善"等内容,表达的"勉"义很清晰。词义方面,诸子文献中几乎都是"勉"义,但《左传》(8 例,"勉"义 18 例)、《国语》(5 例,"勉"义 9 例)、《战国策》(17 例,"勉"义 7 例)中"劝说"义用例增多,其中《战国策》中"劝说"义用例超过了"勉"义用例,这一方面应该是与历史文献的内容有关,另一方面也显示了"劝"的词义发展。

勉:《说文·力部》:"勉,强也。"传世先秦文献共 80 见(《尚书》1 例、《论语》1 例、《仪礼》1 例、《孟子》1 例、《墨子》2 例、《庄子》6 例、《荀子》6 例、《韩非子》4 例、《左传》17 例、《国语》18 例、《战国策》7 例、《晏子春秋》7 例、《吕氏春秋》9 例)。其例如:

1. 王巡三军,拊而勉之。三军之士,皆如挟纩。(左传·宣公十二年)

2. 子勉行矣,寡人与子有誓言矣。(战国策·赵策四)

3. 君命其臣,据其肩以尽其力,臣敢不勉乎?(晏子春秋·内篇谏上)

4. 母施衿结帨,曰:勉之敬之,夙夜无违宫事。(仪礼·士昏礼)

---

① 向熹:《诗经词典》,四川人民出版社,1997,第 885 页。

② 裴锡圭:《从殷墟卜辞的"王占曰"说到上古汉语的宵谈对转》(《中国语文》2002 年第 1 期)注 47 释"肇"为"敏":《广韵·小韵》:"肇,敏也。"《尔雅·释言》"肇,敏也。"邢昺疏:"肇,谓敏疾也。"《尔雅·释诂上》"肇,谋也。"郝懿行义疏:"肇者,谋之敏也。"《书·酒诰》"肇牵车牛",蔡沈集传:"肇,敏也。"《文侯之命》"汝肇刑文武",孙星衍今古文注疏引《释诂》云:"肇,敏也。"《读书杂志·逸周书第三·谥法篇》"肇敏行成曰直",王念孙按:"肇,敏也。"以上据宗福邦、陈世铙、萧海波主编《故训汇纂》,商务印书馆,2003,第 1846—1847 页。

句法功能方面，"勉"不带宾语的（71 例）明显多于带宾语的（9 例）。

先秦文献中亦见"劝""勉"同现的（对文 7 例、连文 3 例），如：

5. 有力者疾以助人，有财者勉以分人，有道者劝以教人。（墨子·尚贤下）

6. 命野虞出行田原，劳农劝民，无或失时；命司徒循行县鄙，命农勉作，无伏于都。（吕氏春秋·孟夏纪第四·孟夏）

7. 群臣所终岁日夜不敢偷怠之事也，王以一夕听之，则群臣有为劝勉矣。（韩非子·外储说右下）

据此可知二词同义，但在句法功能方面也存在着明显的差异：一是"劝"不带宾语和带宾语相差不明显，而"勉"则明显以不带宾语为主；二是不带宾语时，"劝"主要出现于谓语部分，而"勉"或者充当状语（22 例），或者以"勉之"形式作谓语（"劝"没有同样用法）。出现频次方面，"劝"几乎是"勉"的两倍，可见先秦时期，表达"勉"义主要是用"劝"；此后，"劝"发展出"劝说"义并随着此义成为核心义，"勉"逐渐代替了"劝"。佐以《尔雅》"亹亹、蠠没、孟、敦、勖、钊、茂、劭、勔，勉也"，或可推测"勉"汉代才成为此义场的核心词。

明：仅见于《尚书》（27 例）、《诗经》（8 例：大雅 1 例、小雅 2 例、颂 5 例），如：

1. 祝祭于祊，祀事孔明。先祖是皇，神保是飨，孝孙有庆。（诗经·小雅·楚茨）

2. 绍庭上下，陟降厥家。休矣皇考，以保明其身。（诗经·周颂·访落）

3. 明明天子，令闻不已。矢其文德，洽此四国。（诗经·大雅·江汉）

4. 往新邑，伻向即有僚，明作有功，惇大成裕。（尚书·洛诰）

5. 王人罔不秉德明恤，小臣屏侯甸。……汝明勖偶王。（尚书·君奭）

6. 惟乃丕显考文王，克明德慎罚，不敢侮鳏寡。（尚书·康诰）

例 1，向熹《诗经词典》（第 429 页）"明"下引"一说：通'孟'。勤勉"。其引王引之《述闻》说。庄穆主编《诗经综合辞典》（第 592 页"明"）引"一说，通'勉'，勤勉"。例 2，庄穆主编《诗经综合辞典》（第 593 页）引"一说：勉力。马瑞辰：'明亦勉也。'……此诗保明宜训保勉。王先谦：'明者，勉也，皇考以此道保其身而勉其身，予亦维绍之而已。'"例 3，庄穆主编《诗经综合辞典》（第 593 页）明明：借为"勉勉"，勤恳勉力。引王念孙："明、勉一声之转，故古多谓勉为明，重言之则曰明明。"陈子展："明明天子，勉勉不倦的天子。"[①] 例 4、5，孙星衍今古文注疏皆引《释诂》云"勉也"。例 6，孙星衍今古文注疏："亦谓自勉也。"（参见《故训汇纂》第 1013 页）又，《逨盘》（西周晚期，《近出殷周金文集录二编》第三册第 262 页 939 号）有"零朕皇考恭叔，穆穆趗趗，龢詢于政，明济于德，享辟厉王"句。其中的"明"或可释为"勉"义。然周金文中未见其他用例，金文中的"明"多出现于"秉明德、恭明德、受明德、敬明乃心、克明

---

① 庄穆主编《诗经综合辞典》，远方出版社，1999。

乃心、明其心、作明刑、明哲、粦明"等组合中，是明显的形容词。

勖：用例不多（《尚书》7 例、《诗经》1 例、《仪礼》1 例），如：

1. 夫子勖哉！不愆于四伐、五伐、六伐、七伐，乃止齐焉。勖哉夫子！尚桓桓，如虎如貔，如熊如罴，于商郊。弗迓克奔，以役西土，勖哉夫子！尔所弗勖，其于尔躬有戮！（尚书·牧誓）

2. 终温且惠，淑慎其身。先君之思，以勖寡人。（尚书·邶风·燕燕）

3. 往迎尔相，承我宗事。勖帅以敬先妣之嗣，若则有常。（仪礼·士昏礼）

励：先秦文献很少见（《尚书》2 例、《国语》2 例），如：

1. 其惟吉士，用劢相我国家。（尚书·立政）

2. 请王励士，以奋其朋势。劝之以高位重畜，备刑戮以辱其不励者，令各轻其死。（国语·吴语）

《说文·力部》："劢，勉力也。"桂馥义证："劢，字或作励。"朱骏声通训定声："字亦作励。"或借"厉"为之（《左传》1 例、《战国策》2 例、《荀子》1 例），如：

3. 陈僖子谓其弟书："尔死，我必得志。"宗子阳与闾丘明相厉也。（左传·哀公十一年）

4. 取世监门子、梁之大盗、赵之逐臣，与同知社稷之计，非所以厉群臣也。（战国策·秦策五）

《说文·厂部》朱骏声通训定声："厉，假借为励。"例 3"厉"杜预注："相劝厉。"

勤：表"勤勉、勤劳"义，较常见（《尚书》17 例、《诗经》2 例、《孟子》1 例、《老子》1 例、《庄子》1 例、《荀子》2 例、《韩非子》2 例、《左传》11 例、《国语》15 例、《晏子春秋》2 例、《吕氏春秋》5 例）。如：

1. 穆穆在上，明明在下，灼于四方，罔不惟德之勤。……今尔罔不由慰日勤，尔罔或戒不勤。（尚书·吕刑）

2. 上士闻道，勤而行之；中士闻道，若存若亡。（老子·四十一章）

3. 是故君子勤礼，小人尽力，勤礼莫如致敬，尽力莫如敦笃。（左传·成公十三年）

按："勤"与上述各词在词义上有所不同，即除了表示"勤勉"义外，还偏重表示"勤劳"义（本文未详细区分二者，但是不包括"勤苦、辛劳"义）。

另，《尔雅·释诂》有"孟，勉也"。郝懿行义疏："孟者，黾之假借也"，又谓："孟，声转为蠠。"王引之《经义述闻·书·明听朕言》谓："家大人曰：《尔雅》：孟，勉也。孟与明古同声而通用。故勉谓之孟，孟亦谓之明。"按：《尚书·洛诰》有"汝乃是不蘉，乃时惟不永哉"（参见

《故训汇纂》第 500 页）。各家皆训为"勉"，但仅此一例。徐朝华《尔雅今注》（南开大学出版社，1987，第 25 页）谓："'孟'通'黾'，勉力。"《昭明文选·幽通赋》："盍孟晋以迨群兮。"李善注："曹大家曰：'孟，勉也。'"但据我们初步调查，传世先秦文献中未见用为"勉"义的"孟"。又，《尔雅·释诂上》："釐釐、矖没、孟、敦、勖、钊、茂、劭，勉也。"《方言》一："钊、薄，勉也。秦晋曰钊，或曰薄，故其鄙语曰薄努，犹勉努也。"皆提及"钊"有"勉"义，但传世先秦文献未见用为"勉"义的"钊"（《说文·刀部》："钊，刓也，从刀，从金。周康王名。"），但有借"昭"为"勉"义的用例（很少），如"亦惟先正，克左右昭事厥辟，越小大谋猷，罔不率从"（尚书·文侯之命），孙星衍今古文注疏谓；"与钊声相近。"按：先秦文献中的"昭"主要用为"光明"和"辅佐"义，此例因为前面已有"左右"（辅佐义），所以"昭"释为"勉"义较恰当。又，表"勉"义的还有复音词"黾勉"，仅见于《诗经》（4 例），如"黾勉从事，不敢告劳。无罪无辜，谗口嚣嚣"（小雅·十月之交）。

三　结语

综上，两周金文中有"懋、薄、农、圂、敏、肇、享、勤"八个"勉"义词，传世先秦文献中有"懋、农、敏、肇、劝、勉、明、勖、励、勤、劭、蘉、黾勉"13 个"勉"义词。两相比较可见，只有"懋、农、敏、肇、明、劭、勤"共同见于周金文和先秦文献。其中前六词的出现频次都很有限。从历时发展的角度看，金文中的各词除了"勤"（后代词义还有所不同）外，其余各词都未能延用下去，即后代基本都从"勉"义场中退出了，故金文中的诸词代表了该类词的早期应用情况。从传世先秦文献看，同见于金文的各词一是出现频次较低，二是恰好分布于早期［如《尚书》《诗经》（雅颂）］，也可以佐证其确为早期"勤勉"义场成员。传世先秦文献中出现频次最高的"劝（158 例）、勉（80 例）"二词不见于周金文，"勤"（59 例）虽见于周金文但用例很少（4 例），从一个侧面反映出诸词是"勉"义场的后起词；其中"劝"和"勉"存在着明显的历时替代关系，而"勤"最初就在词义上不侧重"勉"义而侧重"劳"义，所以后来的分化也是顺理成章的。

A Probe into the Inscriptions on Ancient Bronze Objects Meaning "Diligent" in Zhou Dynasty

——Discussing the Pre-Qin Chinese Words Meaning "Diligent" at the Same Time

Wu Zhenyu　Yi Jiani

（Jilin University, Changchun 130012, China）

Abstract：Eight words express the meaning of "diligent" in inscriptions on ancient bronze objects in Zhou Dynasty which includes "Mao、Bo、Nong、Shao、Min、Zhao、Xiang、Qin". This kind of words could be found as "Mao、Nong、Min、Zhao、Quan、Mian、Ming、Xu、Li、Qin、Shao、Mang、Min（Mian）" thirteen words in Pre-Qin handed documents. These words are monosyllabic words. If we make comparison between the two groups, we could discover the diachronic evolution and replacement of each member in the semantic field of "diligent", and the comparison, to certain extent, can also help us to clarify the emergence, extension and demise of the meaning of each word.

Key words：inscriptions on ancient bronze objects in Zhou Dynasty；Pre-Qin handed documents；words meaning "diligent"

释清华简《摄命》中从宀咸声之字[*]

——兼释"湛圂"相关诸词

史大丰　王　宁

【摘　要】：清华简八《摄命》中的"宬"与清华简一《祭公之顾命》中的"寏"均是"寏（垫）"字之或体，与"湛""沈"音近义同，《毛公鼎》的"圂湛"、《书·益稷》的"昏垫"、《封许之命》的"圂童"都是"昏沈（沉）"，《摄命》中的"宬圂"即"沈（沉）昏"，意思均同。

【关键词】：清华简；摄命；宬；湛圂

【作者简介】史大丰，枣庄学院副教授，文学博士，山东省出土文献与文学研究基地成员，从事汉语文字、词汇研究。王宁，枣庄广播电台主任编辑，从事古文字及出土文献研究。（枣庄 277100）

清华简八《摄命》简二有句云"宬（湛）圂才（在）忧"，^① 整理者注："宬，读为'湛'，'宬圂在忧'略同于《毛公鼎》'圂湛于艰'。"

"宬"字整理者读"湛"，认为"湛圂"同于《毛公鼎》的"圂湛"，这都是没问题的，主要是"宬"这个字该怎么分析。从字形上看，它是从宀咸声，读为"湛"没问题，咸声、甚声的字为侵部，^② 可它不是"湛"字。"湛"从水甚声，这不免让人想到清华简一《祭公之顾命》中的"宔（皇）寏（戡）方邦"中的"寏"字。

《逸周书·祭公解》今本："大开方封于下土，天之所锡，武王时疆土。"^③ 清华简本："宔（皇）寏（戡）方邦。"整理小组："宔，读为'皇'，训'大'。寏，读为'戡'，《广雅·释训》：'盛。'"^④ 简本"寏"字，整理者读"戡"，训"盛"，疑非。今本作"开"，则"寏"字当读"闿"，《方言》十三："闿，开也。"简本"皇闿"即今本之"大开"。

《逸周书·祭公解》："大开方封于下土。"有学者已经指出"宔"在金文和楚简中即用为"广"，^⑤

* 基金项目：本文系国家社科基金重大项目"中华简帛文学文献集成及综合研究"（项目编号：15ZDB065）、枣庄学院博士科研基金项目"《战国秦汉字表》编纂与整理"（项目号：1020706）的阶段性成果。

① 李学勤主编《清华大学藏战国竹简（捌）》下册，中西书局，2018，第113页。
② 张儒、刘毓庆：《汉字通用声素研究》，山西古籍出版社，2002，"甚"见第1007页，"咸"见第1020页。
③ 黄怀信、张懋镕、田旭东：《逸周书汇校集注》（修订本），上海古籍出版社，2007，第933页。
④ 李学勤主编《清华大学藏战国竹简（壹）》，中西书局，2010，第177页。
⑤ 曾宪通、陈伟武主编《出土战国文献字词集释》第7册，中华书局，2018，第3617页按语。

《战国文字字形表》也收入"广"字下，① 无疑是正确的，此字就是"广"的或体字。《玉篇》："广，大也。"不必读为"皇"。"宷"则相当于"開"，那么整理者读"戡"训"盛"显然就不大对头了。但这个字传世典籍中没有，字形分析当是从宀甚声，它很可能是读若"閻"训"開"，《方言》六："閻笘，開也。东齐開户谓之閻笘，楚谓之闒。"又十三："閻，開也。"《广雅·释诂三》："閻，開也。""閻"音余廉切，古音是余纽谈部，但是它从"臽"声，"臽"是匣纽谈部字，"笘"是书纽谈部字，显然"閻"是余纽谈部字，"閻笘"是叠韵词，占声、臽声的字为谈部，② 而谈侵音近，那么从甚声的字读若"閻"也是合理的。东齐称開户是"閻笘"，"閻"本身也有"開"义，故"广閻"就是"广開"，也就是"大開"。

"封于下土，天之所锡，武王时疆土"当旧注文混入正文者。其中"封于下土"是为"大開方封"作的注，"天之所锡，武王时疆土"则可能是为下句"丕维周之基"作的注。注者认为"大開方邦"是上下（天神地祇）辅佐文武之子孙在下土建立国家，故注云"封于下土"。他认为"丕维周之基"是周的国家基础，也就是周武王开拓出来的疆土，故下注"天之所锡，武王时疆土"，后被拼在一起混入了正文。

"咸""宷"很可能是同一字的异体，只不过在不同的篇章中被通假作不同字，《摄命》中假为"湛"，《祭公之顾命》中则假作"閻"，"湛""閻"定、余旁纽双声、谈侵部音近。《毛公鼎》中的"圛湛"，很可能就是《书·益稷》中"下民昏垫"的"昏垫"，孔传："言天下民昏瞀垫溺，皆困水灾。"疏："'垫'是下湿之名，故为溺也。言天下之人遭此大水，精神昏瞀迷惑，无有所知，又苦沉溺，皆困此水灾也。郑云：'昏，没也。垫，陷也。禹言洪水之时，人有没陷之害。'"③《说文》："垫，下也。《春秋传》曰：'垫隘。'"段注："谓地之下也。《皋陶谟》曰：'下民昏垫。'因以为凡下之偁。《方言》曰：'凡柱而下曰埋，屋而下曰垫。'""垫"为定纽缉部，"湛"是定纽侵部，字音近。《集韵·去声八·五十五桥》："垫、埝、阽：《说文》：'下也。'引《春秋传》：'垫隘。'或作埝、阽。""埝"从念声，"阽"从占声，是谈部字，谈侵音近。又《汉书·文帝纪》："或阽于死亡"，颜师古《汉书集注》："如淳曰：阽，近边欲堕之意。服虔曰：阽，音反坫之坫。孟康曰：阽，音屋檐之檐。师古曰：服、孟二音并通。"

又《食货志上》："安有为天下阽危者若是而上不惊者"，颜师古注："阽危，欲堕之意也。音閻。又音丁念反。""阽"是余纽谈部字，"坫"是端纽谈部字（即颜注所说"丁念反"），"檐"是余纽谈部字，"閻"是余纽谈部字，"垫"是定纽谈部字，"湛"是定纽侵部字，从上面的引文看，这些字显然都是读音相近可以通假的。

由此推之，"咸""宷"二字当与"垫"音义并近，很可能就是《说文》"窒"字之异构。《说文》："窒，屋倾下也。从宀执声。"段注："与'垫'音义同。"《玉篇·宀部》："窒，下也。或为垫。"从"宀"者即取"屋倾下"之意，《方言》："屋而下曰垫"，这个"垫"本字当作"窒"，钱绎《方言笺疏》："下谓之垫，因而屋倾下谓之垫，亦谓之窒；屋倾下谓之垫，因而居下地病困者亦谓之垫。"

---

① 徐在国、程燕、张振谦：《战国文字字形表》，上海古籍出版社，2017，第1314页。
② 张儒、刘毓庆：《汉字通用声素研究》，山西古籍出版社，2002。"占"字见第1046页，"臽"字见第1059页。
③ 臧克和：《尚书文字校诂》，上海教育出版社，1999，第82页。

《广韵·去声·霰韵》:"颎:穷也。《说文》曰:屋倾下也。"又《入声·怗韵》:"颎:下也。"《集韵·去声八·五十五栝》:"颎、窒:《说文》:'屋倾下也。'一曰厌也。或从土。"又《入声十·三十帖》:"颎,《博雅》:'厌也。'一曰屋倾。"又云:"颎,屋下倾。"显然"垫""颎"相通,本来就是沉陷之意,后来分别之,则土地下陷为"垫",房屋下陷为"颎",楚简中或从宀咸声或从宀甚声的字就是"颎"的或体。

"垫""颎"训"下"、训"沉溺"、训"陷",当是与"湛""沈(沉)"音义相同,黄德宽先生认为,楚文字"湛"字即文献中"埋沈"之"沈"的专用字,①"垫""颎""湛""沈"音近可通是没问题的。《说文》:"湛,没也。"段注:"古书浮沈字多作'湛','湛''沈'古今字。'沉'又'沈'之俗也。"沈、沉亦属侵部。

萧旭先生指出《毛公鼎》"湛"读为"沈",与"陷"义近;"圂",读作"溷",俗作"混""浑",②均可从。而此处"圂"的用法同于后世之"昏",《说文》作"惛",云"不憭也",就是不清醒。"昏"(惛)"圂"晓匣旁纽双声、同文部叠韵音近。那么可以知道,《毛公鼎》的"圂湛"当即"昏沈",也就是《益稷》中的"昏垫",《摄命》的"湛圂"就是"沈(沉)昏",三者意思相同。抱小先生认为清华简五《封许之命》"圂童才(在)忧"句中前一字也当释"圂",并指出"童""冲""沈"可通,"圂童"即"圂沈",认为清华简的"咸圂""圂童"与《毛公鼎》的"圂湛"就是同一语词的不同书写形式。③其说是。"圂童"也是"昏沈"。

《摄命》的"颎(湛)圂(昏)在忧"、《封许之命》的"圂(昏)童(湛)在忧"、《毛公鼎》的"圂(昏)湛于艰"都是说因为忧苦艰难使心智昏沉迷瞀不清醒,表示情况很严重。《益稷》里说:"洪水滔天,浩浩怀山襄陵,下民昏垫",是说下民在洪水中昏昏沉沉的,也是表示忧苦得厉害。后世语所说的"昏沈(沉)"(唐·皎然《陈氏童子草书歌》"浊醪不饮嫌昏沈")、"沉昏"(唐·薛能《春早选寓长安二首》"疏拙自沉昏")盖即来源于此,纯用为昏瞀迷瞀义(《龙龛手鉴·肉部》:"膪,昏沉也。"《字汇·肉部》:"膪,沉昏也。""昏沉""沉昏"义同。按此字当是"瞀"之形讹,是"瞀"的后起字)。

传世先秦两汉典籍除《益稷》里用"昏垫"之外,无用"昏沈"者,朱起凤《辞通》于"浑沌"条下收"浑沌""浑敦""倱伅"三词,注云:"凡不开通之人皆得谓之'混沌',轻言之曰'昏沈',重言之为'浑蛋',转声言之又为'囫囵',此皆'混沌'两字之嬗变也。"④

若果如朱说,则谓人昏聩不开通曰"混沌"等必是由西周时期的常语"圂湛"音转而来,故萧旭先生言"圂"读若"混""浑"者亦是。

要之,清华简八《摄命》中的"咸"与清华简一《祭公之顾命》中的"宾"均是"颎(垫)"字之或体,与"湛""沈"音近义同,《毛公鼎》的"圂湛"、《书·益稷》的"昏垫"、《封许之命》的"圂童"都是"昏沈(沉)",《摄命》中的"颎圂"即"沈(沉)昏",意思均同,表示人

① 黄德宽:《释新出战国楚简中的"湛"字》,《中山大学学报》(社会科学版)2018 年第 1 期。
② 萧旭:《清华简(八)〈摄命〉校补》,复旦大学出土文献与古文字研究中心网站,2018 年 12 月 7 日(http://www.gwz.fudan.edu.cn/Web/Show/4354)。
③ 抱小:《〈摄命〉"湛圂在忧"与〈封许之命〉"圂童在忧"合证》,复旦大学出土文献与古文字研究中心网站,2018 年 11 月 22 日(http://www.gwz.fudan.edu.cn/Web/Show/4332)。
④ 朱起凤:《辞通》,上海古籍出版社,1982,第 1376 页。

忧苦过度、昏沉不清醒之貌，王对臣子说自己"昏沉在忧"就是表示自己在艰难困苦中头脑不清醒，力不从心，希望能得到帮助辅佐。

The Interpretation of "Xian" from *Sheming* in Tsinghua Bamboo Slips and the Explantion of the words Related to "dian hun"

Shi Dafeng　Wang Ning

（Zaozhuang University，Zaozhuang Radio Station，Zaozhuang 277100，China）

Abstract：The Chinese character "xian" from *Sheming* in Tsinghua Bamboo Slip I and the character "zhan" from *Jigong zhi Guming* in Tsinghua Bamboo VIII are both variant forms of the Chinese character "dian". They are similar to "zhan" and "shen" in meaning. "Hun dian"（囷湛）from Duke Mao Tripod，"hun dian"（昏垫）from *Book Yiji* and "hun tong"（囷童）from *The Order of Enclosure* are variant forms of "hun chen"（昏沈）. "Dian hun" in *Sheming* is "chenhun". They both have the same meaning.

Key words：Tsinghua Bamboo slip；*Sheming*；dian hun

少卒补正*

汤志彪　麦茵茵

【摘　要】《史记·魏世家》中的"少卒"当读作"鞘萃",指兵车、甲士和徒卒的混编部队;新出青铜钺与《孙膑兵法》中的"少卒"可读作"鞘卒",亦可读作"鞘萃";而《吴子·应变》中"少卒"的"少"当理解为"多少"的"少"。

【关键词】少卒;楚简;兵法;兵车

【作者简介】汤志彪,华东师范大学中国文字研究与应用中心副教授,研究方向为中国古文字学、秦汉简牍;麦茵茵,女,华东师范大学中国文字研究与应用中心硕士研究生。(上海　200062)

《史记·魏世家》有"少卒"一词,历来未见确解。近者禤健聪先生大作《〈史记〉释读札记二则》对此有详细考证。① 应该说,禤健聪先生的观点多可信从,但也有不妥之处。下面,笔者在前人研究的基础上,将自己一点不成熟的看法写出来,供读者方家指正。为便于讨论,先将《魏世家》出现"少卒"一词的原文赘引于下:

> 惠王元年,初,武侯卒也,子罃与公中缓争为太子。公孙颀自宋入赵,自赵入韩,谓韩懿侯曰:"魏罃与公中缓争为太子,君亦闻之乎?今魏罃得王错,挟上党,固半国也。因而除之,破魏必矣,不可失也。"懿侯说,乃与赵成侯合军并兵以伐魏,战于浊泽,魏氏大败,魏君围。赵谓韩曰:"除魏君,立公中缓,割地而退,我且利。"韩曰:"不可。杀魏君,人必曰暴;割地而退,人必曰贪。不如两分之。魏分为两,不强于宋、卫,则我终无魏之患矣。"赵不听。韩不说,以其少卒夜去。惠王之所以身不死,国不分者,二家谋不和也。若从一家之谋,则魏必分矣。②

"少卒"一词也见于新出的一件青铜钺,其铭文言"我自铸少卒之用钺"。③

在论述"少卒"一词的时候,上引禤健聪先生文章认为,战国出土文献中的"少",可用在官

---

* 本文得到国家社会科学基金重大项目"简帛学大辞典"(批准号:14ZDB027)、国家社科基金一般项目"晋系题铭职官整理研究"(批准号:15BZS046)、教育部人文社会科学重点研究基地重大项目"先秦古文字材料四种综合整理与数据库建设"(项目号:16JJD740009)、国家社科基金一般项目"考古学视角下西周都城的社会结构研究"(批准号:17BKG017)、上海市教委科创重大项目"古陶文编"(批准号:2019-01-07-00-05-E00048)资助。

① 禤健聪:《〈史记〉释读札记二则》,《文献》2014年第2期。
② 司马迁:《史记·魏世家》,中华书局,1963,第1843页。
③ 赵晓军、蔡运章:《我自铸铜钺与相关问题》,《文物》2011年第9期;禤健聪:《〈史记〉释读札记二则》。

职名之前表示"副职"，也可用在机构名之前，表示与"大"相对的机构。如楚系金文的"少集尹""少工佐"，包山简的"少师"、新蔡简的"少司马"等，均表示副职。他还引裘锡圭先生对兵车和曾侯乙墓竹简所见的"少輨"的观点，力证"少"有"副"义，最后认为"根据上述战国金文的情况，'少卒'之'卒'似可读同'萃'，指戎车部队，或者直接读为兵卒之'卒'，'少'则指副，故'少卒'大略相当于与主将所率中军相对的协同军队，即所谓'偏师'。"①

按，禤健聪先生所言有合理的地方，也有值得商榷之处。先来看"少"字。

禤健聪先生"少"可用在机构名之前，表示与"大"相对的机构、"'少卒'之'卒'似可读同'萃'，指戎车部队"等说法，因为有出土和传世文献证据，当可信从。然而，禤先生认为战国出土文献中的"少""可用在官职名之前表示'副职'""'少'则指副、'少卒'大略相当于与主将所率中军相对的协同军队，即所谓'偏师'"等说法则可商。

首先需要说明的是，传世文献中，"少"并无"副"这个义项。其次，目前尚未有任何确凿的证据证明战国出土文献中的"少"是表示副职的。② 上文所引包山简的"少师"具体是什么职官，尚无定论，甚至有学者认为"少师"是"太子教师"。③ 又比如新蔡简的"少司马"一职，也见于包山简，迄今未有学者将"少司马"的"少"训作"副"。还必须指出的是，包山简"正"职官有"正""大正""正差（佐）"等，"尹"职官有"乔尹""左乔尹""乔差（佐）""乔与""乔与尹"等。对于"正差（佐）"一职，《楚国历史文化辞典》认为"当是各地之'正'的副贰"④。日高先生认为"正佐""应为县正之副"⑤。至于"乔差（佐）"，《楚国历史文化辞典》认为："乔差当即乔尹之佐，为乔尹的副职。"⑥ 何琳仪先生也有类似看法。⑦ 这说明，战国时期楚国副职一般用"差（佐）"而不是"少"表示，起码战国楚简中如此。对于上引禤健聪先生所引裘锡圭先生对曾侯乙墓竹简"少輨"的说法，裘先生原文也仅是说"（曾侯乙墓）简文的少輨大概相当于《左传》的贰广"⑧，可见，裘锡圭先生并不是说"少"含有"副"的义项。包山简还有"司马""大司马""左司马""右司马""宫司马"等职，因此，很难说"少司马"是"司马"之副职。按照上文学者的研究，包山简的副职一般称"差（佐）"⑨，循此，则"司马"的副职也应称作"司马差（佐）"或"差（佐）司马"。当然，也可能左右司马就是所谓的"副司马"。退一步讲，即使"少"有"副"义，那么"少卒"就是"副部队"，这样的表述似与古汉语不合。此外，在传世文献中，与中军相对的部队称作"偏师"，并非所谓的"副部队""副师"。

---

① 禤健聪：《〈史记〉释读札记二则》。
② 有学者认为见于楚国铜器的"少攻差（佐）"是"攻差（佐）"之副的观点（黄锡全：《古文字中所见楚国官府官名辑证》，《文物研究》第 7 期，黄山书社，1991，第 224 页）是有问题的。从目前所见的楚国古文字资料来看，楚国"攻"官有"大攻尹""攻尹""少攻尹""攻差（佐）""少攻差（佐）"等（参考黄锡全《古文字中所见楚国官府官名辑证》；朱晓雪《包山楚简综述》，福建人民出版社，2013，第 783 页），结合学界研究，"攻差（佐）"当是"攻尹"副职，"少攻差（佐）"则是"少攻尹"副职。
③ 黄锡全：《古文字中所见楚国官府官名辑证》，第 222 页。
④ 石泉主编《楚国历史文化辞典》，武汉大学出版社，1996，第 92 页。
⑤ 日高：《包山楚简所反映的楚县和楚郡》，北京大学硕士学位论文，1998，第 5 页。
⑥ 石泉主编《楚国历史文化辞典》，第 142 页。
⑦ 何琳仪：《战国古文字典——战国文字声系》，中华书局，1998，第 880 页。
⑧ 裘锡圭：《谈谈随县曾侯乙墓的文字资料》，《文物》1979 年第 7 期，第 27 页。
⑨ 朱晓雪：《包山楚简综述》，第 789 页。

准此，"少卒"在此不是指"副师"或偏师。笔者认为"少卒"之"少"当读作"轎"。"轎"从"车""肖"声，"肖"从"小"声。古文字"小""少"为一字分化。可见"少"应读作"轎"。《玉篇》："轎，兵车。"《广韵》："轎，兵车。"然则，"少卒"即"轎卒"，可理解作兵车之卒。那么这个铜钺就是为兵车之卒所铸造的。

当然，此处的"卒"也可以如禤健聪先生那样读作"萃"，理解为"戎车部队"，古书有例证。《周礼·春官·车仆》："车仆掌戎路之萃，广车之萃，阙车之萃，苹车之萃，轻车之萃。"孙诒让正义："萃即谓诸戎车之部队，亦即县师、司右所谓车之卒伍也。"① 然则，"少（轎）卒（萃）"与"戎路之萃"相当。出土文献有征。燕国兵器铭文有"王萃""巾（？）萃""黄萃"等，李学勤、郑绍宗两位先生认为它们"都是燕王戎车部队使用的武器"②。董珊先生指出："萃从卒得声，二字的音义关系比较密切。'萃'包括一辆兵车、兵车上的甲士以及跟随这辆兵车的步兵所聚集起来的一个行列队伍的单位，尤其强调其中的兵车，是一个集合概念。若只就士兵而言，无论车上的甲士抑或徒卒，都可以就称为'卒'。"③ 据此，青铜钺上的"轎卒"也可理解作"轎萃"，指由兵车与甲士和徒卒组成的戎车部队。

回到《史记》的记载中来，原文所言的"韩不说，以其少卒夜去"中，若此处的"少卒"理解作"兵车之卒"，则会产生"韩仅是率领兵车的步卒离开尚留下战车"这样的歧义。因此，我们认为《史记》中的"少卒"当指"轎萃"，即上引董珊先生所认为的兵车部队。这就是说，当时韩带领其整个戎车部队撤离。虽然《魏世家》并未交代韩以何兵种参战，但据上文分析，韩当是以戎车部队与赵联军围攻魏国。

兵书亦见"少卒"一词。《孙膑兵法·官一》：

遇短兵以必舆，火输积以车，阵刃以锥行，阵少卒以合杂。合杂，所以御裹也。④

相关说法也见于银雀山汉简《孙膑兵法》。⑤

张震泽先生将传世《孙膑兵法》这句话读为："陈少卒以合杂，合杂所以围裹也。"张先生认为，上文言"制卒以州闾"，即按乡里编队；此言"陈少卒以合杂"，谓兵卒若少则不按乡里而混合编队，故为"合杂"。他引《吴子·应变》"今有少卒卒（猝）起，击金鸣鼓于阨路，虽有大众，莫不惊动"为证，认为"卒少合杂，为其能团结力量，增加声威，也就能起围里的作用"。至于此处的"合杂"一词，张先生认为是聚集义。⑥ 学者多从之。⑦

按，张震泽先生对《孙膑兵法》中的"少卒"一词的解释有误。张先生所引《吴子》原文作：

① 孙诒让：《周礼正义》卷 53，中华书局，1987，第 2195、2196 页。
② 李学勤、郑绍宗：《论河北近年出土的战国有铭青铜器》，《古文字研究》第 7 辑，中华书局，1982，第 124 页。
③ 董珊：《战国题铭与工官制度》，北京大学博士学位论文，2002，第 99 页。
④ 张震泽：《孙膑兵法校理》，中华书局，1984 年，第 99 页。
⑤ 银雀山汉墓竹简整理小组：《银雀山汉墓竹简（壹）·孙膑兵法》，文物出版社，1985，第 68 页。
⑥ 张震泽：《孙膑兵法校理》，第 115 页。
⑦ 参看张妍《〈银雀山汉墓竹简（壹）·孙膑兵法〉集释》，吉林大学硕士学位论文，2012，第 257 页。

武侯问曰："若敌众我寡，为之奈何？"起对曰："避之于易，邀之于阨。故曰以一击十，莫善于阨；以十击百，莫善于险；以千击万，莫善于阻。今有少卒卒起，击金鸣鼓于阨路，虽有大众，莫不惊动。故曰：用众者务易，用少者务隘。"①

循《吴子》文意，吴起所讲述的是以少胜多、于险要处袭击敌人的阵法。因此文中"少卒"的"少"只能理解为"多少"之"少"，与《孙膑兵法》中的"少卒"不是一回事。

至于《孙膑兵法》中的"少卒"，我们以为，当如上述青铜铍中的"少卒"那样理解。参考"遇短兵以必舆""火输积以车"两句话，都是专门用"车""舆"，则"少"亦专门指兵车，可见读作"軺"是合理的。"卒"如字读或读作"萃"均可。此外，我们怀疑"合杂"不应理解为"聚集"，而极可能与"锥行"② 一样，是一种战阵名称（详另文）。

为预防被包围以及被包围之后的突围，兵书有相应的战阵。

《六韬·虎韬·疾战》：

> 武王问太公曰："敌人围我，断我前后，绝我粮道，为之奈何？"
>
> 太公曰："此天下之困兵也。暴用之则胜，徐用之则败。如此者，为四武冲陈，以武车骁骑惊乱其军而疾击之，可以横行。"③

武车即兵车，武冲亦战车，《六韬·虎韬·军用》言"武冲大扶胥三十六乘"，可证。《孙膑兵法》中的"阵少卒以合杂"正是说用兵车组成"合杂"战阵以"御裹"，这与《六韬》所言密合。

又《虎韬·必出》：

> 武王问太公曰："引兵深入诸侯之地，敌人四合而围我，断我归道，绝我粮食，敌人既众，粮食甚多，险阻又固，我欲必出，为之奈何？"
>
> 太公曰："必出之道，器械为宝，勇斗为首。审知敌人空虚之地，无人之处，可以必出。将士人持玄旗，操器械，设衔枚，夜出。勇力、飞足、冒将之士，居前，平垒为军开道；材士强弩为伏兵，居后；弱卒车骑，居中。陈毕徐行，慎无惊骇。以武冲扶胥，前后拒守，武翼大橹，以备左右。敌人若惊，勇力冒将之士疾击而前，弱卒车骑，以属其后；材士强弩，隐伏而处。审候敌人追我，伏兵疾击其后，多其火鼓，若从地出，若从天下，三军勇斗，莫我能御。"④

据此，《六韬》突围运用了多个兵种，如"勇力、飞足、冒将""材士强弩""弱卒车骑""武冲扶胥""武翼大橹"等。抵御和突破包围，需要多兵种配合，这是对《孙膑兵法》"阵少卒以合

① 娄熙元、吴树平译注《吴子译注·黄石公三略译注》，河北人民出版社，1995，第33—34页。
② 张震泽：《孙膑兵法校理》，第115页。
③ 曹胜高、安娜译注《六韬·鬼谷子译注》，第144页。
④ 曹胜高、安娜译注《六韬·鬼谷子译注》，第147页。

杂。合杂，所以御裹也"最好的说解。

本文开头所引《魏世家》言韩赵联军围困魏惠王，因韩赵两国"谋不和"，韩率戎车部队连夜离开，最终魏国得以保存。《魏世家》所记至此结束，却未交代此役之后赵、魏之间是否还有交战等历史事件。所幸《竹书纪年》将相关事件记录了下来。

《水经·浊漳水注》引《竹书纪年》曰：

> 梁惠成王元年，邺师败邯郸师于平阳。

《太平寰宇记》卷五五"相州临漳县"条引《竹书纪年》云：

> 梁惠成王败邯郸之师于平阳。

方诗铭、王修龄先生引雷学淇《竹书纪年义证》卷三六云："平阳乃近邺地名，盖韩以少卒夜去，而邯郸之师亦取道于邺而归，邺之守令要而击之，故败之于平阳。《汉书·郡国志》云：'邺有平阳城。'《水经·浊漳水注》云：'漳水又径平阳城北。'"①

"邺之守令要而击之"与上文所举《吴子》的"避之于易，邀之于阨"正合。从情理上来说，赵韩军队能够做到"魏君围"，则赵国军队数量应不在少数，而"邺师"为地方之"师"，在数量上当不如"邯郸师"即赵国军队。笔者推测，"邺师"之所以能取胜，一则，"邺师"运用了上引吴起以少胜多的战术；二则，"邯郸之师"缺乏韩国戎车部队的掩护与协同作战，无法做到上举《六韬》所言的由戎车部队所编成的混合兵种予以抵御和突围。其结果必然是"邺师败邯郸师"。若然，则笔者上文将《吴子·应变》中"少卒"的"少"理解为"多少"的"少"，又添一实证。

综上，《史记·魏世家》中的"少卒"当读作"鞘萃"，新出青铜铍与《孙膑兵法》中的"少卒"可读作"鞘卒"，亦可读作"鞘萃"，而《吴子·应变》中"少卒"的"少"当理解为"多少"的"少"。

Correcting on the Word Shaozu

Tang Zhibiao   Mai Yinyin

(Center for the Study and Application of Chinese Characters,
East China Normal University, Shanghai 200062, China)

Abstract: The word Shaozu (少卒) in the chapter *Weishijie* (魏世家) of the book*Shiji* (史记) should be read as Shaozu/cui (鞘卒/萃), meaning the carriage chariot troops, which including carriage

---

① 方诗铭、王修龄校注《古本竹书纪年辑证》，上海古籍出版社，2005，第115页。

chariot, armor warrior and infantry. The word Shaozu（少卒）in the bronze sword and *Sunbin Bingfa*（孙膑兵法）should be read as Shaozu/cui（鞘卒/萃）. While the word Shaozu（少卒）in the chapter Yingbian（应变）of the book *Wuzi*（吴子）should be explained as Shao（少）of the word Duoshao（多少）, namely small in quantity in English.

Keywords：Shaozu（少卒）；Chu bamboo slips；art of war（Bingfa 兵法）；the carriage chariot

岳麓秦简《占梦书》的抄写年代考辩*

翁明鹏

【摘 要】文章对岳麓秦简中抄写年代不明确的《占梦书》的字词关系进行了研究，发现其在记录事务之｛事｝时用"事"、记录钱财之｛财｝时用"财"，而这均为统一后秦简牍中习用的字词关系。故本文认为《占梦书》的抄写年代是秦统一后。

【关键词】岳麓秦简；占梦书；抄写年代；书同文字

【作者简介】翁明鹏，中山大学中文系、出土文献与中国古代文明研究协同创新中心博士研究生，研究方向为古文字与出土文献。（广东 广州 510275）

2007 年 12 月，湖南大学岳麓书院从香港抢救性地购藏了一批珍贵的秦简，学界称为"岳麓书院藏秦简"（简称"岳麓秦简"或"岳麓简"），目前已整理出版五辑。但由于此批简的出土地不详，我们无法从考古学上的地层关系和伴生出土物等来确定它的抄写年代，只能据简文做一些推测。而这些推测有的为大家所公认，有的却存有争议。公认的如《岳麓书院藏秦简（壹）》的《质日》因为有秦始皇二十七年、三十四年和三十五年的纪年信息，故可大致判断其抄写于秦统一后；《岳麓书院藏秦简（壹）》的《为吏治官及黔首》（下文简称《黔首》）和《岳麓书院藏秦简（肆）》《岳麓书院藏秦简（伍）》因为出现了大量"事""罪""予""乡""野""黔首""县官""奴婢""皇帝"等统一后习用的字词，亦可断为统一后的抄本。而对于《岳麓书院藏秦简（壹）》的《占梦书》① 和《岳麓书院藏秦简（贰）》的《数》以及《岳麓书院藏秦简（叁）》部分奏谳文书的抄写年代，大家就有不同意见。我们发现这些有争议篇章的用字习惯已经透露了它们抄写年代的一些信息。下面本文仅就《占梦书》的抄写年代谈谈自己的看法。不当之处，敬乞方家斧正。

一 各家异说

关于《占梦书》的抄写年代，整理者在《岳麓书院藏秦简（壹）》中并没有给出十分明确的意

* 本文是国家社科基金重大项目"战国文字诂林及数据库建设"（项目编号：17ZDA300）、国家社会科学基金项目"秦至西汉简帛文献中字形与音义关系研究"（批准号：13BYY104）和 2017 年出土文献与中国古代文明研究协同创新中心博士创新资助项目"秦简牍字词关系研究"（项目编号：CTWX2017BS029）的部分成果。拙文的写作一直得到陈师斯鹏先生的悉心指导，匿名审稿专家也给本文提出了宝贵的修改意见，谨一并致谢！

① 关于《占梦书》的篇题定名问题学界曾有过不同看法，参孙占宇、鲁家亮《放马滩秦简及岳麓秦简〈梦书〉研究》，武汉大学出版社，2017，第 245—254 页。本文沿用《岳麓书院藏秦简（壹）》中的篇名。

见。王勇、陈松长两位先生认为其为秦代写本，但并未详细论证。① 游逸飞先生根据里耶 8－461 号木方"毋敢曰王父曰泰父"和"毋曰邦门曰都门"两条规定指出："岳麓秦简《占梦书》使用'邦门'一词，又见于简 34 正。'邦门'是旧名号，《占梦书》简 45 正还使用'大父'一词，亦非新名号。使用旧名号的现象暗示岳麓秦简《占梦书》的抄写时代可能早于里耶秦更名方，也早于岳麓秦简《质日》《为吏治官及黔首》。陈松长研究《占梦书》的文字特征，指出其保存较多战国古文形体，亦为其抄写时代较早之证。我们或许可进而推测《占梦书》《日书》等术书籍的抄写时间可能较早、沿用时间较长；而《质日》《为吏治官及黔首》等行政相关文书，其内容与语言的变动则较迅速。"② 游先生的话比较严谨，只说《占梦书》的抄写时代可能早于里耶秦更名方，并没有说早于秦统一的秦始皇二十六年（前 221 年）。王锦城先生认为其抄写于战国晚期至秦国时期。③ 陈垠昶先生则根据"邦门"一词推测《占梦书》的抄写年代在秦始皇统一前不久的时间。④ 鲁家亮先生在对《占梦书》的字句、编联、篇题和思想文化等方面进行了较为全面的研究之后，认为其是战国末期至秦灭六国之初这一时期的梦书文本，其使用者或抄写者可能具有吏的身份。⑤ 可见鲁先生的态度也比较审慎。今按，根据统一前后用字习惯的差异，窃以为《占梦书》抄写于统一后的可能性最大。

二 "事"记录｛事｝

上述游、陈二位先生认为《占梦书》抄写时间较早的共同依据是里耶 8－461 号木方"毋曰邦门曰都门"的规定，但他们忽视了"吏如故，更事"的规定。陈侃理先生指出"吏如故，更事"的含义是统一前官吏之｛吏｝和事务之｛事｝均用"吏"字表示，而统一后官吏之｛吏｝仍使用"吏"字记录，｛事｝则须改用"事"字记录。⑥ 孙占宇先生在考察了放马滩秦简的抄写年代后敏锐地指出，8－461 号木方"所见用字及名号的变更，应该不是通过某个诏令一次性实施的，而是在秦统一后的一段时期内，随着政府公文用语的逐步规范化，渐次推广开来的"⑦。笔者又利用新近出版的《岳麓书院藏秦简（伍）》和《里耶秦简（贰）》中的材料，对秦简牍中"吏如故，更事"和"卿如故，更乡"政策推行的时间进行过考察，发现秦简牍中最早的、有明确时间的以"事"表｛事｝的情况出现在秦始皇二十六年（前 221 年）十二月至二月间（秦历以十月为岁首，故十二月比二月早），而以"乡"取代"卿"来表示｛乡｝⑧ 则出现在秦始皇二十六年三月至五月间，比

---

① 参王勇《五行与梦占——岳麓书院藏秦简〈占梦书〉的占梦术》，《史学集刊》2010 年第 4 期，第 29 页；后该文收入陈松长等《岳麓书院藏秦简的整理与研究》，中西书局，2014，第 144—152 页；陈松长：《岳麓秦简〈占梦书〉的文字特征试论》，载《岳麓书院藏秦简的整理与研究》，中西书局，2014，第 152 页。
② 游逸飞：《里耶 8－461 号"秦更名方"选释》，简帛网，2013 年 8 月 1 日（http://www.bsm.org.cn/show_article.php? id = 1875）。
③ 参王锦城《〈岳麓书院藏秦简（壹）〉文字整理研究》，西南大学硕士学位论文，2013，第 2 页。
④ 参陈垠昶《岳麓书院藏秦简〈占梦书〉研究》，复旦大学硕士学位论文，2013，第 5 页。
⑤ 孙占宇、鲁家亮：《放马滩秦简及岳麓秦简〈梦书〉研究》，武汉大学出版社，2017，第 297 页。
⑥ 参陈侃理《里耶秦方与"书同文字"》，《文物》2014 年第 9 期，第 77—78 页。
⑦ 孙占宇、鲁家亮：《放马滩秦简及岳麓秦简〈梦书〉研究》，武汉大学出版社，2017，第 8 页。
⑧ 8－461 号木方亦有"卿如故，更乡"的规定。

"事"表｛事｝出现的时间略晚。① 可证孙占宇先生所言甚确。而《占梦书》中 3 例｛事｝均作"事",可见它的抄写时间并不像游逸飞先生所说的那样早于 8－461 号木方,更不会早到秦统一前,而应该在秦始皇二十六年十二月以后。

无独有偶,抄写于统一后的放马滩秦简②《日书》乙种中亦有"邦门"(简 23),③ 可见这是统一前的用语在统一后文献中的遗留。此问题下文亦有讨论,详下。

三 "财"记录｛财｝

通过考察"财"从"材"中分化出来的时间,我们也可以判断《占梦书》的抄写年代不会早于秦统一前。

材,《说文·木部》:"木梃也。从木,才声。"本义是木材、木料,后来泛指材料、原料。财,《说文·贝部》:"人所宝也。从贝,才声。"本义是财物。二者在传世文献中可以互相通假。"材"通"财",如《墨子·公孟》:"君得之则必用之矣,以广辟土地,著税伪材。"孙诒让间诂:"财、材字通。"《荀子·君道》:"知务本禁末之为多材也。""财"通"材",如《墨子·尚贤下》:"有一牛羊之财不能杀,必索良宰。"孙诒让间诂:"毕云:同材。"《文选》左思《魏都赋》:"财以工化,贿以商通。"李善注:"财与材古字通。"但是秦简牍中的情况并不如此。

首先,"材"跟"财"出现的时代不同。目前所见之"材"字最早出现在楚简中,④ 秦系文字多见,而"财"字则是秦始皇统一中国之后才出现的。

其次,"材"跟"财"的用法也不一样。楚简之"材"可用为木材的引申义原材料之｛材｝、材能之｛材｝⑤、财物之｛财｝、裁断之｛裁｝(下文用｛裁₁｝代替),如:

> 天共(供)昔(时),埅(地)共(供)材,民共(供)力。[《上博(五)·三德》1]
>
> 大材埶(设)者(诸)大官,少(小)材埶(设)者(诸)少(小)官。(《郭店·六德》13—14)
>
> 依惠则民材(财)足。(《郭店·尊德义》32)

---

① 参拙文《秦简牍中"吏如故更事"与"卿如故更乡"政策推行时间的再考察》(待刊)。

② 过去学界大多认为放马滩秦简的书写年代是战国晚期。程少轩、陈伟和日人海老根量介等先生通过对简文中"民""黔首""皋""罪"等字词现象的考察,认为这批简的抄写年代当在秦统一后。这是值得信服的结论。参陈伟主编《秦简牍合集·释文注释修订本(肆)》,武汉大学出版社,2016,第 5 页;陈伟:《秦简牍中的"皋"与"罪"》,简帛网,2016 年 11 月 27 日(http://www.bsm.org.cn/show_article.php? id=2673),后此文以《"皋"与"罪"》为题收入陈伟《秦简牍校读及所见制度考察》第一章第三节,武汉大学出版社,2017,第 19—25 页。后来,孙占宇先生又利用统一后里耶 8－461 号木方上的规定系统考察了放马滩秦简中的用字用语情况,认为放马滩秦简的抄写年代应在秦统一以后不久。参孙占宇、鲁家亮《放马滩秦简及岳麓秦简〈梦书〉研究》,武汉大学出版社,2017,第 1—9 页。

③ 参孙占宇、鲁家亮《放马滩秦简及岳麓秦简〈梦书〉研究》,第 8 页。

④ 参李守奎编著《楚文字编》,华东师范大学出版社,2003,第 347 页。李守奎、曲冰、孙伟龙编著《上海博物馆藏战国楚竹书(一——五)文字编》,作家出版社,2007,第 294 页。

⑤ 木材之｛材｝、原材料之｛材｝和材(现在多作"才")能之｛材｝音义相关,本文当成一个音义来讨论。

智（知）亓（其）以又（有）所归也，材（⌇裁₁⌇）。① （《郭店·六德》11）

统一前秦简牍中"材"字的用法与楚简有些相似但亦有些许变化，如经常性地表示⌇材⌇和⌇财⌇跟楚简一样，但不记录⌇裁₁⌇而改为记录裁缝之⌇裁⌇（下文用⌇裁₂⌇代替）和表酌情义之⌇裁⌇（下文用⌇裁₃⌇代替）。如：

母敢伐材木山林及雍（壅）堤水不〈泉〉。（《睡简·秦律十八种》4）

材之方员（圆）细大。（《北大秦简·算书甲种》4–132）②

临材（财）见利，不取句（苟）富。（《睡简·为吏之道》50）

戒之戒之，材（财）不可归。（《睡简·为吏之道》33）

得钱材（财）以为用。［《岳麓（叁）》164］

武〈戒〉之材（财）不可归。（《北大秦简·从政之经》9–020）③

遗我材（财）贝。（《北大秦简·禹九策》11）④

月不尽五日，不可材（⌇裁₂⌇）衣。（《睡简·日书甲种》117背）

母以八月、九月丙、辛、癸丑、寅、卯材（⌇裁₂⌇）衣。（《岳山秦牍》M36：43背贰Ⅴ）

将军材（⌇裁₃⌇）以钱若金赏，母（无）恒数。（《睡简·法律答问》52）

内史材（⌇裁₃⌇）鼠（予）购。（《睡简·法律答问》140）

由上揭辞例来看，统一前秦简牍"材"字的记词负担比较重。为了减轻"材"字的负担，也为了语言表达的准确性，统一后便很快分化出了⌇财⌇的后起本字"财"来分担"材"表示⌇财⌇的职能，如：

财门，所利虽（唯）利贾市，入财大吉，十二月更。（《放马滩·日书乙种》22）

不可出女、取（娶）妻、祠祀、出财。（同上102）

所言者钱财事也。（《周家台·日书》225）

诸以钱财它物假田□。（《龙岗》178A）

畜及钱财。［《里耶（壹）》8–1721］

---

① 陈伟先生认为"似应读为'裁'，指取舍裁定"。参陈伟等《楚地出土战国简册［十四种］》，武汉大学出版社，2016，第304页注［20］。

② 例引自韩巍《北大藏秦简〈鲁久次问数于陈起〉初读》，《北京大学学报》（哲学社会科学版）2015年第2期，第30页。时代为统一前。关于《鲁久次问数于陈起》的抄写年代参看田炜《谈谈北京大学藏秦简〈鲁久次问数于陈起〉的一些抄写特点》，《中山大学学报》（社会科学版）2016年第5期，第46页。关于北大藏秦简的抄写年代参拙文《从〈禹九策〉的用字特征说到北大秦简牍诸篇的抄写年代》（《文史》，待刊）。

③ 例引自朱凤瀚《北大藏秦简〈从政之经〉述要》，《文物》2012年第6期，第76页。朱先生已论述其抄写于统一前，参看该文第77页。又可参朱凤瀚《三种"为吏之道"题材之秦简部分简文对读》，中国文化遗产研究院编《出土文献研究》第十四辑，中西书局，2015，第6页。

④ 例引自李零《北大藏秦简〈禹九策〉》，《北京大学学报》（哲学社会科学版）2017年第5期，第45页。时代属于统一前。参拙文《从〈禹九策〉的用字特征说到北大秦简牍诸篇的抄写年代》（《文史》，待刊）。

临财见利，不取笱（苟）富。[《岳麓（壹）·黔首》59]

其钱财当入县道官而逋未入去亡者。[《岳麓（肆）》68]

子敢以其财予母之后夫、后夫子者。[《岳麓（伍）》003]

而"财"字除主要用来记录本词⸨财⸩外，还经常假借来表示⸨裁₃⸩①，如：

不可为池者财（⸨裁₃⸩）为池官旁。[《岳麓（肆）》170]

财（⸨裁₃⸩）为置将吏而皆令先智（知）所主。[《岳麓（肆）》179]

财（⸨裁₃⸩）期之蜀。[《岳麓（肆）》376]

官府及券书它不可封闭者，财（⸨裁₃⸩），令人谨守卫。[《岳麓（伍）》086]

谒上财（⸨裁₃⸩）自敦遣田者。[《里耶（贰）》9－22]②

统一后"材"则较多地用来表示⸨材⸩，如：

不可之山谷亲（新）以材木及伐空桑。（《放马滩·日书乙种》305]

二人伐材。[《里耶（贰）》9－2289]

发弩材官。③[《岳麓（壹）·黔首》13]

县输从反者、收人材官。[《岳麓（肆）》383]

尽输其收妻子、奴婢材官、左材官作。[《岳麓（伍）》009]

产为材士，死效黄土。（《北大秦简·公子从军》015)④

"材"还可表示⸨裁₂⸩，如：

材（⸨裁₂⸩）衣良日。（《放马滩·日书甲种》70)

材（⸨裁₂⸩）衣良日。（《放马滩·日书乙种》83)

"材"又可记录⸨财⸩和⸨裁₃⸩，然仅见于下列辞例：

中吕，利殹（也），材（财）殹（也）。（《放马滩·日书乙种》270)

---

① 参陈伟《也说岳麓秦简律令中读为"裁"的"财"》，简帛网，2018 年 3 月 14 日（http://www.bsm.org.cn/show_article.php? id＝3021）。

② 释文参里耶秦简牍校释小组《〈里耶秦简（贰）〉校读（二）》，简帛网，2018 年 5 月 23 日（http://www.bsm.org.cn/show_article.php? id＝3124）。

③ 整理者注云："材官，秦汉始置的一种地方预备兵兵种。……也可能指武卒或供差遣的低级武职。"参朱汉民、陈松长主编《岳麓书院藏秦简（壹）》，上海辞书出版社，2010，第 114 页注［一］。这个音义与北大秦简"材士"之⸨材⸩同。

④ 例引自朱凤瀚《北大藏秦简〈公子从军〉再探》，《北京大学学报》（哲学社会科学版）2017 年第 5 期，第 36 页。时代是统一后，因为同篇出现了"罪""予"等可据以断代的明显标志。"材士"，朱凤瀚先生解释云："系对有材力的勇武之士的称呼。"

戒之戒之，材（财）不可归。[《岳麓（壹）·黔首》73]①

材（⎡裁₃⎦）令治病。[《岳麓（伍）》278]

从上引文例来看，统一后的"财"和"材"在记词功能上有了明确的分工，记录⎡财⎦和⎡裁₃⎦的职能已经基本由"财"来承担，而⎡材⎦和⎡裁₂⎦则全部由"材"来记录②。不过上揭统一后秦简牍中的 2 例以"材"表⎡财⎦的用法很值得我们注意。第 1 例出现在放马滩秦简《日书》乙种《贞在黄钟》篇中，而该篇的抄写情况比较复杂。虽然该篇是统一后抄写的（因为出现"事""野""黔首"等统一后的字词③），但因其底本在统一前就已形成，故在统一后重新抄写时虽然受到"书同文字"相关规定的制约，但仍然还有多处改字不彻底的地方，如该篇"黔首"（2 例）和"民"（1 例）共见、记录⎡事⎦的"事"（8 例）和"吏"（1 例）共见等。实际上，该篇表示⎡财⎦时亦兼用"材"和"财"（简 274 云"来遗钱资财"）。因此，《贞在黄钟》中以"材"表⎡财⎦的现象也宜看作统一后改字不彻底的结果。第 2 例出现在《黔首》中。该篇已见"事""黔首""县官"④"奴婢"⑤等词，故它的抄写时间也应在统一后。但是《黔首》显然是有底本的，"戒之戒之，材（财）不可归"句，与统一前睡简《为吏之道》简 33 的文句全同，统一前的北大秦简《从政之经》作"武〈戒〉之材（财）不可归"（简 9 – 020）。而《黔首》之"临财见利，不取筍（苟）富"（简 59），睡简《为吏之道》则作"临材（财）见利，不取句（苟）富"（简 50）。可见《黔首》的书手已经根据"财"表⎡财⎦这一对统一后通行的字词关系改写了"临材见利"，但由于疏忽，却未将"材不可归"之"材"改成"财"。所以《黔首》中以"材"表⎡财⎦的现象也当看作统一后改字不彻底的结果。⑥而"材""财"的分化和陈师斯鹏先生研究的"买""卖"的分化⑦一样，可当作秦简牍文献断代的一个文字依据。《占梦书》简 29 说"梦井洫（溢）⑧者，出财"，⎡财⎦用"财"而不用"材"，可见其明显为统一后的抄本。

此外，游逸飞先生在推测《占梦书》的抄写年代早于 8 – 461 号木方时，还以简 45 "大（太）

① 参陈松长主编《岳麓书院藏秦简（壹—叁）释文修订本》，上海辞书出版社，2018，第 37 页。

② 《岳麓（壹）·黔首》简 71 云"纺织载（裁）縫（缝）"，则假借"载"来记录⎡裁₂⎦，然仅此一例。

③ 以"事"表事务之⎡事⎦、以"野"表郊野之⎡野⎦均为统一后秦简牍中习用的字词关系，详参拙文《说睡虎地秦简〈马禖〉诸篇与北大藏秦简〈祠祝之道〉的抄写特点和年代问题》（待刊）。

④ 里耶 8 – 461 号木方规定"王室曰县官""公室曰县官"，则"县官"是统一后的称谓。

⑤ 陈伟先生通过对秦简牍中"臣妾""奴妾"与"奴婢"的考察，发现"奴婢"出现的时间应该在秦始皇二十八年（前 219 年）八月之后。因此，他将《黔首》的抄录年代也推定在秦始皇二十八年八月之后。这应该是可信的。参陈伟《从"臣妾""奴妾"到"奴婢"》，简帛网，2017 年 1 月 27 日（http://www.bsm.org.cn/show_article.php? id = 2715）。又陈伟《"奴妾""臣妾"与"奴婢"》，载王捷主编《出土文献与法律史研究》（第六辑），法律出版社，2017，第 217—226 页。又陈伟《"臣妾""奴妾"与"奴婢"》，载《秦简牍校读及所见制度考察》，武汉大学出版社，2017，第 10—18 页。

⑥ 这种在统一后的秦简牍写本里出现统一前的用字习惯的现象下文还会讨论，详下。

⑦ 参陈斯鹏《说"买""卖"》，《中国文字学报》第七辑，商务印书馆，2017，第 101—107 页。又陈斯鹏《卓庐古文字学丛稿》，中西书局，2018，第 64—72 页。

⑧ 洫，整理者注云：田间的水沟。《左传·襄公十年》："子泗为田洫。"杜预注："洫，田畔沟也。"见朱汉民、陈松长主编《岳麓书院藏秦简（壹）》，上海辞书出版社，2010，第 164 页注［二］。陈剑先生联系汉简资料认为此"洫"字实是作为"溢"字用的，参陈剑《岳麓简〈占梦书〉校读札记三则》，复旦大学出土文献与古文字研究中心网站，2011 年 10 月 5 日（http://www.gwz.fudan.edu.cn/Web/Show/1677）。后来陈松长等从此说，见陈松长主编《岳麓书院藏秦简（壹—叁）释文修订本》，上海辞书出版社，2018，第 64 页注⑯。今按，此说是。

父"一词为证据,因为 8 - 461 号木方上有"毋敢曰王父曰泰父"① 的规定,"如果《占梦书》的抄写时代在秦始皇统一天下前,那不改'大父'为'泰父'便不与里耶秦更名方的规定矛盾"②。实际上,《贞在黄钟》亦有"大(太)父"(简 280)③,可见在统一后的秦简牍写本里出现统一前的用字习惯是允许的,与统一后偶尔还用"材"表 |财| 的性质相似,但已不是习惯用法。除此之外,我们还可以举出一些这样的例子,如统一前记录事务之 |事| 的"吏"在统一后已经绝大多数被"事"字代替,但在统一后抄写的放马滩秦简中仍可见到 2 例以"吏"表 |事| 的用法;④ 又如统一前记录乡里之 |乡| 的"卿"在统一后已经绝大多数被"乡"字替换,但在《里耶(壹)》一枚标有"卅一年四月辛卯"(8 - 1335)的牍上仍出现了一例以"卿"表 |乡| 的现象;又如与统一前睡简《为吏之道》内容相似的《黔首》亦抄写于秦统一后,《为吏之道》中的"民"在《黔首》中多被改成了"黔首",⑤ 但《为吏之道》"审智(知)民能"(简 18)一句《黔首》简 2 就只字不改地照抄。⑥ 我们推测造成这种现象的原因可能有下列几种:第一,中央改字规定的出台有时间的先后;第二,规定出台后尚未到达地方⑦;第三,书手书写时虽有按照规定改字,但因其一时疏忽而改得不彻底;第四,书手仿古而专门用古字;第五,韵语或固定搭配的限制。具体如何,还需仔细研究。

四 结语

综上所述,《占梦书》出现以"事"表 |事|、以"财"表 |财| 这种统一后秦简牍中通行的字词关系,明显说明此文献当抄写于统一后。虽然篇中出现了"邦门""大父"等统一前的习惯用语,但我们不能据以判定《占梦书》的抄写年代在统一前,因为如果统一前和统一后的用字用语同时出现在同一篇文献里,我们只能以统一后才产生的用字用语作为写本断代的依据。这是因为在统一后的写本里出现统一前的用字用语是允许的,但在统一前的抄本中就不太可能出现统一后才产生的用字用语。

补 论

拙文承蒙匿名审稿专家惠赐宝贵意见,有些已经在正文中径改。为了大体维持拙文原来的面貌,现将一些问题补论如下。

---

① 这句话的隐藏含义应该是统一后把"王父"改称为"大(太)父"的同时,比照"大(太)守"更为"泰守"的条例而把"大(太)父"更为"泰父"。
② 游逸飞:《里耶秦简 8 - 455 号木方补释——〈岳麓书院藏秦简(壹)〉读后》,简帛网,2012 年 2 月 15 日(http://www.bsm.org.cn/show_article.php? id = 1640)。
③ 除此之外,放马滩秦简尚有 1 例"大(太)父",见于《日书》乙种简 350。
④ 见于《日书》乙种简 16 和简 275。
⑤ 亦可参许道胜《岳麓秦简〈为吏治官及黔首〉的取材特色及相关问题》,《湖南大学学报》(社会科学版)2011 年第 2 期,第 6—8 页。
⑥ 参拙文《从〈禹九策〉的用字特征说到北大秦简牍诸篇的抄写年代》(《文史》,待刊)。
⑦ 此点陈侃理先生已经指出,参氏著《里耶秦方与"书同文字"》,《文物》2014 年第 9 期,第 81 页。

匿名审稿专家指出：

作为统一前材料的睡虎地《日书》甲种中，虽然大部分的 ｛事｝ 写作"吏"，但是简 130 背"土事"和简 136 背"百事"的 ｛事｝ 就不写作"吏"，而是写作"事"，岳麓简中也还有一些。从方法论上讲，用"事"和"吏"的例子作为《占梦书》断代的依据，需要对秦统一前后文字系统中两字的使用情况进行系统的比较考察。

实际上，田炜先生在新近发表的《论秦始皇"书同文字"政策的内涵及影响——兼论判断出土秦文献文本年代的重要标尺》中就对抄写年代比较确定的秦简牍材料中 ｛事｝ 的记录形式做过统计，得出的数据是大部分抄写于统一前的睡虎地秦墓竹简用"吏"凡 147 例，用"事"凡 2 例，而抄写于统一后的龙岗秦简、《里耶秦简（壹）》和周家台秦简则不用"吏"而全部用"事"（共 139 例）。① 基于统一前后"吏""事"在表示 ｛事｝ 时所表现出来的明显差异，再加上里耶 8 – 461 号木方"吏如故，更事"的规定，田先生就把"事"表 ｛事｝ 作为判断秦代文献的重要标尺，并以此判断了一些出土秦文献的文本年代。本文要讨论的《占梦书》的抄写时间田炜先生亦判定应该在秦代。②

至于睡简《日书》甲种 130 背"土事"和简 136 背"百事"这 2 例以"事"表 ｛事｝ 的例子田炜先生在上揭氏著中也有讨论。他说："睡虎地秦简仅有的 2 个用'事'字表示 ｛事｝ 的用例也见于《土忌》篇，这恐怕不是出于偶然。值得注意的是，从书法风格看，睡虎地秦简《日书甲种》不是一人所抄。用'乡'字表示 ｛向｝ 的用例集中在最后十余支简简背，而这部分简文的书法既不同于简正面的文字，也不同于简背较前的部分，说明抄写时间较晚。"③ 他还提到睡简《日书》乙种中一段以"乡"表 ｛向｝ 的文句，认为"结合这段简文所处的位置和书写笔迹的特殊性，这段文字显然是最后加入的，很可能是统一后所补"④。对于这个问题，拙文《说睡虎地秦简〈马禖〉诸篇与北大藏秦简〈祠祝之道〉的抄写特点和年代问题》（待刊）中亦有讨论。我们将睡简《日书》甲种这 2 例"事"和《日书》甲、乙种的"乡"及其周围简文的书风与明显写于统一前后的秦简牍文字书风进行了细致比对，发现它们与统一后的书风极其相似，而与统一前的书风有别。另外，睡简 ｛破｝ 多用"被"字记录（见于《睡简·封诊》77、《睡简·日甲》14 等），唯独在"事"和"乡"出现的《土忌》简 142 背中用"波"字表示，文云："勿以筑室及波（破）地。"而统一后关沮周家台秦简"某痏某波"（《病方及其他》339）句中的"波"亦读为破。｛事｝ 用"事"、｛向｝ 用"乡"和 ｛破｝ 用"波"这些字词关系都说明上揭那些书写风格"既不同于简正面的文字，也不同于简背较前的部分"的简文受到了秦代"书同文字"政策的影响。而一般根据睡简《叶书》（或称《编年纪》）的纪年，推断睡简的抄写时间止于秦始皇三十年（前 217 年），离秦

---

① 田炜《论秦始皇"书同文字"政策的内涵及影响——兼论判断出土秦文献文本年代的重要标尺》，《"中央研究院"历史语言研究所集刊》第八十九本第三分，艺文印书馆，2018，第 416 页。
② 田炜《论秦始皇"书同文字"政策的内涵及影响——兼论判断出土秦文献文本年代的重要标尺》，第 423 页。
③ 田炜《论秦始皇"书同文字"政策的内涵及影响——兼论判断出土秦文献文本年代的重要标尺》，第 428 页。
④ 田炜《论秦始皇"书同文字"政策的内涵及影响——兼论判断出土秦文献文本年代的重要标尺》，第 429 页。

始皇二十六年（前221年）统一中国已经过去了四年。所以，我们认为上揭书写风格不同的简文很可能是在这四年中补抄、替换重抄或刮掉重抄的。我们还发现与上揭"事""乡"书风一致的有睡简《日书》甲种《盗者》篇简72背"卯，兔也"条，而这支简的正反两面都在秦统一后由于某种原因进行了重抄替换。①

2018年3月至5月，《岳麓书院藏秦简（伍）》和《里耶秦简（贰）》相继面世。可喜的是，《里耶秦简（贰）》中公布了好些有具体日期且能体现｛事｝的记录形式由"吏"到"事"转变和｛乡｝的记录形式由"卿"到"乡（繁体作郷）"转变的即时性文书，让我们得以知晓"吏如故，更事"和"卿如故，更乡"的具体时间，甚至可以推测秦始皇统一中国的具体月份。于是我们草成《秦简牍中"吏如故更事"与"卿如故更乡"政策推行时间的再考察》（待刊）一文。拙文经过排比里耶秦简中写有"廿六年"的即时性文书材料，发现秦简牍中有明确时间的最早的"事"字出现在秦始皇二十六年（前221年）二月庚申（初八日）的文书中，而有明确时间的最早的"乡"字则出现在秦始皇二十六年（前221年）五月乙酉（初五日）的文书中，且"事"大量取代"吏"来表示｛事｝的时间在秦始皇二十六年（前221年）三月以后，而"乡"大规模取代"卿"来表示｛乡｝的时间则在秦始皇二十六年（前221年）五月庚子（二十日）以后，与它们出现的时间恰好衔接。通过钩稽秦简牍文献，拙文还推测秦统一中国的时间大概在秦始皇二十六年（前221年）十一月至二月间（秦历以十月为岁首）。这更让我们相信睡简《日书》甲、乙种出现"事""乡"及与之书风相似的简文当即统一后［具体说是秦始皇二十六年（前221年）至秦始皇三十年（前217年）四年间］根据新的用字习惯所抄。

至于匿名评审专家提到的岳麓简中的情况有些复杂。《岳麓书院藏秦简（叁）》多数奏谳文书都是记载秦王政统一中国前的事情，也多为统一前抄写的。②但其中的确有以"事"表｛事｝（简097）的现象，而且还与"卿"表｛乡｝［简094（2）和简096］出现在同一篇文书中。不过，这其实很好解释，我们推测大概有两个原因：一种可能是统一前的文本到了统一后被使用者根据新的用字习惯削改，《岳麓书院藏秦简（叁）》中就有将原简统一前习用之"民"削改为统一后惯用之"黔首"（简148）的例子③；第二种可能是该奏谳文书是在"吏如故，更事"政策推行了之后而"卿如故更乡"政策又还没有推行的时候抄的。上文我们说过，秦简牍中以"事"代替"吏"来表｛事｝的时间要比以"乡"取代"卿"来表｛乡｝的时间约早三个月，故如果是在"吏如故更事"政策下达之后而"卿如故更乡"命令下达之前撰写的公文，当然会出现｛事｝用"事"而｛乡｝仍用"卿"的情况。对于此问题，我们也拟另撰文详讨。

还有一点值得补充，王家台秦简整理者之一的王明钦先生介绍："王家台秦简使用的文字分为三种。《归藏》形体最古，接近楚简文字，应为战国末年的抄本；《日书》《效律》《政事之常》为秦隶，与睡虎地秦简文字风格一致；而《灾异占》则用比较规范的小篆体，可能为秦始皇'书同文

---

① 以上参拙文《说睡虎地秦简〈马禖〉诸篇与北大藏秦简〈祠祝之道〉的抄写特点和年代问题》（待刊）。
② 田炜《论秦始皇"书同文字"政策的内涵及影响——兼论判断出土秦文献文本年代的重要标尺》，第424页。
③ 同上书，第432—433、442页。

字'之后以通行的篆书。"① 然而,《灾异占》中亦有 "邦门"(简 797)② 一词,且统一后才出现的文字 "野"③ 和统一前的习用语 "邦门" 一起出现在同一个句子当中——"广野之兽至邦门"④。

Discussion about the Transcription Age of the *Zhan Meng Shu* (《占梦书》) in Qin Bamboo Slips Collected by Yuelu Academy

Weng Mingpeng

(Department of Chinese Language and Literature, Sun Yat-sen University,

Guangzhou Guangdong 510275, China)

Abstract: This paper studies the word relationships of the the *Zhan Meng Shu* in Qin Bamboo Slips Collected by Yuelu Academywhich still wasn't surely confirmed on the transcription age, then discovered it use "Shi" (事) for issues and use "Cai" (财) for money which are the word relationships commonly used in the unified Qin bamboo slips. Therefore, this paper holds that the transcription age of *Zhan Meng Shu* was later than the unification of Qin dynasty.

Key words: Qin bamboo slips collected by Yuelu Academy; *Zhan Meng Shu*; transcription age; unification of characters

---

① 王明钦:《王家台秦墓竹简概述》,艾兰、邢文编《新出简帛研究》,文物出版社,2004,第 28 页。
② 王明钦:《王家台秦墓竹简概述》,艾兰、邢文编《新出简帛研究》,第 47 页。
③ 田炜《论秦始皇 "书同文字" 政策的内涵及影响——兼论判断出土秦文献文本年代的重要标尺》,第 417 页。亦参拙文《说睡虎地秦简〈马禖〉诸篇与北大藏秦简〈祠祝之道〉的抄写特点和年代问题》(待刊)。
④ 王明钦:《王家台秦墓竹简概述》,艾兰、邢文编《新出简帛研究》,第 47 页。

马王堆简帛校读札记[*]

鲁普平

【摘　要】《九主》"是故"中的"是"乃"畏"之讹字。《一号墓竹简遣册》"盛肉"中的"肉"实为"定",为"熟肉"义。《三号墓签牌》"濯鸡笥"中的"鸡"的右边字形是"矣"。《三号墓签牌》"两笥"中的"两"实为"丙"。《五星占》"相出殷之北"中的"殷"乃"叚"之讹。《刑德甲篇》"岁乏毋(无)实"中的"乏"实为"金"。《阴阳五行甲篇》"甲当□"中的"□"应为"公"。《阴阳五行乙篇》"至□□日"中,第一个"□"应为"六"。《战国纵横家书》"大似有理"中的"大"实为"文"。

【关键词】马王堆;简帛;校读;札记

【作者简介】鲁普平,江苏第二师范学院文学院讲师,文学博士,研究方向为简帛语言文献学。(江苏　南京　210013)

由湖南省博物馆和复旦大学出土文献与古文字研究中心编纂,裘锡圭先生主编的《长沙马王堆汉墓简帛集成》(以下简称《集成》)于2014年由中华书局出版,此次出版首度全面整理并完整公布了马王堆出土的所有简帛材料。《集成》吸收了学界有关马王堆简帛字词考释的最新成果,是研究马王堆简帛的集大成者。我们在研读《集成》的过程中,在字词方面有一些浅见,谨陈于此,敬请方家批评指正。

一　释"是"

《九主》第 20/371—21/372 行:

是故法君执符以职〈听〉,则伪会不可得主。伪会不可得主矣,则贱不事贵,袁(远)不事近,皆反亓(其)职,信符在忌(己)心。

是,查看图版,其字形作 。应隶定为"畏"。为方便比较,现将马王堆简帛中的"畏""是"两字的字形举例列表如下:

* 基金项目:本文为教育部人文社会科学重点研究基地重大研究项目"秦汉出土实物文字数据库语料深加工研究"(项目编号:16JJD740011)、教育部人文社会科学青年项目"马王堆简帛字词校补研究"(项目编号:19YJC740048)的阶段性成果。

畏					
	《春秋事语》67	《春秋事语》95	《春秋事语》58	《春秋事语》40	《老子甲本·道经》124
是					
	《经法·国次》10 上	《经法·道法》6 上	《经法·四度》42 上	《经法·亡论》59 下	《经法·名理》77 上

将 与上表中的"畏"和"是"两字形相比较，可以发现 显然是"畏"字。从文义来看，此处的"畏"乃"是"之讹。"畏""是"两字互讹的现象在马王堆简帛中亦有出现，如《老子甲本·德经》第 80 行"若民恒是〈畏〉死"中的"畏"写作 ，讹写作"是"。本应隶定为"畏"，《集成》却隶定成"是"，这种现象还有 4 例：

（1）兵〈与〉韩是（氏）战于岸门。（《战国纵横家书》269）

（2）梁（梁）兵未出，楚见梁（梁）之未出兵也，走秦必缓。秦王怒于楚之缓也，怨（怨）必深。是将军有重矣。（《战国纵横家书》282—283）

（3）秦未得志于楚，必重梁（梁），梁（梁）未得志于楚，必重秦，是将军两重。（《战国纵横家书》280—281）

（4）汤乃自吾（御），五至伊尹，乃是亓（其）能，吾（五）达伊尹。（《九主》1/352—2/353）

这 4 例中的"是"，图版分别为 、、、。这 4 个字显然是"畏"字，据各自上下文义，例（1）至例（3）应释为"畏〈是〉"为是，《集成》直接释为"是"，不妥，应予以纠正。例（4）中的"是"，《集成》云："原注：'乃是其能'之是，疑读为知。'魏启鹏（2004：251）：'是，善也。''是其能'即赞美其才能。今按：'是其能'犹言'以其能为是'，即对伊尹的才能加以肯定，原注读'是'为'知'非是。"① 今按，例（4）所谓的"是"其实是"畏"，在此处应为"敬""敬服"之义，"畏"之此义在古文献中习见，如《广雅·释训》："畏，敬也。"《论语·子罕》："后生可畏，焉知来者之不如今也。"《荀子·不苟》："君子能则宽容易直以开道人，不能则恭敬缚绌以畏事人。""是亓（其）能"是说汤十分敬服伊尹的才能。

二　释"肉"

《一号墓竹简遣册》第 208—210 行：

---

① 裘锡圭主编《长沙马王堆汉墓简帛集成》第四册，中华书局，2014，第 99 页。

桼（漆）画其来一，长二尺六寸，广尺七寸，盛肉。桼（漆）画其来一，长二尺六寸，广尺七寸。桼（漆）画其来二，广各二尺，长各三尺二寸。

肉，《集成》云："一号墓报告隶为乇，疑为'定'字，或释'肉'字。今按：释'肉'为是。"

今按：查看图版，此字形作 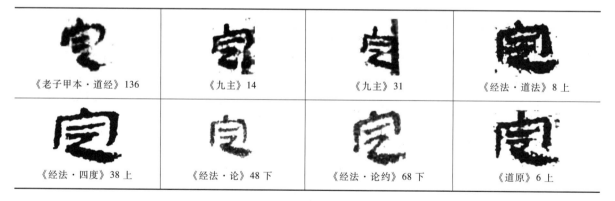。《一号墓竹简遣册》第 214 行"桼（漆）画卑虒，樫（径）八寸，冊。其七盛干肉，郭（椁）首；卅一盛瘤（脍）、戴（戴）"中的"肉"，其字形作 。我们认为 、 这两个字是"定"，不是"肉"。为方便比较，现将马王堆简帛中的"定""肉"两字的字形举例列表如下：

马王堆简帛中的"肉"字形

《一号墓竹简遣策》12	《一号墓竹简遣策》13	《一号墓竹简遣策》21	《一号墓竹简遣策》91	《一号墓竹简遣策》93
《三号墓竹简遣册》64	《三号墓竹简遣册》94	《三号墓竹简遣册》54	《三号墓竹简遣册》55	《三号墓竹简遣册》59

马王堆简帛中的"定"字形

《老子甲本·道经》136	《九主》14	《九主》31	《经法·道法》8 上
《经法·四度》38 上	《经法·论》48 下	《经法·论约》68 下	《道原》6 上

、 两字形的上端均有一点，而马王堆简帛中的"肉"字，其上端没有一点。 、 所从之"正"的下端部分（即止）均出现草化， 所从之"宀"的右边部分与"正"的下端部分（即止）出现了连笔。在西北汉简中，"定"字的有些写法也与 、 相同，如 （《居延新简》E. P. F22：288）、 （《居延新简》E. P. T51：120）、 （《居延新简》E. P. F22：

196）①、![字形]〔《肩水金关汉简（壹）》73EJT10：406〕、![字形]〔《肩水金关汉简（壹）》73EJT1：23〕②。通过字形对比，我们认为![字形]、![字形]两字为"定"无疑。"定"为"孰肉"义，《字汇·宀部》："定，孰肉也。"《礼记·礼器》："血毛诏于室，羹定诏于堂。"孔颖达疏："羹，肉湆也；定，孰肉也。"

这里顺便说一下《一号墓竹简遣册》第 226 行"员（圆）付（瓿）蒌（甑）二，盛带，一空"中的"空"字。查看图版，此字形作![字形]。《集成》云："一号墓报告不识，疑为空字，但小奁皆盛物，无一空者。裘锡圭（1992）：此字从字形和文义看没有问题，应该释为'空'。汉代人写隶书往往羼入一些草书笔画。'工'旁写得跟'乙'相似，是屡见的现象（参看《从马王堆一号汉墓'遣册'谈关于古隶的一些问题》，《考古》1974 年第 1 期第 47、54 页）。"③陈松长先生将![字形]释为"定"。④

今按，通过和上述"定"的字形相对比，可以发现将![字形]释为"定"显然不确。我们认为裘锡圭先生的观点正确可从。李洪财先生在《汉简草字整理与研究》一文中列举出"空"的草字有![字形]、![字形]、![字形]、![字形]⑤。将![字形]与上述的"空"字草字进行对比，可以确定![字形]为"空"无疑。

三　释"鸡"

《三号墓签牌》第 28 行：

濯鸡笥。

鸡，查看图版，此字形作![字形]。此字形右半边明显不从"隹"，而是从"矣"。今将马王堆简帛中的"鸡"与"矣"两字形列表如下：

马王堆简帛中的"鸡"字形

![字形]	![字形]	![字形]	![字形]	![字形]
《三号墓竹简遣册》142	《三号墓竹简遣册》288	《一号墓竹简遣策》9	《一号墓竹简遣策》15	《一号墓竹简遣策》45
![字形]	![字形]	![字形]	![字形]	![字形]
《一号墓竹简遣策》46	《一号墓竹简遣策》54	《一号墓竹简遣策》55	《一号墓竹简遣策》78	《一号墓竹简遣策》311

① 白海燕：《"居延新简"文字编》，吉林大学博士学位论文，2014，第 524 页。
② 任达：《〈肩水金关汉简（一）〉文字编》，吉林大学硕士学位论文，2014，第 184 页。
③ 裘锡圭主编《长沙马王堆汉墓简帛集成》第六册，第 206 页。
④ 陈松长：《马王堆简帛文字编》，文物出版社，2001，第 303 页。
⑤ 李洪财：《汉简草字整理与研究》，吉林大学博士学位论文，2014，第 338 页。

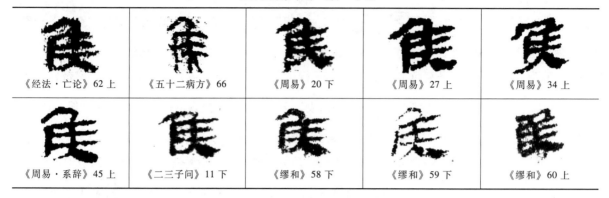

马王堆简帛中的"雉"字形

《经法·亡论》62 上	《五十二病方》66	《周易》20 下	《周易》27 上	《周易》34 上
《周易·系辞》45 上	《二三子问》11 下	《缪和》58 下	《缪和》59 下	《缪和》60 上

将 与上表中的"鸡""雉"两字形对比，可以发现 的右边字形确实为"雉"，根据文意，"雥"应为"鸡"之讹，所以应释为"雥〈鸡〉"。

四 释"丙"

《三号墓签牌》第 37—39 行：

祝衣两笥。象（豕）载（载）笥。【牛】炙笥。

两，查看图版，此字形作 ，应为"丙"字。"丙笥"亦见于《三号墓竹简遣册》简 396："●右方廿一牒，丙笥。"马王堆简帛中的"丙"与"两"字形有较大区别，为方便比较，今举例列表如下：

丙	《阴阳五行甲篇》68	《出行占》6	《出行占》28	《三号墓竹简遣册》396	《五星占》28 上
两	《一号墓竹简遣策》266	《一号墓竹简遣策》267	《一号墓竹简遣策》268	《一号墓竹简遣策》261	《一号墓竹简遣策》262

五 释"殷"

《五星占》第 61 行下：

殷出相之北，客利；相出殷之北，主人利。

今按：第二个"殷"字，查看图版，此字形作![字形][字形]实为"叚"，根据文义，"叚"为"殷"之讹字。① 为方便比较，现将马王堆简帛中"殷"和"叚"两字的字形列表如下：

殷	![字形]	![字形]	![字形]	![字形]	![字形]
	《五星占》64 上	《五星占》64 上	《五星占》61 上	《五星占》62 上	《五星占》62 上
叚	![字形]	![字形]	![字形]	![字形]	![字形]
	《十六经·本伐》50 下	《战国纵横家书》49	《周易》41 上	《周易》90 上	《周易》91 下

六　释"稼""仝"

《刑德甲篇·刑德解说》第 135—136 行：

雨〇师发气，岁有米，至荆（刑）德不雨，岁乏毋（无）实。德发气，大音雨之，嫁（稼）税，雨吉。不雨，兵起，不军，战。

嫁（稼），查看图版，其字形作![字形]（见下图一），应直接释为"稼"。

图一　　　　　　图二　　　　　　图三　　　　　　图四

乏，查看图版，其字形作![字形]（见上图二），应释为"仝"。据我们统计，在马王堆简帛中"乏"字共出现 1 次，其字形作![字形]（见上图三）。为方便比较，现将马王堆简帛中的"仝""乏"两字的字形列表如下：

![字形]	![字形]	![字形]	![字形]	![字形]
《九主》9	《九主》9	《九主》11	《明君》5	《明君》13

---

① 刘乐贤先生已指出"相"是木星的异名，"殷"是金星的异名（刘乐贤：《马王堆天文书考释》，中山大学出版社，2004，第 79 页）。

其实《集成》在注释《九主》时就已经引用凌襄先生的观点，说明 应隶定为"企"，"企"当非从人从止的"企"，此字应为"法"字的古文。① 根据上下文意，"金"应用为"乏"。我们认为"金"应用为"乏"有两种可能，第一种是"金"读为"乏"，"金"上古属于帮母、叶部字，"乏"上古属于并母、叶部字，两字声近、韵同，在语音上具备通假的条件。第二种是"金"与"乏"字形相近，可能是讹写。虽然"金"读为"乏"，在语音上没有问题，但是缺乏书证，所以我们倾向于"金"是"乏"的讹字。《阴阳五行乙篇·上朔》第34行："执正赏之岁是荆（刑）伐夬（决）古（故）狱必▨刚不可以作事"中的"正"，《集成》云："'正'疑是'金（废）'之误。"② "正"，查看图版，其字形作 （见上图四），应该直接隶定成"金"。

七 释"公"

《阴阳五行甲篇·上朔》第5行下至第6行上：

　　□甲当□，乙当莫嚣（敖），丙当连勢（敖），丁当司马，戊当左右司马，己当官首·□，庚当【□□，辛】当司马，壬当【□□，癸当□□】。

"甲当□"中的"□"，查看图版，其字形作 。我们认为此残字应该是"公"字，为方便比较，现将马王堆简帛中的"公"字，列表如下：

《战国纵横家书》250	《战国纵横家书》250	《战国纵横家书》249	《战国纵横家书》239	《战国纵横家书》237

将 与上表中的"公"字作对比，可以发现 残存的下半部分与"公"的下半部分相同。 上半部分右边的一残笔即"公"字上半部分右边的一撇。再结合文意，"乙""丙""丁""戊""己"等天干后面皆为职官，所以"甲"后面也应为职官，"公"在古代为五等爵位的第一等。《礼记·王制》："王者之制禄爵，公、侯、伯、子、男，凡五等。"结合字形和文意，将 释为"公"，应该不误。

---

① 裘锡圭主编《长沙马王堆汉墓简帛集成》第四册，第101页。
② 裘锡圭主编《长沙马王堆汉墓简帛集成》第五册，第137页。

八　释"六"

《阴阳五行乙篇·五行禁日》第 11 行上至 11 行中：

五行可以十一月之中□至□□日位▢日至廿七日禁。

今按："至□"之"□"，查看图版，其字形作。我们认为此字可以释为"六"。为方便比较，现将马王堆简帛中的"六"字举例列表如下：

《阴阳五行乙篇·刑德占·刑德解说》9	《阴阳五行乙篇·刑德占·刑德解说》8	《阴阳五行乙篇·刑德占·刑德解说》19	《阴阳五行乙篇·择日表》10 上	《阴阳五行乙篇·五行禁日》22 上

通过字形对比，可以发现将释为"六"应该不误。另外，根据下文"至廿七日"，其上文"至□□日"也应该为日数，所以将""释为"六"也符合文意。

九　释"大"

《战国纵横家书·见田仆于梁南章》第 319 行至第 320 行：

臣之□□【不足】侍（恃）者以亓（其）俞（愉）也。彼亓（其）练（应）臣甚辨，大似有理，彼非卒（猝）然之嘤（应）也。彼笥（伺）齐□□□□□守亓（其）□□□利矣。

今按："大似有理"中的"大"，查看图版，此字形作，不是"大"字，应是"文"字。为方便比较，现将马王堆简帛中的"大""文"两字的字形举例列表如下：

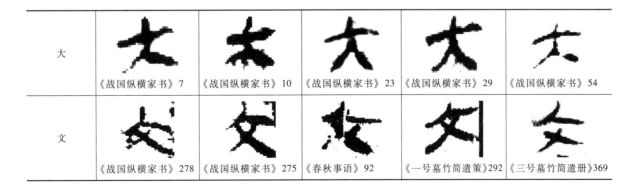

大					
	《战国纵横家书》7	《战国纵横家书》10	《战国纵横家书》23	《战国纵横家书》29	《战国纵横家书》54
文					
	《战国纵横家书》278	《战国纵横家书》275	《春秋事语》92	《一号墓竹简遣策》292	《三号墓竹简遣册》369

将马王堆中"大""文"字形与相比较，可以发现，应为"文"无疑。"文"在这里指辩说之词，此义古文献亦有使用，如《荀子·非相》："文而致实。"杨倞注："文，谓辩说之词。""文似有理"指辩说的话似乎有道理。

Reading Notes on Bamboo Slips from Mawangdui

Lu Puping

（College of Liberal Art, Jiangsu Second Normal University, Jiangsu Nanjing 210013, China）

Abstract：The word "Wei（畏）" of "Jiuzhu（九主）" is "Shi（是）". The word "meet" of "Yihaomu Zhu Jian Qiance（一号墓竹简遣册）" is "Ding（定）". "Ding（定）" is the meaning of "Cooked meat". The word "chicken" of "Sanhaomu Qianpai（三号墓签牌）" is "Ji（鷄）". The word "Two" of "Sanhaomu Qianpai（三号墓签牌）" is "Bing（丙）". The word "Yin" of "Wuxingzhan（五星占）" is "Xia（叚）". The word "Fa（乏）" of "Xingdejiapian（刑德甲篇）" is "Fa（金）". The word "□" of "Yinyangwuxingyipian（阴阳五行乙篇）" is "Gong（公）". The word "Da（大）" of "Zhanguo Zonghengjiashu（战国纵横家书）" is "Wen（文）".

Key words：Mawangdui; bamboo slips and silks; proofreading; reading notes

敦煌汉简考释拾遗*

陈 晨

【摘 要】敦煌汉简残简数量较多，简文释读还存在一些可以继续讨论的地方。我们在已有研究的基础上，对敦煌汉简的若干文字提出了新的释读意见，如简 546 的"华"、简 828 的"镜敛"、简 1078A 的"勾"、简 1453 的"複"、简 1550 的"丹"、简 1593 的"枚"、简 1906 的"骓"、简 1916 - 2 的"祝"等。

【关键词】敦煌汉简；文字；考释

【作者简介】陈晨，武昌理工学院文法与外语学院讲师，研究方向为先秦两汉出土文献。（湖北武汉 430223）

"敦煌汉简"是指 20 世纪初以来在河西疏勒河流域汉代烽燧遗址中陆续出土的简牍，因最先发现于敦煌而名之。自斯坦因第二次中亚考察在今甘肃省敦煌市境内发现第一批汉简以来，百余年间，敦煌及其附近地区又有多批次、数以万计的汉简出土。敦煌汉简的发现为我们深入了解汉代西北边郡的社会状况及河西疏勒河流域的边塞事务提供了重要参考。① 本文在已有研究的基础上，对敦煌汉简若干文字的释读提出一些新的看法。不妥之处，敬祈指正。

一 释"华"

大奴华丿元年七月食麦二石七斗。 （546②）

简文"华"字原文写作。

《敦煌汉简》释为"莘"，③《敦煌马圈湾汉简集释》改释为"笔"，④《敦煌汉简校释》认为改释"亦可疑"。⑤ 该字似可释为"华"，常见于汉简。肩水金关汉简的"华"字写作（73EJF3：

---

* 基金项目：本文得到武汉大学中国传统文化研究中心自主科研项目"汉代丧葬文献写本特征及其礼俗研究"、湖北省教育厅哲学社会科学研究重大项目"楚简与楚文化研究——以名物制度为中心"（13zd001）的资助。

① 甘肃省文物考古研究所编《敦煌汉简》，中华书局，1991，第 2 页。
② 本文第一条至第八条简号均沿用《敦煌汉简》。
③ 甘肃省文物考古研究所编《敦煌汉简》，第 240 页。
④ 张德芳：《敦煌马圈湾汉简集释》，甘肃文化出版社，2013，第 518 页。
⑤ 白军鹏：《敦煌汉简校释》，上海古籍出版社，2018，第 242 页。下文简称"《校释》"。

7 + 360）、（73EJF3：87）。可参看。上述"华"字在简文中皆用作人名。

二　释"镜敛"

曲五斗。□单□二领。□□千□。
　□□镜敛一。　　（828）

简文"镜""敛"二字原文写作、。

原简左侧稍残，《敦煌汉简》释写为"唬哎"，[1]《敦煌马圈湾汉简集释》《校释》皆未释。第一字，右旁释"竞"不误。第二字，右从"攵"，左旁残存部分笔画。二字似可释作"镜敛"。《居延汉简》"敛"字写作（511.29）、（EPT52：99）。

甘肃武威张德宗衣物疏牍亦记有"镜敛"。[2]简文"镜敛"之"敛"当读为"奁"，"镜敛一"即镜奁一，指一件装铜镜的奁盒。《说文·竹部》："籢，镜籢也"，徐锴《系传》："今俗作匲"，《广韵·盐部》："匲，俗作奁。"《后汉书·皇后纪上·光烈阴皇后》："帝从席前伏御床，视太后镜奁中物，感动悲涕。"李贤注："奁，镜匣。"

三　释"勾"

隧长张子孙，私勾（钩）一。　　（1078A）

简文"勾"原文写作。

《敦煌汉简》释为"刀"，[3]《敦煌马圈湾汉简集释》改释为"刃"。[4]此字当释为"勾"。肩水金关汉简"句"字写作（73EJT21：269）。可参看。

简文"勾"疑读为"钩"。西北汉简中"钩（鉤）"用作物名，多属工具，指钩镰。如居延汉简 EPT59：340B：

　杨大中所持物贯头斧一锯一
　杨杨钩一　　　　　□一

① 甘肃省文物考古研究所编《敦煌汉简》，第 251 页。
② 党寿山：《介绍武威出土的两件随葬衣物疏木方》，《陇右文博》2004 年武威专辑。
③ 甘肃省文物考古研究所编《敦煌汉简》，第 260 页。
④ 张德芳：《敦煌马圈湾汉简集释》，第 644 页。

五斗顼一

《方言》卷五："刈鉤,自关而西或谓之鉤,或谓之鐮。"《淮南子·氾论训》:"木鉤而樵。"高诱注:"鉤,鐮也。"简文"私勾"之"勾"当与 EPT59:340B 的"钩"是同一物,疑指钩鐮,"私勾"即属私人所有的钩鐮,或疑指兵器。《汉书·韩延寿传》:"延寿又取官铜物,候月蚀铸作刀剑钩镡。"颜师古注:"钩亦兵器也,似剑而曲,所以钩杀人也。"

四 释"複"

卖皂布複袢☑

即不在,知责家☑　　（1453）

简文"複"字原文写作█。

《玉门花海汉代烽燧遗址出土的简牍》《散见简牍合辑》等释文作"复",[①]《敦煌汉简》释文作"復"。[②] 此字左从"衣",当隶定为"複"。肩水金关汉简 73EJT30:94、居延汉简 E. P. T52:187 中的"複"字分别写作█、█。可参看。

五 释"丹"

美水隧长枚丹入十二月食☑（1550）

简文"丹"原文写作█。

《敦煌汉简》释为"月"。[③]《敦煌汉简校释》改释为"耳"。[④] 此字似当释为"丹"。敦煌汉简 562A、肩水金关汉简 73EJT1:98 中的"丹"分别写作█、█。

简文中"丹"用作人名。居延汉简 EPT43:165 记有"许丹",EPT50:25A 记有"张丹",EPT65:28 记有"李丹",可参看。

---

① 嘉峪关市文物保管所:《玉门花海汉代烽燧遗址出土的简牍》,甘肃文物工作队、甘肃省博物馆编《汉简研究文集》,甘肃人民出版社,1984;李均明、何双全编《散见简牍合辑》,文物出版社,1990,第 10 页。
② 甘肃省文物考古研究所编《敦煌汉简》,第 350 页。
③ 甘肃省文物考古研究所编《敦煌汉简》,第 279 页。
④ 白军鹏:《敦煌汉简校释》,第 30 页。

六 释"枚"

右留署所兵，茧矢百五枚。 （1593）

简文"枚"原简文写作 ▓▓ 。

《敦煌汉简》释为"十一"。[1] 此字当释为"枚"。肩水金关汉简 73EJT31：31、居延汉简 EPT40：187、《武威医简》88B 中的"枚"字分别写作 ▓、▓、▓ 。

简文中"枚"用作量词，"茧矢若干枚"的表述，汉简习见，如居延汉简 582.19＋582.14"茧矢二千枚"、肩水金关汉简 74EJF3：197＋174B"茧矢箭三枚"。

七 释"骓"

▢降归义乌孙女子复幕，献驴一匹，骓牡，两捶，齿二岁，封颈以敦煌王都尉章。（1906）

简文"骓"原文写作 ▓▓ 。

《敦煌汉简》释为"骍"。[2] 此字左从"马"，无疑，右似从"隹"，故当释为"骓"。敦煌汉简 536"骓牡"、肩水金关汉简 73EJT30：198"传马骓▢"、肩水金关汉简 73EJF3：534＋521"骓丰年二十五"之"骓"字分别写作 ▓、▓、▓ 。

《说文·马部》："骓，马苍黑杂毛。"《尔雅·释兽》《玉篇·马部》皆作"苍白杂毛"，当以后者是。《史记·项羽本纪》："力拔山兮气盖世，时不利兮骓不逝。"项羽之马即为骓，其骁勇俊美可见一斑。

八 释"裑"

▢布复裑一领。枲履▢
▢练复袭一领。□▢ （1916－2）

简文"裑"原文写作 ▓ 。

<hr>

[1] 甘肃省文物考古研究所编《敦煌汉简》，第 281 页。
[2] 甘肃省文物考古研究所编《敦煌汉简》，第 293 页。

《敦煌汉简》释为"衣"，[①]《校释》改释为"袍"。[②] 此字左从"衣"，右似从"尼"，疑当释为"袿"。肩水金关汉简"尼"写作 、。

此字形可与简文"袿"字所从之"尼"相参看。《集韵·齐韵》："袿，丧礼首服。"简文下文"袭"可能也是指丧服。《说文·衣部》："袭，左衽袍。"段玉裁注："小敛大敛之前衣死者谓之袭。"《释名·释丧制》："衣尸曰袭。"

九　释"仓啬""直"

  ☑□钱万二千二百卌其二千一百六十，田襄，七月尽九月。

  二千一百六十，仓啬夫，七月尽九月。

  除四人，过一时。当还钱直七千九百廿。[③]

牍文"仓啬"二字原文写作![仓啬]。

简文字迹潦草，《校释》未释，二字可释为"仓啬"。"仓"在肩水金关汉简中写作![仓]（73EJT30：168）、![仓]（73EJT122：2）、![仓]（73EJD：65）。

"啬"在肩水金关汉简中写作![啬]（73EJT30：154）、![啬]（73EJT15：13）。可参看。

"仓啬夫"，秦汉简常见，即仓的管理官员。

"直"字原文写作![直]。

《校释》未释。今按，该字当释为"直"。西北汉简中与简文"直"字相似的写法有![直]（肩水金关汉简 73EJT37：114）、![直]（肩水金关汉简 73EJD：377）、![直]（居延汉简 EPT20：19B）。可参看。

十　释"骝"

  候长朱可。马一匹，騮（骝），牡，齿八岁，高五尺七寸半寸□☑

  毋□☑[④]

①　甘肃省文物考古研究所编《敦煌汉简》，第 294 页。
②　白军鹏：《敦煌汉简校释》，第 74 页。
③　图版参看敦煌市博物馆编《敦煌文物》，甘肃人民美术出版社，2002，第 34 页。
④　图版参看敦煌市博物馆编《敦煌文物》，第 34 页。

原简图版见于《敦煌文物》，① 简文"騊"原文写作▮▮。

《校释》未释。此字当隶定为"騊"，"驈"之异体。"驈"字，《肩水金关汉简》写作▮▮（73EJH2：40）、▮▮（73EJT37：779）。可参看。《说文·马部》："驈，黄马黑喙。"《尔雅·释兽》："黑喙，驈。"郭璞注："今之浅黄色者为驈马。"

Gleaning of the Interpretations of Dunhuang Bamboo Slips of Han Dynasty

Chen Chen

（Wuchang University of Technology, Hubei Wuhan 430223, China）

Abstract: There are many stubbed slips among *Dunhuang Bamboo Slips of Han Dynasty*. Some questions about the interpretations of ancient characters can be further discussed. We put forward some new ideas about the interpretations of ancient characters based on the former researches. For example, "华" in the 546st strip, "镜敛" in the 828 strip, "勾" in the 1078A strip, "複" in the 1453st strip, "丹" in the 1550st strip, "枚" in the 1593st strip, "雅""捶" in the 1906st strip, "袘" in the 1916 - 2st strip, etc.

Key words: Dunhuang Bamboo Slips of Han Dynasty; character; interpretations

---

① 敦煌市博物馆编《敦煌文物》，第 34 页。

唐代草书的构形特点及规律论析*

尚磊明

【摘　要】唐代是书法大盛的时代，其时狂草与今草并行，对后世影响深远。本文利用此期的草书墨迹刻帖及草书碑，从文字学视角断代描写其构形特点，归纳其构形规律，探讨其同形、异体、类推等机制，为书法学以及文字学研究提供一些理论参考。

【关键词】唐代；草书；构形；系统；特点

【作者简介】尚磊明，绍兴文理学院讲师、硕士研究生导师，浙江大学社会科学院博士后，研究方向为文字学和书法学。（浙江 绍兴　312000）

　　唐代是书法大盛的时代，草书是主要的书法形态之一。唐代的草书可分为今草和狂草。今草字形的基础是楷隶，章草则是其直接来源。今草通过对章草的省变，去除波磔笔态，增强了笔形之间、字际的联系。与章草比较，今草书写速度更快，有"救速""赴急"的要求，与狂草相较，今草更加理性、可识。在简易律和区别律的制约下，今草已经将自身调节到一个相对适中的度。①

　　唐代碑刻中有不少草书碑，大都是今草，未见如怀素《自叙帖》那样的狂草，在一定程度上也是唐代今草书的一个缩影。因此，除了利用墨迹刻帖中的字例外，为了考察得全面、分析得准确，我们也使用一些碑刻中的草书字形。

　　本文以唐代草书为研究对象，主要从文字构形学角度考察其内部的构形特点，并在此基础上对其构形的类推规律以及形成的异体、同形现象进行描写分析，以期对唐代草书构形有理性认识，不当之处，祈请方家指正。

一　草书构形及其特征

　　草书的字形是继承发展的，东汉初的居延汉简已经有了连带、简化的特点。蒋善国总结草书简化真书的方法：缩与连并用、省简笔画、简并偏旁。② 刘延涛总结草书草化的十个特点：省、借、连、缩划为点、连点为划、搬家、取半、合并、补划、代表符号。③ 裘锡圭认为草书改造隶书的方

---

　*　本文系浙江省 2017 年度博士后择优资助课题"汉魏六朝行草书楷化字研究"（588050 - X81701）、浙江省哲学社会科学规划课题"绍兴碑刻整理研究及数据库建设"（项目编号 15NDJC011Z）、高校古委会项目"绍兴碑刻文献校注与研究"（项目编号 1657）的研究成果之一。
　①　蒋善国：《什么是草书》，《文字改革》1963 年第 4 期。
　②　裘锡圭：《文字学概要》（修订本），商务印书馆，2013，第 93 页。
　③　刘延涛：《草书通论》，中国文化大学出版社，1983，第 7—9 页。

法有：省去字形的一部分；省并笔画保存字形轮廓，或以点画代替字形的一部分；改变笔法。① 陆嘉锡《汉代简牍草字编》对汉代草书的构形特点做了详细的论述，并归纳出了草书省、简、连的三要素，认为三者互相影响、相互联系。② 陈志诚归纳为八种法则：减省法、连带法、互变法、对称法、替代法、明示法、从众法、无定法。③ 所以说，草书本身绝不是杂乱无章的，而是自成系统的。我们综合众家之说，提出草书的四个特点：省略、缩写、连带、符号替代。下面一一举例说明。

（一）省略

省略是草书构形的一大特点，是指草书字形相较于正体字形而言，原有字形中本该有的笔画或构件缺失。这种方法可以保留字形的大致框架或轮廓。需要注意的是，省略不同于简省，也不同于符号替代的简化。省略是缺失的、去除的，而不是被简单替换简省的，与下面所说的符号替代不同。如：

　　![图]《刘通志》④　![图]《景贤塔记》

草书字形除了像行书一样省略笔画外，还较多地省略构件。这进一步简化了字形，提高了书写速度。当然，过度的省略会给识认带来困难。如：

　　![图]《隆福寺灯幢》　　![图]《连简墓志》　　![图]《秦朝俭墓志》　　![图]《张锋妻史氏墓志》

"故"省略了构件"口"，直接以一竖带过。"寒"以两点替代三横两竖，省下面两点为一点，省写了"八"。"灵"从"雨"直接过渡到"巫"，省略了"品"。"龄"的构件"齿"省写了下面框内的几个部件，却保留了字形的框架。然而有些字过度省略，就会造成识读的问题。如"寒"通常下面两点不省，此字写法由于笔势过于紧挤，字形看起来既像"言"又像"意"的草写。这样的问题只能依靠行文的意义来确定。

（二）缩写

缩写就是缩小较长的笔画为短笔画。较为常见的就是把横竖撇捺省缩为点的笔画。最明显的就是"上""下"两字的草书写法。

　　![图]《康庭兰墓志》　　![图]《曹秀臻幢》　　![图]《李弘叡德碑》　　![图]李世民《屏风帖》　　![图]张旭《古诗四帖》

"上"字由楷书到行书再发展到草书的过程就是一个不断点化的过程。字形构形的三个笔画逐步各自缩写为一点。原本横上的两个笔画就成为两个点，而横画也缩写为一个点。

　　![图]《萧诩墓志》　　![图]《章妻宋氏墓志》　　![图]《慧坚碑》　　![图]武则天《升仙太子碑》　　![图]张旭《古诗四帖》

"下"的草书写法与"上"相同，也是通过逐步点化完成了"下"的草书构形。"下"与

---

① 裘锡圭：《文字学概要》（修订本），第93页。
② 陆嘉锡：《汉代简牍草字编》，上海书画出版社，1989，第5—10页。
③ 陈志诚：《草书指南》，陕西人民美术出版社，2006，第49—76页。
④ 本文所用碑刻材料全部来自北京图书馆金石组编《北京图书馆藏中国历代石刻拓本汇编》，中州古籍出版社，1989。为行文方便，不再出注。

"上"的草书符号，很容易被理解为社会随意设定的草书替代符号，但是如果把它们从行到草一步步去看，就可以发现它们内部的逻辑关系，它们就是在不断点化的过程中形成的草书符号。缩写的点极大地减少了书写时间，并且与原有楷隶字形存在一定的联系。李洪智先生《试谈草书符号》："从汉字字体演变的历史看，由一种字体发展演变为另一种字体是一个渐变的过程，而且，当后一种字体发展成熟以后，前后两种字体还会保持着千丝万缕的联系。明白了这一点，我们就会理解为什么看起来差距非常大的两种字体间却有着那么密切的联系。草书的符号正是这样由正体字一步步省变而来的，都是有来源的，这是必须首先指出的一点。"① 但是，如果割裂来看，普通的阅读者还是很难把它与相对应的字形联系起来，这就需要记忆草字符号。

（三）连带

草书的连带与行书有一些不同。草书的连带除了上面行书中那种字间连带外，还有独具特色的字与字之间的连带，即上字收尾的结笔处与下字起笔处相连。这种接续相连的一些字，书法学上又称为"字组"。"字组"的存在，给予了草书绵延畅通的特征。如：

《晋祠铭》　　《晋祠铭》　　《纪功颂》　　《赐张敬忠敕》

这种连带形式在狂草中使用得较多，也就是常说的连绵草。一般的草书作品中大都兼而有之。狂草属于草书的风格范畴，不是一种实用性的字体。它由今草发展而来，谋篇布局"横不成列，竖不成行"，强调作者情感的表达，所以字际连带较多。

草书构件内部连带中还有一个特征。为了加快书写速度，减少笔画的数量，两个顺序不相连属但方向略似的笔画往往被连接了起来，以"宀"部为例。

安《王守节墓志》　　《隆福寺灯幢》　　孙过庭《千字文》　　季怀琳《绝交书》

武则天《升仙太子碑》　　孙过庭《书谱》　　怀素《圣母帖》　　怀素《秋兴八首》

以上这些字都从"宀"，而"宀"的首笔却作为第二笔书写，并且与下面构件的第一笔连写成为一笔。这是一种强化了的、笔画化了的连带，与我们通常见到的连带有很大的不同。首先它没有一般连带的笔画粗细变化。其次，笔顺有了变化。"宀"的首笔不再是点，而是横折。

（四）符号替代

符号替代是行、草书中进行构形的方式之一，是指用笔画或多笔画符号代替相应隶楷字形中构件的方法。其据笔画的多少可以分为单笔画代替和符号代替两种，是文字简化的主要方式之一。一个替代符号往往可以替代几个对应的楷隶字形中的构件。替代通过简单的笔画或符号简化了原有繁复的构件，又保持了文字大概的轮廓。符号即记号、标记。文字是记录语言的符号系统，是一个内部自足的符号系统。在中国汉字的发展过程中，汉字不断地演进变化，出现很多的字体。这些字体都是逐渐形成的，它们存在继承和发展的紧密联系。草书作为辅助性的字体对楷隶字形做了有系统

---

① 李洪智：《试谈草书符号》，《书法之友》2002 年第 12 期。

的改造。从源头上说，章草是最早成系统的草书，对隶书使用省简、符号替代的方法进行了改造。大草和今草除了体势上张放，也继承了章草的改造。草书最为省简，使用最多的简省方法就是符号替代，通过使用简单的符号替代隶楷字形中比较繁杂的构件或整字，从而达到简略的目的。王宁先生称"草书为符号之符号"正是此理。① 书法学称之为"法度"，也称之为"格"。所谓"草书离了格，神仙也不识"，也就是草书的书写必须遵守其法度，否则不可识别。

当然，这些符号大都是原有文字构形系统中的。于右任先生最早以符号来指称草书中的部件。② 汉魏以来，许多简化字就是草书简化的结果，这种方式后来也被应用于现代汉字的简化中。

1. 以单笔画符号替代构件

单笔画即一个笔画，由于其替代作用，也称为符号。单笔画替代的构件，其笔画数量往往很少，这也是合理的。替代符号本身大致勾勒出原字形构件的框架，保留了其轮廓。如果以单笔画代替繁复的构件，会造成一个替代符号的负担过重，组配起来的字形也过于简单，字形之间的区别度就会减小，就会给文字的释读带来问题。

（1）点代

点代是指以一点代替原有字形中的多个笔画或构件的构形方式，主要代替构件有"口"或"厶"。

①以"丶"代替构件"口"

仓　　《郑君墓志》（　　"沧"右部）

君　　《刘智才墓志》　　《郑君墓志》　　武则天《升仙太子碑》

敬　　《玄奘铭》

以上"仓""君""敬"三字中的"口"以一个点画代替，简化了字形，又保持了字形的大致轮廓，有利于文字的识读。

②以"丶"代替"厶"

魄　　怀素《草书千字文》

符号替代中，草书符号不是一一对应的。"由于草化规律的作用，草书的部件已不可能与正体字一一对应。草书的一个部件往往对应着正体字的几个部件，既可以对应成字部件，又可以对应非成字部件，有着很强的构字能力；而正体字中的一个构件到了今草中又往往有几种写法。"③

（2）横代

横代就是以横画代替原有字形中的多个笔画或构件的替代方式。

①以"一"代"灬"

　　武则天《升仙太子碑》　　　　《连简墓志》　　　武则天《升仙太子碑》

②以"一"代"心"

　　《裴光庭碑》　　　《裴定墓志》

---

① 李洪智：《试谈草书符号》，《书法之友》2002年第12期。
② 于媛：《于右任标准草书范本》，金盾出版社，2009，第97页。
③ 李洪智：《试谈草书符号》，《书法之友》2002年第12期。

③以"一"代"口"

[图]《蔡雄志》　[图]《游济渎庙诗》　[图]《阿育寺常田碑》

④以"一"代"曰"

[图]《李弘叡德碑》

（3）竖代

"丨"作为替代符号，可以替代的构件最多，既可以替代"亻"，又可以替代"彳""氵"，是使用较为普遍的一个替代符号。

①以"丨"代替"亻"

便　[图]孙过庭《书谱》　　　彼　[图]《玄林禅师碑》

俗　[图]李怀琳《绝交书》　　信　[图]怀素《千字文》

修　[图]高闲《千字文》　　　偏　[图]李世民《屏风帖》　[图]孙过庭《书谱》

②以"丨"代替"彳"

彼　[图]贺知章《敬和帖》　　往　[图]武则天《升仙太子碑》

后　[图]怀素《论书帖》　　　得　[图]李世民《屏风帖》

从　[图]孙过庭《书谱》

③以"丨"代替"氵"

[图]《姚氏合祔墓志》

以上字形，竖画代替了"亻""彳""氵"，原有的笔画字形为一竖所代替，且位置大都处于左部，为字形右部较为繁复的部件简省了空间，原有右部部件避让左边的部件，同时又保持了原有字形的轮廓。代替"亻""彳""氵"，从理论上推敲应该是笔画连带逐步演变的结果。"氵"也是连点为画。连带的大幅度使用在一定程度上使得草书符号得以形成。

（4）竖折代

竖折代是指以"丁"代替"阝"。

陈　[图]武则天《升仙太子碑》

阮　[图]李怀琳《绝交书》

阿　[图]怀素《千字文》

附　[图]李怀琳《绝交书》　[图]《刘浚墓志》

降　[图]孙过庭《书谱》

陟　[图]武则天《升仙太子碑》

以"丁"代替"阝"简化了原有部件的曲折部分，保留了原部件的框架，大致可以辨认。

有时同样的构件，由于在文字构形中所处的位置不同，也会有不同的草书符号。如"月"作为右部构件，写作""。孙过庭《书谱》"朔"写作。李怀琳《绝交书》"期"作。怀素《千字文》"朝"作。怀素《千字文》"朗"作，"月"作为下部构件亦同。李世民《晋祠铭》"有"作。然而从文字学上说，左部构件的"月"实则是"肉"或"舟"隶变造成的混同。武则天《升仙太子碑》"朕"作。孙过庭《草书千字文》"服"作。这种草化方法，魏晋可能就已形成，如王羲之墨迹中"朦""胧"就写作、。

同时作为字形构件的左耳和右耳也不同。右耳以""代替。孙过庭《书谱》"那"作，"邶"作。怀素《自叙帖》"郎"作，"郡"作。李世民《屏风帖》"邓"作。怀素《圣母帖》"都"作。作为左部构件的耳旁则作"丨"。孙过庭《千字文》"阡"作，"阮"作。"附"，唐人墨迹有作的，《刘浚墓志》作。欧阳询《草书千字文》"陟"作。李世民《屏风帖》"陛"作。

在隶书中就已经经过隶变而同形的部件"月"与"肉"，"左耳"和"右耳"，却在行草书这种较晚的字体中采用不同的草书符号替代，应该是有原因的。首先，增加字形的区别度。为了区别同一个构形部件所处位置而采用区别符号。其次，美观的需要。同样的耳旁，左耳多用直笔，而右耳用曲笔。如果左耳也采用右耳的写法，整个字形偏右，左边则显得空无一物。反之，右耳写作丨的话，重心偏左。汉字是方块字形，是平面的。随着人们对字形的识用，字形自然而然会受到社会的改造，俗字字形是这样，草书的情况也是如此。就我个人看来，字形空间布白的美态应该是左右耳字形调整的主要原因。

通过上述比较，我们发现"月"和"右耳旁"都用了一个替代符号。同样的一个符号替代不同的部件，这在草书中是常见的现象。如作为构件的"幸"和"扌"皆以替代。李怀琳《绝交书》"报"作。孙过庭《草书千字文》"拱"作。李世民《屏风帖》"持"作。以替代构件"走"，如《书谱》"起"作；代替"夫"，欧阳询《草书千字文》"规"作；代替"立"，孙过庭《草书千字文》"竭"作；代替"矢"，怀素《论书帖》"知"作。以"讠"代替"言"，"诀"怀素《自叙帖》作；代替"足"，张旭《古诗四帖》"路"作；代替"臣"，李怀琳《绝交书》"卧"作；代替"立"，怀素《自叙帖》"端"作。

有时一个符号甚至可以替代七八个楷隶字形中的构件。然而值得注意的是，替代符号与楷隶构件的关系不是一一对应的，一个替换符号可以替换几个不同的构件，有时同样一个构件又可以用不同的草书符号替换。草书符号与构件之间是交叉的。这种现象和汉语中词类与语法功能的对应性是相似的。

2. 以多笔画符号代替构件或整字

（1）多笔画符号代替构件

笔画较多的构件采用笔画较多的草书符号替代是比较合理的，这样可以减少替代符号的重叠。

说 《万俟氏墓志》 《麓山寺碑》 《玄奘铭》 《玄奘铭》

谁 颜真卿《祭侄稿》

谒 《自叙帖》

心

忠 《慕容曦皓墓志》 《王守言墓志》 《孙志廉墓志》 《李绩碑》

思 《晋祠铭》 《元复业志》 《万年宫铭》 武则天《升仙太子碑》

忘 《王守节墓志》 《樊廉志》 《妬神祠碑》

　　《本愿寺舍利碑》 《李弘叡德碑》

走

起 怀素《自叙帖》

超 怀素《千字文》 孙过庭《书谱》

越 《书谱》 李世民《屏风帖》

赵 欧阳询《草书千字文》 李世民《屏风帖》

矢

短 武则天《升仙太子碑》

知 怀素《论书帖》

应该说，构件与符号的对应性还是较强的。符号与构件之间的交叉明显。这些构件交叉的原因值得思考。

以"走"为构件的"超"，怀素作，"走"应当是最原始的写法。唐太宗"趣"作，"走"略去了弯折。中间应该还有一个弯钩拉短的阶段，由于没有找到同时字例，以梁武帝"趣"作为参考。

我们看以"矢"为构件的一组字。李怀琳《绝交书》"短"作，孙过庭《草书千字文》"矫"作。"矢"撇与横连写，横以折代，提是撇捺的快速连写，这个字形还能看出"矢"的痕迹。武则天《升仙太子碑》"短"作，怀素《草书千字文》"赵"作，两者的左部构件在连写中都省去了中的左部构件的撇笔，形成了的草化符号。

（2）多笔画符号代替整字

这里的符号化与文字学中所说的符号化不同。文字是语言的书写符号系统，文字本身又是一个符号系统。这里的符号化是指在汉字形体符号系统内部再以草书符号替代原有较为繁复的部件，也就是指草书在正体字形原有构件的基础上又一步简化。这里所说的整字其实就是独体字。独体字草化后，再作为构件组成合体字。应该说，独体字的草化是草书符号系统的基础。

甚　🔲孙过庭《书谱》

前　🔲怀素《自叙帖》

卿　🔲怀素《圣母帖》

书　🔲武则天《升仙太子碑》

欲　🔲孙过庭《书谱》

问　🔲孙过庭《草书千字文》

等　🔲李世民《屏风帖》

其实符号化与连带、省简是不可分割的。它们互相联系、相辅相成。下面以"问"字为例。

1. 🔲褚遂良《孟法师碑》　　2. 🔲欧阳询《皇甫府君碑》　　3. 🔲林藻《深慰帖》　　4. 🔲欧阳询《殷纣帖》　　5. 🔲柳公权《辱问帖》　　6. 🔲孙过庭《千字文》

从楷字 2 开始，已经有了行书笔态的变化，"门"右部下两横点提呼应。到楷字 3，原本呼应的两个笔画连带，右部的笔画省简为一点，中间的"口"也简省为一短横。到楷字 4，"门"的右部框架进一步简化为一个点。经过楷字 4 的简化，到楷字 5 时，连带过程中为避免停顿，一点又被简省，从楷字 5 到楷字 6 其实还有一个过程，即字形🔲，由于未找到唐宋的字形，就拿魏晋时期王献之的墨迹做一下补充。这个字形"门"的框架连带紧密，形成类似"冂"的形状。楷字 6 则省写了框架"冂"的左部，形成上面的样子。中间的短横与弯弧连接，字形中间略显松散，王羲之有一字作🔲。经过进一步改造，横画改为两点，就形成与后世形似的行草书字形。原有的一步步连带、简省的发展过程很难被梳理出，人们逐渐割裂了楷字与草书字之间的联系。

再说"等"字的草书符号🔲，其实完全是替代的结果。原本"寸"上面的构件以一点代替，受汉字中点一般写在右上的影响，所以点位于右上。再为了与"寸"或"才"字草书相区别，就把草书字形中的竖画向右倾斜。这也是草书"等"的一个构形规律。如：

🔲张芝　🔲王羲之　🔲王献之

🔲裴休　🔲虞世南

"等"的草书符号魏晋就已经形成，一直沿用。其区别特征也一直保存，成为一个固定的书写模式，尽管体态上略有不同，但其基本的框架始终未有变化。

二　草书构形规律

（一）类推法则

对于不同合体汉字中相同的构件，独体字的草书写法会被应用于其中。这种系统性的规则也是草书得以应用的前提。设想一套草书系统中每一个字都是独特的，与其他字形不存在逻辑的类聚关系，这是难以想象其使用范围的，是需要很大的记忆量的。可以说，正是草书本身所存在的规范和法则才使得草书得以存在，得以使用。

当然，这种类推并不是绝对的。有些独体字的草书符号并未应用于由其组成的合体字之中。如作为形旁的"木"，都写作 （《赵本质墓志》）这样的字形，从未见其写作"扌"，即与提手旁同形的草写。如下以"木"为部件的合体字：

《李洪墓志》　　《戴希晋墓志》　　《崔素墓志》　　《章妻宋氏墓志》

草书类推规则虽然存在一些例外的情况，但其普遍性是不容怀疑的。这也是文字系统论所肯定的。

（二）草书异体字

草书以符号代替原有字形。当同一个词的同一个字形采用不同的草书符号替代时，则两个替代的符号形成一组异体字。邓散木先生应该说是最早认识到草书字形中异体字问题的，他在《草书写法》中提出了"同字异写"的称谓，实际就是草书构形中形成的异体字。① 书中还列举了很多草书异体字，为我们提供了一些素材。但是书中所列的字形大都是作者自己的书迹，没有使用前人的字形。这在一定程度上阻碍了认识的正确性。我们依据唐代的草书材料找出以下几组字，并在此基础上做理论推导，正确性应该高一些。

至 孙过庭《书谱》　　怀素《自叙帖》　　高闲《草书千字文》　　虞世南《积时帖》

怀素《自叙帖》　　颜真卿《争座位帖》

车 张旭《古诗四帖》　　智永《真草千字文》　　怀素《千字文》　　怀素《秋兴八首》

交 李世民《屏风帖》　　怀素《千字文》

民 孙过庭《草书千字文》　　欧阳询《千字文》

无 李世民《晋祠铭》　　李怀琳《绝交书》

异体字分为异写字和异构字。异写字是指没有结构差异，只是由书写者书迹特征不同形成的一组字。异构字则是指构字理据上有差异的一组字。异写字的差异极小，只是书写的差异，所以很多学者把它排除在异体字之外。

我们这里所说的异体字是指草书中结构构形不同的字。草书属于今文字。经过隶变，草书在自身的发展过程中因为连带、省略，再加上草书符号的替代，草书构形的理据可以说是消失殆尽了，而草书也完全成为一种符号系统。同一个字，只要是不为同样形式的符号替代，则它们就是一组异体字。

楷书中，由于社会历史等原因，同一个词可以有不同的书写形式，它们既不阻碍交际，也不被遗弃，必然有其存在的价值。草书亦然，今草继承发展了章草，形体上趋简。所以，理论上，今草应当既有传统的遗留，又有自己的发展。就个体字形来讲，也是一样的。某个楷字，可能有传统的草书符号写法，也可能存在当代新产生的符号。当然，符号与正体字之间的关系已经很模糊，会增

---

① 邓散木：《草书写法》，华联出版社，1984，第33页。

加人们识记的负担。

（三） 草书同形字

草书中，由于符号替代、简省等原因，字形的框架可以大致保留，但是随着笔态、笔势的变化，字形也极易混同，就会造成两个或几个字的相同或相似。这是书法比赛时要求附释文的主要原因。

当然，我们所说的同形字，不是这种临时性的，而是那种在一定历史时期通行过、有一定使用频率的同形字。

同形字是指同一个文字形体分别记录了两个或两个以上不同词的一组字。裘锡圭界定为："不同的字如果字形相同，就是同形字。"[①] 又说："同形字的外形虽然相同，却是不同的字。"[②]

草书是自成系统的字体，按照一定的组合规律而成为体系。在草书中，当表示不同词的几个字形采用相同的草书符号替代时，则两个替代的符号形成一组同形字。邓散木先生应该说是最早认识草书字形中同形字问题的，他在《草书写法》中提出了"异字同写"的称谓，实际上就是草书构形中形成的同形字。[③] 书中所列举的很多草书同形字也存在字形的问题。下面我们列出六组同形字，并作对比分析。

大　《元复业墓志》　《焦兢碑》　《韩游造陀罗尼经幢》

犬　王羲之《司州帖》　怀素《自叙帖》[④]　孙过庭《书谱》

施　孙过庭《千字文》

拖　《影堂碑》

态　《李光进碑》　《光业寺碑》　《李弘叡德碑》

熊　孙过庭《书谱》

道　智永《真草千字文》　武则天《升仙太子碑》　《李弘叡德碑》　怀素《自叙帖》

送　李世民《屏风帖》　高闲《此斋帖》

主　《李怀妻墓志》　《汝南公主墓志》　《大泉寺三门记》　《北岳府君碑》

至　王羲之《远宦帖》　《彭珍墓志》　孙过庭《书谱》　怀素《自叙帖》　高闲《草书千字文》

朗　孙过庭《草书千字文》

郎　怀素《千字文》　《隆福寺灯幢》

以上"大"与"犬"为一组。"大"的首笔方向自右向左行，形成上面的写法。"犬"改变了

---

① 裘锡圭：《文字学概要》（修订本），第 201 页。
② 裘锡圭：《文字学概要》（修订本），第 201 页。
③ 邓散木：《草书写法》，第 36 页。
④ "犬"草书不多见，"状"的右部构件为"犬"，列此可与"大"进行对比。

笔顺，先写点，又与横连写。二字就成为一组形体相同的草书字形。造成"施"与"拖"同形的关键在于"方"的草书书写与"扌"相同。"熊"和"态"上部构件相同，下部的"灬""心"都可以作三点或一横的草书书写，所以两种写法都可以组成一组同形字。造成"道"和"送"同形的主要原因在于"首""关"草书的连带省略方式相同。"至"的草书写成一点下加王，与"主"的草写相同，成为一组同形字。草书符号常常用一个代替多个对应的楷隶字形构件，如作为右部构件的"月"与同作为右部构件的"阝"都可以写作彡，而"郎"与"朗"右部为同一构件，二字在草书中自然为同形。

草书中的同形字不是很多，草书系统内部调整了文字字形与识读之间的矛盾，一定程度上减少了辨识上的问题。释读这些草书同形字，主要还是要依靠文意来辨认。

综上，唐代草书在继承魏晋传统的基础上有了很大发展。初唐草书延续了魏晋南北朝的传草书统，盛唐后则逐步摆脱了前人的束缚，恣意狂放，草书发展到了新的高度。从文字构形学角度对此时期的草书进行较为系统的静态描写和动态分析，有助于我们深层次地梳理草书发展史。

【参考文献】

［1］北京图书馆金石组．北京图书馆藏中国历代石刻拓本汇编［M］．郑州：中州古籍出版社，1989.

［2］裘锡圭．文字学概要［M］．北京：中华书局，1988.

［3］黄征．敦煌俗字典［M］．上海：上海教育出版社，2005.

［4］秦公等．广碑别字［M］．北京：国际文化出版公司，1995.

［5］秦公．碑别字新编［M］．北京：文物出版社，1985.

［6］洪钧陶．草字编［M］．北京：文物出版社，1984.

［7］李洪智．汉代草书研究［M］．北京：北京师范大学出版社，2014.

［8］李洪财．汉简草字整理与研究［D］．长春：吉林大学古籍所，2014.

［9］邓散木．草书写法［M］．北京：人民美术出版社，1963.

［10］刘东芹．草书字法解析——文字学视角下的草法研究［M］．北京：高等教育出版社，2015.

A Study on the Characteristics and Disciplines of the Configuration of Cursive Script in Tang Dynasty

Shang Leiming

（School of Lantin Calligraphy，Shaoxing liberal Arts College，Shaoxing 312000，China）

Abstract：Tang Dynasty is the peak in the history of Chinese calligraphy. The kuang cao（狂草）jin cao（今草）are parallel，far-reaching influence on later generations. Based on this period of cursive script engraved posts and cursive script tablet, we describe its configuration characteristics, dating from the perspective of philology generalize its configuration rules, discuss the mechanism of isomorphic, variants, and so on, provide some theoretical reference for the research on calligraphy and philology.

Key Words: Tang Dynasty; cursive script; configuration; system; characteristics

宋代石刻题名辨正

和艳芳

【摘 要】定名是石刻拓本研究最基础的工作，规范、准确的题名有利于拓片的高效使用。宋代拓本的著录，偶有题名错误或不规范的现象。本文全面考察宋代石刻拓本，对其题名进行勘误、规范，以期裨益于宋代石刻文献的整理与研究。

【关键词】宋代石刻；题名；辨正

【作者简介】和艳芳，女，华东师范大学中国文字研究与应用中心博士研究生，研究方向为汉字发展史、出土文献整理与研究。（上海 201100）

宋代石刻材料数量庞大，且内容包罗万象。传世文献几经版刻刊印渐失其本真，石刻材料则真实性强，可印证、补充传世文献，其中有关地理、姓氏、职官、礼乐史等方面的材料，亦有重要的文史价值。另其镌刻年代明确，亦有利于文物、文字断代研究。目前宋代石刻拓本著录主要见于《北京图书馆藏中国历代石刻拓本汇编》（简称《北图》）、《宋代墓志辑释》（简称《辑释》）、《新中国出土墓志》（简称《新中国》）、《翰墨石影》、《秦晋豫新出墓志搜佚续编》（简称《蒐佚续编》）、《三晋石刻大全》、《中国西南地区历代石刻汇编》、《陕西碑石精华》（简称《陕西精华》）等。以上诸书编者将拓本依次以年代为序，按一定规则，汇编成册，又著录其镌刻时间、形制、行款、书体、碑额、刻工等信息，其功甚伟，对宋代政治、历史、地理、文化、民俗研究均有重要作用。

"定名是石刻研究的基础工作"①，宋代石刻的研究，同样首先需要对拓本进行准确定名。宋代石刻的主体是碑、墓志、诗刻、题名等。一般地，碑、墓志以碑主、志主姓名命名；诗刻以诗题命名；题名则以题名者姓名命名，若是多人题名，则在题名领导者姓名之后加"等"命名。迄今出土的宋代石刻大都已得到正确的定名，然有时编者由于俗讹字、石花、不明典制、不识句读、未考家谱等原因，出现拓片题名讹误或不规范的情况，影响了拓片的使用，兹全面考察宋代石刻拓本，对其题名进行辨正，不当之处请方家指正。

一 《苗存本墓志》

该志记刻于北宋乾德二年（964），山西省长治市出土。志盖篆书："大宋故苗府君墓志铭。"

---

① 梁春胜：《六朝石刻题名辨正》，《中国典籍与文化》2017 年第 4 期。

《辑释》①《蒐佚续编》② 均著录该志。然《辑释》题名"苗存本墓志",《蒐佚续编》题名"苗存墓志"。核志文,云:"府君讳存本当府/屯留县蒲汭乡谷西村人,其先出自汉时长水校尉之后昆也。"二者分歧在于句读,《辑释》断作"府君讳存本,当府/屯留县蒲汭乡谷西村人","本"字上属;《蒐佚续编》断作"府君讳存,本当府/屯留县蒲汭乡谷西村人","本"字下属。

按:志文凡言志主籍贯,若言"为某地人",即言其族无迁徙之史,如《王守恩墓志》:"公讳守恩,字保信,太原人。"③《药公墓志》:"公太原寿阳人也,其先少皞之苗裔,世因职业,因赐氏焉。"④《杨光赞墓志》:"公讳光赞,字佐臣,分陕人也。"⑤ 若言"本为某地人",后文即述其后所居之地。《杨龟从墓志》:"公讳龟从,字符吉,本弘农人,累代祖因官徙家,遂移其贯,今则为常山九门县东义里人也。"⑥《马测墓志》:"公讳测,字广川,其先德本贯邺台,近因官徙家京洛。"⑦《暴思荣墓志》:"本魏国人也,因流派至上党杨暴村,为土人也。"⑧ 皆可资比勘。志文未言其后所居之地,若"本"字下属,则于义不妥。故"本"当上属,志主名为"苗存本",《辑释》题名当正。

二 《郑用墓志》

此文刻写于北宋太平兴国三年(978),山西出土。《蒐佚续编》⑨ 著录其拓本图版,题名"宋郑元墓志",《辑释》⑩ 亦录此拓,然题作"郑用墓志"。核原拓,云:"高祖,曾祖,祖,府君用,不事公卿,唯便南亩。""君"后一字作 𬱖,为"用"字豁然,《蒐佚续编》误。

三 《朱暠墓志》

该墓志刻于北宋皇祐二年(1050),洛阳偃师出土,无盖,无首题,志主姓氏不明。其图版著录于《辑释》⑪,题名"朱暠墓志",《蒐佚续编》⑫ 亦录此方墓志,题名"彭暠墓志"。

按:其父《朱文郁墓志》载:"(朱文郁)三子:长曰景,秘书丞;次曰暠,太庙斋郎,蚤卒;次曰早,尚幼。"⑬ 而此志亦书"兄景志",且志文云:"弟太庙齐郎暠,享年二十有五。"其官职

① 郭茂育、刘继保编著《宋代墓志辑释》,中州古籍出版社,2016,第22页。
② 赵文成等编《秦晋豫新出墓志搜佚续编》第5册,国家图书馆出版社,2011,第1358页。
③ 北京图书馆金石组编《北京图书馆藏中国历代石刻拓本汇编》第37册,中州古籍出版社,1989,第2页。
④ 郭茂育、刘继保编著《辑释》,第4页。
⑤ 北京图书馆金石组编《北图》第37册,第14页;郭茂育、刘继保编著《辑释》,第24页。
⑥ 郭茂育、刘继保编著《辑释》,第18页。
⑦ 曾枣庄主编《宋代传状碑志集成》,四川大学出版社,2012,第2868页。
⑧ 赵文成等编《蒐佚续编》第5册,第1364页。
⑨ 赵文成等编《蒐佚续编》第5册,第1358页。
⑩ 郭茂育、刘继保编著《辑释》,第44页。
⑪ 郭茂育、刘继保编著《辑释》,第160页。
⑫ 赵文成等编《蒐佚续编》第5册,第1373页。
⑬ 郭茂育、刘继保编著《辑释》,第162页。

"太庙斋郎"与《朱文郁墓志》合,由此可知志主为朱文郁之子,朱景之弟朱暠。又其兄《朱景墓志》云:"府君讳景,字伯晦,世为河南府偃师人。""考文郁,主客郎中,赠工部尚书。"① 与《朱文郁墓志》相合。据以上三方墓志可得朱氏家谱,如下:

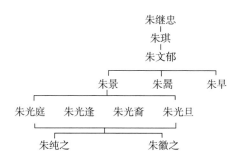

结合家谱,志主姓氏当为朱。

又《朱暠墓志》云:"庆历五年二月六日,侍/亲彭门。"彭门,地名,徐州旧称。习见于典籍,如唐薛能作《彭门解嘲二首》②,苏轼《水调歌头·安石在东海》:"今年子由相从彭门居百余日,过中秋而去,作此曲以别。"③《王遹墓志》:"君幼孤,为童稚已不群,克志励操,不为科举,/学游彭门。"侍亲,即侍奉父母,志文该句意为庆历五年二月六日,志主于徐州侍奉双亲。《蒐佚续编》盖以彭为姓氏,且未考其家谱而误。

四　《昼锦堂记》

此碑刻石时间为北宋治平二年(1065),石在河南安阳。欧阳修撰,碑额篆书横题"昼锦堂记"四字。《北图》④ 著录此碑拓本,题名"书锦堂记","书"字原拓作![书],底部横笔清晰可见,当为"昼","畫""書"形近致误。又《(弘治)贵州图经新志》:"公知天命有在,自定真挺身来归,遂承命守北京,竭诚尽力,书夜不怠。"⑤"书夜"不辞,"书","昼"之误。昼锦,语出《汉书·项籍传》:"富贵不归故乡,如衣锦夜行。"⑥《史记·项羽本纪》作"衣绣夜行"。后遂称富贵还乡为"衣锦昼行",省作"昼锦",义同"衣锦还乡"。《宋史·韩肖胄传》载:"琦守相,作昼锦堂,治作荣归堂,肖胄又作荣事堂,三世守乡郡,人以为荣。"⑦《陕西精华》⑧ 题为"昼锦堂记",不误。

① 郭茂育、刘继保编著《辑释》,第 210 页。
② 黄勇主编《唐诗宋词全集》第 4 册,北京燕山出版社,2007,第 1817 页。
③ 熊朝东:《明月几时有:苏轼诗词文精品选析》,四川文艺出版社,2001,第 116 页。郭茂育、刘继保编著《辑释》,第 414 页。
④ 北京图书馆金石组编《北图》第 39 册,第 8 页。
⑤ 沈庠修、赵瓒纂《(弘治)贵州图经新志》第 2 卷,明弘治间刻本。
⑥ (汉)班固:《汉书》,中华书局,2012,第 1785 页。
⑦ (元)脱脱、阿鲁图:《宋史》第 379 卷,中华书局,1977,第 9246 页。
⑧ 余华青、张廷皓主编《陕西碑石精华》,三秦出版社,2006,第 2224 页。

五 《何令孙墓志》

该志刻于北宋治平三年（1066），洛阳出土。《北图》① 题名"何令孙墓志"，《辑释》② 题名"宋何庆之墓志"。两处拓本相同而题名迥异。志文云："吾友何庆之，于治平三年五月十九日，卒于永泰里第。"又云："君讳令孙，曾祖/讳朗，赠左司御率府率。"由此知令孙为名，而庆之其字也。墓志一般以志主姓名题名，而不以字。《辑释》题名不符规范。

六 《郭益墓志》

此志记写于北宋治平四年（1067），洛阳出土。《辑释》③ 题名"郭损之墓志"，《北图》④ 亦录此拓，题名"郭益墓志"。志文曰："君讳益，字损之，河南人。"同上，《辑释》题名不合规范。

七 《张觐等题名》

该题名记写于北宋熙宁七年（1074），刻于广西桂林龙隐岩。《北图》⑤ 题名"张观等题名"，其文曰："经臣张觐，执中/刘彝志、康传燮，/熙宁甲寅六月/八日，同寻回穴/山。""张"后一字，原拓作觐，为"觐"字。"觀""覲"形近致误。

八 《赵兖墓志》

此文记于北宋元丰二年（1079）五月，巩义市出土。《新中国·河南卷》⑥ 题名"赵俊墓志"。志文曰："今上皇帝第三子曰兖，哀献王俊，以熙宁六年四月一日生，于今充媛宋氏，神姿骨相，美不容择。""曰"后一字原拓作兖，为"兖"字。《辑释》题名"赵兖墓志"，不误。

九 《蔡脩墓志》

此志刻于北宋元丰六年（1083），河南省许昌市出土。《蒐佚续编》⑦ 题名"蔡脩墓志"，《辑释》⑧ 亦录该志图版，题名"蔡修墓志"。志文云："君讳脩，字子仪，姓蔡氏，世家莱州胶水。"

---

① 北京图书馆金石组编《北图》第 39 册，第 12 页。
② 郭茂育、刘继保编著《辑释》，第 204 页。
③ 郭茂育、刘继保编著《辑释》，第 206 页。
④ 北京图书馆金石组编《北图》第 39 册，第 19 页。
⑤ 北京图书馆金石组编《北图》第 39 册，第 76 页。
⑥ 中国文物研究所、河南省文物考古研究所编《新中国出土墓志·河南卷》，文物出版社，2002，第 306 页。
⑦ 赵文成等编《蒐佚续编》第 5 册，第 1393 页。
⑧ 郭茂育、刘继保编著《辑释》，第 296 页。

"讳"后一字拓本作偹，从字形看，确为"偹"。此处"偹"表修义。古人名字意义相关，"君讳偹，字子仪"即言修身养性，方显令仪。然原拓作"偹"，其题名当遵从原拓，题作"蔡偹墓志"更为妥当。

蔡偹，宋文忠公蔡齐侄。结合《蔡偹墓志》与其伯父《蔡齐墓志》①、《蔡齐神道碑》②、《蔡齐行状》③、《宋史·蔡齐传》④ 及其弟《蔡渐墓志》⑤，可得蔡氏家谱。

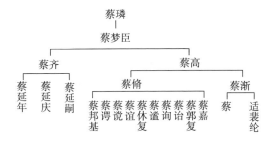

蔡高早逝，而蔡齐视其子为犹子，且予以教养。《蔡偹墓志》："君/少孤，教养于文忠公。""教之诲之，维尔伯父；抚之誉之，维予相辅。"《蔡渐墓志》："君讳渐，字进之，仁宗朝参知政事文忠公之犹子也。""父讳高，以君伯仲登朝，累赠太常少卿。君用文忠公荫，补守秘书省校书郎，五迁至太子右赞善大夫。"

十　《符守规墓志》

该志刻于北宋元符三年（1100），洛阳出土。碑首篆书题额"宋故符公之墓"，《北图》⑥ 题名"符守规墓志"，《辑释》⑦ 题名"符寿现墓志"。拓本相同而两处题名迥异。核志文："公讳□□，字汉公，姓符氏。""讳"后第一字，《北图》拓本作𡧛，泐蚀严重，不可辨识，而《辑释》较清晰，作寽，上部泐蚀，下部构件"寸"可辨；"讳"后第二字，《北图》作規，《辑释》作現，二者右部构件"见"可辨而左部泐蚀。仅据拓本，较难确定。

又志文云："公讳寿现，字汉公，姓符氏，仕五代后唐庄宗，为宣武军节度使、追封秦王讳存审之五世孙/也。""子一人，曰世英，元祐三年进士，今为宣德郎。"知其五世祖为符存审，其子为符世英。

宋代拓本所见符氏家族墓志如下：北宋开宝八年（975）《符彦琳墓志》（《辑释》第40页）、北宋咸平四年（1001）《符昭愿墓志》（《辑释》第94页）、北宋明道三年（1034）《符承煦墓志》（《北图》第38册第85页）、北宋绍圣二年（1095）《符补之墓志》（《北图》第40册第125页）、

① （宋）范仲淹撰，见曾枣庄、刘琳主编《全宋文》第10册，第389卷，上海辞书出版社，1989，第42页。
② （宋）张方平撰，见曾枣庄、刘琳主编《全宋文》第19册，第821卷，第546页。
③ （宋）欧阳修撰，见曾枣庄、刘琳主编《全宋文》第18册，第745卷，第203页。
④ （元）脱脱、阿鲁图：《宋史》第286卷，第6876页。
⑤ （元）范纯仁撰，见曾枣庄、刘琳主编《全宋文》第71册，第1557卷，第337页。
⑥ 北京图书馆金石组编《北图》第41册，第18页。
⑦ 郭茂育、刘继保编著《辑释》，第390页。

北宋绍圣四年（1097）《符补之妻王氏墓志》（《北图》第 40 册第 148 页）、北宋崇宁三年（1104）《符世表之妻赵氏墓志》（《北图》第 41 册第 105 页）、北宋崇宁四年（1105）《符守诚墓志》（《辑释》第 422 页）、北宋政和四年（1114）《符守诚之妻赵氏墓志》（《辑释》第 470 页）、北宋宣和二年（1120）《符佾墓志》（《故宫博物馆藏历代墓志》第 469 页）、北宋宣和四年（1122）《符世表墓志》（《北图》第 42 册第 132 页）。

据以上 11 方墓志可得宋代符氏家谱如下图所示，故志主当为符守规，符存审五世孙。符存审于后唐庄宗时任宣武节度使，封秦王，子彦卿，为后周、北宋名臣，彦卿女，一为世宗后，一为恭帝后，一为太宗后，其后历代多与宋宗室联姻。守规仕宦凡五十年，更十任，但无宦历，殆为荫恩之官，墓志称其"才高而命不偶，志大而名不彰"，官止于西京左藏副使，从三品。志主虽无显赫仕历，然其家藏书万卷，实乃守身廉洁、好善乐施之人，六十岁即由其子奉养，七十三岁卒，葬于洛阳其父之坟旁，二女均嫁宗室，是宋代著名的外戚家族。《辑释》未考家谱且以石花为笔画而误。

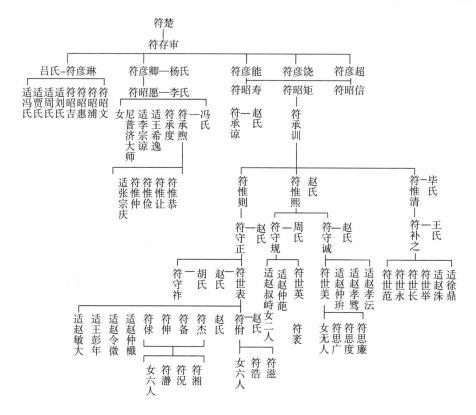

十一 《路允蹈等题名》

该题名记写于北宋建中靖国元年（1101），石在陕西鄠邑区草堂寺，刻于唐大中九年十月《定慧禅师碑》阴。《北图》[①] 著录其碑版，题名"路允韬等题名"；《中国西北地区历代石刻汇编》[②] 题名"路允蹈等题名"。"允"后一字原拓作蹈，显"蹈"字。《北图》将该字识为"韬"，误。

---

① 北京图书馆金石组编《北图》第 41 册，第 36 页。
② 赵平编《中国西北地区历代石刻汇编》，天津古籍出版社，2000，第 27 页。

十二 《赵令玥妻李氏墓志》

此志刻于北宋大观二年（1108），洛阳市偃师市缑氏镇出土。《蒐佚续编》①录其拓本图版，题名"赵玥妻李氏墓志"，《辑释》②亦录该拓，题名"赵令玥夫人李氏墓志"。核原文："夫人端慧孝睦，朝奉君慎择所配，遂归宗室内殿承制令玥，盖故司空、惠国公之子。"

按：内殿承制，职官名。《中国古代职官大辞典》："内殿承制，宋朝武阶官，真宗大中祥符二年（1009）置，秩七品。"③蔡襄作《内殿承制王君墓志铭》④。又《旌德县君李氏墓志》："重诲生禹度，今/为内殿承制，夫人之父也。"⑤《潘承裕墓志》："女三人，长婿内殿承制李宗回，次驾部员外郎传/道，次库部员外郎王乙。"⑥皆其例。《蒐佚续编》误以"内殿承制令"为官名而"玥"为名。

十三 关于姓氏"符"与"苻"

宋代符氏乃外戚大族，宋代石刻可见符氏家族墓志 11 方，诸书著录符氏墓志时，有时将其姓氏写作"苻"，如《符彦琳墓志》⑦《符昭愿墓志》⑧等中"符"字皆讹写作"苻"，似欠妥，兹考察符氏源流及"符""苻"字际关系以明确二者关系。

"符"氏出自姬姓，以官名为氏。《元和姓纂》："公雅为秦符节令，因以为氏。"⑨"苻"姓，本作蒲，源于蒲草。《晋书·苻洪传》："其先盖有扈之苗裔，始其家池中蒲生，长五丈，五节，如竹形，因以为氏。后洪以谶文有'草付应王'，又其孙坚背有'草付'字，遂改姓苻氏。"⑩二者是来源完全不同的姓氏。

宋代符氏墓志中姓氏"符"有作"苻"者，如《符世表墓志》"符氏之大，懿德配天"⑪，"符"作苻；《符补之墓志》"故保大军节度退官符君之墓"⑫，"符"作苻；《符补之妻王氏墓志》"故保大军节度推官符府君妻太/原王夫人"⑬，"符"作苻。然以上"苻"实为"符"之讹写，只是与姓氏"苻"构成同形关系而导致混淆。"卝"与"⺮"形近，且石刻文字刻于碑石之上，"卝"

---

① 赵文成等编《蒐佚续编》第 5 册，第 1417 页。
② 郭茂育、刘继保编著《辑释》，第 434 页。
③ 张政烺：《中国古代职官大辞典》，河南人民出版社，1990，第 207 页。
④ 曾枣庄、刘琳主编《全宋文》第 24 册，第 1022 卷，第 253 页。
⑤ 郭茂育、刘继保编著《辑释》，第 202 页。
⑥ 郭茂育、刘继保编著《辑释》，第 216 页。
⑦ 北京图书馆金石组编《北图》第 37 册，第 37 页。
⑧ 北京图书馆金石组编《北图》第 38 册，第 6 页。
⑨ （唐）林宝撰，岑仲勉校《元和姓纂》第 2 卷，中华书局，1994，第 250 页。
⑩ （唐）房玄龄等：《晋书》第 112 卷，中华书局，1974，第 1919 页。
⑪ 北京图书馆金石组编《北图》第 42 册，第 132 页。
⑫ 北京图书馆金石组编《北图》第 40 册，第 125 页。
⑬ 北京图书馆金石组编《北图》第 40 册，第 148 页。

比"艸"更易刻写，故"艸"常讹为"卄"，碑刻文字习见。唐《陆振墓志》："射策高第，调补左卫率府录事参军，超桓选也。"[1] "第"作 𥐚。唐《张恬墓志》："实见托于菲词，庶无惭于真笔。"[2] "笔"作 𥬇。例多不赘。

"艸"常讹作"卄"，而少见"卄"讹作"艸"，主要是汉字简易原则的作用。简易是汉字发展的内在动力之一。文字符号的简易性和区别性是文字发展中的矛盾体。既不能为了区别性丧失其简易的要求；也不能为了简易性而失去区别功能，需找到适当的平衡点，才能对汉字发展产生有益影响。文字发展演变中的俗体、变体常由简易快写所致。"艸"讹为"卄"，虽简易快写，却也给实际使用造成了一定混乱。分辨时当正确认识俗讹字，分析文意、姓氏源流等，从而做出准确判断。

《符彦琳墓志》（《北图》第 37 册第 37 页）、《符昭愿墓志》（《北图》第 38 册第 6 页）、《符补之墓志》（《北图》第 40 册第 125 页）、《符补之妻王氏墓志》（《北图》第 40 册第 148 页）、《符守诚妻赵氏墓志》（《北图》第 42 册第 36 页）、《符俏墓志》（《北图》第 42 册第 107 页）、《符世表墓志》（《北图》第 42 册第 132 页）题名中"符"均作"苻"，当正。

【参考文献】

［1］北京图书馆金石组编 . 北京图书馆藏中国历代石刻拓本汇编［M］. 郑州：中州古籍出版社，1989.

［2］陈明远，汪宗虎编 . 中国姓氏辞典［M］. 北京：北京出版社，1994.

［3］郭茂育，刘继保编著 . 宋代墓志辑释［M］. 郑州：中州古籍出版社，2016.

［4］毛远明 . 碑刻文献学通论［M］. 北京：中华书局，2009.

［5］臧克和 . 汉魏六朝隋唐五代字形表［M］. 广州：南方日报出版社，2011.

［6］曾枣庄，刘琳主编 . 全宋文［M］. 上海：上海辞书出版社，1989.

［7］赵文成等编 . 秦晋豫新出墓志搜佚续编［M］. 北京：国家图书馆出版社，2015.

［8］中国文物研究所编 . 新中国出土墓志［M］. 北京：文物出版社，1994—2014.

［9］姜化林，李花蕾 . RDA 与石刻拓片编目探讨［J］. 图书馆论坛，2017（9）.

［10］梁春胜 . 六朝石刻题名辨正［J］. 中国典籍与文化，2017（4）.

［11］谢芳庆 ."修"与"脩"［J］. 辞书研究，2000（4）.

---

① 吴钢主编《全唐文补遗》第 5 册，三秦出版社，2007，第 391 页。
② 周绍良主编《唐代墓志汇编》，上海古籍出版社，1992，第 2035～2036 页。

Title Correction of Stone Inscription Documents in Song Dynasty

He Yanfang

(Center for the Study and Application of Chinese Characters,

East China Normal University, Shanghai 201100, China)

Abstract: Nomenclature of stone rubbings is the most basic work in the research of stone inscription documents. Standardized and accurate titles are beneficial to the efficient use of rubbings. There are occasional errors or irregularities in titles of rubbings in the Song Dynasty. This paper makes a comprehensive investigation of rubbings in the Song Dynasty and corrects some titles in order to benefit the collation and research of the stone inscription documents of the Song Dynasty.

Key words: stone inscription documents in Song dynasty; title; correction

出土资料对解证传世文献疑难字词的价值

杨　琳

【摘　要】《里仁》"贫与贱，是人之所恶也，不以其道得之，不去也"中的"得"一直不可解。出土文献中"得"或作"直"，"直"通"置"，义为弃去、去除。《滕文公上》"舍皆取诸其官中而用之"中的"舍"长期争议不断。出土文献中"舍"常跟"余"字混同，"舍皆……"之"舍"应即"余"字，当解作语气词"与（欤）"。《秦策一》中的"地势形便"令注家困惑。出土文献中"形"字最早见于东汉，先秦及西汉其义一般作"刑"。《战国策》之"形"本当作"利"，因"利""刑"形近，故讹作"刑"。后因形象义另造"形"字，故又改"刑"为"形"。《应帝王》"汝又何帛以治天下感予之心为"之"帛"不得其解。据出土资料，"帛"乃"为"之讹误。"益"之赐予义乃其所固有，出土资料表明"益""易"为一字之分化。《维天之命》"假以溢我"应读为"蝦以益我"。

【关键词】得；舍；地势形便；帛；益之本义；假以溢我

【作者简介】杨琳，南开大学文学院教授，博士生导师，研究方向为词汇学、训诂学、文字学。（天津　300071）

李荣指出："后人抄写古书或刻印古书，有时无心写错字，这叫做'书经三写，乌焉成马'。……有时有意改古书，要求书上的文字符合当代的习惯和本人的看法。（当然这些改动也会造成错误）这样一来，书籍传抄刻印的过程，也就是文字不断'当代化'的过程，也就是文字演变的过程。"[①]传世文献在千百年的传抄翻刻过程中无法避免"当代化"的改动，由此产生种种讹误也就在所难免，尤其是先秦文献，在从古文字转换为今文字的过程中，由于偏旁的分合及社会用字习惯的改变等原因，出现讹误的概率更大。大多数讹误还是容易发现的，但也有少数讹误因缺乏证据一直得不到纠正或确认，出土资料的大量问世给我们解决这些疑难字词提供了新的线索和佐证。下面讨论的四个疑难问题即属此类，显示了出土文献的重要价值。

一　不以其道得之，不去也

《论语·里仁》："富与贵，是人之所欲也，不以其道得之，不处也。贫与贱，是人之所恶也，

---

① 李荣：《文字问题》，商务印书馆，1987，第74—75页。

不以其道得之，不去也。""富与贵"说人们欲"得之"是合理的，但"贫与贱"也说"得之"就有问题了。东汉王充早就对此提出质疑。《论衡·问孔》："贫贱何故当言得之？顾当言'贫与贱是人之所恶也，不以其道去之，则不去也'。当言去，不当言得。得者，施于得之也。今去之，安得言得乎？"后世学者对此有多种解读。一是重新断句。有人这样断句："富与贵，是人之所欲也，不以其道，得之不处也。贫与贱，是人之所恶也，不以其道，得之不去也。"① 这样处理不但"不以其道"成了半截子话，而且也没有消除"贫与贱"与"得之"的矛盾，"得之"仍然是针对"贫与贱"而言的。二是认为古人说话不慎，原本有误。杨伯峻说："这里为什么也讲'得之'，可能是古人的不经意处，我们不必再在这上面做文章了。"② 三是认为"得"有除尽、除去义。③ 证据只是两条用例。《文子·上德》："狡兔得而猎犬死，高鸟尽而强弩藏。"认为"得""尽"同义互文。曹丕《与吴质书》："岁月易得，别来行复四年。"认为"得"是尽、去义。窃谓此二例中的"得"理解为常见的获得没有问题，未可曲解。可以说自东汉以来，"不以其道得之，不去也"没有一个合理的解释。

出土文献中"得"有时写作"直"。④《上海博物馆藏战国楚竹书（六）·天子建州（乙本）》："日月直其甫（辅），相之以玉斗。"马王堆汉墓帛书《周易·渐》："鸣（鸿）渐于木，或直其寇（桷）。"传本《周易》直作得。《北京大学藏西汉竹书（贰）·老子》："善者虖（吾）亦善之，不善者虖亦善之，直善也。信者虖信之，不信者虖亦信之，直信也。""直"古常用同"置"。⑤ 睡虎地秦墓竹简《日书甲种·直室门》："直室门。"《岳麓书院藏秦简（贰）·数·营军之述》："三步直戟，即三之；四直戟，即四之。"《马王堆汉墓帛书（肆）·五十二病方·□蛊者》："以乌雄鸡一、蛇一，并直瓦赤铺（䰗）中。"《北京大学藏西汉竹书（叁）·周驯》："国之安危必在君世，嗣之述（遂）直必在季岁。"置有放释、弃去义。《国语·周语中》："今以小忿弃之，是以小怨置大德也。"韦昭注："置，废也。"《史记·吴王濞列传》："击反虏者，深入多杀为功，斩首捕虏比三百石以上者皆杀之，无有所置。"张守节正义："置，放释也。"《论语》"不以其道得之，不去也"之"得"盖有古本或作"直"，义为弃去、去除。传抄者不明其义，受上文"得"之影响，误以为是"得"之通假，故易为"得"，遂使文意扞格不通。

二 舍皆取诸其宫中而用之

《孟子·滕文公上》中有这么一段话："且许子何不为陶冶，舍皆取诸其宫中而用之？何为纷纷然与百工交易？何许子之不惮烦？"这里的"舍"如何理解，历代训释者伤透了脑筋，他们提出过形形色色的解释，但无一能令人满意。

东汉赵岐最先作注云："舍者，止也，止不肯皆自取之其宫宅中而用之，何为反与百工交易纷纷而为之烦也？""舍"训止是止息或废止的意思，然而这两个意义在这里讲不通，赵岐只好牵附为

---

① 章秋农：《古书句读数例述辨》，《中华文史论丛》1962 年第 2 辑。
② 杨伯峻：《论语译注》，中华书局，1980，第 36 页。
③ 宋歌、程邦雄：《〈论语〉疑难释读一则》，《语言研究》2019 年第 2 期。
④ 参白于蓝《简帛古书通假字大系》，福建人民出版社，2017，第 598 页。
⑤ 参白于蓝《简帛古书通假字大系》，第 595—597 页。

"不肯"，这属于偷换概念，"舍"并无"不肯"之义。

宋朱熹《四书章句集注》："舍，止也。或读属上句，舍谓作陶冶之处也。"朱熹知道赵岐的解释难以成立，所以将"舍"释为房舍，归于上句，意为许子何不为陶冶于舍，这同样牵强难通。

明王恕《石渠意见》："舍犹何不也，当读属下句。何不皆取诸其宫中而用之？何许子之不惮烦？似乎上下文理通畅。若读属上句，谓作陶冶之处，而以'皆取诸其宫中而用之'为一句，上下文理全不通畅矣。"此说虽然文理通畅，但训"舍"为"何不"没有根据。

清马瑞辰《毛诗传笺通释》卷三《野有死麕》下："舍亦语词，不为义，言何不自为陶冶，皆取诸其宫中而用之也？赵注训舍为止，失之。"说"舍"为句首发语词，也缺乏根据，"舍"未见有此用法。

章太炎《新方言》卷一《释词》："《说文》：'曾，词之舒也。''余，语之舒也，从八舍省声。'曾余同义，故余亦训何，通借作舍。《孟子·滕文公》篇'舍皆取诸其宫中而用之'，犹言何物皆取诸其宫中而用之也。《晋书·元帝纪》：'帝既至河阳，为津吏所止，从者宋典后来，以策鞭帝马而笑曰：舍，长官禁贵人，女亦被拘邪？'舍字断句，犹言何事也。亦有直作余者，《春秋左氏传》曰：'小白余敢贪天子之命无下拜？'犹言小白何物也。今通言曰甚么，舍之切音也。川楚之间曰舍子，江南曰舍，俗作啥，本余字也。"此说似乎不无依据，且能贯通文意，故学者多所信从，如杨树达《词诠》（中华书局，1954）、杨伯峻《孟子译注》（中华书局，1960）、朱东润主编《中国历代文学作品选》（上海古籍出版社，1979）等。其实此说也难以成立。王力批评说："'舍'字朱注云：'作陶冶之处也'，固未必是；而章氏以'何'训'舍'，更有傅会之嫌，大约《孟子》此处有脱误，正不必强作解人。……说某一个字义在先秦早已产生，而中间又隔了一二千年不出现于群书，直到现代或近代方再出现，实在是很不近情理的事。"[1] 据学者们研究，"什么"义的"啥"是"什么"的合音，出现于明代，而且最初写作"偧""煞""耍"等字，清末以来才写作"啥"[2]。《左传》中的"小白余"只能理解为"小白我"。《晋书·元帝纪》的"舍，长官禁贵人"应断为"舍长，官禁贵人"。明严衍《资治通鉴补》卷八十五《晋纪五》注云："舍长，守舍之长。"《史记·扁鹊仓公列传》："姓秦氏，名越人，少时为人舍长。"司马贞索隐："刘氏云：守客馆之师，故号云舍长也。"唐刘知几《史通·杂说中》："曲相崇敬，标以处士、王孙；轻加侮辱，号以仆夫、舍长。"舍长是看守馆舍的小官。章氏的断句纯属曲解。可见"舍"先秦以来就有"什么"义的观点是站不住的。

裴学海云："'舍'犹'徒'也。'徒'作'但'字解。按'舍'与'荼'古通用，'荼'训'徒'，故'舍'亦训'徒'。"[3] 这是通过辗转通假训为"只是"，虽然可通，但仍嫌牵强。

徐仁甫认为："'舍'就是'壹是'的合音。"[4]"壹是"的上古音为 *ʔetzʔe，"舍"的上古音为 *ɕia，说 *ʔetzʔe 因急读变为 *ɕia，音理上讲不通，而且文献中也找不到其他"舍"为"壹是"

① 王力：《理想的字典》，《龙虫并雕斋文集》第 1 集，中华书局，1980，第 371 页。
② 参吕叔湘著、江蓝生补《近代汉语指代词》，学林出版社，1985，第 127—130 页；向熹：《简明汉语史》（修订本）下册，商务印书馆，2010，第 648 页。
③ 裴学海：《古书虚字集释》，中华书局，1982，第 807 页。
④ 徐仁甫：《广古书疑义举例》第三十六条"古语有缓急例"，中华书局，1990，第 55 页。

合音的用例。

郑红认为"舍"应作放弃讲，"何"分别作"不为陶冶"和"舍皆取诸其宫中而用之"的状语，全句意为："许子为什么不自己从事烧窑冶炼？为什么要放弃一切都从自己家里取来使用的原则呢？"① 张先坦也持此见。② 上古汉语中，"舍"的宾语一般都很简单，如"舍生而取义"（《孟子·告子上》）、"舍我其谁"（《孟子·公孙丑下》）、"舍其旧而新是谋"（《左传·僖公二十八年》），未见有"皆取诸其宫中而用之"如此复杂的谓词性宾语；即便在现代汉语中，也要在后面加上"原则"之类的词，将谓词性宾语变为定中短语才显得自然；所以，此解不合上古语法。

还有人把"舍"解释为指示代词"此"③，也是根据不足。

总之，既有解释或者查无确据，或者辗转牵附，或者不合语法，或者文意不通，需要我们重新求证。

出土文献给我们提供了解决问题的新材料。在战国秦汉时期的出土文献中，舍、余二字混同无别。郭店楚简《老子》甲本："竺（孰）能浊以束（静）者，将舍清。"马王堆帛书《老子》甲本舍作余。上博简《彭祖》："舍告女人纶（伦）。"中山王𗊏方鼎："今舍方壮。"舍并即用作余。包山楚简的"舍月"之舍即《尔雅·释天》"四月为余"之余。何琳仪认为"余、舍一字分化"④，其说可信。舍在出土文献中也用于给予义。上博简二《从政》简1："昔三代之明王之有天下者，莫之舍也，而□取之，民皆以为义。"舍、取对文，舍即给予。上博简四《曹沫之阵》简28："受（授）又（有）智，舍又能，则民宜之。""舍又能"谓给予有才能的人。此义古籍中一般写作"与"。又出土文献中"馀"也用作介词"与"。《战国纵横家书·李园谓辛梧章》："秦馀楚为上交。"又："馀燕为上交。"馀，整理者都释为与。馀、余古常通用。上博简《容成氏》简29："民又（有）余食，无求不得。"郭店简《太一生水》简13："不足于下者，又（有）余于上。"马王堆帛书《老子》乙本："有余者损之。"余即用作馀。《战国策·楚策一》："馀岂患无君乎？"《史记·屈原列传》："馀何畏惧兮。"两馀字均用作余。郭店简《老子》乙："攸（修）之家，其惪（德）又（有）舍。"舍，传本《老子》五十四章作馀。又《论语·乡党》："君在，踧踖如也，与与如也。"梁皇侃疏："与与，犹徐徐也。"亦可为余、与相通之佐证。《说文》："余，语之舒也。"按此解释，语气助词"与（欤）"的本字当为余。上博简《彭祖》简3："狗（耇）老曰：'眊眊舍朕𢼜未则于天，敢昏（问）为人？'"对于"眊眊舍朕𢼜未则于天"之语，学者释说不一。有人认为舍即人称代词余，"朕𢼜"为耇老之名。有人认为"舍朕"为人称代词同义连文，𢼜则读为兹，义为今。按：《彭祖》简2："女（汝）𢼜尃昏（问），舍告女人纶。""女𢼜"与"朕𢼜"文例相同，可见将"朕𢼜"理解为耇老之名难以成立。"舍朕"同义连文典籍未见其例，故此说也不可取。我们认为舍应理解为语气助词，跟"猗与漆沮"（《诗经·商颂·那》）之"与"相同。句子应断为："眊眊舍！朕𢼜未则于天，敢昏为人？"意为：昏聩呀！我至今未能取法于天，哪敢询问人事？《韩诗外传》卷六："不闻道述之人，则冥于得失，不知乱之所由，眊眊乎其犹醉也。""眊眊舍"

① 郑红：《"舍皆取诸其宫中而用之"新释》，《四川大学学报》1990年第1期。
② 张先坦：《"舍皆取诸其宫中而用之"之"舍"字再论》，《山西师范大学学报》2007年第1期。
③ 方有国：《古代诗文今注辨正》，巴蜀书社，2005，第152—157页。
④ 何琳仪：《战国古文字典》，中华书局，1998，第534页。

可与"眊眊乎"相比观。若此解不谬,可为《说文》"余"字训释提供一个例证。

《孟子》中的舍应该就是余字,当解作疑问语气助词"与(欤)",属上读。"且许子何不为陶冶舍(与)?皆取诸其宫中而用之"是说许先生为什么不自己制作陶器和铁器呢?(这样)都从自己家里拿取陶器和铁器来使用了。如此解读,窒碍全无。

三 地势形便

《战国策·秦策一》"苏秦始将连横"章:"大王之国,西有巴蜀汉中之利,北有胡貉代马之用,南有巫山、黔中之限,东有殽函之固。田肥美,民殷富,战车万乘,奋击百万,沃野千里,蓄积饶多,地势形便,此所谓天府,天下之雄国也。"这里的"地势形便"不符合《战国策》骈词俪句的表达方式,其他文献中也不见有这样的说法,所以自东汉以来学者们就感到不好理解,纷纷作注,试图讲通。东汉高诱注:"攻之不可得,守之不可坏,故曰形便也。"南宋鲍彪注:"地势与形,便于攻守。"范祥雍笺证:"依高注'形、便'二字为词,鲍注'地势与形',恐非。《荀子·强国篇》:'应侯问孙卿子曰:入秦何见?孙卿子曰:其固塞险,形势便。''形便'之义同此。"[1]此说只是把"形便"理解为形势便利,但"地势"作何理解,不著一言。若"地势"就是普通的地形之义,与鲍注有何区别?

何建章注云:"地势形便:所处的地理位置险要有力,而山、川、草、木诸地形有利;攻之不可得,守之不可破。势:力。便:利。"[2]"势"未见有"有力"之训,而且说地理位置有力,也文意未安,故此说难通。

典籍中常说"地势便利""山川便利"。西汉董仲舒《春秋繁露》卷二《竹林》:"齐顷公,亲齐桓公之孙,国固广大,而地势便利矣,又得霸主之余尊而志加于诸侯,以此之故,难使会同而易使骄奢。"《史记·高祖本纪》:"秦,形胜之国,带河山之险,县隔千里,持戟百万,秦得百二焉。地势便利,其以下兵于诸侯,譬犹居高屋之上建瓴水也。"《史记·夏本纪》:"禹乃行相地宜所有以贡,及山川之便利。"《后汉书·文苑列传·杜笃》:"地势便利,介胄鸷悍,可与守近,利以攻远。"因"便利"为同义并列,故亦可言"利便"。《论衡·程材》篇:"论者多谓儒生不及彼文吏,见文吏利便而儒生陆落,则诋訾儒生,以为浅短。"《庾子山集注》卷十三"莫不如彼建瓴同斯破竹"清倪璠注引《汉书·高帝纪》:"地势利便,其以兵下诸侯,犹居高屋之上建瓴水也。"宋吉天保辑《十一家注孙子》卷九《行军》篇:"孙子曰:凡处军相敌,绝山依谷。"曹操注:"近水草利便也。"唐栖复《法华经玄赞要集》卷十:"秦国形势之国,既带山河之险,悬隔千里,四面是山,当中有水通流,地势利便牢固。"宋李心传《建炎以来朝野杂记》甲集卷十八:"五家为保,二保为甲,六甲为队,据地形利便则为总。"宋李幼武《宋名臣言行录别集》卷三《张焘》:"乞道京洛关陕,因得观形势利便,谒世将于河池,共议边计。"宋徐梦莘《三朝北盟会编》卷一百七十三:"关陕土地沃衍,士马强壮,形势利便,号为金城百二。"据此文例,窃谓《战国策》"地势形便"

---

① 范祥雍:《战国策笺证》,上海古籍出版社,2006,第147页。
② 何建章:《战国策注释》,中华书局,1990,第77页。

当为"地势利便"之误。形字不见于古文字，出土文献中其义常写作"荆"（刑）。《清华大学藏战国竹简（伍）·汤在啻门》："亓末炁，是胃玉穜。一月始扬，二月乃裹，三月乃刑。""刑"谓长出雏形。银雀山汉墓竹简《孙膑兵法·兵失》："善陈，知倍乡，知地刑。""地刑"即地形。银雀山竹简《孙子兵法》第二十八号简背题"刑"，传本题作《地形》。马王堆汉墓帛书《老子》乙本《德经》："大器免成，大音希声，天（大）象无刑。"马王堆汉墓医书《十问》："生于无征，长于无刑。""云柏（魂魄）安刑，故能长生。"刑皆用作形。形字出土文献中最早见于东汉碑刻，如《郑固碑》（立于158年）、《孔彪碑》（立于171年）、《校官碑》（立于181年）等。由此看来，《说文·彡部》所收的小篆形字不大可能来自秦篆，它大约是根据后出的形字转写出来的，甚至有可能非《说文》原本所有，而是后人补进《说文》的。《战国策》的形字原文当作利，因利、刑形近，加之受上文势字的影响，故传抄中误作刑。后因形势义另造形字，故又改刑为形。"形"与"利"相去既远，其误便不易发觉，传承至今。

四　帠

　　《庄子·应帝王》："天根游于殷阳，至蓼水之上，适遭无名人而问焉，曰：'请问为天下。'无名人曰：'去。汝鄙人也，何问之不豫也？予方将与造物者为人，厌则又乘夫莽眇之鸟，以出六极之外，而游无何有之乡，以处圹埌之野。汝又何帠以治天下感予之心为？'"帠字典籍中仅此一见，音义不明，虽古来释者纷纭，而未见确据。《经典释文》："帠，徐音艺，又鱼例反，司马云：法也。一本作瓾，牛世反。崔本作为。"朱骏声《说文通训定声·谦部》："导，又为蔽。《庄子·应帝王》：'汝又何帠以治天下感予之心为？'按犹妄也。字又误作帠，或读若艺，非。"王筠《说文解字句读》卷三下："𤔔，古文为，象两母猴相对形。《庄子·应帝王》：'汝又何帠以治天下感予之心？'释文：'帠，徐音艺，崔本作为，据此则帠盖𤔔之讹。徐仙民误作音也。"俞樾《诸子平议》卷十七《庄子一》："帠未详何字。《释文》曰：'徐音艺，又鱼例反。司马云：法也。一本作瓾。'以诸说参考之，疑帠乃臬字之误，故有鱼例反之音，而司马训法亦即臬之义也。然字虽是臬，而义则非，臬当读为瓾，瓾本从臬声，古文以声为主，故或止作臬也。一本作瓾者，破假字而为正字耳。《一切经音义》引《通俗文》曰：'梦语谓之瓾。'无名人盖谓天根所问皆梦语也，故曰：'女又何瓾以治天下感予之心为？'"孙诒让《札迻》卷五《庄子郭象注》："'帠'字字书所无，疑当为'叚'。《说文·又部》'叚'，或作'叚'，古金文'叚'字或为'𣪊'（见《钟鼎款识》晋姜鼎，详余所箸《古籀拾遗》），故隶变作'帠'，此亦古字之仅存者。'何叚'，犹言'何藉'也。崔譔本作'为'，于文复赘，非也。（王筠《说文句读》据崔本谓'帠'是'为'，古文作𤔔之讹，俞氏《平议》又谓'帠'当为'臬'，而读为'瓾'，并未得其义。）"陈鼓应《庄子今注今译》："帠字字书所无，疑当为'叚'（孙诒让说）。'何叚'犹'何假''何暇'（朱桂曜说）。'叚'即'暇'之借（王叔岷说）。"[①]《汉语大字典》："帠，同'臬'。法。"《汉语大词典》"帠"字音 yì，

---

　　① 陈鼓应：《庄子今注今译》（最新修订版），商务印书馆，2007，第252页。

释为"办法，方法"。

帠肯定是个形误字，关键是如何寻求并确认正字。我们找出的正字必须满足字形与误字相近及贯通文意两个条件。根据这一原则，以上诸说多难成立。说正字为枭为导，文意不通，进而又读枭为癢，读导为諴，毫无佐证，而且文意也未见和谐。说正字为叚，与帠字形体悬远，无由致误。惟王筠之说得其仿佛，惜论证尚不充分，故多不信从。今试证成其说。

其一，帠崔本作为，此异文之证。

其二，为字的古代形体有如下写法，可以看出与帠字近似，有误为帠的可能。

春秋赵孟疥壶	澂秋馆印存 26（战国）	睡虎地秦简 32.14	马王堆老子乙	马王堆老子乙 前 2 上	说文古文	宋本玉篇古文

其三，孙诒让认为若帠是为字，"于文复赘"，这也是大多数人不取为字的原因，其实也正是"为"误为"帠"的诱因。事实上，"何为"之为是介词，而句末之为是语气助词，两个为字意义上并不重复。尽管大多数人为避免字面重复而很少这么说，但并非不能这么说。《谷梁传·定公十年》："两君合好，夷狄之民何为来为？"可见确认"为"为正字文意和谐。

据此三证，则帠为"为"之形误应可断言。

五　益之本义

一般认为益的本义是水漫溢。《汉语大字典》（第 2 版）："益，水漫出器皿。引申为水涨。后作'溢'。"《汉语大词典》："益，'溢'的古字。水从器中漫出。引申为水涨。"曹先擢、苏培成主编《汉字形义分析字典》（北京大学出版社，1999：630）："益，会意字，从水在皿上，表示水溢出。益是溢的本字，本义是水满后溢出。引申为增加。后'益'用作增益，另造'溢'。"大家之所以都这么说，是因为小篆益字作，从水在皿上，表示水漫溢之义，这几乎成了文字学和词汇学的一个"常识"。然而出土资料使这一"常识"发生动摇。

周初金文中有下面一组资料：

（1）王德贝廿朋，用乍宝尊彝。（德鼎，集成 2405）

（2）王德贝廿朋，用乍宝尊彝。（德簋，集成 3733）

（3）王叔德臣嫌十人，贝十朋，羊百，用乍宝尊彝。（叔德簋，集成 3942）

（4）王德贝廿朋，用乍宝尊彝。（德方鼎，集成 2661）

这四件青铜器都是周成王时期的臣子（叔）德所作。文意表明"王"与"（叔）德"之间的字都是赏赐的意思。从字形来看，前三例的 🔣、🔣、🔣为一字，例（4）的 🔣为另一字。🔣公认是易字，亦即赐的初文。🔣形郭沫若认为是益字，并认为易是益的简化形式，"它们本是一个字"。① 赵平安不同意郭说，认为🔣是匜字，匜的本义为注水酒的器皿，引申为"给予""赐予"，易是为匜的赐予义而造的分化字。② 窃谓释匜恐难成立。中国文物学会专家委员会编《中国文物大辞典》："铜匜，盥洗器。西周中期出现，流行于西周晚期和春秋时期。是体现周礼的重要礼器，常与盘组合。"③ 匜器出现于西周中期，不可能在周初先有据该器造的象形字。另外，匜文献中未见有赏赐的用例，引申为"赐予"缺乏依据。

我们认为郭说可以成立。典籍中益有赏赐义的用例。《周易·损卦》："或益之十朋之龟，弗克违。"闻一多《周易义证类纂》："益读为锡。……金文《㪤叔段》曰：'🔣贝十朋。'🔣，古益字，益贝即锡贝也。《御览》八八引《随巢子》曰：'司禄益食而民不饥，司金益富而国家实，司命益年而民不夭'，即锡食锡富锡年也。'或益之十朋之龟'，亦即锡之十朋之龟。"④ 西周中期《夷伯簋》："佳王正月初吉，夷伯夷于西宫，🔣贝十朋。"《墨子·号令》："寇去，事已，塞祷，守以令益邑中豪杰力斗诸有功者。"孙诒让间诂："益，犹言加赏也。"《商君书·境内》："能得甲首一者，赏爵一级，益田一顷，益宅九亩。"赏、益对文。这都与金文🔣的用法一致，释🔣为益完全符合先秦时期益字的使用习惯。

那么，一些人不认同郭说的理由是什么呢？李孝定说："郭氏谓（易）为益之简体，以所举🔣字之形及音言之，其说或是，然益易二字之义又相去悬远，了不相涉。"⑤ 此说昧于词义引申关系，实则益易二字音义相同。易上古音为馀母锡部。益《广韵·昔韵》音伊昔切，上古属影母锡部；溢《广韵·质韵》音夷质切，上古属馀母锡部；前者与易同韵，后者与易同音。字义上益、易都有赏赐义，怎能说"了不相涉"？

很多人把益的赏赐义视为易的通假，这是误将益的本义看成漫溢的结果。🔣形的源头可上溯至甲骨文。甲骨文有🔣（合18526）、🔣（合5458）、🔣（合940）、🔣（合11241）等形，象从一有鋬有足的器皿将酒水注入另一无鋬器皿之形，学者们将此释为益、易、匜等字。商代尚无匜器，故释匜不能成立。有鋬之形所象之器应该是盉。青铜盉商代早期已经出现（参下图），有鋬有流有足，是古代调酒及温酒的酒壶。王国维《观堂集林》卷三《说盉》："盉者，盖和水于酒之器，所以节酒之厚薄者也。……盉之为用，在受尊中之酒与玄酒（琳按：指祭礼中当酒用的清水）而和之，而注之于爵。"盉字西周金文作🔣（季亳盉）⑥、🔣（员盉）、🔣（才盉）、🔣（伯鄁盉）等

① 郭沫若：《由周初四德器的考释谈到殷代已在进行文字简化》，《文物》1959年第7期。
② 赵平安：《金文释读与文明探索》，上海古籍出版社，2011，第68—74页。
③ 中国文物学会专家委员会：《中国文物大辞典》，中央编译出版社，2008，第246页。
④ 闻一多：《闻一多全集》第10卷，湖北人民出版社，1993，第236页。
⑤ 李孝定：《甲骨文字集释》第9卷，台北：中研院历史语言研究所，1970，第3028页。
⑥ 罗文宗：《古文字通典》，天津人民出版社，1995，第465页。

形，即盉器之象形，其他盉字为从禾声的形声字。之右半显然与同形。、等字象用盉注酒于爵之形，表示加注、添加之义。益有添加义。《周易·谦卦》："天道亏盈而益谦。"孔颖达疏："减损盈满而增益谦退。"《国语·周语下》："（郤氏）有是宠也，而益之以三怨，其谁能忍之!"韦昭注："益，犹加也。"典籍中有"益水""益酒"的说法。北魏贾思勰《齐民要术》卷八《作酢法第七十一》："其饭分为三分，七日初作时下一分，当夜即沸，又三七日更炊一分投之，又三日复投一分。但绵幕瓮口，无横刀、益水之事。"缪启愉、缪桂龙《齐民要术译注》："只要用丝绵蒙住瓮口，没有横刀和添井花水的麻烦。"[①] 北周武帝宇文邕敕纂《无上秘要》卷八十七："若煮水煎竭，辄当益水，所尽三十六斛水而止。"宋苏过《斜川集》卷六《枭潬亭上梁文》："留客烹茶，兼尽弈棋之兴。呼童益酒，更成堕帻之欢。"故应以释益为是。由添加引申为赏赐，犹增加之增引申为赠予。增加则富饶，故《说文》云："益，饶也。"增加之物若为水液则有涨溢之事，故又有涨溢义。《吕氏春秋·察今》："澭水暴益，荆人弗知。"高诱注："益，长。"可见古文字资料不支持益的本义为漫溢的"常识"，漫溢应该是涨溢的引申义。

兽面纹盉（商代早期）　　　亚鸟宁盉（商代晚期）　　　士上盉（西周昭王时期）

就形体演变而言，省去左边爵形即为，省去右边盉形即为（合 15842）、（合 18802）、（合 2050）等形。形加以简化即为、逐渐变作（西周中期师酉簋）、（战国郭店语一）、（小篆）。易有转移、变易义，与添加义密切相关。上面两点后世讹变为八，如金文益字作（申簋）。上面两点之所以讹变为八，除了形近因素外，还因为八有散逸义。《说文》："兮，语所稽也。从丂，八象气越亏也。"段玉裁注："越亏皆扬也。八象气分而扬也。"杨树达《积微居小学金石论丛》卷一《释曾》："曾从曰从囧从八，盖谓口气上出穿囧而散越也。……尚从八从向，谓气散越达于牖外也。"字从八当是受了满溢义的诱导，属于"形随义变"。这种从八的写法也为后世所继承，如《宋本玉篇·皿部》（泽存堂本）、《大广益会玉篇·皿部》（元延祐二年圆沙书院刻本）、《宋本广韵·昔韵》、《集韵·昔韵》（南宋明州刻本）。现将益字的演变关系图示如下：

---

① 缪启愉、缪桂龙：《齐民要术译注》，第 477 页。

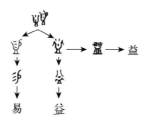

西周中期《史丧尊》（集成5960）云："史丧乍丁公宝彝，孙子其永▨。"▨字《金文编》列入附录，[1] 当世学者或释赐，或释匜，均文意难通。该字与甲骨文之▨、▨分明是一字，应为益字。"永益"谓永远受益，永远吉利。类似的铭文有如《伯彊簋》（集成4526）："伯彊为皇氏伯行器，永祜福。"《驹父盨盖》（集成4464）："驹父其迈（万）年永用多休。"《召卣》（集成5416）："万年永光。"福、休（善好）、光（荣光）与益意思相近。殷墟卜辞云（合26802）："□午卜，出〔贞〕……〔今〕日延▨？""延▨"即延益，这是卜问是否继续利好。试比较《合》15504："贞：延若？"此卜问是否继续顺利。《屯南》3823："至小示，其利延？"此谓吉利是否延续。"延益"的说法与"永益"近似，这进一步表明▨、▨为一字之繁简关系。西周琱生尊："余龏（酬）大章（璋），报妇氏帛束、璜一，有司眔▨两屖（犀）。"其中▨的形义众说纷纭，有盥、注、锡、益、登等说法。[2] 应以释益为是。字形上▨由▨省略▨形而来，只是将皿中水点改为表意更为明确的"水"，这种写法是秦简▨（睡虎地《秦律杂抄》15）、小篆▨的来源。从意义来看，▨与龏、报近同，理解为赠予文意通顺。

周初金文《𤼈簋》："隹八月公𨟻殷年，公▨𤼈贝十朋。"这里的▨字张光裕释益。他说："'益'，原铭书作'皿'形，其实应为'益'字简写，盖'益''易'古音同属'锡'部，故'益'字可假为'易'，读为'赐'。"[3] 说▨为益字简写是正确的，但说益为易之通假则未得其实。▨应该是▨的省体，甲骨文中就有▨省去水点及盨的写法，如▨（合28012）、▨（合15824），▨形只是突出了盉的流。

《诗经·周颂·维天之命》："於乎！不显文王，之德之纯，假以溢我，我其收之，骏惠我文王，曾孙笃之。""假以溢我"作何理解，说法众多。闻一多释溢为赐，最为可取。闻一多《诗经通义·邶风·日月》："假亦读为姑，溢与益同，读为锡，言文王以其德纯暂时锡我也。"[4] 云"暂时锡我"，文意未安。古常言赐嘏。《诗经·小雅·宾之初筵》："锡尔纯嘏，子孙其湛。"朱熹集传："嘏，福。"《诗经·鲁颂·閟宫》："天锡公纯嘏，眉寿保鲁。"郑玄笺："受福曰嘏。"《礼记·礼运》："修其祝嘏，以降上神。"郑玄注："嘏，祝为尸致福于主人之辞也。"释文："嘏本或作假。"

① 容庚：《金文编》，中华书局，1985，第1186页。
② 参金东雪《琱生三器铭文集释》，吉林大学硕士学位论文，2009，第75—80页。
③ 张光裕：《𤼈簋铭文与西周史事新证》，《文物》2009年第2期。
④ 闻一多：《闻一多全集》第3卷，湖北人民出版社，1993，第352页。

祝是祭祀的执事者，尸是代表祖先的受祭者，祝将尸的福佑之意宣告给主人，谓之嘏辞。嘏金文作
叚。克钟（西周晚期）："用匃屯（纯）叚永令（命）。"据此祭祀时祈福赐福之常例，"假以溢我"
之"假"当读为"嘏"。《礼记·曾子问》："摄主不厌祭，不旅不假。"郑玄注："假，读为嘏。不
嘏，不嘏主人也。"《维天之命》诗意谓声名显赫之文王品德纯美，以福赐我，我受其赐，大得惠
利，文王子孙要世代固守。

"假以溢我"之难解还因牵涉到《左传》等典籍的引文与传本《诗经》有异。《左传·襄公二
十七年》："君子曰：'彼己之子，邦之司直。'乐喜之谓乎？'何以恤我，我其收之。'向戌之谓
乎？"杨伯峻注："杜注谓为逸诗，实则《周颂·维天之命》'假以溢我，我其收之'之变文。假即
遐之借字，何也。遐之训何，例见《词诠》。恤，《说文》、《广韵》引作'谧'，《诗》作'溢'，
皆声近相通，实皆为'赐'之假字。诗意谓何以赐与我，我将接受之。"① 释恤、溢为赐予是对的，
但"赐"之假字说则未确。今谓谧当为溢之形误。《广韵·歌韵》："誐，嘉善也。《诗》云：誐以
谧我。"《说文》："誐，嘉善也。从言我声。《诗》曰：誐以溢我。"显而易见，《广韵》释文转录
自《说文》，而《说文》大小徐本均作溢，则《广韵》之谧为溢之形误可知。恤为洫之讹误，二者
形音俱近。洫典籍中常用作溢。《庄子·齐物论》："其厌也如缄，以言其老洫也。"陆德明释文：
"洫本亦作溢，同。音逸。"于省吾《双剑誃诸子新证》："按作溢者是也。……老溢即老佚老逸也。
上言其厌也如缄，老逸与厌缄之义正相因也。"② 马王堆帛书《经法·亡论》："上洫者死，下洫者
刑。"洫谓骄溢自满。《北京大学藏西汉竹书（伍）·雨书》："二旬奎，雨，以逆大暑，河乃洫，
不洫，山𡉉（崩）地动。"洫谓涨溢。《说文》："洫，十里为成，成间广八尺、深八尺谓之洫。从
水血声。《论语》曰：'尽力于沟洫。'"本义是田间水沟，故学者多认为洫用作溢是通假。但洫用
作溢的现象十分常见，因此有些人认为洫是溢的讹混。《银雀山汉墓竹简（壹）·孙子兵法·形》：
"胜兵如以溢称朱，败兵如以朱称溢。"整理者注："汉代文字多以'溢'为'溢'（马王堆帛书、
武威简本《仪礼》皆如此）。疑此字本从'皿'从'水'，乃'益'字之异体，因与沟洫之'洫'
字形近，遂至混而不分。"③ 此说近是而未确。西周金文及战国古文益字有从血从皿两种写法，从血
的如 、，所以其构件移位之异体便有溢、洫两种写法。马王堆帛书《十六
经·正乱》："民生有极，以欲涅洫。""涅洫"即淫溢。《唐抄本玉篇残卷》卷十九《水部》："洫，
馀质反。《毛诗》：'假以溢我。'"又："溢，《声类》④：'亦洫字也。'"《集韵·质韵》："溢洫，
《说文》器满也。……或省。"《类篇·水部》："洫，弋质切。器满也。溢或省。"将洫看成溢的异
体是对的，但洫不是来自溢的省略，而是来自益的移位。用作溢的洫与水沟之洫为同形字，不是通
假关系。盖《左传》本作"何以洫我"，与《诗经》作溢并无二致。后世传本讹洫为恤，学者依违
调停于多个异文之间，各呈胸臆，种种异解因之而生。今据益有赐予义及神祇赐嘏之常例辨正如
上，庶不失古人之心。

《论语·八佾》："林放问礼之本。子曰：'大哉问！礼，与其奢也宁俭；丧，与其易也宁戚。'"

① 杨伯峻：《春秋左传注》（修订本），中华书局，1995，第1136页。
② 于省吾：《双剑誃诸子新证》，中华书局，1962，第251页。
③ 银雀山汉墓竹简整理小组：《银雀山汉墓竹简（壹）》，文物出版社，1985，第9页。
④ 三国魏李登撰，今佚。

何晏集解引东汉包咸曰："易，和易也。言礼之本意，失于奢不如俭也；丧，失于和易不如衷戚也。"丧礼本来就该悲戚，不该平和，放在"与其……宁……"这样一种不得已而做出选择的构式中难以成立。杨伯峻译为："就丧礼说，与其仪文周到，宁可过度悲哀。"①《礼记·檀弓上》："子路曰：'吾闻诸夫子：丧礼，与其哀不足而礼有馀也，不若礼不足而哀有馀也。'"杨伯峻的翻译与这一记载相吻合，是符合孔子思想的。但"易"本来是简易，怎么能理解为相反的"周到"呢？杨伯峻没有可靠的证据。今谓此处之易即为益字。益有富饶义。《吕氏春秋·贵当》："观布衣也，其友皆孝悌、纯谨、畏令，如此者，其家必日益，身必日荣矣。"高诱注："益，富也。"《管子·心术》："嗜欲充益，目不见色，耳不闻声。""与其易也宁戚"谓与其繁富，毋宁悲戚，如此则文从字顺。

The Value of Unearthed Materials to Knotty Words
in the Handed-down Documents

Yang Lin

（Literature School, Nankai University, Tianjin 300071, China）

Abstract：This article made a new interpretation to the following four difficult words in the literature handed down from ancient times according to the unearthed documents, namely she（舍）of "she jie qu zhu qi gong zhong er yong zhi"（舍皆取诸其宫中而用之）in *Mengzi*, "dishixingbian"（地势形便）in *Zhanguoce*, wei（帛）in *Zhuangzi*, jiayiyiwo（假以溢我）in *Shijing*.

Key words：she（舍）；dishixingbian（地势形便）；wei（帛）；original meaning of yi（益）；jiayiyiwo（假以溢我）

---

① 杨伯峻：《论语译注》，中华书局，1980，第 24 页。

豆卢回，抑豆卢田？

——唐诗人名俗字校考

罗　顺　臧克和

【摘　要】本文在广泛勾稽传世文献及出土资料的基础上，运用俗字学知识，对《全唐诗》中《登乐游原怀古》的作者名字问题进行了校考，厘清了作者的名字。

【关键词】唐诗；作者；俗字

【作者简介】罗顺，华东师范大学中国文字研究与应用中心博士生，研究方向为汉字史、出土文献整理与研究；臧克和，华东师范大学终身教授，目前主要致力于汉字断代调查和汉字发展史体系研究。（上海　200062）

李唐为我国古典诗歌发展之鼎盛时代，目前已知有二千三百余诗人，创造并流传下来了近五万首唐诗，洵为大观。[①]唐诗是我国古典文学的璀璨明珠，亦是世界文艺宝库中极其珍贵之文学遗产。因此，为了更好地传承与传播唐诗，有必要对其进行科学、深入的研究。笔者近来在查阅《全唐诗》相关篇目时对其中一首诗的作者名字偶生疑窦，故而广泛勾稽相关传世文献，旁参有关碑志材料，并运用俗字学相关知识与材料，就其作者姓名进行考索，冀有裨于唐诗的整理与研究。先看原诗：

登乐游原怀古

缅惟汉宣帝，初谓皇曾孙。虽在襁褓中，亦遭巫蛊冤。

至哉丙廷尉，感激义弥敦。驰逐莲勺道，出入诸陵门。

一朝风云会，竟登天位尊。握符升宝历，负宸御华轩。

赫奕文物备，葳蕤休瑞繁。卒为中兴主，垂名于后昆。

雄图奄已谢，馀址空复存。昔为乐游苑，今为狐兔园。

朝见牧竖集，夕闻栖鸟喧。萧条灞亭岸，寂寞杜陵原。

幂䍥野烟起，苍茫岚气昏。二曜屡迥薄，四时更凉温。

天道尚如此，人理安可论。

《全唐诗》收录该诗时于作者名字"回"字下注云"一作田"，这显然是纂者广采诸本而存其

---

① 《全唐诗》收录四万八千五百多首，其余零散辑佚亦有相当数量。

异文的结果。辑录者无暇深究而首鼠两端，自然也就没能为作者立传，而径依凡例将其列入"无爵里世次可考者。另编"一类。那么本诗作者的名字究竟是"豆卢回"还是"豆卢田"呢？这也就引出了第一个要讨论的问题，即作者为谁的问题。对此目前文献中所见可分为三类：

（一）"豆卢回，一作田"，"豆卢田，一作回"？——首鼠两端、异文并存类

此以《全唐诗》为代表。中华书局标点整理本及增订重印本《全唐诗》据扬州诗局本《御定全唐诗》标点、修订，承袭此说。岑仲勉《读全唐诗札记》对该诗作者也径从《御定全唐诗》而并无异议。夏于全集注《唐诗宋词全集》，王启兴主编《校编全唐诗》，陶敏《〈全唐诗〉作者小传补正》，陈书良、周柳燕等选编《御定全唐诗简编》，黄勇主编《唐诗宋词全集》及周勋初、傅璇琮、郁贤皓、吴企明、佟培基主编《全唐五代诗》等著作于作者名亦皆不异。值得一提的是，《文苑英华》卷三二〇收录此诗于作者作"豆卢田，一作回"。"田""回"二字颠倒，与《全唐诗》稍异。

（二）以作者为"豆卢回"类

明高棅编《唐诗品汇》卷二收录此诗于作者径作豆卢回。明方以智《通雅·衣服》："冪䍦，障面也。……唐豆卢回诗'冪䍦野烟起'，借作烟貌。"其中所言"豆卢回诗"即本诗。可见方以智是把此诗归在豆卢回名下的。清雍正六年陈太雷等人所编《古今图书集成》第五百二十卷《西安府部·艺文四》收录此诗于作者也作豆卢回。清雍正十三年刘於义、沈青崖等编纂《敕修陕西通志》（一百卷本）卷九十五收录此诗于作者亦只作豆卢回。赵超《新唐书宰相世系表集校》卷四"豆卢氏"条下校"豆卢回"："《全诗》十一函八册收豆卢回诗一首。"同样认为本诗的作者为豆卢回。陈贻焮主编《增订注释全唐诗》卷七七一、周振甫主编《唐诗宋词元曲全集·全唐诗》卷七七七收录此诗时作者只作豆卢回。张忠纲主编《全唐诗大辞典》中"豆卢回"条云："或误作豆卢田。京兆万年（今陕西西安）人。天宝十载（751）为河南少尹。终官河南少尹。《全唐诗》存诗一首。"认为此诗作者当为"豆卢回"，而"豆卢田"则是讹误的结果。徐中舒等主编《汉语大字典》（普及本）"冪"字头："〔冪䍦〕也作'冪历'。1. 烟貌。豆卢回：'～野烟起，苍茫岚气昏。'……"其例证便是这首唐诗，显然该辞典也以豆卢回为该诗作者。另梁庭望、黄凤显著《中国少数民族文学》第九章"诗歌"列举唐代少数民族诗人，其中只有"豆卢回（鲜卑族）"，而不作"豆卢田"，也显然是以豆卢回为该诗作者的。高然《大儒、名将、宰相——北朝隋唐豆卢氏家族特征与转型研究》："而且豆卢氏人物在唐代亦颇有文名，唐代宰相豆卢钦望之孙、豆卢灵昭之子豆卢回有《登乐游原怀古》诗收入《全唐诗》，此外《全唐诗》还收有豆卢氏家族中辈分不详的豆卢复、豆卢荣、豆卢岑等的诗作。"也是以豆卢回为该诗作者的。

（三）以作者为"豆卢田"类

以该诗作者为豆卢田的仅有清代学者张澍。张澍《姓韵》卷八十"豆卢氏"条下按语："唐又有豆卢田，能诗。"目前已知的唐诗中作者与"豆卢田"有关的仅有此次论述的这首唐诗，可见张氏是以"豆卢田"为本诗作者的。

通过上述罗列可直观地发现，历代学者多以"豆卢回"为该诗作者。即使是异文并存，也具有一定的倾向性，大多数还是以"豆卢回"为正，而以"豆卢田"为异文附于其下。以周勋初、傅璇琮、郁贤皓、吴企明、佟培基主编《全唐五代诗》为例，虽于"作者小传"中并存异文，但目录和诗前作者名却皆作"豆卢回"，倾向明显。只有《文苑英华》收录此诗于作者作"豆卢田，一作回。"更倾向于"豆卢田"。至于张澍《姓韵》以作者为"豆卢田"，可谓绝无仅有。

就目前对文学文献、史料文献等阅读与检索所及，除疑为本诗作者外，并没有"豆卢田"的相关信息，而"豆卢回"则文献屡见。最早见于《元和姓纂》卷九、《旧唐书》卷二四，后见引于《册府元龟》卷三十三、《通雅》卷三十六、《唐诗品汇》卷二等文献，这也很好地说明了为什么大多数学者认同（或更倾向于）"豆卢回"为该诗作者。

为了彻底弄清本诗作者的问题，还须从大多数学者倾向于的且于文献有征的"豆卢回"入手，勾稽文献，寻绎线索。

唐林宝《元和姓纂》卷九："（豆卢）宽生承业、怀让。承业，领军将军，生钦望、钦奭、钦肃。钦望，内长史、左仆射。钦奭，光禄少卿。钦肃生灵昭，宣州刺史。灵昭生参、回、器、友。参，右威卫将军。回，京兆少尹。友，万年令。"

《旧唐书·礼仪志四》："河南少尹豆卢回祭济渎清源公。"文字复见引于《册府元龟》卷三十三、《五礼通考》卷四十七。

《新唐书·宰相世系表四（下）·豆卢氏》罗列了豆卢氏家族的族系（见附表1），其中便有豆卢回，与《元和姓纂》所载相同，是《新唐书》直承其文的结果。

上述为数不多的有关豆卢回的信息主要来自其族系史料，从中可知豆卢回本人身居显职，且来自一个拥有显赫政治地位的官僚家族。实际上豆卢家族在北朝以至于隋唐均有相当大的影响力，历来备受学者关注，相关研究也较多。自清代学者劳格、赵钺《唐尚书省郎官石柱题名考》发轫以来，岑仲勉、姚薇元、王仲荦、赵超、孙迟、姜波、杜文玉、李海叶、高然等各自从不同的角度对豆卢氏家族及其成员进行了研究。尤其是姜波《豆卢氏世系及其汉化——以墓碑、墓志为线索》充分利用有关豆卢氏的墓碑、墓志、题名和造像题记资料对豆卢氏改姓、世系、家族迁徙、兴衰、汉化、族望、联姻、家族墓地等问题进行了全面深入的研究。高然《鲜卑豆卢氏世系补考》对豆卢氏世系又有所补苴。以上学者虽对豆卢氏家族做了系统的梳理，但囿于材料难以穷尽，而对豆卢回个人相关问题却未能深入阐发。循着梳理世系而考察具体成员的思路，笔者力求穷尽相关材料，于此再补充一则史料，为《登乐游原怀古》诗作者问题的解决提供关键性证据：

> "公讳愿，河南人也。在北为慕容氏，后魏改为豆卢。衣冠姻戚，郁为盛族。有唐相国公钦望，生宣州牧灵昭，灵昭生公。""公之弟兄曰回、曰友，皆出入台阁，望于当时。"（《唐故汝州司仓参军豆卢（愿）墓志铭并序》，《全唐文补遗》第八辑78页）

墓主豆卢愿仅见于《旧唐书·豆卢璨传》："豆卢璨者，河东人。祖愿，父籍，皆以进士擢第。"《元和姓纂》与《新表》未见。但其墓志铭序文中记载了其兄弟豆卢回、豆卢友，谓二人"皆出入台阁，望于当时。"另记载三人祖父为豆卢钦望，父亲为豆卢灵昭。从世系来看，豆卢回、豆卢友兄弟祖、父分别为豆卢钦望和豆卢灵昭，与《元和姓纂》《新表》相契；从史料内容看，豆卢回官至京兆少尹，豆卢友见于唐尚书省郎官石柱题名，自然能与志文"出入台阁"相印证。墓文取自吴钢主编《全唐文补遗》（第八辑），其拓片见收于《河洛墓刻拾零》下册 424 页。笔者复核拓片发现原拓中为"豆卢回"名字的"回"字字形作 𡆿，当为"曰"字，即"因"的俗字。《干禄字书·平声》："曰因：上俗下正。"此字形自南北朝已降习见于碑志、写卷、抄本及刻本。如北魏建义元年《元顺墓志》："而墟民落编，多因兵机而暴掠。""因"字原拓字形作 𡆿。隋《谢岳墓志》："分彼本枝，俾侯于谢，暨诸苗裔，因而氏焉。""因"字原拓字形作 𡆿。唐永徽三年《王宏墓志》："君幼挺岐嶷，夙闻诗礼，孝敬因心，风仪禀质。""因"字原拓字形作 𡆿。敦煌写卷 P. 2965《佛说生经》："他日异夜，甥寻窃来，因水收（放）株。"其中"因"字字形作 𡆿。日藏唐抄本《翰苑》中"因"字字形有作 𡆿 者。至此可知"豆卢回"确为"豆卢因"之误。

那么"因"字为什么会讹作"回"呢？对此，不妨通过考察其字形在文献文本中转写的动态过程来寻找线索。四库全书本《元和姓纂》卷九："灵昭生参、回、器、友。参，右威卫将军。回，京兆少尹。友，万年令。"于同一"回"字前后出现了两种形体，第一个为常规字形 回，第二个"回"字字形则作 𡇈（㘌，俗"回"字），而"㘌"与"曰"形体极相近。至此可以对其讹误作简要梳理：《元和姓纂》在传抄过程中，因字形相近，"曰"讹作"㘌"，而后又改从正体作"回"，《新表》从之，故而致误。

另由于作为"因"字及其俗体的"曰"与"回"或其俗体"㘌"字形极相近，因而文献中"因/曰"常讹为"回/㘌"。

1. 北齐《李买造像记》："佛弟子李买造象一区，上为皇帝陛下，下为七世父母，因缘眷属，并及忘（亡）妻，善愿从心，所求如意。"其中"因"字字形作 佪，"因"讹作"回"。①

2. 孟郊《车遥遥》诗："寄泪无因波，寄恨无因辀。"此诗见收于《孟东野诗集》卷一、宋郭茂倩辑《乐府诗集》卷六十九及《全唐诗》卷二十五"杂曲歌辞"，皆无异辞。奇怪的是《全唐诗》卷三百七十二"孟郊诗"下重见时，于诗中两"因"字下皆注"一作回"，显然是别本将"因"讹作"回"了。

不仅如此，"因/曰"作构件时也常常讹作"回/㘌"，兹举例如下：

1. 北魏《元弼墓志》："愁云夜咽，思鸟晨吟。"其中"咽"字字形作 㖇。《可洪音义》："㖇，乌贤反。"（8/B173c）咽（㖇），讹作 㖇。右部构件"曰"讹作"回"；

2. 北魏《陆绍墓志》："风埃满室，泪宇多烟。"其"烟（烟）"字字形作 烟，"烟（烟）"字右部"曰"讹作"回"；

3. 北魏《鞠彦云墓志》："拂缨朝伍，则冬夏维恩；背虎邦符，则齐鲁易化。"其中"恩"字见收于《碑别字新编》，摹作 恩，上部"因/曰"讹作"回"；

4. 隋《萧球墓志》："姻连宵极，式光戚里，复宰弦歌，庆流江汜。"其中"姻（姻）"字原拓

---

① 六朝文字多附加形符，或受上下文字影响，或为突出义类，"因"字附加"亻"即是一例。

作 ，右部构件"曰"讹作"回"；

5.《龙龛手镜·卜部》："卤，正音酉。中形尊也。又音由。二。"下部构件"曰"讹作"回"；

6.《古本小说集成》清刊本《大清全传》第八十回："见买卖茂盛，人不少。""烟（烟）"写作 ，构件"曰"讹作"间"。

以上梳理了"豆卢因"讹作"豆卢回"的原因与机制，下面简单谈下另一异文"豆卢田"的问题。

从字形角度看，"因"讹作"田"，显然也是由二字字形相近所致。在版刻之前的传抄时代，"因"或被写作"田"：西汉张家山汉简"因"字字形作 （张 970）；北齐《姜纂造像记》"因"字字形作 ；隋《关明墓志》"因"字字形作 ；唐《暴龙墓志》"因"字字形作 。敦煌写卷甘博 001《法句经》："从因生善，从因堕恶。"其中"因"字形作 。五代可洪《新集藏经音义随函录》："，於真反，托也。正作因。"（8/A897a）与"田"字形极相近，难免讹误。无独有偶，本诗作者的六世祖豆卢恩，或误作豆卢思，便是将"恩"字上部的"因"讹作"田"的缘故。《豆卢恩墓碑》："君讳恩，字永恩，昌黎徒河人。"（《咸阳碑石》9 页）《庾子山集》与《文苑英华》稍异。北周庾信《庾子山集》卷十四："君讳永恩，字某，昌黎徒河人。"《文苑英华》卷九百二十五收录碑文同。易知二者误将其字作名了。而《元和姓纂》卷九录其名作"豆卢永思"，不仅将字误作名，且误把"恩"字作了"思"，将"恩"字上部的"因"讹作了"田"。

《元和姓纂》于豆卢氏一系讹误两人名字，似非偶然，两《唐书》等从之，故而同误。通过上述作为"同时资料"的出土文献的可靠证据，加之对历史汉字及文献的梳理，可以判定该诗的作者当是豆卢因，而传世文献中豆卢回、豆卢田皆是俗字讹写的结果。

值得一提的是，陈贻焮主编《增订注释全唐诗》依《全唐诗》体例，并据《元和姓纂》及《旧唐书》所载相关信息为作者补传：

> 豆卢回，京兆万年（今陕西西安）人。玄宗天宝十载（751）任河南少尹，官至京兆少尹。事见《元和姓纂》卷九、《旧唐书》卷二四。存诗一首。

同样的，周勋初、傅璇琮、郁贤皓、吴企明、佟培基主编《全唐五代诗》也为作者立了小传：

> 豆卢回，一作豆卢田，京兆万年（今陕西西安）人。武后相豆卢钦望孙，宣州刺史豆卢灵昭子。玄宗天宝十载，任河南少尹。官至京兆少尹。（《元和姓纂》九，《旧唐书》二四、九〇）

回过头来看《增订注释全唐诗》及《全唐五代诗》对《登乐游原怀古》一诗作者问题的处理：

虽然编者囿于《元和姓纂》及《旧唐书》中有关豆卢回的记载，在没有核辨史料及缺乏第一手资料的情况下，认定原诗作者为豆卢回，不免有失，但二者搜罗史料中有关豆卢回的记载，并依《全唐诗》体例，为作者拟补了小传，就内容而言却是十分合理而恰当的。善则善矣，只是"豆卢因"，当作"豆卢回"了。

魏	基	永恩	通	寬，禮部尚書，芮定公。	承業，領軍將軍。	欽望，相 武后、中宗。	璨，宣州刺史。 叠，桑泉令。	暉字正名，河南少尹，中牟縣男。生查，修武主簿；求，虔州参軍。
						欽爽，光祿少卿。	参，右衛將軍。	
							回，京兆少尹。	
							友，萬年令。	
								籍，左司郎中兼侍御史，知雜事。
						欽廙		

附表（截取自《二十四史全译·新唐书》第 4 册第 2035 页）

【参考文献】

［1］（宋）李昉等．文苑英华［M］．北京：中华书局，1955.

［2］吴钢．全唐文补遗［M］．上海：上海古籍出版社，1992.

［3］陈贻焮．增订注释全唐诗［M］．北京：文化艺术出版社，1997.

［4］黄征．敦煌俗字典［M］．上海：上海教育出版社，2005.

［5］曾良．俗字及古籍文字通例研究［M］．南昌：百花洲文艺出版社，2006.

［6］臧克和．汉魏六朝隋唐五代字形表［M］．广州：南方日报出版社，2011.

［7］毛远明．汉魏六朝碑刻异体字研究［M］．北京：商务印书馆，2012.

［8］毛远明．汉魏六朝碑刻异体字典［M］．北京：中华书局，2014.

［9］周勋初、傅璇琮、郁贤皓、吴企明、佟培基．全唐五代诗［M］．西安：陕西人民出版社，2014.

［10］臧克和，海村惟一．日藏唐代汉字抄本字形表［M］．上海：华东师范大学出版社，2016.

［11］罗顺．唐碑志十种俗字斠补［J］．中国文字研究，2018 第 28 辑．

Doulu Hui or Doulu Tian
——Correcting the the Author's Name for a Tang Dynasity Poem through the Use of Vulgarism-related Knowledge and Methods

Luo Shun   Zang Kehe

(Center for the study and Application of Chinese Characters,
East China Normal University, Shanghai 200062, China)

Abstract: This article clarifies the author's name for a poem from *Quan Tang Wen* 全唐文 through an extensive examination on the handed-down literature and unearthed materials and the use of vulgarism-related knowledge and methods.

Key words: Tang Dynasty poetry; vulgarism; vulgarism

《新集藏经音义随函录》"又音"与同形字考辨[*]

郑贤章　左　晋

【摘　要】《新集藏经音义随函录》是一部十分重要的辞书，收录了为数众多的同形字，论文对其中的 28 个（溝、呋、皂、螭、错、肝、蚾、胲、樛、經、括、竉、弰、痳、娙、卒、呀、脑、臃、鸱、琭、鍒、狀、茸、挺、膊、脵、託）同形字进行了考辨。

【关键词】新集藏经音义随函录；又音；同形字；考辨

【作者简介】郑贤章，湖南师范大学文学院教授、博士生导师。主要研究汉语俗字、训诂与古代语文辞书；左晋，女，湖南师范大学文学院博士生，主要从事汉语俗文字、敦煌学研究。（湖南长沙　410081）

五代僧人可洪所撰《新集藏经音义随函录》（通称《可洪音义》），是一部十分重要的辞书，辑录了大量汉文佛经中的难字、俗字，并进行了注音释义。该书注释中存在大量的"又音"，有的反映的是多音字问题，有的反映的是同形字问题。我们选取了书中 28 条反映同形字问题的"又音"注释进行辨析。①

［溝］《新集藏经音义随函录》卷 30："溝涅槃，上音讲，解说也，论也，又古侯反，非也。"（K63，p688c）②

按："溝涅槃"之"溝"，音"讲"，乃"讲（講）"字。《广弘明集》卷 19："注法华等经，讲涅槃大小品等。"（T52，p233a）③　"溝涅槃"即"讲涅槃"，其中"溝"即"讲"字。"讲（講）"盖受下字"涅"的影响类化换旁从"氵"而作"溝"。

"溝"，《新集藏经音义随函录》又音"古侯反"，乃其本有读音。《广韵·侯韵》古侯切："沟（溝），沟渠。《尔雅》云：水注谷曰沟。《释名》曰：田间之水曰沟。沟，构也，纵横相交构也。"

"溝"在《新集藏经音义随函录》中为同形字，实际上代表了"沟（溝）""讲（講）"两个不同的字。

［肝］《新集藏经音义随函录》卷 30："日肝，古岸反，晚也，正作旰，又古安反，非也。"（K63，p690b）

---

*　本文是国家社科基金重大招标项目"历代汉文佛典文字汇编、考释及研究"（16ZDA171）的阶段性成果。

①　《新集藏经音义随函录》同形字问题，学界早已有过探讨，郑贤章《〈新集藏经音义随函录〉研究》、韩小荆《〈可洪音义〉研究：以文字为中心》都曾专章研究，前者考释了 40 多个同形字，后者考释了 80 多个同形字，可参。

②　"K"指《高丽大藏经》，线装书局影印。"63"指册数，"p"表示页码，a、b、c 表栏数，以下皆同，不再出注。

③　"T"指《大正新修大藏经》，新文丰公司影印。"52"指册数，"p"表示页码，a、b、c 表栏数，以下皆同，不再出注。

按："日肝"之"肝"，音"古岸反"，乃"旰"字。《广弘明集》卷19："昧旦坐朝，日旰乃息。"（T52，p237c）"日肝"即"日旰"，其中"肝"即"旰"字之讹。构件"月"与"日"形体近似易混。

"肝"，《新集藏经音义随函录》又音"古安反"，乃其本有读音。《广韵·寒韵》古寒切："肝，木藏。"

"肝"在《新集藏经音义随函录》中为同形字，实际上代表了"肝""旰"两个不同的字。

［腏］《新集藏经音义随函录》卷30："腏盂，上音盘，下音于，器名也，上於昔反，非也。"（K63，p693b）

按："腏盂"之"腏"，音"盘"，乃"槃"字。《广弘明集》卷21："岂复论唐帝龟书、周王策府？何待刊寝槃盂、屏黜丘索？甘露妙典，先降殊恩。"（T52，p251c）"腏盂"即"槃盂"，其中"腏"即"槃"字。"槃"与"盘（盤）"同，而"腏"与"盤"近似。

"腏"，《新集藏经音义随函录》又音"於昔反"，乃其本有读音。《广韵·昔韵》伊昔切："腏，肥也。"

"腏"在《新集藏经音义随函录》中为同形字，实际上代表了"腏""槃"两个不同的字。

［瑑］《新集藏经音义随函录》卷30："瑑玉，上音卓，正作琢也，又直兖反，非也。"（K63，p695a）

按："瑑玉"之"瑑"，音"卓"，乃"琢"字。《广弘明集》卷22："简金去砾，琢玉裨辉。"（T52，p260b）"瑑玉"即"琢玉"，其中"瑑"即"琢"字。

"瑑"，《新集藏经音义随函录》又音"直兖反"，乃"瑑"字。《广韵·狝韵》持兖切："瑑，璧上文也。"

"瑑"在《新集藏经音义随函录》中为同形字，实际上代表了"瑑""琢"两个不同的字。

［鉺］《新集藏经音义随函录》卷30："鉺星，上而志反，食也，正作饵也，又奴协、陟莱二反，非也。"（K63，p699c）

按："鉺星"之"鉺"，音"而志反"，乃"饵"字。《广弘明集》卷24："日止却粒之氓，岁次祈仙之客。饵星髓，吸流霞。"（T52，p276c）"鉺星"即"饵星"，其中"鉺"即"饵"字。"饵"俗作"铒"，与"鉺"形体近似。

"鉺"，《新集藏经音义随函录》又音"奴协、陟莱二反"，乃"錜"字。《广韵·帖韵》奴协切："箈，小箝，亦作錜。"《集韵·葉韵》陟涉切："錜，《说文》钻也。""鉺"与"錜"形体近似。

"鉺"在《新集藏经音义随函录》中为同形字，实际上代表了"饵""錜"两个不同的字。

［脥］《新集藏经音义随函录》卷23："目脥（脥），子葉反，正作睫也，又谦琰反，非也。"（K63，p385b）

按："目脥"之"脥"，音"子葉反"，乃"睫"字。《经律异相》卷4："五顶出日光，六目睫绀色。"（T53，p15c）"目脥"即"目睫"，其中"脥"即"睫"字。"睫"又作"㬹"，"脥"与之近似，盖其形讹。构件"目"与"月"近似易讹。

"脥"，《新集藏经音义随函录》又音"谦琰反"，乃其本有读音。《广韵·琰韵》谦琰切："脥，腹下。"

"胅"在《新集藏经音义随函录》中为同形字，实际上代表了"胅""睅"两个不同的字。《汉语大字典》"胅"下未列同"睅"的说解。

［婬］《新集藏经音义随函录》卷23："婬（婬）欲，上羊林反，又苦耕、五耕、户经三反，非也。"（K63，p384c）

按："婬欲"之"婬"，音"羊林反"，乃"淫"字。《经律异相》卷1："欲心多者变成女人，共相爱著遂行淫欲。"（T53，p5b）"婬欲"即"淫欲"，其中"婬"即"淫"字之讹。构件"垩"与"巠"形体近似。

"婬"，《新集藏经音义随函录》又音"苦耕、五耕、户经三反"，乃其本有读音。《广韵·耕韵》五茎切："婬，身长好貌。"《广韵·青韵》户经切："婬，女长貌。"

"婬"在《新集藏经音义随函录》中为同形字，实际上代表了"婬""淫"两个不同的字。《汉语大字典》"婬"下未列同"淫"的说解。

［寵］《新集藏经音义随函录》卷23："优寵，丑勇反。爱寵，同上。又力董反，非也。"（K63，p399b）

按："爱寵"之"寵"，音"丑勇反"，乃"宠（寵）"字。《经律异相》卷36："我亦当鸣令殊于卿，国王亦当爱宠我身。"（T53，p196a）"爱寵"即"爱宠"，其中"寵"即"宠"字。构件"宀"与"穴"形体近似易混。

"寵"，《新集藏经音义随函录》又音"力董反"，乃其本有读音。《广韵·董韵》力董切："寵，孔寵。"

"寵"在《新集藏经音义随函录》中为同形字，实际上代表了"寵""宠"两个不同的字。《汉语大字典》"寵"下未列同"宠"的说解。

［弰］《新集藏经音义随函录》卷23："以弰，所卓反，又所交反，非。"（K63，p405b）

按："以弰"之"弰"，音"所卓反"，乃"稍"字。《经律异相》卷50："恶心瞋争以稍相刺，铁抓相攫血相涂漫。"（T53，p268b）"以弰"即"以稍"，其中"弰"即"稍"字。《新集藏经音义随函录》卷12："牟弰，所卓反，正作稍也，又所交反，弓末也，悮也。"（K34，p1063c）

"弰"，《新集藏经音义随函录》又音"所交反"，乃其本有读音。《广韵·肴韵》所交切："弰，弓弰。"

"弰"在《新集藏经音义随函录》中为同形字，实际上代表了"弰""稍"两个不同的字。《汉语大字典》"弰"下未列同"稍"的说解。

［臃］《新集藏经音义随函录》卷9："臃鼻，上乌贡反，《经音义》作齆也，又於容反，非。"（K34，p959a）《新集藏经音义随函录》卷23："臃鼻，上乌贡反，鼻塞病也，正作齆也，又於容反，非。"（K63，p413b）

按："臃鼻"之"臃"，音"乌贡反"，乃"齆"字。《七佛八菩萨所说大陀罗尼神咒经》卷4："齆鼻鬼名：遮波昼（一），阿若兜遮波昼（二），浮律多尼遮波昼（三），浮波律多尼遮波昼（四），阿若多尼遮波昼（五），波律多尼遮波昼（六），莎呵（七）。"（T21，p560a）《陀罗尼杂集》卷7："臃鼻鬼名。"（T21，p621c）"臃"，宋、元、明本作"痈"。"臃鼻""痈鼻"即"齆鼻"，其中"臃""痈"即"齆"字。《玉篇·鼻部》："齆，乌贡切，鼻病也。"

"臃"，《新集藏经音义随函录》又音"於容反"，乃其本有读音。《广韵·钟韵》於容切："痈，《说文》肿也，或作臃。"

"臃"在《新集藏经音义随函录》中为同形字，实际上代表了"臃""齆"两个不同的字。《汉语大字典》"臃"下未列同"齆"的说解。

［错］《新集藏经音义随函录》卷22："错铢，上侧师反，下市朱反，半两为锱，二锱为两也，上又仓故、仓各二反，非。"（K63，p345b）

按："错铢"之"错"，音"侧师反"，乃"锱"字。《付法藏因缘传》卷5："龙树闻香，即便识之，分数多少，锱铢无失。"（T50，p317b）"错铢"即"锱铢"，其中"错"即"锱"字之讹。《佛教难字字典·金部》："锱"可作"錙"。"错"与"錙"形体近似。

"错"，《新集藏经音义随函录》又音"仓故、仓各二反"，乃其本有读音。《广韵·暮韵》仓故切："错，金涂，又姓，宋太宰之后。又千各切。"

"错"在《新集藏经音义随函录》中为同形字，实际上代表了"错""锱"两个不同的字。《汉语大字典》"错"下未列同"锱"的说解。

［疒］《新集藏经音义随函录》卷22："疒瘝，上助庄反，下祥昔反，上又释类、呼骨二反，非也。"（K63，p347b）

按："疒瘝"之"疒"，音"助庄反"，乃"床"字。《佛使比丘迦旃延说法没尽偈百二十章》卷1："说比丘乐无乐，习独处床席居，在于彼行无方，当降伏诸爱欲。"（T49，pb29c）"疒瘝"即"床席"，其中"疒"即"床"字之讹。构件"广"与"疒"近似易讹。

"疒"，《新集藏经音义随函录》又音"释类反"，乃"痳"字之讹。《广韵·至韵》释类切："痳，病貌。""瘝"与"痳"形体近似。

"瘝"，《新集藏经音义随函录》又音"呼骨反"，乃"痳"字之讹。《龙龛手镜·疒部》："瘝，音忽，狂病。又许聿反。"《广韵·没韵》呼骨切："痳，狂病。又音欻。""瘝"与"痳"形体近似。

"疒"在《新集藏经音义随函录》中为同形字，实际上代表了"床""痳""痳"三个不同的字。《汉语大字典·疒部》"疒"引《正字通》与"痳"同，未列同"床""痳"的说解。

［樛］《新集藏经音义随函录》卷18："木樛，音交，正作胶，所以黏物者也，又居幽反，非也。"（K63，p201b）

按："木樛"之"樛"，音"交"，乃"胶"字。《善见律毗婆沙》卷8：若初作者，得用为却尘土故，若染时不得与香汁木胶油及已染袈裟，不得以鋈及摩尼珠种种物摩使光泽。"（T24，p728a）"木樛"即"木胶"，其中"樛"即"胶"字之讹。"胶（膠）"盖受上字"木"的影响类化换旁从"木"而作"樛"。

"樛"，《新集藏经音义随函录》又音"居幽反"，乃其本有读音。《广韵·幽韵》居虬切："樛，《说文》曰：下句曰樛。《诗》曰：南有樛木。《传》云：木下曲也。"

"樛"在《新集藏经音义随函录》中为同形字，实际上代表了"樛""胶"两个不同的字。《汉语大字典》"樛"下未列同"胶"的说解。

［括］《新集藏经音义随函录》卷18："草括，音刮，又古活反，非也。"（K63，p208b）

按："草括"之"括"，音"刮"，乃"刮"字。《毗尼母经》卷6："有一比丘，婆罗门种姓，

净多污，上厕时以筹草刮下道，刮不已便伤破之，破已颜色不悦。"（T24，p838a）

"草括"即"草刮"，其中"括"即"刮"字。"括"乃"刮"换形旁从"扌"所致。

"括"，《新集藏经音义随函录》又音"古活反"，乃其本有读音。《广韵·末韵》古活切："括，检也，结也，至也。"

"括"在《新集藏经音义随函录》中为同形字，实际上代表了"括""刮"两个不同的字。《汉语大字典》"括"下未列同"刮"的说解。

［牀］《新集藏经音义随函录》卷18："梁牀，上力羊反，下扶福反，又蒲北反，非呼。"（K63，p208b）

按："梁牀"之"牀"，音"扶福反"，乃"栿"字。《毘尼母经》卷6："不得厕板梁栿上拭令净，不得用石，不得用青草。"（T24，p838b）"梁牀"即"梁栿"，其中"牀"即"栿"字之讹。

"牀"，《新集藏经音义随函录》又音"蒲北反"，乃"扰"字。《广韵·德韵》蒲北切："扰，击也。"

"牀"在《新集藏经音义随函录》中为同形字，实际上代表了"栿""扰"两个不同的字。《汉语大字典》未收"牀"字。

［茸］《新集藏经音义随函录》卷18："著茸，而容反，又所嫁反，非也。"（K63，p212a）

按："著茸"之"茸"，音"而容反"，乃"茸"字。《萨婆多毘尼毘婆沙》卷9："八不细褔，九不著茸，十不并褔两边，十一不著细缕内衣。"（T23，p562a）"著茸"即"著茸"，其中"茸"即"茸"字之讹。

"茸"，《新集藏经音义随函录》又音"所嫁反"，乃"乶"字。《广韵·禡韵》所嫁切："乶，姓也。"

"茸"在《新集藏经音义随函录》中为同形字，实际上代表了"茸""乶"两个不同的字。

［蚸］《新集藏经音义随函录》卷18："以蚸，力禾反，砑衣者也，又呼回反，非用也。"（K63，p201b）

按："以蚸"之"蚸"，音"力禾反"，乃"螺"字。《善见律毘婆沙》卷8："不得以螺及摩尼珠种种物摩使光泽。"（T24，p728a）"以蚸"即"以螺"，其中"蚸"即"螺"字之讹。"螺"，根据文意，即"螺"字。《大宝积经》卷40："大螺吼音语，长笛音语。"（T11，p231c）"螺"，宋、元、明、宫本作"螺"。"螺"即"螺"。《新集藏经音义随函录》卷1："大螺，洛禾反，即吹者也。"（K34，p655a）"蚸"则为"螺"移位所致。

"蚸"，《新集藏经音义随函录》又音"呼回反"，乃其本有读音。《广韵·灰韵》呼恢切："蚸，豕掘地也。"

"蚸"在《新集藏经音义随函录》中为同形字，实际上代表了"蚸""螺"两个不同的字。

［挺］《新集藏经音义随函录》卷18："挺㯟，上卑政反，除也，并也，皆也，正作摒，又补耕反，非。"（K63，p201c）

按："挺㯟"之"挺"，音"卑政反"，乃"摒"字。《善见律毘婆沙》卷8："是时王与大众入寺，驱逐诸人，诸人众多摒迭一边，大众乱闹更相荡突。"（T24，p730c）"挺牒"即"摒迭"，其中"挺"即"摒"字之俗。《广韵·劲韵》畀政切："摒，除也。"可洪将"挺"同"摒"，训"除也，并也，皆也"，有误。"挺"同"摒"只能训"除"，"并也，皆也"乃"併"之义。《广韵·劲韵》畀政切："併，兼也，并也，皆也。"

"挺"，《新集藏经音义随函录》又音"补耕反"，乃"絣"字。《新集藏经音义随函录》卷12："用挺，补耕反，振绳墨也，正作絣、㡚、拼三形。"（K34，p1069c）

"挺"在《新集藏经音义随函录》中为同形字，实际上代表了"摒""絣"两个不同的字。《汉语大字典》未收"挺"字。

［髆］《新集藏经音义随函录》卷17："覆髆，音博，正作髆，又市软反，非。"（K63，p178b）

按："覆髆"之"髆"，音"博"，乃"髆（髆）"字。《根本说一切有部百一羯磨》卷10："僧脚欹迦，即是掩腋衣也，古名覆髆，长盖右臂，定匪真仪。"（T24，p498a）"覆髆"即"覆髆"，其中"髆"即"髆"字之讹。《广韵·铎韵》补各切："髆，胸髆。"

"髆"，《新集藏经音义随函录》又音"市软反"，乃"膞"字。《广韵·狝韵》市兖切："膞，切肉。"

"髆"在《新集藏经音义随函录》中为同形字，实际上代表了"髆（髆）""膞"两个不同的字。

［脒］《新集藏经音义随函录》卷17："两脒，音悉，又郎代反，非也。"（K63，p179a）

按："两脒"之"脒"，音"悉"，乃"膝"字。《弥沙塞羯磨本》卷1："乞受大戒法（律云：应在比丘羯磨师前小远，两膝著地乞受具足戒，尼羯磨师应教言）。"（T22，p219c）"两脒"即"两膝"，其中"脒"即"膝"字之讹。

"脒"，《新集藏经音义随函录》又音"郎代反"，乃"睐"字。构件"目"与"月"近似。《广韵·代韵》洛代切："睐，傍视。"《新集藏经音义随函录》卷16《弥沙塞部和醯五分律》卷17："脒眼，上来代反，傍视也，亦内视也，正作睐。"

"脒"在《新集藏经音义随函录》中为同形字，实际上代表了"膝""睐"两个不同的字。

［卒］《新集藏经音义随函录》卷16："卒见，上胡耿反，正作幸，又尼輒反，非也。"（K63，p127c）

按："卒见"之"卒"，音"胡耿反"，乃"幸"字。《大方等大集经》卷11："幸见为故放舍之，莫令失信生惭耻。"（T13，p70b）"卒见"即"幸见"，其中"卒"即"幸"字之讹。《龙龛手镜·杂部》："卒，音幸。"

"卒"，《新集藏经音义随函录》又音"尼輒反"，乃"卒"。《广韵·葉韵》尼輒切："卒，《说文》曰：所以惊人也。一曰大声。"

"卒"在《新集藏经音义随函录》中为同形字，实际上代表了"幸""卒"两个不同的字。

［託］《新集藏经音义随函录》卷16："託病，上他各反，又之伦反，非也，悮。"（K63，p147a）

按："託病"之"託"，音"他各反"，乃"託"字。《弥沙塞部和醯五分律》卷11："其孙名尸利跋，尸利跋常系念于偷罗难陀比丘尼，后请比丘尼僧，偷罗难陀託病不往，共一小沙弥尼坐守僧房。"（T22，p78a）"**託**病"即"託病"，其中"**託**"即"託"字之讹。

"**託**"，《新集藏经音义随函录》又音"之伦反"，乃"訰"字。《广韵·稕韵》之闰切："訰，訰訰，乱也。"构件"屯"手写常作"**乇**"。

"**託**"在《新集藏经音义随函录》中为同形字，实际上代表了"託""訰"两个不同的字。

［螭］《新集藏经音义随函录》卷15："飞螭，巨今反，正作禽、螭二形，又丑知反，非。"（K63，p91a）

按："飞螭"之"螭"，音"巨今反"，乃"螭（禽）"字。《摩诃僧祇律》卷4："肆我飞禽志，何为受斯苦？"（T22，p258b）"飞螭"即"飞禽"，其中"螭"即"禽"。"禽"或作"螭"，"螭"乃"螭"之讹。构件"禽"与"离"近似易混。

"螭"，《新集藏经音义随函录》又音"丑知反"，乃其本有读音。《广韵·支韵》丑知切："螭，无角，如龙而黄，北方谓之地蝼。"

"螭"在《新集藏经音义随函录》中为同形字，实际上代表了"螭""螭（禽）"两个不同的字。《汉语大字典》"螭"下未列同"螭（禽）"的说解。

［吙］《新集藏经音义随函录》卷15："吙之，上扶废反，正作吠也，又乌交反，非也。"（K63，p91a）

按："吙之"之"吙"，音"扶废反"，乃"吠"字。《摩诃僧祇律》卷4："追之既远，羊化为狗，方口耽耳，反来逐狼，急声吠之。"（T22，p259b）"吙之"即"吠之"，其中"吙"即"吠"之讹。构件"犬"与"夭"近似易混。

"吙"，《新集藏经音义随函录》又音"乌交反"，乃其本有读音。《广韵·肴韵》于交切："吙，吙咋，多声。"

"吙"在《新集藏经音义随函录》中为同形字，实际上代表了"吙""吠"两个不同的字。《汉语大字典》"吙"下未列同"吠"的说解。

［呀］《新集藏经音义随函录》卷14："呀骨，上口加反，大啮也，正作齘也，自前第四、第六皆云一名舐骨，二名啮骨，三名断节，是也，又五加、呼加二反，非也。"（K63，p60b）

按："呀骨"之"呀"，音"口加反"，可洪以为"齘"字。《正法念处经》卷67："一名舐骨虫，为黄过风之所杀害；二名啮骨虫，为于冷风之所杀害。"（T17，p397b）"啮"，宋、元、明、宫本作"呀"。"呀骨"即"啮骨"，根据可洪之说，与"齘骨"同。从字的来源来看，"呀"为"齘"之俗比较妥当，与"啮"构成异文，乃同义相换。

"呀"，《新集藏经音义随函录》又音"五加、呼加二反"，乃其本有读音。《广韵·麻韵》五加切："呀，吧呀。"《广韵·麻韵》许加切："呀，啥呀，张口貌，又呀呷也。"

"呀"在《新集藏经音义随函录》中为同形字，实际上代表了"呀""齘"两个不同的字。《汉语大字典》"呀"下未列同"齘"的说解。

［皃］《新集藏经音义随函录》卷14："相皃，莫孝反，正作兒、貌二形也，又许良、一了、彼立、彼力四反，非。"（K63，p66c）

按："相皃"之"皃"，音"莫孝反"，可洪以为"兒（貌）"字。《佛本行集经》卷20："必我衰时，相貌所至，或复更有恶相来耶？"（T03，p745c）"相皃"即"相貌"，其中"皃"即"皃（貌）"之讹。

"皃"，《新集藏经音义随函录》又音"许良、彼立、彼力"三反，乃其本有读音。《广韵·阳韵》许良切："皃，稻香。"《广韵·职韵》彼侧切："皃，皃粒。"《广韵·缉韵》居立切："皃，谷香。"《广韵·缉韵》彼及切："皃，谷香也。"

"皃"，《新集藏经音义随函录》又音"一了反"，乃"皀"字。《广韵·筱韵》乌皎切："皀，合也。""一了反"与"乌皎切"同，"皃"即"皀"字。

"皃"在《新集藏经音义随函录》中为同形字，实际上代表了"皃（貌）""皀""皃"三个不同的字。《汉语大字典》"皃"下未列同"皃（貌）""皀"的说解。

［鳾］《新集藏经音义随函录》卷29："枭**鳾**（鳾），上音浇，下直甚反，食虵鸟也，正作鸩，又尺夷反，怤。"（K63，p651a）

按："枭鳾"之"鳾"，音"直甚反"，乃"鸩"字。《弘明集》卷7："成性存存恩无不被，枭鸩革心威无不制。"（T52，p44a）"枭鳾"即"枭鸩"，其中"鳾"即"鸩"之讹。

"鳾"，《新集藏经音义随函录》又音"尺夷反"，乃"鸱"字。《广韵·脂韵》处脂切："鸱，一名鸢也。雎，上同。鸱，亦同。"《新集藏经音义随函录》卷20："鳾枭，上尺夷反，下古尧反，怪鸟也。"（K63，p289b）"鳾枭"即"鸱枭"。《中华字海·鸟部》"鳾"同"鸱"。

"鳾"在《新集藏经音义随函录》中为同形字，实际上代表了"鸩""鸱"两个不同的字。《汉语大字典》未收"鳾"字。《中华字海》"鳾"下未列同"鸩"的说解。

［誣］《新集藏经音义随函录》卷24："誣**惘**，上音无，下音网，枉也，正作诬誷也，上又苦耕反，非也。"（K63，p456a）

按："誣**惘**"之"誣"，音"无"，乃"诬"字。《大唐内典录》卷5："琳不忍其诬惘，乃著论以御之。"（T55，p281b）"誣**惘**"即"诬惘"，其中"誣"即"诬"之讹。《新集藏经音义随函录》卷12《大乘掌珍论》："誣网，上文夫反。""誣"亦"诬"之讹。

"誣"，《新集藏经音义随函录》又音"苦耕反"，乃其本有读音。《广韵·耕韵》口茎切："誣，《庄子》曰：誣誣如也。"

"誣"在《新集藏经音义随函录》中为同形字，实际上代表了"誣""诬"两个不同的字。《汉语大字典》"誣"下未列同"诬"的说解。

裘锡圭先生认为"不同的字如果字形相同，就是同形字"，同形字属于"一形多字"现象。有的字形代表了两个不同的字，如"誣"代表"誣""诬"，"胅"代表了"胅""睫"；有的字形还可代表三个及以上不同的字，如"皃"代表了"皃""皀""皃"，"疢"代表了"疢""疦""床"。关于同形字产生的原因及表现的类型，笔者曾在《〈新集藏经音义随函录〉研究》第六章"《随函录》同形字研究"中讨论过，主要有"形体讹误""构件更换""构件增减""形体类化"[1] 等。上述"吠"代表"吠"，是作声旁的构件"天"与"犬"近似所致，属"形体讹误"之"声旁讹误"；"肝"代表"旰"，是作形旁的构件"月"与"日"俗写相混所致，属"形体讹误"之"形

---

① 郑贤章：《〈新集藏经音义随函录〉研究》，湖南师范大学出版社，2007，第54页。

旁讹误";"皀"代表"皂""兒",乃"形体讹误"之"笔画讹误";"括"代表"刮",乃"构件更换"之"形旁更换";"挻"代表"搋",乃"构件更换"之"声旁更换";"樛"代表"胶",乃"形体类化",是"胶（膠）"受上字"木"的影响类化换旁从"木"而成。

《新集藏经音义随函录》中的同形字本质上来讲属于用字问题，跟造字层面产生的同形字不同。书写者由于种种原因将一个字写成某个形体时，往往没有意识到这个形体实际上已代表了另外的字，早已有自己的读音与意义。大量同形字出现在佛教文献中，会造成阅读障碍，影响人们对文本的理解，从用字规范的角度看，这是应尽量避免的。不过，从汉字发展史来看，同形字的存在丰富了汉字的职用内涵，其产生的原因与表现的类型，为人们研究汉字提供了新的角度与思路，有一定积极意义。

【参考文献】

［1］可洪．新集藏经音义随函录［M］.《高丽大藏经》第 62 册、63 册．北京：线装书局，2004.

［2］陈彭年．宋本广韵［M］.北京：中国书店，1982.

［3］行均．龙龛手镜（高丽本）［M］.北京：中华书局，1985.

［4］韩小荆．可洪音义研究：以文字为中心［M］.成都：巴蜀书社，2009.

［5］汉语大字典编辑委员会．汉语大字典（第二版）［M］.成都：四川辞书出版社、崇文书局，2010.

［6］李琳华（编著）．佛教难字字典［M］.台北：常春树书坊，1988.

［7］郑贤章．新集藏经音义随函录研究［M］.长沙：湖南师范大学出版社，2007.

［8］郑贤章．汉文佛典疑难俗字汇释与研究［M］.成都：巴蜀书社，2016.

［9］中华电子佛典协会．CBETA 电子佛典集成［M］.中国台湾，2014.

Other Sounds of *The Sound and Meaning of the Tripitaka Newly Compiled*（新集藏经音义随函录）and Textual Research of the Homomorphic Characters

Zheng Xianzhang　Zuo Jin

（Liberal Arts College of Hunan Normal University, Hunan 410081, China）

Abstract：*The Sound and Meaning of the Tripitaka Newly Compiled*（新集藏经音义随函录）is a very important book of the Buddhist sutra. The book is very rich in Chinese characters. One word stands for multiform and one form represents multiple characters. These phenomena are universal. The paper selects 28 notes of the book, so as to discuss the problem of homomorphic characters.

Key words：*The Sound and Meaning of the Tripitaka Newly Compiled*；Other Sounds；The Homomorphic Characters；Textual Research

避讳字"牒""葉""諜""菜"源自前代俗字说[*]

避讳字"牒""葉""諜""菜"源自前代俗字说[*]

谢国剑

【摘　要】"牒""葉""諜""菜"不是初唐时期专门为避讳而新造的字，是前代已经产生的俗字。

【关键词】避讳字；牒；葉；谍

【作者简介】谢国剑，广州大学人文学院、语言服务研究中心教授，文学博士。研究方向为汉语文字学及其应用。（广东 广州　510006）

一般认为"牒""葉""諜""菜"是因避唐讳而产生的字。[①]《敦煌文献避讳研究》（窦怀永，2013）第四章第三节"牒"字下："（'牒'为）'牒'字避讳缺笔字。"此"牒"当即"牒"字。《敦煌俗字研究》（张涌泉，2015）下编"葉"字下："'葉'为'葉'的避讳缺笔字。"从其所举实例来看，此"葉"即"葉"字。《敦煌文献避讳研究》（窦怀永，2013）第四章第三节"葉"字下："（'葉'为）'葉'字避讳缺笔字。"[②] 同上"谍"字下："（'諜'为）'谍'字避讳改形字。"《汉语俗字研究》（张涌泉，2010）第四章第二节之四"主观色彩"下："凡此牒、菜、[③] 洩、絏、晢等都是避讳造成的俗字，带有浓厚的主观色彩。"《敦煌俗字研究》（张涌泉，2015）下编"葉"字下："'菜'为'葉'的避讳改形字。"但我们认为，这几个避讳字不是初唐时期专为避讳而新造的字，只是前代已经产生的俗字。

"牒"及其形近字已见于汉魏六朝。东汉三国时期，"牒"字中的"世"有作"卅"或"廿"的。《居延汉简》甲图版肆叁编号383"十一月邮书留迟不中程，各如牒"中的"牒"，原简作**牒**；[④] 同上乙图版肆编号6·13"□□矢数于牒，它如爰书"中的"牒"，原简作**牒**；同上乙图版贰叁壹编号317·6"□书到，拘校处实，牒别言"中的"牒"，原简作**牒**；《长沙走马楼三国

---

* 本文写作过程中得到国家社科基金一般项目"东汉至隋石刻文献字词关系研究"（编号：17BYY018）的资助。

① 按：《唐代避讳字与俗字关系试论》（窦怀永，2006）曾认为"唐代避讳字形确实有一部分来源于前代俗字"，举了"懸""愍""愍"这三个例字，也涉及"葉"字，但对其他四个避讳字没有异议。

② 按：《敦煌文献避讳研究》（窦怀永，2013）第四章第三节"葉"字下同时也提到了隋《龙藏寺碑》"葉"字，并云"但遗憾的是，目前仅见此一例。如果该碑未经后人改窜，是为避讳字来源于俗字现象的又一条力证"。其实下文《张怦暨妻东门氏志》"葉"字，可在一定程度上说明隋碑此"葉"字不经后人改窜也能写成这样。

③ 按：此"菜"字原文作"奔"字，据上下文意和1995年版本，可知为讹字。张涌泉：《汉语俗字研究》，岳麓书社，1995，第122页。

④ 中国社会科学院考古研究所编《居延汉简》（甲乙编），中华书局，1980。

吴简·竹简（贰）》二九三八背“入钱毕民自送牒还县”中的“牒”，原简作；[1] 同上七二四七背“入钱毕民自送牒还”的“牒”，原简作。[2] 六朝时期，“牒”字中“世”也有作“廿”的。吐鲁番哈拉和卓九六号墓文书《北凉玄始十二年（公元四二三）兵曹牒为补代差佃守代事》“牒事在右”中的“牒”，原卷作。[3] 另外，唐显庆二年改字之前三例行草书的“牒”，其中的“世”形隶定也应作“廿”。吐鲁番木纳尔一〇二号墓出土文献《唐永徽五年（六五四）九月西州诸府主帅牒为请替番上事》（三）“谨以牒”中的“牒”，原卷作；[4] 同上《唐永徽六年（六五五）九月西州诸府主帅牒为请替番上事》（一）第一行中的“牒”、（三）“谨以牒陈”中的“牒”，原卷分别作、。[5]

“𦯩”及其形近字已见于六朝和隋朝。后秦龟兹国三藏鸠摩罗什译《摩诃般若波罗蜜经·道树品》“不识树根茎枝葉华果而爱护溉灌”中的“葉”，《晋魏间写本大品第廿四》[6] 原卷作；同上“渐渐长大华葉果实成就”中的“葉”，原卷作；同上“何等为葉益众生”中的“葉”，原卷作；同上“是为葉益众生”中的“葉”，原卷作。这些“葉”字只要省去中间的一个笔画，就成了“𦯩”字。隋《龙藏寺碑》“故亦迦葉目连，圣僧斯在”的“葉”，原拓作。隋《张怦暨妻东门氏志》“百葉千根”的“葉”，原拓作。由以上 7 字，我们可以了解“葉”字中间的“世”演变为“廿”的大致过程。

“詸”字已见于前人所抄摹的汉碑。如东汉《济阴太守孟郁修尧庙碑》“刊碑勒諜”的“諜”，清顾蔼吉《隶辨》摹写作，[7] 宋洪适《隶释》所录释文同。[8] 因为清人和宋人并不需要避“世”字，所以如果不存在摹写和传抄错误，那么就表明至迟在东汉时期“諜”字已经可以写成“詸”了。

“𦯩”字已见于南朝和隋朝拓本。南朝梁大同元年《罗浮山铭》“盈辉枝葉，礼义黥劓”的“葉”，原拓作。隋开皇四年《隋大信行禅师铭塔碑》“俗世豪宗，茂葉于九堰之上”的“葉”，原拓作。因为原物已不存，或许有人会怀疑这两种拓本的真实性。又或许有人会怀疑“世”“云”二形能否相讹，如《敦煌文献避讳研究》（窦怀永，2013）认为：“我们尚无法推断出张氏所云两形‘相近’的具体根据。”[9] 从“世”“云”二字的形体差异来看，此存疑似不无道理。但是，东汉《郭辅碑》“葉葉昆嗣，福禄茂止”的“葉”，宋娄机《汉隶字源·入声·葉韵》“葉”字下

① 长沙简牍博物馆、中国文物研究所、北京大学历史学系走马楼简牍整理组：《长沙走马楼三国吴简·竹简（贰）》上册，文物出版社，2007，第 281 页。

② 同上书中册，第 584 页。

③ 中国文物研究所、新疆维吾尔自治区博物馆、武汉大学历史系编《吐鲁番出土文书（壹）》，文物出版社，1992，第 31 页。

④ 荣新江、李肖、孟宪实主编《新获吐鲁番出土文献》，中华书局，2008 年，115 页。

⑤ 荣新江、李肖、孟宪实主编《新获吐鲁番出土文献》，中华书局，2008 年，118 页。

⑥ 按：此题名为罗振玉《贞松堂藏西陲秘笈丛残》所加。罗振玉《罗雪堂先生全集（三编）》，台湾大通书局有限公司，1989 年再版，第九册 3419 页。

⑦ 顾蔼吉撰《隶辨》卷六，清乾隆八年黄晟据康熙五十七年项氏玉渊堂刻本重刊。

⑧ 洪适撰《隶释》卷一，清乾隆四十三年楼松书屋汪氏校本。

⑨ 窦怀永《敦煌文献避讳研究》，第 161 页。

引此写作葉。① 如果属实的话，此葉与"枼"已经很接近了，也就不难理解"世""云"相讹了。宋跋本《王仁昫刊谬补缺切韵·葉韵》："廿四葉，俗作枼。"② 这里的"俗作"之语或许是"枼"在成为避讳字之前就已经存在的真实记录。综合以上情况，我们觉得"枼"字在显庆二年以前就已经产生的可能性还是有的。

如果承认上述观点，我们对一些文献的用字现象就可以做出新的解释。如《经典释文·论语音义·子路》："葉公：舒涉反，注同。本今作葉。"③ 清卢文弨《考证》改字头"葉"作"枼"，并云："旧正文亦作葉公，则校者不必云本今作葉矣。盖唐人避讳，改葉为枼，宋时仍复其旧耳。"④ 清法伟堂《法伟堂经典释文校记遗稿》："据本今作葉语，疑正文本作'枼'，唐人避讳改也。"⑤ 卢文弨、法伟堂皆认为正文"枼"字为唐人所改。如果承认这一点，那么二氏也应当认为"本今作葉"句为唐人改"枼"字之后添加进去的，但这样的改动似乎未免有点多。从"枼"很可能已见于六朝的情况看，《论语音义》字头本作"枼"完全有可能，"本今作葉"之语是陆德明原话也完全可能。

如果承认上述观点，我们就不能把"枼"字作为文献断代的唯一依据。如敦煌文献 S.10《毛诗郑笺》，《敦煌经籍叙录》（许建平，2006）认为："然卷中凡'葉'均写作'枼'，则是讳'世'字的铁证，从而可知该写卷的抄写时间不可能早于唐高宗时。"⑥ 由上文可知，"枼"字很可能已见于六朝，不能作为唐讳的铁证，所以我们认为此论断证据不足，并不能真正排除《敦煌古籍叙录》（王重民，1958）的六朝写本说。

《旧唐书·高宗纪上》显庆二年十二月云："庚午，改'昬''葉'字。"⑦ 这里并未交待如何改"葉"字。广雅丛书本清王鸣盛《十七史商榷》卷七 "改昏葉字"条："以意揣之，必是'昬'字之上'民'字，'葉'字之中'世'字犯讳，故改'昬'从'氏'，改'葉'从'卅'。"此"卅"字，清乾隆五十二年刻本作"卅"，《旧唐书》校勘记录作"卅"，《嘉定王鸣盛全集》（陈文和主编，2010）录作"丗"字。但实际上，我们难以找到"葉"中"世"字写作"丗"或"册"或"卅"或"卅"的。从开成石经的情况来看，"葉"字的避讳作"枼"，"世"字有缺笔的避讳作"廿"。⑧ 扩大到唐代石刻文献，就我们所知，"葉"的避讳字除了"枼"至少还有以下三种：一作葉，如唐开元十八年李邕撰并书《麓山寺碑》"纳贝葉于层阁"的"葉"，原拓作葉，同上"千葉在莲"的"葉"，原拓作葉，这个"葉"字应该是避讳字，省去"世（丗）"的末笔；二作枼，如唐王昌龄《陈颐墓志》"公承弈葉之余庆"的"葉"，原拓作枼，其中的"公"字当

---

① 娄机撰《汉隶字源》，景印文渊阁四库全书第 225 册 985 页。

② 按：龙宇纯《唐写全本王仁昫刊谬补缺切韵校笺》："俗作枼三字后人所增。"我们认为这只是一种可能，并非一定如此。香港中文大学，1968，第 696 页。

③ 陆德明撰、黄焯断句《经典释文》，中华书局，1983，第 352 页。

④ 卢文弨撰《经典释文考证》，抱经堂丛书本。

⑤ 法伟堂撰、邵荣芬编校《法伟堂经典释文校记遗稿》，华东师范大学出版社，2010，第 688 页。

⑥ 按：张涌泉主编审订《敦煌经部文献合集》（中华书局，2008，第 2 册 625～626 页）沿用此说。

⑦ （后晋）刘昫等：《旧唐书》第 1 册，中华书局，1975，第 22 页。

⑧ 按：景印文渊阁四库全书本、丛书集成初编本清顾炎武《金石文字记》卷五认为："凡经中……'世'字皆缺笔作'丗'。"就拓本来看，这是不对的。清严可均《唐石经校文》卷一《周易》"乾或跃在渊"下："世作廿。"是。见贾贵荣辑《历代石经研究资料辑刊》第 7 册，北京图书馆出版社，2005，第 214 页。

是由"枽"中的"云"字变来的;三作 ,如唐《杨祈丽墓志》"五公盛葉"的"葉",原拓作

,此字当承隋《龙藏寺碑》的写法而来,该墓志"岁次丙子"的"丙"也避讳作"景"。而且,从唐代石刻文献中我们还可了解到"葉"的避讳字主要写作"枽",这或许和皇帝的带头使用有关,比如仪凤二年李治制并书《李 碑》"弥山抑室,似危葉之遇冲飚"的"葉",原拓作 。

关于 字由"枽"变化而来,这里做一点补充。《大正藏》第四十六册隋天台智者大师说《摩诃止观》卷第十上:"庄公皇帝问道观神气。"此"公"字,〈甲〉本作"云"。《大正藏》第五十二册唐法琳《辨正论·三教治道篇》:"《前汉·艺文志》云,全身保国凡有九。"此"云"字,〈明〉本作"公"。由此知"云""公"确实易讹。

【参考文献】

[1] 陈文和主编. 嘉定王鸣盛全集(第6册)[M]. 北京:中华书局,2010年.

[2] 窦怀永. 敦煌文献避讳研究[M]. 兰州:甘肃教育出版社,2013年.

[3] 窦怀永. 唐代避讳字与俗字关系试论,复旦大学出土文献与古文字研究中心编《出土文献与古文字研究》(第一辑)[C]. 上海:复旦大学出版社,2006年.

[4] 法伟堂著、邵荣芬编校. 法伟堂经典释文校记遗稿[M]. 上海:华东师范大学出版社,2010年.

[5] 毛远明. 汉魏六朝碑刻校注[M]. 北京:线装书局,2008年.

[6] 王重民. 敦煌古籍叙录[M]. 北京:商务印书馆,1958年.

[7] 许建平. 敦煌经籍叙录[M]. 北京:中华书局,2006年.

[8] 张涌泉. 汉语俗字研究(增订版)[M]. 北京:商务印书馆,2010年.

[9] 张涌泉. 敦煌俗字研究(第2版)[M]. 上海:上海教育出版社,2015年.

The Version of the Taboo Chinese Characters of "die(牒)" "ye(葉)" "die(諜)" "ye(枽)" Coming from the Former Popular Forms of Chinese Characters

Xie Guojian

(Humanity College、Language services research center , Guangzhou University, Guangzhou 510006 China)

Abstract:The four chinese characters of "die(牒)" "ye(葉)" "die(諜)" "ye(枽)" were not created specifically for the taboo reasons During the early Tang Dynasty, but the former popular forms of Chinese characters.

Key words:the taboo Chinese characters ; die(牒); ye(葉); die(谍)

《楚辞章句》引《尔雅》异文考辨*

窦秀艳　于　雪

【摘　要】《尔雅》是我国现存较早的训诂辞书，两汉训诂皆援引《尔雅》，东汉王逸作《楚辞章句》亦以《尔雅》为圭臬。对文献征引《尔雅》研究是《尔雅》研究的重要方面，回归经典语境，探讨经典文字与《尔雅》文字的关系，也是雅学研究的主要方法之一。本文对《章句》引《尔雅》不同的16例，以传世文献与出土文献互相证明，从文字学、词汇学、音韵学的视角进行考辨研究，希望对当前经典异文研究有所启示。

【关键词】楚辞章句；尔雅；异文；考辨

【作者简介】窦秀艳，女，青岛大学文学院教授，主要研究方向为雅学及汉语史；于雪，女，青岛大学文学院中国古典文献学专业硕士研究生。（山东　青岛　266071）

《尔雅》收词来源于先秦经典，与早期楚辞作品有一定的关系。南宋郑樵据《离骚》"令飘风兮先驱，使涷雨兮洒尘""暴雨谓之涷"等句，断定"《尔雅》专为《离骚》释"，"《尔雅》在《离骚》后，不在《离骚》前"。东汉王逸注《楚辞》也是广引《尔雅》，明确注明出自《尔雅》者5例，用《雅》训而未明言者260余例。宋洪兴祖撰《楚辞补注》对此多有揭明，云"见《尔雅》""并见《尔雅》"等，共94例。王逸《章句》一个词条有时连引《尔雅》两三个训式，如屈原《离骚》"帝高阳之苗裔兮，朕皇考曰伯庸"，王注："朕，我也。皇，美也。"① 此两条皆见于《尔雅·释诂》。又，"摄提贞于孟陬兮"，王注："太岁在寅曰摄提格。于，於也。正月为陬。"② 此三条分见于《释诂》《释天》。屈原《天问》"干协时舞，何以怀之"，王注："干，求也。协，和也。怀，来也。"③ 此三条分见于《释诂》《释言》。这类大约有30条。这些都足以表明王逸确实以《尔雅》为训解依据。

我们将王逸《章句》上千个条目一一与《尔雅》做了核对，并参稽《章句》与《尔雅》的重要传本，最后考定《章句》与《尔雅》文字不同而又密切相关者16例，分述如下。

---

* 基金项目：国家社会科学基金一般项目"《尔雅》异文通考"（项目编号：19BYY145）的阶段性成果。本文以洪兴祖《楚辞补注》中华书局1983年版为底本，参以明万历凌氏刊朱墨套印本《楚辞章句》17卷、光绪三年崇文书局刊朱熹《楚辞集注》等；文中所引《尔雅》如无特殊说明，均为周祖谟《尔雅校笺》（云南人民出版社，2004年版）。

① 洪兴祖：《楚辞补注》，中华书局，1983，第3页。
② 同上。
③ 同上书，第106页。

一 因字形关系引起的异文

（一）古今字关系

1. 揭车、藒车（薃车）

《离骚》"畦留夷与揭车兮"，王注："揭车，亦芳草，一名艺舆。"①

洪补注："揭一作藒。揭、藒、薃，并丘谒切。《尔雅》：'薃车，艺舆。'"从洪注看，《章句》又有作"薃"之本。今《尔雅·释草》"薃车，艺舆"，郭注："薃车，香草。见《离骚》。"与《尔雅》合，也暗示了"揭""藒""薃"三字相关。"揭"为"藒"的古字，《广韵·祭韵》："藒，藒车，草。"本借"揭"表草，后增"艹"旁作"藒"，"藒"为"揭"后起分化字。又，"藒"与"薃"形近，遂讹为"薃"，《正字通·艹部》："薃，同藒。《说文》作藒，《尔雅》俗本作薃。从木、从禾并讹。"②《正字通》："薃，《尔雅》'薃车，艺与'。"③ 可见，张自烈认为"从木、从禾"都是从"扌"之形讹，当以"藒"为正。《尔雅》作"薃"为俗本字，今敦煌出土唐写本《唐韵》"艺，《迩疋》（尔雅）云'藒车，艺与'"，④ 引《尔雅》正作"藒"，则"藒"为正字，"薃"为讹字。《楚辞》早期版本当作"揭"，他本作"薃"亦受《尔雅》俗本影响，"揭"与"藒"为古今字。

2. 榘、矩

《楚辞·离骚》"求榘矱之所同"，王注："榘，法也。"⑤

洪补注"榘，一作矩"，《离骚》有两异文，《尔雅》"矩，法也"，则王逸用《雅》训。"榘"为"巨"或体，《说文》："巨，规巨也。从工，象手持之。榘，巨或从木、矢。矢者，其中正也。""巨"，象形字，本义是木工用的方尺，"榘"为"巨"后起分化字。又，"巨"金文多作"𢀩""𢀜"，象人持"工"，隶书作"矩"。高鸿缙《中国字例》："工象榘形，为最初文，自借为职工、百工之工，乃加画人形以持之……后所加之人形变为夫、变为矢，流而为矩，省而为巨。后巨又借为巨细之巨，矩复加木旁作榘，而工与巨后因形歧而变其音，于是人莫知其朔矣。"高氏考察了由"巨"到"矩"再到"榘"的渊源流变，即"巨"为初文，"矩"为其分化形讹字，而"榘"亦为"矩"的分化字。

3. 猒、厌

《楚辞·招魂》"二八侍宿，射递代些"，王注："射，猒也。《诗》云：'服之无射。'"⑥ 又"行婟直而不豫兮"，王注："豫，厌也。"⑦

---

① 洪兴祖：《楚辞补注》，中华书局，1983，第 10 页。
② 张自烈：《正字通》，《中华汉语工具书书库》（第 4 册），安徽教育出版社，2002，第 388 页下。
③ 同上书，第 386 页上。
④ 周祖谟：《唐五代韵书集存》（上册），中华书局，1983，第 697 页。
⑤ 洪兴祖：《楚辞补注》，中华书局，1983，第 37 页。
⑥ 洪兴祖：《楚辞补注》，中华书局，1983，第 204 页。
⑦ 洪兴祖：《楚辞补注》，中华书局，1983，第 126 页。

王氏注"射，猒也"，"豫，厌也"，皆引自《尔雅》"射、豫，猒（厌）也"条。"猒""厌"互为异文，今雪窗本、闽本、监本、毛本《尔雅》及《释文》作"厌"，唐石经、单疏本、元本《尔雅》及敦煌写本《尔雅》白文 P.3719 作"猒"。段玉裁《说文解字注》："厌专行，而猒废矣……猒、厌古今字。"按：《说文》"厌，笮也。从厂，猒声"，段注："《竹部》曰'笮者，迫也'，此义今人字作壓，乃古今字之殊。"可见，"厌"本为"壓"的古字。徐灏《说文注笺》："猒者，猒饫本字，引申为猒足、猒恶之义。俗以厌为厌恶，别制饜为饜饫、饜足。"经典借"厌"为"猒"，因此在饱足、厌恶义项上，"猒"为古字，后为今字"厌"所代替。

4. 畜、蓄

《楚辞·九章·思美人》"解萹薄与杂菜兮"，王注："萹，萹畜也。"洪补注："《尔雅》曰：'竹，萹蓄。'"①

今《尔雅·释草》作"竹，萹蓄"，与洪氏引同，王逸用《雅》训。关于"畜"与"蓄"之别，《字源》辨之甚明，云："'畜'读 chù，作名词，指人所蓄养的禽兽，泛指禽兽。《说文》：'畜，田畜也。'《左传·僖公十九年》：'古者六畜不相为用。'作动词，读 xù，指饲养（禽兽）。《易·离》：'亨，畜牝牛吉。'泛指养育、培养、收容等。畜养家畜，乃驯化禽兽，故又引申为顺从、驯服。又引申为喜欢、喜爱。段玉裁云：'田畜谓力田之蓄积也。'故又引申为积蓄、积聚，这个意义后来写作'蓄'。"②"畜"古音透纽觉部，"蓄"晓纽觉部，上古同一韵部，为同源分化而成的古今字，《楚辞》用古字，《尔雅》为分化字。

（二）异体字

1. 稺、稚

《楚辞·大招》"容则秀雅，稺朱颜只"，王注："稺，幼也。"③

今《尔雅》"幼、鞠，稚也"，敦煌出土《尔雅》白文 P.3719 同。《尔雅》被训词与训词可以互训，王逸通《雅》义而用其训。阮元《校勘记》："幼、鞠，稚也。唐石经、单疏本、雪窗本、元本同，闽本、监本、毛本'稚'改作'稺'，《疏》中同。《释文》：'稺，又作稚。'按《释亲》'稺妇'，《释文》亦作'稺'，云'又作稚'。"④依《校勘记》，《释文》与唐石经、宋元本不同，《尔雅》"稚""稺"两异文，明注疏本又改作"稺"。按，《说文》："稺，幼禾也。"段注："引伸为凡幼之称。今字作稚。"《玉篇》："稺，幼禾也。稚，同上。"《尔雅匡名》："稺，石经作稚，俗体。"⑤则"稺"为本字，"稚"为后代通行字。

至于"稺"又作"穉"，古文"犀""犀"声旁字可互换，如遟遟、稺稺、墀墀等。"犀"与"隹"也常常讹混，"汉代文字中'犀'与'隹'字形相近，故'稺'常讹为'稚'"。⑥

① 洪兴祖：《楚辞补注》，中华书局，1983，第 148 页。
② 李学勤：《字源》，天津古籍出版社、辽宁人民出版社，2012，第 1203 页。
③ 洪兴祖：《楚辞补注》，中华书局，1983，第 222 页。
④ 阮元：《尔雅校勘记》，《续修四库全书》（183 册），上海古籍出版社，2002，第 341 页下。
⑤ 严元照：《尔雅匡名》，《续修四库全书》（188 册），上海古籍出版社，2002，第 218 页下。
⑥ 李学勤：《字源》，天津古籍出版社、辽宁人民出版社，2012，第 633 页。

2. 啄、嚽　鷇、雛

《楚辞·［刘向］九叹》"闵空宇之孤子兮，哀枯杨之冤雛"，王注："生哺曰鷇，生啄曰雛。"①

《尔雅》："生哺鷇，生嚽雛。"《说文》："鷇，鸟子生哺者。""雛，鸡子也。"可见，王注用《雅》训。王注引《尔雅》"嚽"作"啄"，"雛"作"雛"，两组字之别，严元照《尔雅匡名》辨之甚详，严氏曰："生嚽雛。《释文》云：'嚽，竹角反，义当作啄。'案：《说文·口部》：'嚽，喙也。从口蜀声。'又：'啄，鸟食也。从口豕声。'其义不同。王逸《楚辞章句·九叹》云：'生哺曰鷇，生啄曰雛。'陆说是也。然二字古通用，《楚策》'俯嚽白粒'，亦从蜀。而颜涿聚，或作烛雛，或作浊雛。又《秋官·序官·壶涿氏》注云：'故书涿为独，郑司农云独读为浊其源之浊，音与涿相近。'据此，则古者豕、蜀同物也。（《释文》）又云'雛字或作鷇（同）'，案：《说文·隹部》：'雛，鸡子也。从隹芻声。籀文从鸟作鷇。'"②"啄"，动词，鸟吃食；嚽，名词，鸟嘴。据严氏考证，从"豕""蜀"之字可通，"嚽"亦可作动词义，与"啄"同；"鷇"与"雛"则为籀、篆异体字。王逸引《尔雅》与《尔雅》他本为异体之别。

3. 遑、偟

《楚辞·［王逸］九思》"修德兮困控，愁不聊兮遑生"，王注："遑，暇也。"③

今《尔雅》："偟，暇也。"邵晋涵《尔雅正义》："偟，本作皇，《表记》引《诗》云'皇恤我后'，《左氏·昭十七年传》云'社稷之不皇'，通作遑，别体作偟。"④邵氏认为《尔雅》"偟"本作"皇"，"偟"为"遑"的别体。"皇恤我后"，敦煌本《诗经》斯541、斯789，三家诗亦作"皇"，《毛诗》作"遑"，陈奂《毛诗传疏》："遑，只作皇，《礼记》《左传》皆作皇。皇，暇也。皇恤我后，言不暇忧我后人也。"⑤郝懿行《尔雅义疏》进一步考证"皇"之"暇"义由来，并辨正了"遑"与"徨""偟"之关系。郝氏云："偟者，经典通作遑，皆皇之或体也。皇与假俱训大，又俱为暇，其义实相足成，后人见经典皇暇之皇皆作遑，遂以遑为正体，遑变作徨，又省作偟，反以皇为通借，殊不知《书》云'则皇自敬德'、《表记》云'皇恤我后'，皇皆训暇。又《左氏·襄廿五年传》'皇恤我后'、《昭七年传》'社稷之不皇'、《襄廿六年》及《哀五年传》'不敢怠皇'，是皆遑作皇之证。《襄廿九年》正义引李巡曰：'遑，闲暇也。'《诗·殷其雷》释文：'遑，或作偟。'《尔雅》释文亦云：'遑，或作偟，通作皇。'是陆德明亦不知皇为本字矣。"⑥《说文》"遑，或从彳"，由此可见，"偟""徨""遑"皆是"皇"后起分别字，为异体字。从彳、从辵义通；从彳，作偟，为徨之省文。

4. 肇、肈

《离骚》"肇锡余以嘉名"，王注："肇，始也。锡，赐也。嘉，善也。"⑦

---

① 洪兴祖：《楚辞补注》，中华书局，1983，第289页。
② 严元照：《尔雅匡名》，《续修四库全书》（188册），上海古籍出版社，2002，第335页。
③ 洪兴祖：《楚辞补注》，中华书局，1983，第326页。
④ 邵晋涵：《尔雅正义》，《续修四库全书》（187册），上海古籍出版社，2002，第98页下。
⑤ 陈奂：《毛诗传疏》，《皇清经解续编》（第3册），上海书店出版社，1988，第1068页。
⑥ 郝懿行：《尔雅义疏》，《续修四库全书》（188册），上海古籍出版社，2002，第482页上。
⑦ 洪兴祖：《楚辞补注》，中华书局，1983，第4页。

上面三条训释，皆见《释诂》，王逸用《雅》训。今《尔雅》传本有“肇”“肈”两异文。姜亮夫《楚辞通故》：“（肇）至王逸训为‘始’者，依《尔雅·释诂》说也。其实‘肇’亦借字，其本字当作‘肁’，始开户也。”① 按，姜氏说或受段玉裁影响，段玉裁注：“肁，引伸为凡始之称。凡经传言肈始者，皆肁之假借，肈行而肁废矣。”段氏在“肈”下注：“按，古有肈无肇，从戈之肈，汉碑或从殳，俗乃从夊作肇。”今李学勤先生主编的《字源》据甲骨文、金文等古文字考证：“（肇）初为会意字。殷商甲骨文从戈从户（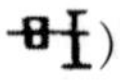），戈为兵器之象，户为门之象，二者结合会击意。至西周时成为形声字，有两种：（一）形旁兼声旁为戺，叠加声旁聿，其字经战国传承。《说文》收录，楷书作肈。（二）形旁兼声旁为攺，叠加声旁聿。此字后亦被《说文》收录，楷书作肇。”②《字源》认为“肇”在战国时代就出现了，并对三个字的关系辨之甚明。可见，“肁”乃本字，“肇”与“肈”为其后起分化字，二字异体。

二　因字音关系而引起的异文

1. 尤、郵

《离骚》“忍尤而攘诟”，王注：“尤，过也。攘，除也。”③

此两条训释均见《尔雅》。王注“尤，过也”，今《尔雅》作“郵，过也”。敦煌出土《尔雅》白文 P. 3719 亦作“郵，过也”，朱熹《楚辞集注》作“郵”。郝懿行《义疏》：“过谓失误，凡非议人及罪责人亦为过也。郵者，古本作‘尤’。《文选·吊屈原文》注引犍为舍人《尔雅注》曰‘尤，怨人也’，《列子·杨朱》篇释文引《尔雅》亦作‘尤，过也’，是皆‘郵’本作‘尤’之证。《诗·载驰》传及《四月》笺，又《洪范五行传》注及《论语·为政》篇包咸注，并云‘尤，过也’，俱本《尔雅》。通作郵，《诗·宾之初筵》笺及《王制》注，又《晋语》《楚语》注，并云‘郵，过也’，是皆借郵为尤。”④ 据郝《疏》可知，《尔雅》古本有作“尤”者，与《章句》引同。《说文》“尤，异也”，《字源》从字形出发并参考朱芳圃《殷墟文字释丛》，认为“尤”为“疣”本字，“而赘疣为病态，故引申为过失、罪过等义。……同时手上赘疣形象突异、怪异，故又引申为特异、突出之义。此《说文》释义所由来。”⑤ 因此，作“尤”为本字，“郵”为借字。“尤”“郵”二字古音均匣纽之部，音同而借。

2. 薋、茨

《离骚》“薋菉葹以盈室兮，判独离而不服”，王注：“薋，蒺藜也。菉，王刍也。《诗》曰：‘楚楚者薋。’”⑥ 洪补曰：“今《诗》‘薋’作‘茨’，《尔雅》亦作‘茨’。”

毛《诗》作“茨”，作“薋”为鲁《诗》。袁梅《诗经异文汇考辨证》：“《楚辞·离骚》王注：

① 姜亮夫：《楚辞通故》（第4册），云南人民出版社，1999，第187页。
② 李学勤：《字源》，天津古籍出版社、辽宁人民出版社，2012，第248页。
③ 洪兴祖：《楚辞补注》，中华书局，1983，第16页。
④ 郝懿行：《尔雅义疏》，《续修四库全书》（187册），上海古籍出版社，2002，第476页上。
⑤ 李学勤：《字源》，天津古籍出版社、辽宁人民出版社，2012，第1272页。
⑥ 洪兴祖：《楚辞补注》，中华书局，1983，第19页。

'薋，蒺藜也。《诗》曰楚楚者薋。'是鲁《诗》作'楚薋'。"① "蒺藜"为"茨"，《说文》："茨，蒺藜也。《诗》曰：'墙有茨。'"段注："'蒺藜'之字，《说文》作'茨'，今《诗》作'茨'，叔师所据《诗》作'薋'，皆假借字耳。"钱坫《尔雅古义》："作'茨'，乃韩《诗》。"② 可见，毛诗、鲁诗、韩诗文字各不相同。又《尔雅》释文："茨，或作薋，同。"③ 则《尔雅》有两异文，其一与《章句》引同。

严元照认为："《诗》'墙有茨''楚楚者茨'，毛、郑皆以为'蒺藜'，用《雅》训也。案《说文·艸部》'茨，疾藜也'，从艸齐声……是《诗》古本皆作'茨'，许郑同也。今作'茨'者，盖古者次、齐偏旁通借。……其或作'薋'者，后世增益之字，犹'蛴'之作'蟥'也，与《说文》'薋'训'草多貌'者别。"④ 严氏所论甚允，"薋""茨""茨"，三字皆从纽脂部，音同。《说文》："薋，草多貌。""茨，以茅苇盖屋。"虽二字各有本义，由于"偏旁通借"，在"蒺藜"义项上与"茨"音义通用，或是一字写两词。

3. 鞠、鞫

《楚辞·九章·抽思》"郁结纡轸兮，离慜而长鞠"，王注："鞠，穷也。"⑤

今《尔雅·释言》："鞠，穷也。"《尔雅校笺》："鞠，唐写本作鞫。"敦煌写本《尔雅》白文 P. 3719 号亦作"鞫"，与《章句》同，王注用《雅》训。《说文》："鞠，踏鞠也。"本义类似足球，作"穷"为假借。《说文》无"鞫"有"鞫"，《集韵·屋韵》："鞫，《说文》'穷理罪人也'，亦作鞫。"段注："按此字隶作鞫。"则"鞫"与"鞫"为异体字。陆锦燧《日记》："鞫，穷也。锦燧谨案，此释《诗·谷风》篇'昔育恐育鞫'、《云汉》篇'鞫哉庶正'、《瞻卬》篇'鞫人忮忒也'，毛《谷风》传、郑《云汉》《瞻卬》笺并云'鞫，穷也'，与《雅》训合。然'鞠'乃俗字，《说文》所无。"⑥ 今敦煌本《诗·谷风》作"鞫"，与诗《释文》"鞫，本又作鞠"合。按，"鞠""鞫"，皆见纽觉部，古音同。"鞫"为本字，"鞠"为借字。《楚辞》"皆归射鞫，而无害厥躬"，王注"鞫，穷也"⑦，正用本字。

三　因词义关系而引起的异文

1. 悴、顇

《楚辞·［刘向］九叹·远逝》"山木摇落，时槁悴兮"，王注："悴，病也。"⑧

《尔雅》释文"顇，字或作悴"，⑨ 则《尔雅》有两异文，王注用《雅》训。《诗》"慆慆日瘁""维躬是瘁""邦国殄瘁"，毛传并云"瘁，病也"，《玉篇》"瘁，病也"，则"瘁"为本字。《说

---

① 袁梅：《诗经异文汇考辨证》，齐鲁书社，2013，第542页。
② 钱坫：《尔雅古义》，《续修四库全书》（187册），上海古籍出版社，2002，第13页上。
③ 陆德明撰、黄焯汇校《经典释文》，中华书局，2006，第899页。
④ 严元照：《尔雅匡名》，《续修四库全书》（188册），上海古籍出版社，2002，第299页下。
⑤ 洪兴祖：《楚辞补注》，中华书局，1983，第142页。
⑥ 陆锦燧：《尔雅日记》，《尔雅诂林》（卷上二），湖北教育出版社，1996，第954页。
⑦ 洪兴祖：《楚辞补注》，中华书局，1983，第98页。
⑧ 同上书，第295页。
⑨ 陆德明撰、黄焯汇校《经典释文》，中华书局，2006，第837页。

文》"顉，顉頷也"，引申为忧愁、困病，与"瘁"通。《汉书·王莽传上》"《诗》云'人之云亡，邦国殄顉'"，颜师古注："顉，病也。"① 《说文》"悴，忧也"，引申为愁病，又与"瘁"通，作"病"，《诗》"蓼莪生我劳悴"，毛传"悴，病也"。由此可见，"瘁""顉""悴"在"病"之义项上通用。

2. 愍、憨、闵

《九章·惜颂》"惜诵以致愍兮，发愤以抒情"，王注："愍，病也。"② 《九章·怀沙》"离憨而不迁兮，愿志之有像"，王注："憨，病也。迁，徙也。"③

按，此两处洪兴祖补注皆曰"一作闵"，则《楚辞》有"愍、憨、闵"三异文，《尔雅》"闵，病也"，王注用《雅》训。《玉篇》："愍，悲也。《说文》曰痛也。憨同。"则"愍""憨"为异体字。"闵"，《说文》云"吊者在门也"，本义为吊唁、问丧，可引申为忧患、凶丧之事，则"闵"与"愍""憨"义通。《邶风·柏舟》"觏闵既多"（敦煌本同，鲁诗、齐诗作"愍"）、《豳风·鸱鸮》"鬻子之闵斯"、《周颂》"闵予小子"，毛传并云"闵，病也"，《诗》之"闵（愍、憨）"多为忧伤、痛惜之义，此三字也用于"病也"义。

3. 御、讶（迓）

《离骚》"飘风屯其相离兮，帅云霓而来御"，王注："御，迎也。"④

洪兴祖《补注》："御，读若迓。"敦煌写本《尔雅》白文 P. 3719 号作"迓，迎也"，《释文》"讶，本又作迓"，⑤ 则《尔雅》有两异文。《说文》："讶，相迎也。……迓，讶或从辵。"则"讶""迓"异体字。

"御"，《说文》"使马也"。关于"御"字，《字源》认为或是人"持策于道中，会驾驭之意"，或是像人跪"迎迓于道中"之形。⑥ 受后一说启发，我们认为"御"应有迎义。《诗·召南·鹊巢》："之子于归，百两御之。"郑玄笺："御，迎也。"《诗》释文："御，本亦作讶，又作迓同。"⑦《集韵·祃韵》："讶，《说文》'相迎也'。或作迓、御。"⑧ 可见《诗》有"御""讶""迓"三异文，御与讶、迓并行，均有"迎"义；从语音看，三字古音并疑母鱼部，音同。

4. 攘、襄

《离骚》"忍尤而攘诟"，王注："尤，过也。攘，除也。"⑨

今《尔雅》"襄，除也"，敦煌《尔雅》白文 P. 3719 同。"襄"，《说文》："汉令：解衣耕谓之襄。"则"襄"引申有"除"义。《说文》："攘，推也。"表示退让，谦让，读 ràng 音。段注："攘，凡退让用此字，引伸之使人退让亦用此字。如攘寇、攘夷狄是也。"所以引申为排斥，排除，与"襄"义通。

---

① 班固：《汉书》（第 12 册），中华书局，1962，第 4055 页。
② 洪兴祖：《楚辞补注》，中华书局，1983，第 121 页。
③ 同上书，第 144 页。
④ 洪兴祖：《楚辞补注》，中华书局，1983，第 29 页。
⑤ 陆德明撰、黄焯汇校《经典释文》，中华书局，2006，第 840 页。
⑥ 李学勤：《字源》，天津古籍出版社、辽宁人民出版社，2012，第 141 页。
⑦ 毛亨传、郑玄笺、陆德明音、孔颖达正义《毛诗注疏》，中华书局，1980，第 283 页下。
⑧ 丁度：《集韵》，《中文工具书库》（第 59 册），安徽教育出版社，2002，第 299 页上。
⑨ 洪兴祖：《楚辞补注》，中华书局，1983，第 16 页。

郝懿行《尔雅义疏》："襄者，《谥法》云：'辟地有德曰襄'，辟即开除之义，故《诗·墙有茨》及《出车传》并云'襄，除也'。通作'攘'，《离骚》云'忍尤而攘诟'，《诗·车攻序》'外攘夷狄'，《史记·龟策传》'西攘大宛'，并以'攘'为除也。《龟策传》集解徐广曰'攘，一作襄'，是襄、攘通。《尔雅》释文'襄，四羊反或而羊反'，'而羊'即攘字之音。"① 又，今敦煌出土《诗经·墙有茨》"不可襄"句，斯789、伯2529号均作"不可攘"，盖郝氏未见出土文献，《诗》有两异文，"襄"与"攘"义同，《尔雅》收其一。《尔雅》释文："襄，四羊反，或而羊反"，则"襄"一字写两词，而有两音，"而羊反"所指当为"攘"。

5. 谅、亮

《离骚》"惟此党人之不谅兮，恐嫉妒而折之"，王注："谅，信。"②

洪补曰"谅，一作亮"，则《楚辞》有两异文。今《尔雅》"亮，信也"，郝懿行《尔雅义疏》："亮者，谅之假借也……《一切经音义》十七引《尔雅》旧注云'谅，知之信也'。"③ 又，《大雅·桑柔》"民之罔极，职凉善背"，传："凉，薄也。"笺云："职，主。谅，信也。"正义曰："职，主；谅，信；皆《释诂》文。"④ 可见，《尔雅》亦有"亮""谅"两异文。

《说文》"谅，信也。从言，京声"，无"亮"字，段玉裁依《六书故》所据唐写本补"亮，明也。从儿，高省"。何琳仪认为"亮"从"儿""京"省声，并引《尔雅》"亮，信也"释其本义。⑤ 朱骏声《说文通训定声·壮部》认为"亮"本作"倞"，《说文》："倞，强也。从人，京声。"朱氏云："倞，明也。从人，京声。字亦作亮。钱辛梅师曰：'汉分隶往往以亮为倞，盖隶变移人旁于京下，又省京中丨，遂为亮形。'"⑥ "高"与"京"相混极有可能，何氏、朱氏师徒所论可备一说，如此，"亮"与"谅"声义同源，"亮，信也""谅，信也"皆通。

从上述考察的16例看，对文献征引《尔雅》进行研究，通过经典语境研究《尔雅》文字的变化以及其与经典文字的关系，即"各于经内求之，自然可见"（陆德明），是《尔雅》研究的源头活水和重要方面。《尔雅》收词主要来自先秦儒家经典以及《庄子》《尸子》，屈原、宋玉等人的作品，应该与经典文字相同，但通过与王逸《章句》的比较来看，《尔雅》与经典异文现象十分复杂。例如，16例中，4例在王逸《章句》中有两至三个异文，我们认为，这些异文可能在《尔雅》编纂之初就存在了。清末学者陈玉澍在《尔雅释例》中也说："六经之有异文，匪始于秦汉以后也。古人经皆口授，往往传闻异辞。左丘明、公羊高、谷梁俶同时传《春秋》，而三家异文以数百计。岂得谓作《尔雅》时，经尚未有异文哉？"⑦ 也就是说，《尔雅》在编纂之初就面临着对经典异文如何选择的问题，陈氏提出"经有异文而《尔雅》并释"，但据我们对传世文献和出土文献考察，并非如此，如战国楚简、阜阳汉简等所载《诗经》文字，与毛诗、三家诗大多相同，《尔雅》是收其一，未收其二。也许这些异文有的是《楚辞》在后世流传过程中产生的，但是异文之间及其与《尔

---

① 郝懿行：《尔雅义疏》，《续修四库全书》（187 册），上海古籍出版社，2002，第 471 页下。
② 洪兴祖：《楚辞补注》，中华书局，1983，第 40 页。
③ 郝懿行：《尔雅义疏》，《续修四库全书》（187 册），上海古籍出版社，2002，第 368 页下。
④ 孔颖达：《毛诗正义》，中华书局，1980，第 560 页下～561 页上。
⑤ 何琳仪：《战国古文字典》，中华书局，1998，第 640 页。
⑥ 朱骏声：《说文通训定声》，中华书局，1984，第 935 页下。
⑦ 陈玉澍：《尔雅释例》，《续修四库全书》（188 册），上海古籍出版社，2002，第 570 页下。

雅》文字的关系，孰先孰后、孰古孰今、孰正孰异也很难判断。综上所述，《楚辞章句》引《尔雅》研究只是一个点，反映的是个别现象，只有全面展开经典征引《尔雅》现象的研究，由点到面，重视异文的时间层次，总结规律，才能解开上述疑团；同时，丰富的异文材料也将为汉语史研究提供重要的依据。

Textual Research on Different Texts of *Erya* Quoted in *Chuci Zhangju*

Dou Xiuyan   Yu Xue

（College of Literature, Qingdao University, Shandong Qingdao 266071, China）

Abstract: *Erya* is one of the earliest exegetical dictionaries in China, and it is quoted in the exegesis of Han Dynasty. Wang Yi's*Chuci Zhangju* in the Eastern Han Dynasty also takes *Erya* as its criterion. Literature citation of *Erya* is an important aspect of the study of *Erya*. Returning to the classical context and discussing the relationship between classical characters and *Erya* characters is also one of the main methods of the study of *Erya*. In this paper, 16 different examples of *Erya* cited in*Chuci Zhangju* are studied from the perspectives of philology, lexicology and phonology by proving each other with handed-down documents and unearthed documents, hoping to give some inspiration to the current study of classical variants.

Key words: *Chuci Zhangju*; *Erya*; Different texts; Textual research

中华书局版《龙龛手镜》音注勘正[*]

刘本才

【摘　要】中华书局1985年影印出版的《龙龛手镜》是目前最通行的一个本子。本文通过引用传世字书、韵书、佛典音义书的注音和释义，以及对照《龙龛手镜》其他版本，纠正了该影印书中涉及注音及字形方面的一些讹误，以期对有关问题的解决有所助益。

【关键词】《龙龛手镜》；影印本；注音讹误

【作者简介】刘本才，南京林业大学人文学院讲师，主要从事石刻文献、传世字书、汉字发展史研究。（江苏　南京　210037）

　　《龙龛手镜》是辽宋时期的一部字书，为了满足广大僧众研读佛经的需要，作者释行均广泛收录佛典中的文字，补充《说文解字》《玉篇》未收的一些字，编纂成这部厘正字形兼注音释义的工具书。该书共收录26642字，每字下详列正体、俗体、古体、今字以及或体，并作简要的注音和释义。《龙龛手镜》记录了大量俗字异体，在汉字发展史及古文献整理等方面具有重要的参考价值。中华书局1985年影印出版的《龙龛手镜》，是该书目前最通行的一个影印本。该影印本以高丽本为底本（朝鲜金刚山榆岾寺藏第一卷和京城崔南善藏第三、四卷），卷二上声及缺页以四部丛刊续编本补配。高丽本被认为比较接近辽代原刻，可订正影宋本之讹误处甚多，故中华书局影印本《龙龛手镜》是最有价值的一个版本。

　　然而，该书卷一、卷三和卷四依据的高丽本有些地方缺字或模糊不清，个别地方有一些文字讹误，卷二补配的四部丛刊续编本也存在一些讹误。我们在整理和研读《龙龛手镜》时，发现中华书局版《龙龛手镜》存在着不少疏失。《龙龛手镜》的注音在音韵学上具有重要研究价值，该书主要是为了广大僧众读懂佛经而作，没有受到官方修订的束缚，因此更有可能反映出当时的实际语音，对其音系的整理可以丰富汉语史的研究资料。本文以中华书局版《龙龛手镜》在音注方面的疏失为中心，通过引用传世字书、韵书、佛典音义书，并参校《龙龛手镜》的其他版本，校勘其音注文字的讹误，并从音理上加以说明。

　　1.《龙龛·金部》："鑾，落宫反。鑾，和铃也。(12/8)^①

　　按：《篆隶万象名义·金部》："鑾，力见反、力完反。铃也。"《宋本玉篇·金部》："鑾，力完切。鑾和以金为铃也。"可洪《新集藏经音义随函录》卷十一："和鑾，上或作鈢，户戈反；下郎

---

* 基金项目：本文为教育部人文社会科学研究青年基金项目"基于语料库的隋唐五代石刻铭文用韵研究"（项目号：18YJC740047）成果之一。

① 括号里的数字，"/"前数字表示字头所在的页码，"/"后数字表示字头所在的列号。

官反。铃也。崔豹《古今注》云：五辂衡上金雀者朱鸟，朱鸟鹰也，因鸾口衔铃，故谓之銮也。《传》曰：锡銮和昭其声。"（C59，p953a）①处观《绍兴重雕大藏音》卷一："銮欒戀，并卢丸反。"（C59，p517c）毛晋影宋抄本（中华再造善本）、四部丛刊续编本、四库全书本、早稻田大学藏本《龙龛》皆音"落官反"，朝鲜本《龙龛》音"峦"②。中华书局版《龙龛》音"落宫反"，"宫"乃"官"之讹，"宫""官"形近而误。

2. 《龙龛·金部》："釚，俗。音乱。"（17/8）

按：《四声篇海·金部》引《龙龛》："釚，俗作乱。"《海篇直音·金部》："釚，音乱。俗作。"《康熙字典·备考·金部》："釚，《龙龛》：俗亂字。""釚"当为"釚（釚）"之俗字。《篆隶万象名义·金部》："釚，渠鸠反。弩釚。"字头及释文并"釚（釚）"字之变。《玉篇·金部》："釚，渠牛切。弩牙。"《广韵·尤韵》巨鸠切："釚，弩牙。"《集韵·尤韵》渠尤切："釚釚釚，弩机谓之釚。或从丩，从仇。"中华书局版《龙龛》注音"乱"字，疑为"虬"之讹，可洪《新集藏经音义随函录》卷二三："斗虬，音乱。"（T60，p299b）对应佛经《诸经要集》卷七作："斗亂"，"虬"字音"乱"，即"乱"字形讹，而"乱"为"亂"之俗书，此"乱""虬"形近致误。

3. 《龙龛·人部》："僤，徒且反。疾也。《周礼》云：苟欲无～也。又市连反。"（35/2）

按：《篆隶万象名义·人部》："僤，大旦、敕旱二反。棹也。战也。疾也。明也。单也。"《宋本玉篇·人部》："僤，大旦切。《说文》云：'疾也。'《周礼》曰：'句兵欲无僤。'"《广韵·翰韵》徒案切："僤，疾也。《周礼》云：'苟欲无僤。'"又旱韵徒旱切："僤，疾也。本音去声。"可洪《新集藏经音义随函录》卷一四："僤地，多坦反。笞也。持也。正作担、笪二形。又徒岸反。又应和尚以跢字替之，非也。跢，都贺反。"（C59，p1101c）中华再造善本、四部丛刊续编本、四库全书本、早稻田大学藏本、朝鲜本《龙龛》皆音"徒旦反（切）"。中华书局版《龙龛》"且"为"旦"之误，"且""旦"二字形近而误。

4. 《龙龛·言部》："諦，丑知、丑秋二反，相问而不知也。又落代反，误也。"（44/3）

按：《宋本玉篇·言部》："諦，丑脂、丑利二切。不知也。諦，同上。又力代切，误也。"《篆隶万象名义·言部》："諦，丑利反。不知也。"又："諦，力伐反。误也。"《广韵·支韵》丑知切："諦，不知。又洛代切。"又至韵丑利切："諦，不知。"又志韵丑吏切："諦，不知。"又代韵洛代切："諦，误也。"《四声篇海·言部》引《龙龛》："諦，丑知、丑利二切，相问而不知也。又落代切，误也。"对于中华书局版《龙龛》注音之"丑秋反"，中华再造善本、四部丛刊续编本、四库全书本、早稻田大学藏本音同，朝鲜本《龙龛》音"丑利切"。中华书局版《龙龛》音"丑秋反"乃"丑利反"之误，"利""秋"二字形近而误。

---

① 本文涉及的佛经音义随文标注出处，括号中首字母代表佛藏版本简称，T代表《大正新修大藏经》（新文丰出版有限公司1983年版），K代表《高丽大藏经》（线装书局2004年版），C代表《中华大藏经》（中华书局1993年版）。简称字母之后为佛经所在佛藏的册数，字母p之后为某佛经所在该册页数。页码之后a、b、c分别代表该页上、中、下三栏。

② 本文参校的《龙龛手镜》其他版本如下：毛晋影宋抄本［《龙龛手鉴》（中华再造善本），北京图书馆出版社2003年版］；四部丛刊续编本［《龙龛手鉴》（四部丛刊续编本），台湾商务印书馆1966年版］；四库全书本（《龙龛手鉴》，《景印文渊阁四库全书》经部第226册，台湾商务印书馆1986年版）；早稻田大学藏本（《龙龛手鉴》日本早稻田大学藏本）；朝鲜本（《龙龛手鉴》，《异体字研究资料集成》一期别卷二，东京雄山阁出版社1973年版）。

5.《龙龛·斤部》："簖，俗，斳，正，斳，今。北芮、楚税、初鐉三反。断也。"（137/7）

按：《宋本玉篇·斤部》："斳，义（叉）刮、义（叉）芮二切。断也。簖，同上。"《广韵·祭韵》此芮切："斳，断也。"又祭韵楚税切："斳，断。"《集韵·祭韵》此芮切："斳，断也。"又祭韵初芮切："劋斳劋，断也。或从斤。亦作劋。"又鎋韵初辖切："劋斳，割声谓之劋。或从斤。"又鎋韵刍刮切："斳劋簖，《博雅》断也。或作劋簖。"《四声篇海·斤部》引《龙龛》："斳，此芮、楚税、初鐉三切。断也。"处观《绍兴重雕大藏音》卷二："簖，斯音。又山宜反。"（C59，p524b）对于中华书局版《龙龛》注音之"北芮反"，中华再造善本、四部丛刊续编本、朝鲜本《龙龛》音同，早稻田大学藏本作"甘芮反"。中华书局版"北芮"为"此芮"之误，"北""此"二字形近而误。"此芮反"与"义（叉）芮切"音同。

6.《龙龛·手部》："撑，俗，音唯，正作埻，射的也。又宅耕反。"（213/2）

按：《篆隶万象名义·土部》："埻，之闰反。的。"《广韵·准韵》之尹切："埻，射的。《周礼》或作準。"《玉篇·土部》："埻，之允、之闰二切。《山海经》云：'骢山是埻于四海。'郭璞曰：'埻，犹隄也。'"可洪《新集藏经音义随函录》卷八："埻的，上音准，射㭋也，埻中木曰的也。"（C59，p834a）"撑"作为"埻"的俗字，中华再造善本、四库全书本、早稻田大学藏本《龙龛》皆音"唯"，朝鲜本《龙龛》音"准"，不误。"唯""准"两字形近而讹混。"准"音与"之尹切""之闰反"音同。

7.《龙龛·手部》："捒，楚草反。扶～也。又所草反。～取物也。又所去反。装也。"（217/4）

按：《篆隶万象名义·手部》："捒（捒），楚草反。策也。捶也。"吕浩《篆隶万象名义校释》："楚草反"为"楚革反"之误。①《玉篇·手部》："捒，初革切。马策也。又扶捒。"《广韵·麦韵》楚革切："捒，扶捒也。"又山责切："捒，捒取，取物也。"中华书局版《龙龛》音"楚草反""所草反"分别为"楚革反""所革反"之误，朝鲜本《龙龛》不误。"草""革"形近而讹混。（读"楚革反""所革反"的"捒"字，乃"捒"的俗写，读"所去反"，乃"捒"的本有读音。）又如《龙龛·手部》："摖，《旧藏》作碌。音张草反。"（217/10）此处"张草反"亦为"良革反"之误，可作比勘。

8.《龙龛·虫部》："虮，正。音瓦。蛤蟹属也。"（225/8）

按：《宋本玉篇·虫部》："虮，五忽切。似蟹。"《广韵·没韵》五忽切："虮，蛤蟹。"《类篇·虫部》："虮，五忽切。蛤属。"《五音集韵·没韵》疑母："虮，蛤蟹。"可洪《新集藏经音义随函录》卷一三："大虲，许鬼反，蛇名。亦云蝮，广三寸，头大如拇指，像卧物质微细，或走或飞，或爪或鳞也。又云两头蛇也。正作虺也。又五骨反，非。"（C60，p1045c）"虮"音"许鬼反"，乃"虺"的构件移位字，与"五骨反"的"虮"为一组同形字。中华再造善本、中华书局版《龙龛》音"瓦"，四库全书本《龙龛》音"元"，早稻田大学藏本、朝鲜本《龙龛》音"兀"。"瓦""元"皆为与"兀"之形近产生的讹误。"兀"音与"五忽切"音同，也与"虮"《龙龛·虫部》排在入声字部分相合。

---

① 吕浩：《篆隶万象名义校释》，学林出版社，2007，第95页。

9.《龙龛·水部》："冰，音水。"（228/6）

按：字头"冰"为"冰"的俗字。"冰"字本属"仌"部，俗字改从"水"部，仅笔画有别，意义无异。可洪《新集藏经音义随函录》卷一〇："冰闇，上彼冯反。"（C59，p908b）又："涷冰，上都贡反，下彼陵反，并从水。"（C59，p923c）查《碑别字新编》（修订本）"冰"字条：《晋爨宝子碑》作冰，《魏司马升墓志》作冰，《隋张涛妻礼氏墓志》作冰①；《汉魏六朝隋唐五代字形表》"冰"字条：东汉《景君碑阴》作冰，晋《徐义墓志》作冰，北魏《司马显姿墓志》作冰②；《汉魏六朝碑刻异体字典》"冰"字条收有冰形③，对应出处为：北魏《王理奴墓志》："松贞兰颖，冰洁霜厉。"《敦煌俗字典》"冰"字条：《佛说观佛三昧海经》卷五："寒地狱者八方冰山。"④又颜元孙《干禄字书》："冰冰，上通下正。"中华再造善本《龙龛》音"水"，四库全书本、早稻田大学藏本、朝鲜本《龙龛》皆音"水"。中华书局版《龙龛》音"水"，"水"为"冰"或"冰"之误。

10.《龙龛·口部》："唊，谦琰反。猿藏食处也。又占叶反。～～，多言也。"（272/2）

按：《宋本玉篇·口部》："唊，古协切。妄语也。"《广韵·怗韵》古协切："唊，唊唊，多言也。亦作詉。"可洪《新集藏经音义随函录》卷一四："唊嗋，上仕洽反，下五洽反。戏谑也。经文自切。应和尚《音义》以騵骚替之。《切韵》作媤、脥，并同。"（K63，p64a）四库全书本《龙龛》音"占叶反"，中华再造善本、早稻田大学藏本、朝鲜本《龙龛》音"古叶反（切）"。中华书局版《龙龛》"占"为"古"之滥文，"占""古"二字形近讹误。

11.《龙龛·口部》："丧，乘葬反。丧，失也，亡也。"（272/9）

按：《宋本玉篇·吅部》："丧，思浪、思唐二切。亡也。"《广韵·唐韵》息郎切："噩，亡也。死噩也。又姓，楚大夫噩左。又息浪切。丧，上同。"慧琳《一切经音义》卷七六："死丧，桑葬反。从哭从亡，经作丧，非也。"（T54，p803b）中华再造善本、四库全书本、早稻田大学藏本《龙龛》皆音"乘葬反"或"乘葬反"，朝鲜本《龙龛》音"苏葬切"。中华书局版《龙龛》"乘"（"乘"之异体）当为"桒"（"桑"之异体）之误，"乘""桒"两字形近而误。"桑葬反"与"思浪反""息浪切"音同。

12.《龙龛·口部》："喋，俗。喋嗏，二正。文甲反。嗻～也。三。"（277/1）

按：《篆隶万象名义·口部》："喋，丈甲反。歠也。鸭食也。"《宋本玉篇·口部》："喋，丈甲切。鸭唼食。又徒叶切。便语也。"《广韵·怗韵》徒协切："喋，便语。"又怗韵丁惬切："喋，血流貌。"又狎韵丈甲切："喋，喋喋，凫雁食也。"慧琳《一切经音义》卷八四："喋喋，丈甲反。《韩信传》云：喋，犹缺也。《声类》云：鸭食声也。《说文》从口枼声也。"（T54，p851b）可洪《新集藏经音义随函录》卷三："嗏喋，苏叶反。唧喋，多言也。亦小搋也。又直甲、徒叶二反。便语也。食声也。"（C60，p415c）中华再造善本、四库全书本、早稻田大学藏本《龙龛》皆音"文甲反"，朝鲜本《龙龛》音"丈甲切"。中华书局版《龙龛》"文"为"丈"之误，"文""丈"二

---

① 秦公、刘大新：《碑别字新编》（修订本），文物出版社，2016，第32页。
② 臧克和：《汉魏六朝隋唐五代字形表》，南方日报出版社，2010，第158页。
③ 毛远明：《汉魏六朝碑刻异体字典》，中华书局，2014，第47页。
④ 黄征：《敦煌俗字典》，上海教育出版社，2005，第27页。

字形近讹误。

13.《龙龛·鸟部》："鷖，於计反，鸟似凤也。又乌号反，凫属。"（288/8）

按：《篆隶万象名义·鸟部》："鷖，意提反。凫属也。"《广韵·齐韵》乌奚切："鷖，凫属。"可洪《新集藏经音义随函录》卷一："凫鷖，上防无反，下乌兮反。"（C59，p556c）又卷一三："凤鷖，乌计反，鸟似凤。又一兮反，凫属也。"（C59，p1051c）处观《绍兴重雕大藏音》卷二："鷖，乌兮反。"（C59，p526a）中华再造善本、四库全书本、朝鲜本《龙龛》皆音"乌号反（切）"。中华书局版《龙龛》音"乌号反"，此处"号"乃"兮（兮）"之误，二字形近而误。

14.《龙龛·米部》："糆，俗，糔，正。音西。屑米也。二。"（305/5）

按：《宋本玉篇·米部》："糔，莫片切。屑米。"《广韵·霰韵》莫甸切："糔，屑米。"《集韵·霰韵》眠见切："糔，米屑。"又径韵莫定切："糔，屑米。"中华再造善本、四库全书本、早稻田大学藏本《龙龛》皆音"西"，朝鲜本《龙龛》音"面"。中华书局版《龙龛》音"西"为"面"之误，"面"与"莫片切""莫甸切"音同。

15.《龙龛·走部》："趁，立忍、去刃二反。行貌。"（325/2）

按：《篆隶万象名义·走部》："趁，丘忍反。行貌也。"《宋本玉篇·走部》："趁，去忍、巨人二切。行貌。"《广韵·轸韵》弃忍切："趁，行也。"又震韵去刃切："趁，行貌。"中华书局版《龙龛》切上字为"立"字，中华再造善本、四库全书本、早稻田大学藏本、朝鲜本《龙龛》亦皆作"立"。中华书局版《龙龛》切上字"立"为"丘"之误，"立""丘"二字形近而误。

16.《龙龛·木部》："梯，立西反。木阶也。蹬也。"（373/5）

按：《篆隶万象名义·木部》："梯，他奚反。阶也。"《宋本玉篇·木部》："梯，他奚切。木阶也。"《广韵·齐韵》土鸡切："梯，《说文》云：'木阶也。'"可洪《新集藏经音义随函录》卷三："梯桯，上他西反，下步米反。"（C59，p619a）处观《绍兴重雕大藏音》卷二："梯，天犁反。又啼音。"（C59，p523a）中华再造善本、四部丛刊续编本、四库全书本、早稻田大学藏本、朝鲜本《龙龛》皆音"土西反（切）"。中华书局版《龙龛》音"立西反"，"立"乃"土"之误，"立""土"二字形近而误。

17.《龙龛·糸部》："緌，而佳反。继冠缨也。"（399/1）

按：《篆隶万象名义·糸部》："緌，乳佳反。继也。系也。冠饰。"《宋本玉篇·糸部》："緌，而佳反。继冠缨也。"《广韵·脂韵》儒佳切："緌，緌緌。"慧琳《一切经音义》卷九九："青緌，蕤佳反，郑注《仪礼》云：緌冠饰也。郭注《尔雅》：缨也。《说文》谓：继冠缨也。紫青色也。从糸委声也。"（T54，p923b）中华书局版、中华再造善本、四部丛刊续编本、四库全书本、早稻田大学藏本、朝鲜本《龙龛》皆音"而佳发（切）"。"佳"为"佳"之误，"佳""佳"二字形近而误。"而佳反"与"乳佳反""儒佳切""蕤佳反"音同。

18.《龙龛·目部》："眦，正。士卖反。睚~也。又五佳反。"（422/1）

按：《宋本玉篇·目部》："眦，士介切。睚眦也。"《广韵·卦韵》士懈切："眦，睚眦。"可洪《新集藏经音义随函录》卷一三："睚眦，上我街反，下助街反。正作哇、喍。又上五反，下仕懈反，非也。"（C59，p2016a）玄应《一切经音义》卷一二："睚喍，上五佳反，下助佳反。犬见齿也。经文作睚眦，瞋目也。"（C56，p994c）处观《绍兴重雕大藏音》卷一："眥眦，上正。并士询、将支二反。"（C59，p516a）中华书局版《龙龛》"眦"又音"五佳反"，乃承上"瞵眦"衍文。又《龙龛·目部》："瞵眦，五卖反。裂也。～眦，怒目貌。又五佳反。二同。"（421/9）"五佳反"乃"瞵眦"的读音。中华再造善本、四部丛刊续编本、四库全书本、早稻田大学藏本、朝鲜本《龙龛》皆衍文。

19.《龙龛·疒部》："㾂，徒冬反。～，动病也。亦～痛也。又俗，文中反。"（469/3）

按：《集韵·冬韵》徒冬切："㾂，《说文》动病也。"又持中切："㾂，病也。"玄应《一切经音义》卷七："㾂燥，上又作胗、疼二形。同徒冬反。《声类》作瘲。《说文》：'㾂，动痛也。'下苏倒反，干也。经文作㾂瘆，非也。"（C56，p922b）处观《绍兴重雕大藏音》卷三："㾂，持中反。"（C59，p538c）中华再造善本、四部丛刊续编本、四库全书本、早稻田大学藏本、朝鲜本《龙龛》皆音"文中反（切）"。中华书局版《龙龛》"文"为"叉"之误，"文""叉"二字形体近似而误。"叉中反"与"持中反"音同。

20.《龙龛·页部》："䎱，许缘反。～妍，美头也。又音两，孔子头也。"（482/6）

按：《说文·页部》："䎱，头妍也。从页，翩省声。读若翩。"张舜徽《说文解字约注·页部》："《玉篇》'䎱'下云：'娉缘、有矩二切'是䎱字本有二读：有矩切为羽音，娉缘切为翩音也。"①《广韵·仙韵》许缘切："䎱，䎱，妍，美头。"又麌韵王矩切："䎱，孔子头也。《说文》云：'头妍也。又读若翩。'"段玉裁认为：《广韵》注云"孔子头也"，是附会以为"孔子圩顶之圩"。中华书局版《龙龛》又音"两"，训"孔子头也"，读音"两"当为"雨"之误，"两""雨"两字形近易混，"雨"与《广韵》"王矩切"正合。又《龙龛·页部》："頨，误，《新藏》作字，义合作䎱。音雨，孔子头也。在《梁弘明集》第一卷。"（484/9）此处"頨"为"䎱"的俗字，注音为"雨"，可作比勘。中华再造善本、四部丛刊续编本音"两"，亦误；四库全书本、朝鲜本音"雨"，不误；早稻田大学藏本音"羽"，音值相同。

21.《龙龛·食部》："饕饕，二正。他力反。贪财曰～。"（499/3）

按：《宋本玉篇·食部》："饕，敕高切。贪财也。"《广韵·豪韵》土刀切："饕，贪财曰饕。"《集韵·豪韵》："饕虓叨饀刉，他刀切。《说文》贪也。一曰贪财为饕。籀作虓。或作叨饀刉。"玄应《一切经音义》卷五："饕乱，吐刀反。饕亦贪也。《说文》俗作叨字。"（C56，p889c）释希麟《续一切经音义》卷九："饕餮，上吐刀反，下他皆反。《字林》云：'贪财曰饕，贪食曰餮也。'"（T54，p974b）中华书局版《龙龛》音"他力反"，"力"为"刀"之误，"力""刀"二字形近而误。中华再造善本、四部丛刊续编本、四库全书本、早稻田大学藏本、朝鲜本作"他刀反（切）"，不误。

22.《龙龛·杂部》："𪗄，音亥。鬲属也。"（552/5）

按：高丽本、中华再造善本、四部丛刊续编本、四库全书本、朝鲜本皆音"亥"，并误。𪗄字实为"䖢"之俗字，构件"虍"常俗写作卢形或王形。《篆隶万象名义·鬲部》："䖢，牛远反。鬲也。"《玉篇·鬲部》："䖢，牛建切。鬲属。"《广韵·愿韵》语堰切："䖢，鬲属。"《集韵·愿韵》牛堰切："䖢甗，《说文》'鬲属'，或作甗。"注音"亥"字为"彦"字之误，"亥""彦"形

近而误，"彦"与"牛远反""牛建切""语堰切""牛堰切"音同。又《龙龛·虍部》收有"虓"字："虓，音彦。鬲属也。"高丽本、中华再造善本、四部丛刊续编本、四库全书本、早稻田大学藏本、朝鲜本皆音"彦"，可资比勘。

《龙龛手镜》一书由于疑难俗字众多，文献的整理难度很大和工作量过重，迄今为止还没有标点整理本问世。该书具有文字学、文献学等多方面的研究价值，就书中提供的批量注音材料来说，由于它有别于其他字书、韵书的注音，又没有受到官方修订的束缚，因此更有可能反映出当时的实际语音情况，其音系的整理可以丰富汉语史的研究资料。王力先生在《中国语言学史》中说："释行均《龙龛手鉴》成于统和十五年丁酉（997），那时是北宋初期，书中也有一套反切。以上所述这些书（注：《经典释文》《玉篇》《一切经音义》《说文解字系传》《龙龛手镜》）的反切，如果拿来做一个比较研究，一定会有收获。"① 我们指出中华书局版《龙龛手镜》中的若干疏漏，是为了使这本书能得到更好的利用，更好地保持古籍的原貌。

【参考文献】

［1］陈彭年. 宋本玉篇［M］. 北京：中国书店，1983.

［2］陈彭年. 宋本广韵［M］. 北京：中国书店，1982.

［3］丁度. 集韵［M］. 上海：上海古籍出版社，2017.

［4］顾野王. 原本玉篇残卷［M］. 北京：中华书局，1985.

［5］刘本才.《龙龛手镜》语料库建设与应用［J］.［韩］汉字研究 2019（1）.

［6］潘重规. 龙龛手鉴新编［M］. 北京：中华书局，1988。

［7］释处观. 绍兴重雕大藏音［M］.《中华大藏经》第 59 册，北京：中华书局，1993.

［8］释可洪. 新集藏经音义随函录［M］.《中华大藏经》第 59 册、60 册，北京：中华书局，1993.

［9］释空海. 篆隶万象名义［M］. 北京：中华书局，1995.

［10］释慧琳. 一切经音义［M］.《大正新修大藏经》第 54 册，台北：新文丰出版有限公司，1983.

［11］释希麟. 续一切经音义［M］.《大正新修大藏经》第 54 册，台北：新文丰出版有限公司，1983.

［12］释行均. 龙龛手鉴（朝鲜本）［M］.《异体字研究资料集成》一期别卷二，东京：雄山阁出版社，1973.

［13］释行均. 龙龛手镜（高丽本）［M］. 北京：中华书局，1985.

［14］释行均. 龙龛手鉴（四部丛刊续编本）［M］. 台北：商务印书馆，1986.

［15］释行均. 龙龛手鉴（四库全书本）［M］.《景印文渊阁四库全书》经部第 226 册，台北：商务印书馆，1986.

［16］释行均. 龙龛手鉴（中华再造善本）［M］. 北京：北京图书馆出版社，2003.

［17］释行均. 龙龛手鉴［M］. 日本早稻田大学藏本.

［18］释玄应. 一切经音义［M］.《中华大藏经》第 56 册，北京：中华书局，1993.

［19］中华电子佛典协会. CBETA 电子佛典集成［M］. http://tripitaka.cbeta.org/2018.

---

① 王力：《中国语言学史》，中华书局，2013，第 64 页。

Proofreading Errors of the Phonetic Notation in *Longkan Shoujing* (《龙龛手镜》) Published by Chung Hwa Book Company

Liu Bencai

(Faculty of Humanities and Social Sciences, Nanjing Forestry University, Nanjing 210037, China)

Abstract：*Longkan Shoujing* (《龙龛手镜》) published in 1985 by Chung Hwa Book Company is the only photocopy of this ancient works. Through referring to the interpretation of the writing system dictionaries, the rhyme dictionaries, and the Buddhist glossaries, this paper corrects kinds of errors in phonetic notation of the Chung Hwa version *Longkan Shoujing* (《龙龛手镜》), in order to provide the reference to solve this problem.

Key words：*Longkan Shoujing* (《龙龛手镜》); Photocopy; Phonetic errors

陕西清至民国契约文书词语疏证[*]

黑维强　　孙彦波

【摘　要】《陕西省清至民国文契史料》中有的词语不易理解，特别是具有地域色彩的词语。文章选取"潦池""歇扇"等数条词语进行释义。"潦池"指积水池、池塘，"歇扇"指空闲不宜耕种的土地。

【关键词】陕西契约；清朝民国；方俗词语

【作者简介】黑维强，陕西师范大学文学院教授，博士生导师，研究方向为近代汉语、训诂学、方言学、敦煌学；孙彦波，陕西师范大学文学院博士生，研究方向为方言学。（陕西　西安710119）

近年来全国各地出版了大量的契约文书，为有关地域性问题研究提供了鲜活的资料。陕西省早在 1991 年由三秦出版社出版了王本元、王素芬编写的《陕西省清至民国文契史料》（下称《陕西》），据前言介绍，该书是"从全省各地搜集的 1000 多份契书文约中，经过精选编纂而成的。它包括自乾隆二十一年（1756）至民国三十八年（1949），近二百年间，民间的水田、旱地、房屋、窑洞、屋基、山庄、池塘、道路、坟地、牲畜、春碓的买卖、佃当及借贷、分单的契约"。这些契约文书的词汇，在使用比较典雅和通行词语表达之外，也使用了少量当地的一些方俗语词，有的至今在口语中保存。考释其中一些词语，有利于方言词语的历史探源，也有益于文献的整理与利用。本文选择"潦池"等数条词语进行释义疏证。例句后括号内数字是书中出现的页码。

【潦池】积水池，干旱地区积蓄雨水的池子。今多写作"涝池"。

（1）《清道光四年（1824）乔含章立卖地文契》："路边胡同歇扇树树相连，出路潦池水皆通，并无阻当，央中说合，情愿出卖于本里三甲唐职思堂名下，永远为业。"（陕西 113 页）

（2）《清道光四年（1824）乔立纲卖地文契》："路边胡同歇扇树枝相连，出路潦池水皆通，并无阻当，同中说合，情愿卖于本里三甲职思堂名下为业。"（陕西 113 页）

（3）《清道光五年（1825）乔尚桂立卖地文契》："今将自己应分到黄家斜白地一段，计地一十三亩五分，东西畛，其地北至乔含德，南至刘有恒，东至官路，西至官道，四至分明，路边胡同歇扇树枝相连，出路潦池水皆通，并无阻当，央中说合，情愿出卖于本里三甲职思堂名

---

* 本文为国家社科基金项目"宋元以来民间手书文献俗字典编著及研究"（17BYY019），华东师范大学教育部研究基地招标项目"魏晋至宋元明出土实物文字数据库语料深加工研究"（16JJD740010），国家社科基金重大项目"西北方言地图集"（16JJD740010）、"明代至民国西北地区契约文书整理、语言文字研究及数据库建设"（19ZDA309）成果之一。

下永远为业。"(陕西 114 页)

(4)《中华民国三年(1914)乔含章立卖地文契》:"路边胡同歇扇树枝相连,出路潦池水皆通,并无阻当。"(陕西 117 页)

"潦"本指大雨的样子,引申为积水,作动词用,有水淹、积水成灾等意思。上引例子中,"潦"与"池"构成一个词,当指积水池。例子中的"出路潦池水皆通,并无阻当"是说出卖土地的出路、流进积水池塘的水路都畅通,并没有阻碍。这几个例子都出自一个叫"北里七甲"的村子,从例(1)与(4)来看,卖地人均为乔含章,卖地时间前后跨越了整整九十年,疑为同名字的两个人。在关中的地名中,有因"潦池"而得村庄之名者,如耀州区关庄镇有"潦池村",旬邑有"甘潦池村",今地图将"潦"写作"涝",概不明"潦"之本义了。从时代来看,"潦"字产生早,见于先秦时代文献,例如《诗经·大雅·泂酌》:"泂酌彼行潦,挹彼注滋,可以餴饎。"高亨注:"潦,积水也。""涝"产生较晚,首见于东汉许慎《说文解字》,本指河流名称,《水部》:"涝,水。出扶风鄠,北入渭。"《初学记》卷六引《关中记》:"泾与渭、洛,为关中三川,与渭、灞、浐、涝、潏、沣、滈,为关中八水。"此即"八水绕长安"之"涝"也。后来它用同"潦",也就是说,今天旱涝之"涝"的本字当为"潦"。今关中谚语说:"云向东,潦池空;云向南,潦池闲;云向西,潦池溢;云向北,潦池鼓堆堆。"意思是如果云彩向东、南而去,则不会下雨,因为这两个方向的云彩来自干燥的大陆腹部,含水量小,因此,"潦池"是空闲的;而云彩向西、北方向行走,因为来自湿润的东南海洋地区,云彩含水分大,就会下雨,所以"潦池"就会满溢,就会"鼓堆堆","鼓堆堆"是很满的样子。陈忠实《白鹿原》有 16 例,如第一章:"半年未过,她竟然神情恍惚,变成半疯半癫,最后一次到涝池洗衣服时犯了病,栽进涝池溺死了。"《陕西民俗专家:涝池,不该消失的乡愁与记忆》:"涝池,是关中农村修建的蓄积雨水、防涝抗旱的大水池,南方叫塘,北方叫涝池。不晚于上个世纪 70 年代,关中平原上几乎每一个村都有至少一个涝池,涝池也是一个村落的地标。"(《陕西日报》)[1] 许宝华、宫田一郎《汉语方言大词典》:"涝池:干旱地区积蓄雨水和雪水的池子;水池。(一)中原官话。陕西宝鸡(音标略)。《柳公权练字》:'写尽八缸水,砚染~黑。'(二)晋语。山西孝义(音标略)。"徽州地区将护城河叫"潦池",例如朱元璋部将邓愈在至正十七年(1357),将徽城(今歙县政府所在地)城外东西北三面开掘潦池,河深一丈二尺,阔二丈四尺。[2]

【歇扇】"歇扇地"的省略,指田地、沟壑、房屋、路边、树下等空闲不宜耕种的土地。

(1)《清道光四年(1824)乔含章立卖地文契》:"路边胡同歇扇树树相连,出路潦池水皆通,并无阻当,央中说合,情愿出卖于本里三甲唐职思堂名下,永远为业。"(陕西 113 页)

(2)《清道光四年(1824)乔立纲卖地文契》:"路边胡同歇扇树枝相连,出路潦池水皆通,并无阻当,同中说合,情愿卖于本里三甲职思堂名下为业。"(陕西 113 页)

---

① 王罡、秦骥、肖杨:《陕西民俗专家:涝池,不该消失的乡愁与记忆》,陕西传媒网,2017 年 2 月 17 日。

② http://wx.168hs.com/wap/thread/view-thread/tid/862786。

（3）《清道光五年（1825）乔尚桂立卖地文契》："四至分明，路边胡同歇扇树枝相连，出路
潦池水皆通，并无阻当，央中说合，情愿出卖于本里三甲职思堂名下永远为业。"（陕西114页）

（4）《道光五年（1825）刘吉坦立卖文契》："其地东止刘升，西止刘永清，南止千家页，
北止沟畔，以上四至分明，沟畔歇扇相连。"（陕西114页）

（5）《道光七年（1827）刘中灵立卖地文契》："四至分明，胡同歇扇相连，央中说合，情
愿出卖于本里三甲职思堂名下，永远为业。"（陕西114—115页）

（6）《清道光十八年（1838）李春茂立卖地文契》："其地东止□根，南止李文喜，西、北
俱止胡同，歇扇相连，四止分明，央中说合，情（愿）俱出卖于北里三甲职思堂唐名下，永远
为业。"（陕西115页）

（7）《中华民国二年（1913）乔登举立卖地文契》："其地东止乔鱼儿，西止买主，北止草
胡同，歇扇在内，南止千家页，四止分明，央中说合，情愿出卖于本里三甲唐职思堂名下永远
为业。"（陕西116页）

（8）《中华民国三年（1914）乔含章立卖地文契》："路边胡同歇扇树枝相连，出路潦池水
皆通，并无阻当。"（陕西117页）

以上例子中的"歇扇"，大多数是说，它可以和什么地标物相连，如与"路边胡同树枝"连
用，与"沟畔"连用，或者说"歇扇在内"，要表达的意思是土地出卖时，将与土地相连的"歇
扇"在内出卖，那么，与土地有关的就是附近相连的空间，此可大致说明"歇扇"之所指。今关中
及西北方言还在使用该词，如在陕西人的微博里，也能见到，如"这次我算是知道了，把我们的样
板田地和歇扇地都确给队里，剥夺我们的地，成为他们的贪钱工具"。甘肃省宁县人民法院民事判
决书〔（2015）宁民初字第860号〕："本院认为：宅基地包括屋基地、院落地和门前屋后的歇扇
地。农村宅基地和自留地依法属于农村集体所有，村民只享有使用权。"《分步逼近法实现界址点定
位的研究》："该部分周界曾于1986年埋设30个界桩及圆心标志桩，其后按界桩及给农业用地让留
一部分歇扇地后修建了围墙。"《周秋芳与李余粮、李龙宫土地承包经营权纠纷二审民事判决书》：
"周秋芳的土地南段宽3.35米，北段宽3.08米，与村组土地登记账册上登记的面积核对，北段少
17厘米，李余粮与周秋芳相邻地北段宽10.2米（含歇扇地）。"（2009 - 01 - 21中国裁判文书网）①
河南清代地方志中亦见该词。例如清乾隆三十一年（1766）刊本河南省《新安县志》："树覆禾田
曰歇扇。"清光绪七年（1881）刊本《宜阳县志》："树下地谓有歇苫。"② 从文献及如今用例看，
"歇扇地"可能是中原西北方言词。

【页畛地】横向田垄的田地。

（1）《清道光四年（1824）乔含章立卖地文契》："又页畛地壹段，四亩，东西畛，其地东
至买主，西至乔立功，南至乔立熬，北至刘文远。"（陕西112页）

---

① 以上材料来自网络。
② 转引自王珂《清代河南地方志方言材料分析》，河南大学硕士学位论文，2013，第44页。

（2）《中华民国三年（1914）乔含章立卖地文契》："又页畛地一段，肆亩，东西珍，其地南止乔立鳌，西止乔立功，东止买主，北止刘文远。"（陕西 117 页）

（3）《中华民国三年（1914）文自悔立卖地文契》："立写卖地文契人金里四甲文自悔，因为不便，今将祖置到蒙家胡同页畛地一段，计旧地伍亩。其地西止官道，东止刘姓，北止千家页，南止买主，四止分明，情愿出卖于北里三甲唐习勤堂名下永远为业。"（陕西 118 页）

以上三例都来自关中地区的契约文书，"畛"指田地的田垄，用于指平原或平摊田地①，"页"是关中地区方言读音用字，读如"暅"，是"横"的白读音俗写②，所以"页畛"就是"横畛"，东西方向田垄。今关中地区方言对田地田垄走向有"横畛子""顺畛子"的说法，"横畛子"与"顺畛子"相对，"横畛子"指东西方向的田垄，"顺畛子"是南北方向的田垄。也就是说，"页畛地"是指东西方向田垄的土地。

【字仪】指签字画押的费用、小费，与交易标的物的费用相对。

（1）《清乾隆叁拾陆年（1771）程义永卖水田文契》："言明卖价钱伍千文，现交不欠，其田即日管业。……外受过割字仪钱二千六百文。又照。"（陕西 1 页）

（2）《清乾隆四十四年（1779）许维世永卖水田文契》："当受时值钱壹拾陆千文，一手交足无欠，字仪一并在内。其田随代实条壹钱壹分陆厘正，并无遗粮短价情弊。"（陕西 2 页）

（3）《清嘉庆十八年（1813）左奉章永卖沙地文契》："三面言定，时值买卖价钱伍串钱伍串贰百文，现交不欠，字仪过割一并在内。"（陕西 3 页）

（4）《清嘉庆二十三年（1818）王福元起元卖旱地文契》："外折字仪过割钱叁串文。"（陕西 4 页）

（5）《清道光拾二年（1832）袁尚增永卖旱地文契》："三面言明时值买钱捌串零伍拾文。一手交足，字仪过割一并在内。"（陕西 5 页）

（6）《清道光十五年（1835）戴光胜等永卖平坡生熟地房屋文契》："当日三面言定，现受时值卖价钱壹伯贰拾串文正，字仪过割走边画字一并在内。"（陕西 5 页）

（7）《清道光拾六年（1836）王远义等永卖水田荒熟地土房屋文契》："外受字仪过割、走边画字钱共拾串整，此系二意情愿，并无逼勒准折等情。"（陕西 6 页）

（8）《清咸丰四年（1854）周兴春永卖旱地文契》："外出字仪过割、中人代笔钱壹串文。又照。"（陕西 12 页）

（9）《清同治四年（1865）仁恒有永卖水田坡地》："三面言明，现授时置价钱壹拾伍串文整，字仪过割以（一）并在内。"（陕西 17 页）

（10）《清光绪三年（1877）祝全福永卖庄田文契》："外批：字仪过割、点笔画字、起神退桩钱伍拾陆串文整。又照。"（陕西 22 页）

---

① 黑维强：《辽金以来土地契约文书中"畛"义之考辨》，《中国文字研究》第 25 辑，上海书店出版社，2017，第 140 页。
② 由孙立新先生相告，谨致谢意！

（11）《民国二十六年（1937）周克昌永卖瓦房文契》："自卖之后，永无反悔，字仪过割一并在内，后有人异言者，有卖主中人一面承当，不与买主相干。"（陕西 57 页）

以上例字中"字仪"皆与钱币联系在一起，从与正价相对的表达情况看，当指某种小费。例子（1）（4）（7）（8）（10）中的"字仪"不包括在正价之内，所以说"外受""外折""外出""外批"，其余例子（2）（3）（5）（6）（9）（11）等"字仪"在正价之内，故言字仪"一并在内"。给参与交易活动的一些人"字仪"小费，是一种风俗习惯。

【画字】"画字"在契约文书中，除了表示对交易过程见证确认所做的标记，即等同于在文据上签字、画押，它还是"画字钱""画字银"的省称，指标的物价钱之外的小费，即正价之外的费用。

（1）《清乾隆二十五年（1760）李盛吾绝卖地约》："同众公布，时价银叁拾捌两整。当日银地两过，并无账债折准等弊。所带官银叁钱。户礼画字一切在内。"（陕西 126 页）

（2）《清乾隆三十年（1765）王进唐绝卖祖置地文约》："同中公布时价银二十两整，画字在内。"（陕西 127 页）

（3）《清嘉庆二十一年（1806）陈胜材卖山地文契》："当日三面言定，时值地价钱拾千文整。画字代笔一并在内。"（陕西 85 页）

（4）《清道光元年（1821）方义安卖山场房屋文契》："当日方姓父子亲手领讫，并无短少分文，其地随带熟粮六合，听从买主过割，税契过粮当□脱业画字出屋一并在内，恐有房亲户族人等异言，有方姓父子一身承当，不与买主相干。"（陕西 86 页）

（5）《清道光叁年（1823）黄宗义出卖山地文约》："其地内瓦房叁间，石板房三间，猪圈、菜园、土木、金石一并在内，脱业画字礼一并在内。"（陕西 87 页）

（6）《清道光十五年（1835）戴光胜等永卖平坡生熟地房屋文契》："当日三面言定，现受时值卖价钱壹伯贰拾串文正，字仪过割走边画字一并在内。"（陕西 5 页）

（7）《清道光二十九年（1849）李长发永卖田庄》："自出售之后，任随买方投税过粮完纳管耕，但凡买主亲族人等，已到未到，走边画字移神退庄，概议在价内，永无异言阻滞，不得另生枝节。"（陕西 10 页）

（8）《清同治六年（1867）瞿永昌永卖田庄文契》："外批：走边画字起神退庄钱拾串文正。又照。"（陕西 18 页）

（9）《清光绪贰拾六年（1900）常胡氏等出卖街房文契》："外批：走边画字起神腾庄钱六串文整。"（陕西 56 页）

（10）《清宣统贰年（1910）吴肇成卖山坡平地水田庄房文契》："比日三面议定，时值地价净钱贰百肆拾串文整，画字代笔各项礼仪，出屋香火礼，外无挂欠，净钱拾串文整。"（陕西 44 页）

"画字"在辞书中收录了，解释为"在文据上签字、画押"。其实除此之外，还有上引例子中的意思，即交易正价之外的小费。例（1）的正价是"时价银叁拾捌两整"，"户礼画字一切在内"，表明实际上没有另外给画字等各种费。在民间大型交易完成后，酒食招待或者折合成钱是民间乡俗惯例之一，始见于汉代，延续到民国和现今时代，在契约文书中还能见到有关文字记述。如汉代《汉长乐里乐奴卖田券》："古酒旁二斗，皆饮之。"（粹编①39页）《东汉建初六年（81）武孟麛婴买冢田玉券》："为田廿三亩奇百六十四步，直钱十万二千。……沽酒各二千。"（粹编44页）这里的"古（沽）酒""沽酒"就是指交易达成后招待喝酒，不喝酒则折合成钱。前一例很典型，买酒二斗，大家一起畅饮。后一例是将酒折合成"二千"个钱。例（2）至（7）同。例（8）至（10）是正价之外的，其中有"外批"二字可证。例（10）正价是"净钱贰百肆拾串文"，"画字"等是"净钱拾串文"。历史学界有过解释："画字银是卖主及其亲房和族人在田地正价之外向买主索要的银钱。"② 以上例子见于汉中、安康契约文书中，在关中、陕北契约中也直接说"画字钱""押字钱"，其他地区契约亦见。例如：

（11）《清嘉庆捌年（1803）孙应鳌同子洪运洪先洪才卖地文契》："本族户里画字钱壹千文。"（陕西128页）

（12）《清道光四年（1824）乔含章立卖地文契》："同中照时估价共钱壹佰壹拾壹仟文整，当日交足。画字钱照乡例付清。"（陕西113页）

（13）《清道光十八年（1838）李春茂立卖地文契》："随带地内原粮贰斗另九合，当年即过。画字钱照乡例付楚。"（陕西115页）

（14）《清嘉庆二十四年（1819）赵永仓出卖土地契文》："说合中人赵永良画字钱三百文，同亲房人赵旺禄画字钱一串文。"（河州③3页）

（15）《清道光四年（1824）乔立纲立卖地文契》："同中照时估价钱七千四百文整，当日交足。押字钱照乡例付清。随代地方原粮叁升六合，当年割过。"（陕西113页）

（16）《清道光十八年（1838）乔立仁立卖地文契》："同中言明，照时估价钱贰拾陆千文整，其价当日交足，随带地内原粮柒升贰合，当年割过，押字钱照乡例付清，并无遗粮短价等弊。"（陕西115页）

相互比较，例（1）至（10）的"画字"，即此六个例子中的"画字钱""押字钱"。这些例子中的"画字钱""押字钱"没有包括在正价之内，有的直接说明画字钱或押字钱是多少，有的则说"照乡例付清"，也就是另外付钱。明代沈榜《宛署杂记》卷五有明确的记载："每民间有事，应与拘送，则有鞋脚钱；或已就拘执，两愿和息，则有酒饭钱；奉檄踪迹奸宄，未得而株连之，则有宽限钱；已得而墨覆之，则有买放钱；城内每月每家有灯油钱；买卖房契有画字钱。"据《中国通史》介绍，江西弋阳、湖南湘潭、江苏泰州叫"画字钱""画押银"，安徽寿州及霍邱县一些乡镇称为"喜礼银"，湖南平江称为"酒礼银"，安徽六安州、河南固始县叫"贺银""赏贺银"。六安州

---

① 张传玺：《中国历代契约粹编》，北京大学出版社，2014。下简称"粹编"。
② 白寿彝：《中国通史》第十卷上册，上海人民出版社，2015，第400～401页。
③ 甘肃省临夏州档案馆：《清河州契文汇编》，甘肃人民出版社，1993。下简称"河州"。

"乡间俗例：凡有把产业转卖别人，原主都要向买田的要几两银子，叫做贺银"。①

【脱业】给交易土地所有者正价之外的上一个业主的钱款。这种钱的名称各地不尽相同，湖北襄阳、江陵及湖南安化县称为"脱业钱"。

（1）《清道光元年（1821）方义安卖山场房屋文契》："当日方姓父子亲手领讫，并无短少分文，其地随带熟粮六合，听从买主过割，税契过粮当□脱业画字出屋一并在内，恐有房亲户族人等异言，有方姓父子一身承当，不与买主相干。"（陕西86页）

（2）《清道光叁年（1823）黄宗义出卖山地文约》："其地内瓦房叁间，石板房叁间，猪圈、菜园、土木、金石，一并在内，脱业画字礼一并在内。"（陕西87页）

（3）《清咸丰七年（1857）邓九思卖地文约》："空一字格另开脱业画字，尽在价内。"（陕西88页）

（4）《清咸丰十年（1860）陈文蔚出卖山地水田房屋文契》："当日亲手领足，无欠分文，开粮过合（割），脱业画字，出屋酒水，尽在长价之内。"（陕西89页）

（5）《清同治拾年（1871）沈承亨卖山地房屋文约》："凭中言时值地价钱壹百叁拾伍串文整，即日亲手收足，无欠分文，脱业画字，出屋退庄，尽在价内。"（陕西90页）

（6）《清光绪二十六年（1900）汪立明卖山地房屋文约》："当日亲手领足，不欠分文，脱业出屋，画字尽在长价之内。"（陕西92页）

（7）《民国八年（1919）方行鼎兄弟卖生熟山地文契》："自卖之后永无反悔、加补、回赎等情。所有户内亲疏人，不得异言，如有此情，不与买主干涉，有卖主一身承担。脱业画字尽在价内。"（陕西94页）

（8）《中华民国二十七年（1938）李旺连卖山地文契》："比议时值大价足洋贰佰捌拾元正，脱业画字尽在大价之内。"（陕西96页）

以上例子在陕西契约文书中仅见于安康地区的契约文书，共检得13例。明清时期是外来人口迁入安康地区比较集中的一个阶段，移民者多为四川、湖北、湖南等地的人。他们翻越秦巴山区或顺着汉水河谷逆流而上，在汉水河谷定居，同时也将自己家乡的方言词语带过来，"脱业"一词可能就是其中一个例子。我们在四川契约文书中也能见到大量例子。例如：

（9）《清光绪四年（1878）陈国炳立卖契》："共议扣底价钱三千一百四十钏文，画字脱业交契一切礼仪均包价内。"（龙泉驿②77页）

（10）《清光绪七年（1881）廖二合杜卖水田文契》："一切小礼微仪，书押画字，离庄脱业，并包价内。"（新都③50页）

（11）《清光绪十年（1884）钟兴盛杜卖水田基地房屋林园竹木文契》："卖主全家书画脱

① 白寿彝：《中国通史》，第400~401页。
② 胡开全：《成都龙泉驿百年契约文书1754~1949》，巴蜀书社，2012。下简称"龙泉驿"。
③ 熊敬笃：《清代地契史料：嘉庆至宣统》，四川省新都县档案局、四川省新都县档案馆，1986。下简称"新都"。

业等礼，一并包在价内。"（新都 58 页）

另外，文献记载湖北襄阳、江陵及湖南安化县乡间习俗："凡是卖田，上首业主原有脱业钱。"清朝时，安化县有个叫李祥一的人，他将田地卖给李彩槐，李彩槐又转卖给李茂柏，李祥一已迁居湘乡县，李茂柏当时没有付给李祥一脱业钱，最后因脱业钱双方发生争吵打架，致人死亡，变成了人命案。[①]

【割事】"割事钱（钞）"的省称，指交易正价之外的一种费用。在交易最后形成时，买卖双方要在中介人的见证下丈量土地面积，书写契约内容，钱契两清，交割手续完毕，概有"交割""割过"等环节，故推测与此相关的费用称为"割事钱"。

（1）《清光绪四年（1878）张万良永卖旱地文契》："外包割事四佰文。"（陕西 23 页）

（2）《清光绪二十二年（1896）张贵荣永卖水田文契》："外批：割事字仪钱四百文。"（陕西 33 页）

（3）《清光绪二十六年（1900）吴云章永卖旱地文契》："外出割事字仪钱壹串文。"（陕西 37 页）

（4）《清宣统元年（1909）聂发元等永卖旱地文契》："外包割事伍佰文。又照。"（陕西 43 页）

（5）《清宣统贰年（1910）焦本乾永卖水田文契》："外包割事壹串贰佰文。"（陕西 45 页）

（6）《中华民国三年（1914）唐景溢立卖地文契》："同中言明，卖价银叁拾捌两整。其价当日交足，并不欠少，随带地内原粮壹斗捌升，当年割过，并无遗粮短价等弊。割事画字，一切在内。"（陕西 117 页）

以上例（1）至（5）中的"割事"或独立使用，或与"字仪"并列表述，后边都接着钱数，表示该事项是多少钱，可见它是交易中支付的某种费用名称，即正价之外的小费，与下文例子比较，它是"割事钱（钞）"的省略。例中"外包""外批""外出"表明"割事"的费用不在交易的正价之内。这也有例外的情况，如例（6），"割事"费用包括在正价"叁拾捌两"之内了。在契约文书中，有时也直接说"割事钱"，可以为"割事"的词义理解提供参考，在此可以做一比较。例如：

（7）《清咸丰九年（1859）张广元永卖水田文契》："外出割事钱陆佰文。"（陕西 13 页）

（8）《清光绪三年（1877）邓印川永卖水田文契》："外包割事钱伍佰文。"（陕西 20 页）

（9）《清光绪十七年（1891）胡其顺等永卖水田文契》："同家门言明外包割事钱贰佰文。"（陕西 30 页）

（10）《清光绪二十四年（1898）张炳义永卖水田文契》："外包字仪割事钱捌佰文正。又

---

① 白寿彝：《中国通史》，第 400～401 页。

照。"（陕西 35 页）

（11）《清光绪三十年（1904）张万财永卖水田文契》："外包割事钞壹串文正。又照。"（陕西 40 页）

（12）《清光绪元年（1875）临汾县李门梁氏等卖房红契》："后批：画字割事钱伍仟文整。又照。"（笔者收藏）

以上例子几乎都是在正式契约之后列出条款，另外它们也是用在"外出""外包"之后，个别用例出现在正文中，如例（11）。《陕西》全书一共20例，主要见于汉中地区19例，另外1例见于关中地区，即例（11）。我们查阅资料看到在山西省有"会邻割事"的习俗："买卖不动产，成约时，由买主设席邀请四邻并中人会食，如无异辞，即全中人丈量定界，业价两交。意盖会邻交割，藉免日后纠葛，故名曰'会邻割事'。按：此项习惯系据夏县知事张柳星报告。会同四邻踩界，可免日后经界之争，晋省各县大抵有此习惯，历见本会前此各期报告。"（民事①501 页）

【走边】丈量，勘界。辞书收录该词，解释为戏曲术语，一种成套的、连续的舞蹈动作，多指武戏中角色夜间潜行，靠路边疾走。这一意思在契约文书中不存在，当另有所指。例如：

（1）《清道光十五年（1835）戴光胜等永卖平坡生熟地房屋文契》："当日三面言定，现受时值卖价钱壹伯贰拾串文正，字仪过割走边画字一并在内。"（陕西 5 页）

（2）《清道光拾六年（1836）王远义等永卖水田荒熟地土房屋文契》："外受字仪过割走边画字钱共拾串整，此系二意情愿，并无逼勒准折等情。"（陕西 6 页）

（3）《清道光二十九年（1849）李长发永卖田庄》："自出售之后，任随买方投税过粮完纳管耕，但凡买主亲族人等，已到未到，走边画字移神退庄，概议在价内，永无异言阻滞，不得另生枝节。"（陕西 10 页）

（4）《清同治六年（1867）瞿永昌永卖田庄文契》："外批：走边画字起神退庄钱拾串文正。又照。"（陕西 18 页）

（5）《清同治十一年（1872）田泰恒永卖荒山熟地水田堰沟等文契》："其地内坟墓，有坟无禁，不得藉坟占地，走边画字，包在价内，毫无外费。"（陕西 91 页）

（6）《清光绪九年（1883）王重贤等永卖田庄文契》："外批：走边画字字仪过割钱拾串文正。又照。"（陕西 27 页）

（7）《清光绪二十六年（1900）美济堂出卖街房基地文契》："外批：走边画字起神腾庄共钱陆串文整。"（陕西 56 页）

（8）《清光绪三十三年（1907）张康氏等永卖庄园文契》："外批：字仪过割走边画字起神退庄喜钱，百包在内。又照。钱壹拾串文正。"（陕西 54 页）

（9）《清宣统元年（1909）许肖氏出卖庄园文契》："走边字仪、起神藤庄一并在内。"（陕西 42 页）

---

① 胡旭晟等点校《前南京国民政府司法行政部·民事习惯调查报告录》，中国政法大学出版社，2000。下简称"民事"。

（10）《民国二十五年（1936）高维岳永卖庄园文契》："外批：走边画字仪过起神退座洋贰拾元整。"（陕西 49 页）

"走边"本义并非字面意思沿着边走，而实际上要表达的是土地面积丈量问题，对田地四至的勘界确认。以上例子说的都是"走边"与"画字""起神""退庄"并称，用以修饰"钱""喜钱"的小费，所以"走边"也是指钱的，即丈量土地面积的小费。该书共计 12 例，汉中地区契约文书中 11 例，安康地区契约文书中 1 例。安康其他契约文书及相关文献亦见，如清朝紫阳县正堂案卷文书。例如：

（11）《清咸丰元年（1851）紫阳县陈义父子立杜卖文约》："其钱比日亲手领足，无欠分文，所有走边画字一并在内，随带熟粮一勺过割完纳。"（陕西省档案馆藏）

（12）《清同治八年（1869）紫阳县王价茂杜卖熟地字》："日后倘有房亲户族兹事生端，自有出卖主一身承耽，不与买主相涉，走边画字离庄，一并包在价内，任从业主过户纳粮。"（陕西省档案馆藏）

（13）《紫阳正堂档案》："该县土地交易中还存在中笔资、走边画字钱、出屋礼、离庄钱、老主脱业钱、挂红钱、让界钱等陋规名目。"（陕西省档案馆藏）

今陕南部分地区仍说"走边"，就是丈量的意思（我院张璐博士告诉）。陕南大部分方言属于西南官话，所以在语言使用上，与西南官话具有一致性，"走边"一词在四川契约文书中也偶见用例。例如：

（14）《清乾隆五十七年（1792）李学达卖铺房文约》："当日凭中议定九五色银壹百捌拾两整，人手现交，并无折算。原业走边画字一包在内，不与买主相干，酒水在外。"[1]

契约文书中类似"走边"意思的表达，还有"踩踏""踩"等词，陕西和其他地区契约均见其例，浙江石仓契约文书使用尤为频繁。例如：

（15）《清乾隆十九年（1754）陈尧徵卖田地文契》："要行出卖，先尽房亲族邻人并无人承买，转请中人说合，卖与陈祖浩为业，即日经众邻约人等踩踏。"（龙泉驿 1 页）

（16）《清乾隆五十六年（1791）廖有贵立卖断田契》："今俱四至分明，托中人三面踩踏明白，亲立文契，送与阙天有入手承买为业。"（石仓[2] 1/1/136 页）

（17）《清道光拾六年（1836）王远义等永卖水田荒熟地土房屋文契》："又小堰沟内荒碥一块，与阎姓公共四界，凭中踩踏分明，并无混乱包占。"（陕西 6 页）

---

[1] 《中华大典》工作委员会、《中华大典》编纂委员会：《中华大典·法律典·民法分典·清代巴县档案汇编》第 3 册，西南师范大学出版社，2014，1730 页。

[2] 曹树基等：《石仓契约》第 1 辑，第 1~8 册，浙江大学出版社，2011。下简称"石仓 1/1~8"。

（18）《清同治七年（1868）马玉霖父子杜卖田土房屋林园文契》："经中踩踏，四址分明，并无紊乱。"（新都 26 页）

（19）《清嘉庆二十一年（1816）李乔佐等立便换田合约》："今因管业不便，邀集亲友前来踩踏四至，情愿将此四处之田，荒熟一应在内，立字便换与阙天开亲边入手便换为业。"（石仓 1/8/188 页）

（20）《清道光元年（1821）方义安卖山场房屋文契》："四至踩明，具照老畔为界。"（陕西 86 页）

（21）《清光绪元年（1875）周继富父子杜卖水田房屋等项文契》："比日凭族中证议定时世（市）使用九九色价银陆佰壹拾叁两整。即日眼同族中证踩明四界。"（新都 38 页）

（22）《清光绪十七年（1891）吕安盛杜卖田土房屋林园堰塘文契》："亲引中证踩明周围界址，……四址分明，毫无紊杂。"（新都 84 页）

通过比较"走边"与"踩踏""踩"的行文体例，它们要表达的意思当一致。这些例子中的"踩踏""踩"并非字面的用脚蹬踏，它们同样用于表示对土地面积的丈量。例（19）的"踩踏四至"、（20）的"踩明四界"极能说明它的作用。"踩踏"一词的丈量、勘察义储小旵做过考释，可详细参考。①

【参考文献】

［1］白寿彝总主编．中国通史［M］．第 10 卷上册．上海：上海人民出版社，2015．

［2］曹树基等．石仓契约［M］．第 1 辑，第 1—8 册．杭州：浙江大学出版社，2011．

［3］储小旵．《石仓契约》字词考校八则［J］．浙江大学学报，2013（2）．

［4］甘肃省临夏州档案馆．清河州契文汇编［M］．兰州：甘肃人民出版社，1993．

［5］黑维强．辽金以来土地契约文书中"畛"义之考辨［J］．中国文字研究，第 25 辑．上海：上海书店出版社，2017．

［6］黑维强．土默特契约文书所见 200 年前内蒙古西部晋语语音现象考察［J］．中国语文，2018（5）．

［7］黑维强，贺雪梅．论唐宋以来契约文书套语句式的语言文字研究价值及相关问题［J］．敦煌学辑刊，2018（3）．

［8］胡开全．成都龙泉驿百年契约文书 1754～1949［M］．成都：巴蜀书社，2012．

［9］胡旭晟等点校，前南京国民政府司法行政部·民事习惯调查报告录［M］．北京：中国政法大学出版社，2000．

［10］王本元，王素芬．陕西省清至民国文契史料［M］．西安：三秦出版社，1991．

［11］王德庆．清代土地买卖中的陋规习惯——以陕南地区为例［J］．历史档案，2006（3）．

［12］许宝华、宫田一郎主编．汉语方言大词典［M］．北京：中华书局，1999．

① 储小旵：《〈石仓契约〉字词考校八则》，《浙江大学学报》2013 年第 2 期。

［13］熊敬笃. 清代地契史料：嘉庆至宣统［M］. 四川省新都县档案局、四川省新都县档案馆，1986.

［14］张传玺. 中国历代契约粹编［M］. 北京：北京大学出版社，2014.

The Illustration of Words and Expressions about Contract from Qing Dynasty to Republic of China in Shaanxi

Hei Weiqiang   Sun Yanbo

（School of Chinese Language and Literature, Shanxi Normal University,

Shanxi Xi'an 710119, China）

Abstract：There are some words and expressions in *Contract from Qing Dynasty to Republic of China in Shaanxi Province* （《陕西省清至民国文契史料》）. It is difficult to comprehend them, especially words and expressions with local feature. "Laochi（潦池）", "Xieshan（歇扇）" and so on are chosen to illustrate one by one. "Laochi"（潦池） means stagnant pool or pool. "Xieshan（歇扇）" means the land that lies idle and don't suitable for growing crops.

Key Words：Contract in Shaanxi；Qing Dynasty and Republic of China；Words and Expressions of Dialect

古汉语中的一种"N 之 A"结构[*]

潘玉坤　杨薇薇

【摘　要】 古汉语里有一种"名词 + 之 + 形容词"短语，极具特色。本文对这种短语做了初步探索，揭示其特点，分析其句法结构、句法功能和表义特征，对其修辞色彩和语用效果亦有所发掘。

【关键词】 "N 之 A"短语；句法结构；表义特征；形容词；之

【作者简介】 潘玉坤，华东师范大学中国文字研究与应用中心教授，博士生导师，主要研究古汉语语法和文字训诂。杨薇薇，女，华东师范大学中国文字研究与应用中心汉语言文字学专业博士生。（上海　200241）

1. 汉语的形容词与名词组合，通常构成偏正短语（A + N）和主谓短语（N + A）。古汉语还有一种"N 之 A"短语，颇具特点，值得特别关注。例如：

（1）故圣君设度量，置仪法，如天地之坚，如列星之固，如日月之明，如四时之信。（管子·任法）

（2）商人之四方，市贾信徒，虽有关梁之难，盗贼之危，必为之。（墨子·贵义。按"信徒"为"倍徒"之讹）

（3）离娄之明，公输子之巧，不以规矩，不能成方圆；师旷之聪，不以六律，不能正五音。（孟子·离娄上）

（4）故人臣毋称尧、舜之贤，毋誉汤、武之伐，毋言烈士之高，尽力守法，专心于事主者为忠臣。（韩非子·忠孝）

有必要在开篇交代清楚的是，本文讨论的，是一种比较特殊的"N 之 A"结构（具体见下文"2""3"）。有些短语，虽也是"N 之 A"，却不属本文关注范围，比如"忠，社稷之固也"（左传·成公二年），"水行不避蛟龙者，渔父之勇也；陆行不避兕虎者，猎夫之勇也"（庄子·秋水）。至于学术界讨论颇多的"主 + 之 + 谓"短语，本文也只是略有涉及。

2. 本文所说的"N 之 A"结构，有一个重要特征，就是性状 A 乃 N 所固有或具有（包括作者、说话人主观认为是这样），如：

---

* 基金项目：本文写作得到教育部人文社科重点研究基地重大项目（16JJD740011）资助。博士生韩传瑜为本文提供了补阙意见。

（1）离朱之明，察箴末于百步之外，不能见渊中之鱼；师旷之聪，合八风之调，而不能听十里之外。（淮南子·原道训）

离朱即离娄，传说为黄帝时人，视力之好，能于百步之外见秋毫之末；师旷是春秋时著名乐师，听觉之敏锐，辨音能力之强，世无其匹。"离朱之明""师旷之聪"这样的说法，是将他们视力好、听力好的特质做了某种程度的凸显。

下面是同类型的句子：

（2）夫以孔、墨之辩，不能自免于谗谀，而二国以危。（史记·邹阳列传）

（3）夫以诸侯之细，而乐万乘之侈，仆恐百姓之被其尤也。（文选·〔司马相如〕上林赋）

（4）尾生之信，不如随牛之诞。（淮南子·说林训）

（5）试之狡兔之捷，以验搏噬之用。（三国志·魏书·陈思王植传）

（6）以天下之大，而困于一县之小，甚窃为执事羞之！（新书·势卑）

上面句子中，A与N的联系，大多数是稳定、历久不变的，人们会自觉不自觉地将二者关联起来。"大"之于"天下"，"捷"之于"狡兔"，以及"明"之于"日月"，"聪"之于"师旷"，都是如此。不过也有一些，联系的客观性偏弱，主观赋予意味明显。如例（2），孔子、墨子本不以雄辩著称，邹阳却说"以孔、墨之辩，不能……"。例（3），作为一国之君的"诸侯"，在普通人的认知里是位尊势重的，然而司马相如出于表达需要写成了"以诸侯之细……"。此外，对人称"…之明""…之智"、对己称"臣之愚"之类，礼仪和修辞考虑的因素多一点，主观性亦高。

3. 在这种结构里，N和A都各有自己的特点。

3-1　N可以是普通名词；不过值得注意的是，N为人名、地名以及地域范围词的，占比相当高。如：

（1）以管仲之圣而隰朋之智，至其所不知，不难师于老马与蚁。（韩非子·说林上）

（2）生有伯夷之廉，史鱼之直，守经据古，不阿当世。（汉书·贡禹传）

（3）以德以义，则四海之大，江河之水，不能亢矣；太华之高，会稽之险，不能障矣……（吕氏春秋·离俗览·上德）

3-2　至于"N之A"中的A，则基本是性质形容词，且多为正向形容词。

（4）今以莫邪之利，犀兕之坚，三军之众，有所奇正，则天下莫当其战矣。（尉缭子·武议）

（5）人无筋骨之强，爪牙之利，故割革而为甲，铄铁而为刃。（淮南子·兵略训）

（6）以赵之大，而伐卫之细，君若不欲则可也；君若欲之，请令伐之。（吕氏春秋·开春论·期贤）

（7）夫千里之远，不足以举其大；千仞之高，不足以极其深。（庄子·秋水）

以上只有例（6）中"细"是负向形容词。最后一例稍有不同，处在 N 句法位置的是数量词语。这可以看成"N 之 A"的变例。

4. 从音韵节奏方面考虑，这种结构，N 多为双音节词或短语，A 多为单音节词，典型形式是"××之×"。

4-1 典型节奏类型上文已有见，再示几例：

（1）夫猎者托车舆之安，用六马之足，使王良佐辔，则身不劳而易及轻兽矣。（韩非子·外储说右上）

（2）故惠王之明，武王之察，张仪之辩，而甘茂事之，取十官而无罪。（史记·甘茂列传）

（3）故周公非不正管、蔡之邪，子产非不正邓晳之伪也。夫内不从父兄之教，外不畏刑法之罪，周公、子产不能化，必也。（盐铁论·疾贪）

（4）邑有人君之尊，里有公侯之富，小民安得不困？（汉书·食货志上）

（5）曾参之孝，有虞不能易；原宪之清，伯夷不能间。（中论·智行）

4-2 "××之×"占主流，意味着并不排斥其他情况。事实上，非"××之×"节奏的"N 之 A"还是有一些的。笔者搜集到若干节律不同的例句：

（1）天方授楚，未可与争。虽晋之强，能违天乎？（左传·宣公十五年）

（2）民不为己用，不为己死，而求兵之劲，城之固，不可得也。（荀子·君道）

（3）矢之速也，而不过二里止也；步之迟也，而百舍不止也。（吕氏春秋·不苟论·博志）

——以上 N、A 均为单音节。

（4）今以大汉之广土，士民之繁庶，朝廷之清明，上下之修正，而官无善吏，位无良臣。（潜夫论·实贡）

（5）若夫屈、贾之忠贞，邹、枚之机觉，黄香之淳孝，徐幹之沉默，岂曰文士，必其玷欤！（文心雕龙·程器）

——以上 N、A 均为双音节。

（6）（陈涉）才能不及中人，非有仲尼、墨翟之贤，陶朱、猗顿之富。（新书·过秦论）

（7）于是乃有曾参、孝己之美，而生盗跖、庄蹻之邪。（淮南子·齐俗训）

——以上 N 为四音节。

（8）恃王国之大，兵之精锐，而攻邯郸，以广地尊名。王之动愈数，而离王愈远耳。（战国策·魏策四）

——此例特异，十分罕见，节奏为"×之××"。在整个古汉语作品中，"单音节定语＋之＋双音节心语"，都是不多见的。

5. "N 之 A"的句法结构

我们发现，"N 之 A"内部构造不可一概而论，需视情况区别对待，做不同分析。部分样例分析起来还有点棘手。

5－1 "N 之 A"为偏正结构，N 是 A 的定语。

（1）造父之术，非驭也；奚仲之巧，非斫削也。（管子·形势）

（2）子曰："不有祝鲍之佞，而有宋朝之美，难乎免于今之世矣。"（论语·雍也）

（3）夫是墨子之俭，将非孔子之侈也；是孔子之孝，将非墨子之戾也。（韩非子·显学）

（4）太子正统，宜有盘石之固。（三国志·吴书·陆逊传）

例（1）"奚仲之巧"与偏正短语"造父之术"相对为文，乃这类"N 之 A"为偏正结构之显例。例（2）至（4）中的 A 都是作宾语中心语，"之"前的名词为定语亦无可疑。这类结构，中间的"之"大多还留存有比较明显的指代意义（因其由代词发展演变而来），可以用"这样/那样（的）、这个、这种、这类"等来对译、理解。

5－2 "N 之 A"为主谓结构。

（1）鲁、宋事楚而齐不事者，齐大而鲁、宋小。王独利鲁、宋之小，不恶齐大，何也？（战国策·齐策一）

（2）弱而不能相壹，是何楚之知、山东之愚也！（战国策·赵策一）

（3）……则盗跖之贪为是，而伯夷之廉为非，是盗跖何智而伯夷何愚也！（天禄阁外史·辞受）

（4）夫越非实忠心好吴也，又非慑畏吾兵甲之强也。（国语·吴语）

（5）见土地之广，谓万叶而无虞；睹天下之安，谓千年而永治。（晋书·武帝纪论）

这些"N 之 A"都应分析为主谓结构，用前两个句子略做说明。例（1）"鲁、宋之小"与"齐大"位置相同，功能相当，都作宾语，而"齐大"是主谓结构，则"鲁、宋之小"犹"鲁、宋小"，同为主谓结构不待言矣。事实上，"王独利鲁、宋之小，不恶齐大"有两种变换句式：①王独利鲁、宋小，不恶齐大；②王独利鲁、宋之小，不恶齐之大。例（2）"是何楚之知、山东之愚"可与例（3）"是盗跖何智而伯夷何愚"对读，它们可互相变换，成为"是楚何知、山东何愚"，"是何盗跖之智而伯夷之愚"。"楚之知""山东之愚"之为主谓明矣。

5-3 "N 之 A"为定语后置的偏正结构。

形容词可否作后置定语，是一个颇有争议的话题。就笔者接触到的"N 之 A"来看，A 作定语数量有限，但我们认为它又是确实存在的，如：

（1）有善者，赏之以列爵之尊、田地之厚。（管子·君臣）

（2）秦始皇不忍小耻而轻民力，筑长城之固，延袤万里。（汉书·匈奴传下）

上二例，形容词"厚""固"都不便作宾语理解（赏之以厚？筑固？），说"厚""固"指称化了也不合适。

关于形容词定语后置，有一个例子也许值得一说。《史记·刺客列传》"复为羽声慷慨，士皆瞋目，发尽上指冠"句中的"慷慨"是修饰说明"羽声"的，而《战国策·燕策三》作"复为忼慨羽声"。此当可为存在形容词后置定语之一证。[①]（当然也不能完全排除这样的分析："复为羽声慷慨"是"复为羽声，其声慷慨"的缩减）不过也要言明，我们主张从严掌握形容词作后置定语的标准，要避免惯常的扩大化倾向。[②]像"蚓无爪牙之利，筋骨之强"（劝学）、"居庙堂之高，则忧其民；处江湖之远，则忧其君"（岳阳楼记）这些，其中的"利、强、高、远"，皆宜作宾语中心语处理。形容词充当宾语（中心语）虽有限制，却并不罕见（多数已指称化），如"威天下不以兵革之利"（孟子·公孙丑下）、"抑强扶弱"（越绝书·外传本事）、"山不厌高，海不厌深"（曹操集·短歌行）、"柔远能迩"（尚书·舜典），都是如此。

后文对"N 之 A"语用效果的讨论，与形容词定语后置话题相关，可以参看。

5-4 部分"N 之 A"的不同结构分析及其意义的整体性分析如下。

（1）献公之贤，欺于骊姬；叔孙之智，欺于竖牛。（淮南子·说林训）

这个并列复句的第二层是表转折意义的：先承认并强调"献公贤""叔孙智"，然后转入主句讲他们仍然被欺蒙。有意思的是，句中的"之"也可以理解为"这样""那样"。

（2）仰观宇宙之大，俯察品类之盛，所以游目骋怀，足以极视听之娱。（晋书·王羲之传）

这两个"N 之 A"都是作宾语，通常会分析为偏正结构，不过若考虑到"观""察"属于"看"类动词，那么将此"N 之 A"分析为主谓，也是可以接受的。

需要注意的是，"N 之 A"在某些语境下虽可作不同分析，但其表达的意义都具有整体性。如：

（3）以短小之身，饮食众多，是缺文王之广，贬孔子之崇也。（论衡·语增）

---

① 孟蓬生（1993）先生说，找不到上古汉语形容词作定语后置的足够证据。
② 比如张显成（1985）、王锳（2004）二位先生论形容词定语后置，笔者就认为范围失之宽。这个问题需要另文专门讨论。

（4）数去南面之尊，离深宫之固，挺身独与小人晨夜相随，乌集醉饱吏民之家。（汉书·五行志中）

例（3），"广""崇"可以分析为宾语中心语，但察其句意，损害、贬抑的不仅是文王、孔子道德之"广""崇"，更有他们二人本身。例（4）是谷永劝谏汉成帝不要随意微行出游，离开皇宫，而皇宫具有坚固的特点（这点与《刺客列传》"羽声慷慨"相似）。"深宫之固"是前偏后正还是前正后偏，认识或有不同，但整体意思是十分清楚的。（写成"深宫之固"，或许也有与"南面之尊"形成对文的考虑）

5-5 与"N之A"并列的成分。

"N之A"短语经常与结构相同/相近、字数相等的其他短语相伴使用。观察与其并列的成分，再回看"N之A"，会得到有益的启迪。

5-5-1"N之A"经常与"N之N"并列：

（1）成季之勋，宣孟之忠，而无后，为善者其惧矣。（左传·成公八年）
（2）固国不以山溪之险，域民不以封疆之界，威天下不以兵革之利。（孟子·公孙丑下）
（3）秦孝公据崤函之固，拥雍州之地，君臣固守以窥周室。（新书·过秦论）
（4）王若负人徒之众，仗兵革之强，乘毁魏之威，而欲以力臣天下之主，臣恐其有后患也。（史记·春申君列传）
（5）子高素有颜、冉之资，臧武之智，子贡之辩，卞庄子之勇，兼此四者，世之所鲜。（汉书·宣元六王传）
（6）（秦）又颛川泽之利，管山林之饶，荒淫越制，逾侈以相高。（汉书·食货志上）

5-5-2"N之A"有时也与"N之V"并列：

（1）王必起此台……材木之积，人徒之众，仓廪之储，数以万亿度。（新序·刺奢）

5-5-3 顺理成章地，"N之A""N之N""N之V"三者在同一句中并列就不奇怪了：

（1）上悖日月之明，下烁山川之精，中堕四时之施。（庄子·胠箧）
（2）以德以义，则四海之大，江河之水，不能亢矣；太华之高，会稽之险，不能障矣；阖庐之教，孙、吴之兵，不能当矣。（吕氏春秋·离俗览·上德）
（3）至如管仲之盗窃，吴起之贪淫，陈平之污点，绛、灌之谗嫉，沿兹以下，不可胜数。（文心雕龙·程器）

5-5-4"N之A"中的形容词多可与名词并列，我们认为此一现象有重要启示作用，它反映了这样一个事实："N之A"中的形容词（尤其处宾语位者）具有较为普遍的指称化倾向；同样，相同句法位置的动词，亦具有同样的指称化倾向。当然，主谓结构的"N 之 A"，其形容词不在此列。

"N 之 A""N 之 N""N 之 V"三者可以并列、沟通，这一现象颇有含蕴。

6."N 之 A"充当的成分及其常见搭配词

6-1"N 之 A"可以充当多种句法成分：

（1）夫宋画吴冶，刻刑镂法，乱修曲出，其为微妙，尧、舜之圣不能及。蔡之幼女，卫之稚质，梱纂组，杂奇彩，抑墨质，扬赤文，禹、汤之智不能逮。（淮南子·脩务训）

（2）潮之州，大海在其南。鲸、鹏之大，虾、蟹之细，无不容归，以生以食。（昌黎先生集·祭鳄鱼文）

（3）秦兼六国之师，据崤、函而御宇内，金石之固，莫耶之利也。（盐铁论·论勇）

（4）天下固畏齐之强也。（孟子·梁惠王下）

（5）世人多慕豫亲之好，推暗室之密。（抱朴子·外篇·自叙）

（6）虽天地之大，万物之多，而唯蜩翼之知。（列子·黄帝）

（7）唐叔之忠，而受管、蔡之罪，亲戚哀愤，行路嗟叹。（宋书·文五王传）

以上例（1）（2）中，"N 之 A"作主语（含联合主语），例（3）中作谓语，例（4）（5）中作宾语，例（6）（7）中作复句的分句。

独立成句的"N 之 A"怎样归类？先看例句。《左传·哀公十六年》："（白公）胜闻之，曰：'令尹之狂也！得死，乃非我。'"《韩非子·外储说右上》："孔子曰：'由之野也！吾以女知之，女徒未及也。'"我们觉得，这种句子已与一般的形容词谓语句没多少差别，应将它从本文讨论的"N 之 A"短语中剔除出去。

6-2 在搭配方面，笔者注意到：

6-2-1 作为宾语的"N 之 A"，前面出现最多的词是"以"，意为凭借、据有；类似的词还有"负、仗、恃、据、擅、居"等。

6-2-2"有""无"经常作述语构成"有/无 N 之 A"。这也是一种特色组合。

6-2-3 连词"虽"较多出现在"N 之 A"句首，一种是"虽 N 之 A"，一种是"虽有 N 之 A"。"虽（有）N 之 A"是一个让步关系分句。

6-2-4"N 之 A"这种短语似乎有喜欢类聚、连说的"习性"。我们不时可以见到两个甚至多个"N 之 A"排列在一起的片段。如果再加上那些与之并列的"N 之 N"，该现象就更加引人注目了。三个以上的"N 之 A"顺序排列，有助于制造文势；两两比并对举，则可使文章富有辞采。连用的"N 之 A"中，多数时候几个 A 是同向形容词，如"圣"与"智"、"大"与"多"、"广"与"崇"并列，同时也有一定数量成双作对使用的异向形容词，如"速"与"迟"、"俭"与"侈"、"贪"与"廉"。

7."N 之 A"的语用效果

7-1 多数"N 之 A"有强调、突出作用。如：

（1）蚓无爪牙之利，筋骨之强，上食埃土，下饮黄泉，用心一也。（荀子·劝学）

这句所关注的不是蚯蚓有无爪牙筋骨，而是其是否坚利、强健。试比较《盐铁论·险固》"虎兕所以能执熊罴、服群兽者，爪牙利而攫便也"，同样是说"爪牙""利"，但用的是寻常语序，语气平和，没有强调，有也很少。

（2）先生之巧，至能使木鸢飞。（韩非子·外储说左上）
（3）儒书称："鲁般、墨子之巧，刻木为鸢，飞之三日而不集。"（论衡·儒增）

这两句用"N之巧"，分明是为了表现这种"巧"远超同侪，非常人所及。

（4）当此之时，天下之大，万民之众，王侯之威，谋臣之权，皆欲决苏秦之策。（战国策·秦策一）

这句先排比用"N之A""N之N"，然后以"皆欲决苏秦之策"收束，意在突出表现当时的苏秦势位显赫、一言九鼎。

（5）夫六国与秦皆诸侯，其势弱于秦，而犹有可以不赂而胜之之势。苟以天下之大，而从六国破亡之故事，是又在六国下矣。（嘉祐集·六国论）

这句将宋王朝与六国诸侯相比，当年六国势弱于秦而犹可胜秦，今宋有"天下之大"，岂有重蹈六国破灭覆辙之理？作者承认并强调宋据有天下，是为了说明宋王朝如果持续向契丹、西夏输纳"岁币"，连六国都不如！

就是说，"N之A"的强调、突出作用至少有两种：一种是凸显其中的形容词，另一种主要是为"N之A"之后的内容铺垫、蓄势。

7-2部分"N之A"明显是精心修饰锤炼的结果，修辞色彩浓厚。孔子说："言之无文，行而不远。"（左传·襄公二十五年）又说："情欲信，辞欲巧。"（礼记·表记）古代作者遣词造句求"文"求"巧"往往不遗余力，部分"N之A"就体现了他们的这种追求（包括"N之A"与句中其他成分，尤其述语动词的搭配）。

（1）高筑城郭，设树险阻，崇台榭之隆，侈苑囿之大，以穷要妙之望。（淮南子·本经训）
（2）于是帝族王侯、外戚公主，擅山海之富，居川林之饶，争修园宅，互相夸竞。（洛阳伽蓝记·城西）
（3）云霞雕色，有逾画工之妙；草木贲华，无待锦匠之奇。（文心雕龙·原道）
（4）尧称则天，不屈颍阳之高；武尽美矣，终全孤竹之絜（洁）。（后汉书·逸民传论）

（5）居庙堂之高，则忧其民；处江湖之远，则忧其君。（范文正公文集·岳阳楼记）

很容易看出来，撰著者务期脱窠臼，去陈言，殚思极虑追求变化，追求新颖，追求奇崛，追求巧丽。也不得不承认，它们确实新人耳目，表达效果远非没有修饰的寻常说法可比。可以说，这些"N 之 A"，一定程度上是对常规表达（词性，组合，语序）的突破或偏离。以例（5）《岳阳楼记》为例，"庙堂之高""江湖之远"并非一般语序，范仲淹之所以写成"居庙堂之高……处江湖之远……"，将"高""远"突出对比着说，意在凸显在朝与在野身份、处境之迥异，而"庙堂""江湖"这两个词较难形成这样鲜明的对照。可以设想，此句如果"还原"成"居高之庙堂……，处远之江湖……"，则作者的匠心巧思、原文语言的新鲜雄奇就全都消失不见了（当然，如果不做调整变动，习惯和韵律上应该也不允许做这样的"还原"）。

7-3 需要说明的是，并非所有的"N 之 A"都是要强调什么，例如：

（1）试之狡兔之捷，以验搏噬之用。（三国志·魏书·陈思王植传）

"之"代卢狗（战国时韩国良犬）。本句言用兔子来检验卢狗的猎捕能力。称"狡兔之捷"，并没有特意强调"捷"，兔子天生反应快速、动作迅疾。

（2）王独利鲁、宋之小，不恶齐大，何也？（战国策·齐策一）

鲁、宋皆小国，齐为大国，这是事实。此句也只是客观陈述。

不过整体说来，"N 之 A"很有表现力，这点无可置疑。

8. 这种短语在现代汉语中仍然活跃，是一种有生命力的表达式。不妨拿彭铎教授为《潜夫论·浮侈》篇所下按语作为例子：

东汉浮伪，诸所讥刺，自衣食器用之靡，车舆庐舍之僭，下至游敖博弈之纷，俳倡戏弄之巧，巫觋祝祷之诞，婚姻礼节之繁，无巨细咸列举之，而尤痛疾于丧葬祠祭之滥。（见《潜夫论笺校正》）

事实上，我们今天读书写文章，仍然不时见到、用到像"中国之大""华山之险""西湖之美""犬马之诚""辙鲋之急""涓埃之微""万乘之尊""千钧之重"这类的说法。现代汉语口语中，"之"换成"的"，如"梅花的香""海水的蓝""狗的忠诚""狐狸的狡猾"之类，也是不遑枚举。

对这种颇具特色的短语，汉语研究者实在不应忽略。本文权作一引玉之砖。

【参考文献】

［1］范晓. 汉语的句子类型［M］. 太原：书海出版社，1998.

［2］方绪军 刘德贝 魏邵川．"NP 的 A 单"的构成及其与相关结构的关系［J］．汉语学习，2018（4）．

［3］孟蓬生．上古汉语的大名冠小名语序［J］．中国语文，1993（4）．

［4］梁银峰．古汉语［主语＋之＋谓语］S 的修辞色彩及其成因［J］．当代修辞学，2010（3）．

［5］孙洪伟．上古汉语几种特殊的"NP 之 VP"结构［J］．中山大学学报，2015（1）．

［6］王锁．关于古汉语定语后置问题的再探讨［J］．徐州师范大学学报，2004（3）．

［7］邢福义．汉语语法学［M］．长春：东北师范大学出版社，1996.

［8］张显成．古汉语中的形容词后置定语［J］．西南民族学院学报，1985（3）．

An "N +*zhi* + A" (N 之 A) Construction in Ancient Chinese

Pan Yukun　Yang Weiwei

(Center for the Study and Application of Chinese Characters,

East China Normal University, Shanghai 200062, China)

Abstract：In ancient Chinese, there is a "noun +*zhi* + adjective" phrase, which has unique and distinct characteristics. This paper makes a preliminary exploration of this phrase, reveals its characteristics, analyzes its syntactic structures, syntactic functions and semantic features, and explores its rhetorical color and pragmatic effects.

Key words："N +*zhi* + A" phrase; Syntactic structures; Semantic features; Adjective; *zh*

汉字应用水平测试题库建设及应用*

王淑华　　郭曙纶

【摘　要】汉字应用水平测试题库建设要坚持全面性、均衡性、开放性和自动拼卷四原则。标注了各种属性的素材库是题库建设的基础，利用程序可以从素材库中生成不同类型的试题形成题库，根据题库可以进一步生成标准样式的模拟试卷。题库可以直接服务于汉字应用水平测试命题工作，可供日常练习，对实现计算机自适应测试和中小学汉字分级测试亦有积极作用。

【关键词】汉字应用水平测试；题库；建设原则；素材库；描述性参数

【作者简介】王淑华，女，上海大学文学院副教授，博士，研究方向主要为语言测试、对外汉语教学；郭曙纶，上海交通大学人文学院副教授，博士，研究方向主要为语料库语言学、对外汉语教学、汉语语义分析、中国文化。（上海　200444；上海　200033）

一　汉字应用水平测试题库建设的意义

汉字应用水平测试（简称为"HZC"）是中华人民共和国教育部、国家语言文字工作委员会组织实施的一项语言类标准化水平测试，旨在通过测验的方式，衡量具有中等及以上受教育程度或文化程度或与此相当的人在日常生活和工作中准确掌握和运用汉字的水平及能力。它和普通话水平测试一起，构成了我国语言文字立体化的测试框架，在提高国民语言文字规范意识、改善社会用字环境等方面发挥了重要作用。

对于大规模的标准化测试来说，题库建设是一项必不可少的工作，是提高测试质量、保证测试结果可靠性和有效性、达到测试目标的重要手段，更是测试走向专业化、科学化和规范化的必由之路。

汉字应用水平测试从首次测试到现在已整整十年，测试的范围、题量、题型等虽有一定程度的调整，但组成部分基本未变。2007和2008年，采用了难度相当的多种试卷，自2009年起，每年仅采用一套试卷。由于现有的试题库较小，测试真题存在着一些较为明显的问题。

---

* 基金项目：上海市哲学社会科学规划一般项目"上海市汉字应用水平测试问题研究"成果之一，项目编号为2015BYY007。

（一）部分试题的重复率较高

一般来说，试卷有两部分题目，一部分是独立题，另一部分是与其他试卷共有的题目，即"锚题"。锚题是为实现不同试卷之间的等值而设计的，但随着测试次数的增加，锚题曝光度过高，不可避免地会损害不同年度测试的等值性。汉字应用水平测试也存在这个问题，以第四部分为例，"彝族"的"彝"、"辜负"的"辜"、"心悸"的"悸"、"并蒂莲"的"蒂"、"垂涎欲滴"的"垂"等在不同年度试题中多次出现。

（二）测试点不均衡

《汉字应用水平等级及测试大纲》（以下简称为"大纲"）对试题卷四个部分的试题内容进行了明确规定，均按甲表70%、乙表20%、丙表10%的比率选取。我们对2014年和2015年所用的测试字进行了统计，发现甲表字总体比率偏高，乙表和丙表字测试不足。四种题型中，相对来说，汉字书写部分试题的比例分布优于其他部分。此外，汉字书写部分，相对而言，笔画较多、结构较为复杂的汉字更容易成为测试点，笔画数较少的汉字较少进入测试范围。

（三）错字和别字的考察不均衡

汉字书写中出现的错误实际上分为两类：错字和别字。错字是写错的字，实际上不存在；别字是用错的字，本身是存在、没有错误的，只不过用错了地方。字形辨误这一部分中，所有的干扰项均是别字，没有错字。但实际上，有些由于增减笔画、改变笔画之间关系等而形成的错字，其干扰度要大于别字。

《国家中长期语言文字工作改革和发展规划纲要》（2012）明确指出，要"逐步推进汉字应用水平测试……，拓宽测试领域，提高测试质量和管理水平"。要推进汉字应用水平测试，必须大力提高汉字应用水平测试的质量。因此，借鉴普通话水平测试、汉语水平考试以及相关外语测试等题库建设的经验，综合教育测量学、文字学和语言学等多学科研究成果，建设高水平、大规模的汉字应用水平测试题库势在必行。这既是汉字应用水平测试推广工作发展形势的需要，也是维护汉字应用水平测试社会声誉，体现国家级标准化考试严肃性和权威性的需要。

二　汉字应用水平测试题库建设的基本原则

桂诗春（1989）指出，一个题库的好坏取决于它组织的科学严密性、内容的广泛性、对考生能力的预测性、使用的经济可行性等。汉字应用水平测试题库系统，应该严格按照大纲的要求，开展内容选择、属性标注、组卷规则设计等工作，最后由计算机根据规则自动生成符合大纲要求的试卷初稿，经人工干预后投入使用。建设题库之前，首先要明确题库建设时应坚持的一些基本原则。

（一）全面性原则

1. 切合大纲

大纲①确定了汉字应用水平测试的范围为5500个字（甲表4000，乙表500，丙表1000），题库

---

① 此处指2014年以后实行的新大纲，详见《汉字应用水平测试指导用书》。

中的试题应全面覆盖这 5500 字。整个题库的设计要完整地体现大纲对测试项目的要求。

谢小庆等（1999）将试题参数区分为组卷参数和描述参数，其组卷参数包括题型、难度、曝光度（已经被使用的次数）、回避参数（与其他题目冲突的情况）等 4 项。根据这 4 项指标从题库中抽取题目，按照既定程序生成的试卷要能涵盖大纲规定的测试项目内容，生成的试卷试题在数量、样式、分布、难度等方面应与真题相当，试卷的整体用字和直接测试字应达到一定的覆盖率，整个试卷是反映大纲要求、难度适中、内容完整的标准化试卷。

2. 测试结果可分析

每一份试卷均提供标准答案，可进一步根据整份试卷所使用的字次、字种，测试字的描述参数如字表、声母、韵母、声调、笔画、形符、声符、易混淆读音、易混淆字形等进行质量分析和检验。

（二）均衡性原则

1. 测试字均衡

试卷测试字整体和各部分均符合大纲规定的三表字比例的要求[①]，能把甲、乙、丙三表规定的汉字的相关信息按比例、均衡地反映出来；控制试卷整体用字中超纲字的占比，测试字与汉字使用频率一致，中高频的多考，低频的少考。

2. 测试点均衡

每部分试题的测试点均衡，例如字音考察部分，保证测试字的声母、韵母、音节均达到一定的覆盖度，汉字多的音节多考，少的少考。汉字书写部分，笔画多和笔画少的汉字均衡分布。

3. 难度与测试性质一致

汉字应用水平测试的目的在于考察受测者的汉字应用是否达到基本要求，属于水平测试，不是选拔性测试，因此，整卷难度不宜过高，测试结果呈左偏态分布比较正常。在组配试卷的时候，可以根据题库中的相关属性参数，适当控制单道试题、各组成部分和整张试卷的难度。

（三）开放性原则

1. 题库要适时调整与更新

大纲有调整或甲、乙、丙三表中的字有调进调出时，题库要随之调整，相关属性参数也要随之更新；测试题型有变化时，题库试题形式也随之变化；对每次测试（包括试测）结果进行分析，根据分析结果调整题库中相关试题的部分参数，并淘汰一些参数不够理想的试题。

2. 题库内容可以不断补充

汉字应用水平测试试题的题干有三种类型：字、词、句。大纲规定了甲、乙、丙三表汉字的数量，因此以字为题干的试题库的素材是封闭的，而以词、句为题干的试题库的素材都是开放性的，可以不断补充。

（四）自动拼卷原则

计算机可以根据预先编好的程序自动拼卷。大致步骤如下：

---

① 大纲规定："四个部分的试题内容均按以下比例选取：70% 选自《汉字应用水平测试字表》（甲表）；20% 选自《汉字应用水平测试字表》（乙表）；10% 选自《汉字应用水平测试字表》（丙表）。"

1. 从各子题库中按比例抽选适当数量的试题，生成试卷粗坯；

2. 通过字次、字种统计法排除与其他题目冲突（内容重复或前后互相提示）的部分，如有，则重新抽取进行替换，再重新统计；

3. 人工干预，生成可用的试卷。

三　汉字应用水平测试题库的构成和建设过程

（一）汉字应用水平测试题库的构成

汉字应用水平测试试题由 4 个部分组成，分别是字音认读、字形辨误、汉字选用、汉字书写。因此，题库也由对应的四个子库构成，拼卷时可按照既定程序从子库中直接抽取。

测试试题的题干有字、词（包括双音节、三音节、多音节等）、句等 3 种类型。因此，我们首先需要建立字、词、句三个不同形式的素材库，素材库中每个条目标有相关属性参数。计算机利用标注的属性，将编好的程序作用于不同的素材库，生成测试各部分所需的不同类型试题。

题库构成图示如下：

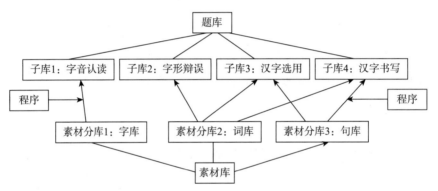

图1　汉字应用水平测试题库构成

（二）汉字应用水平测试素材库的建设

汉字应用水平测试素材库有字库、词库、句库三个分库，每部分标注有不同的属性参数。因为词库和句库只是提供试题素材，测试点最终还是要落实到具体汉字上，所以这两个分库描述性参数的数量均远远少于字库。因此，字库是素材库最重要的组成部分。

1. 字库构成与属性参数

字库部分主要有两个作用，一是为字音认读提供题干，从素材库中直接抽取素材，形成试题；二是为汉字选用提供备选答案。

字库包括甲、乙、丙三表中的 5500 个汉字，可标注如下描述性参数：

（1）字表属性

　　a 属性值为"甲、乙、丙"。

（2）字音①属性

b 声母：属性值为"b、p、m"等，零声母标注为"0"。

c 韵母：分韵头、韵腹、韵尾三个部分，韵头属性值为"i、u、ü"和"0"，韵腹属性值为"α、o、e"等，韵尾属性值为"n、ng"和"0"。

d 声调：属性值为"1、2、3、4"，轻声标为"0"。

e 易误读音节：如果该汉字有经常被误读的读音，则属性值为该误读音节，可以不止一个；没有则标为"0"。

f 用于双音地名：有易误读音节的汉字才有的属性，有的话直接填上地名，没有则标为"0"。

（3）字形属性

g 笔画数：属性值为具体的数字。

h 合体字：属性值为"0"和"1"，"0"表示不是合体字，"1"表示是。

i 结构：合体字才有的属性，值为"左右、上下、半包围"等。

j 形声字：合体字才有的属性，值为"0"和"1"，"0"表示不是形声字，"1"表示是；

k 声符：形声字才有的属性，值为汉字具体的声符。

l 声符表音准确度：值为"0、1、2、3、4、5"，根据声母、韵母（韵头、韵腹、韵尾）、声调的值，几项相同值即为几。表音准确度最高要求5项皆同，值为5，5项均不同值为0。其中，韵腹对确定语音相似性具有优先参考价值。

m 形符：形声字才有的属性，值为汉字具体的形符。

n 易误写字形：如果该汉字有经常被误写的字形，则属性值为该误写字形。其可能与正字含有共同偏旁，也可能是由增减笔画、改变笔画关系形成的错别字；没有则标为"0"。有该属性的汉字，如果可以用于双音地名，则在 f 项中填上地名。

2. 词库构成与属性参数

词库为字形辨误、汉字选用、汉字书写等相关部分提供题干。词库的词条从《现代汉语词典》中直接提取，提取范围为双音节、三音节、四音节的词语，如词语中没有合适的测试字，可以直接删除。考虑到现行汉字应用水平测试中，四音节的成语出现得较多，我们还可以从相关成语词典中进行补充。词条提取工作完成后，利用程序检查是否提取了含有表外字的词语，如有，则删除。

词库有如下描述性参数：

a 词长：属性值为"2、3、4"等。

---

① 字形和字音相同才为同一个 ID，为一条记录；有几个读音即有几个 ID，几条记录。

b 读音：属性值为该词条的正确读音。

c 测试字：属性值为具体的汉字。

d 易误读汉字：不是所有词条都有的属性，有则标注具体的易误读拼音，没有则标为"0"。

e 易误写汉字：不是所有词条都有的属性，有则标注具体的易误写词形，没有则标为"0"。易误写的词形中常包含有别字。

参数 d、e 可以进一步关联至字库中相关汉字的属性。

3. 句库构成与属性参数

句库为汉字选用和汉字书写等两个部分提供题干。在常规语料库的基础上，以"。?!"等断句标点为标记，将语段或语篇分割成一个一个的句子，一个句子有一个 ID。

句库有如下描述性参数：

a 句长：属性值为具体数字。

b 测试字：属性值为具体的拟测汉字。

c 测试字数量：属性值为 1 或 2。

d 表外字数量：值为具体数字。

参数 b 可以进一步关联至字库中相关汉字的属性。

（三）汉字应用水平测试题库子库试题的产生过程

1. 字音认读部分

本部分共 30 道试题，有两种题型，各 15 道：

在下列各题中找出注音错误的一项：

例 1. A 绮（qi3）　　B 毋（wu2）　　C 勋（xun1）　　D 蹼（pu3）

在下列各题中找出读音不同的一项：

例 2. A 撂—料　　B 剃—惕　　C 驿—绎　　D 迢—昭

第一种题型中前 14 题每题题干由 4 个汉字及其注音组成，这 4 个汉字之间没有什么内在的联系。注音有误的汉字，独体字或是声调有误，或受其充任汉字的更大部件读音的影响。形声字的错误多与声符有关，有的声符表音完全准确，但声调有误；有的声符表音不准确或不完全准确，声、韵、调中的一项或多项受声符影响导致注音错误。第 15 题的题干是 4 个双音节的专有地名，地名用字中常有多音字，如"洪洞"中的"洞"应读为"tong2"，标为"dong4"就错了；还有一些地名用字虽为单音字，但跟某些常用字形体接近，如"亳州"的"亳"，与"毫"结构类似，仅一笔之别。

第二种题型每题的题干由四组共 8 个汉字组成。每组汉字可能有共同的声符，如例 2 中的 C 和 D，也可能是在构件上没有任何相同之处的两个同音字，如 A 和 B。读音不同的那组汉字，可能具有相同的声母和韵母，但声调不同，音节也有较大差别，但因有共同的声符而形成干扰，如"级"和"跋"。

本部分的试题可根据程序从字库中直接抽取形成。

第一种题型的试题生成过程如下：

（1）从含有易误读音节属性的汉字中，按字表比例要求随机提取 n 个汉字和对应的易误读音节；

（2）从字库中随机提取出 3n 个汉字和对应的正确音节，与先前抽取出的 n 个汉字组配成 n 道试题；

（3）从有用于地名属性的汉字条目中随机抽取 n 个双音节地名和对应的易误读音节，再抽取 3n 个双音节地名和对应的正确音节，组配成 n 道试题。

第二种题型的试题生成过程如下：

（1）在具有易误读音节属性的汉字中随机抽取 n 个，再从易误读音节中抽取对应的 n 个汉字，形成 n 组汉字。

（2）随机抽取 3n 组同音字（每组 2 个），跟刚才的 n 组汉字组配成 n 道试题。

2. 字形辨误部分

本部分共 30 道试题，只有一种题型：

在下列各题中找出用字错误的一项：

例 3．A．抿灭　　　B．狰狞　　　C．官邸　　　D．佚名

本题的题干有三种类型，分别是双音节词（13 个左右）、三音节词（2 个左右）、四字成语（15 个左右）。该题中误字与正字之间常具有音同或形近关系，同音字常常含有相同的偏旁，形近字或是含有相同的偏旁，或是仅在笔画的长短和关系之间含有细微差异。

本部分的试题可根据程序从词库中直接抽取形成。试题生成过程如下：

（1）双音节词语组配程序：在词长为 2、具有易误写汉字属性的词条中，随机抽出 n 个，将正确的汉字替换为易误写的汉字，再随机抽取 3n 个双音节词条，组配成 n 道试题；

（2）三音节的词语、四音节的成语试题组配程序与双音节词语组配程序相同。

3. 汉字选用部分

本部分共 30 道试题，有两种题型。第一种题型是：

在下列各题的选项中找出能够正确填入词语括号中的一项：

例 4．纯（　　　）

　　A．淬　　　B．粹　　　C．悴　　　D．瘁

第二种题型是:

在下列各题的选项中找出能够正确填入句子括号中的一项:

例 5. 这部作品用细腻的笔触（　　　）勒出了人物的矛盾心理变化。

　　　A. 构　　　　B. 勾　　　　C. 钩　　　　D. 沟

例 6. 在乡下,伯父经常坐在篱（　　　）墙前,（　　　）着烟袋锅给我们讲故事。

　　　A. 芭　嗑　B. 笆　磕　C. 芭　磕　D. 笆　嗑

第一种题型（10 题）的题干是词语,双音节、三音节、四音节均有;第二种题型的题干是句子,多由 1~2 个小句组成（偶尔是 3 个）,句长一般在 20 个汉字左右,选填的汉字数量有 1 个和 2 个之别（各 10 题）。两种题型中的备选项多由一组有共同声符的汉字组成,正字和误字之间、误字和误字之间常具有音同、音近或形近关系。因此,对于本题来说,字库中声符这一项描述性参数具有极大价值。

第一种题型的试题生成过程如下:

（1）在词库中,随机抽出 n 个测试词语和对应的测试字,词长不限。

（2）调用字库中测试字的属性参数如声符、音节、易误写字形等,在字库中随机抽取与每个测试字相关的 3n 个汉字,含有共同声符的优先选取,声韵调都相同的其次,韵母、声调相同的再次,组配成 n 道试题。

第二种题型的试题生成过程如下:

（1）从句库中随机抽取测试字为 1 或 2 的句子 n/2 个;

（2）测试字为 1 时,利用字库中测试字的相关属性提取 3n/2 个干扰汉字,提取程序与上面第二步相同,组配成 n/2 道试题;

（3）测试字为 2 时,根据相关属性从字库中提取两个测试字的干扰汉字各 1 个,2 个正确汉字,2 个干扰汉字,两两组合形成备选项,组配成 n/2 道试题。

4. 汉字书写部分

本部分共 30 道试题,两种题型。第一种题型是:

根据注音填写正确的汉字:

例 7. 瓦_____（lì）

第二种题型是:

填写正确的汉字,把成语等固定结构补充完整:

例 8. 苦心孤_____

第一种题型有注音提示,共 20 题,题干分别是双音节词、三音节词、四音节的词语和句子,其中，四音节的短语可以是成语，也可能是一般的自由短语，如一泓清水、遣送出境、过敏体质等。第二种题型没有注音提示，共 10 题，其题干均为四字成语。

这两种题型试题的生成过程都比较简单。第一种题型的生成过程如下：在词库和句库中随机抽取双音节词、三音节词、四音节词、句子若干，将测试字替换为带下划线的空格，并从字库中调取出正确的音节属性置于其后。第二种题型的试题生成过程是在词长为 4 的词语库中抽取出词条，将测试字直接替换为带下划线的空格。

题库建设完成以后，可根据规定条件，如测试字分属于甲、乙、丙三个字表的比例、不同类型题干的数量要求等，从题库中抽取试题生成模拟试卷粗坯。计算机统计字次、字种后进行人工干预，修正备选项中一些干扰度特别小的选项，避免出现前后提示的现象。试题经过实测或试测后，可逐渐补充相关属性（如难度、区分度、曝光度等）等于题库之中。

四　汉字应用水平测试题库的应用

桂诗春（1989）指出，题库建设是一项理论性强、实际意义重大的基本建设工作。与汉语有关的其他大型测试如汉语水平考试、普通话水平测试等均在题库建设方面进行了理论探索，并在实践中取得了重要成果，如王渝光等（1997），张凯（1999），张晋军（2013），在促进汉语水平考试、普通话水平测试朝着科学化、规范化方向发展以及它们在更大范围内的推广等方面发挥着重要作用。汉字应用水平测试题库的建设，也必将有着广阔的应用前景。

（一）直接服务于汉字应用水平测试命题工作

从 2007 年到现在，汉字应用水平测试试点城市在不断增加，受测范围也不断扩大。因原来题库较小，目前的汉字应用水平测试试题并不向社会公布，以致测试者很难对测试本身有准确的认识。建设汉字应用水平题库，不仅可以确保测试对大纲甲、乙、丙三表用字进行均衡考察，还能确保有足够数量的合格试题，即使测试字在以前有较高的曝光度，但可以不断改变考察形式和出现环境，达到真正测试汉字应用水平的目的，同时也可以促使汉字应用水平测试命题工作进一步向科学化、规范化方向发展。

（二）为汉字应用水平测试实现计算机自适应测试打下基础

最近 20 年，计算机技术飞速发展，自适应测试逐渐成为一种趋势。目前，汉字应用水平测试采用的是纸笔测试的形式。不久以后，实现计算机自适应性测试将是摆在汉字应用水平测试面前的另一个重要课题。题库建成以后，不同测试字的相关信息可以陆续标注补充，信度、效度、难度、区分度等属性可以参数的形式出现，参数之间相互佐证，同时由于计算机的介入，这些参数还可以进行动态的调整修正。计算机可以根据受测者的水平，选择最适合的题目进行测试，对其汉字应用能力做出精确的评估，以适应不同工作的需要。

（三）供受测者考前练习或日常提高汉字水平练习之用

由于汉字应用水平测试目前还处于试点阶段，市场上相关的辅导资料不多，国家语委汉字应用水平测试工作领导小组指导编写了一本《汉字应用水平测试指导用书》，其主体部分是字音辨析、字形辨析、字义和用法辨析，这些内容为汉字应用水平测试素材库的建设提供了很好的参考，但可供练习的试题非常有限。上海语言文字测试中心曾经组织汉字应用水平测试培训教师出题，但不同教师受其主体思维、阅读水平和知识储备的限制，凭主观经验出的试题难以避免前后重复、难易度不均、覆盖面不广等问题。基于大规模题库随机组配生成的试卷可以有效地避免上述问题，受测者可以在考前进行针对性的练习，熟悉汉字应用测试，增强信心；有兴趣提高汉字水平的普通人也可以借此掌握汉字的形音义等知识，提高汉字应用能力。

（四）为中小学生汉字分级测试提供依据

大纲中的甲级字表汉字与义务教育阶段需要掌握的汉字有相当大的重合度，三级字表中的汉字与高中阶段需掌握的汉字有较大的重合度，因此，可以将甲、乙、丙三表用字与中小学教学用字进行对比，以此为基础，建立中小学汉字测试素材库和题库，区分每个学段的具体要求，为提高中小学生汉字应用水平、实现中小学汉字分级测试奠定基础。

结　语

汉字应用水平测试题库的建设对未来汉字应用水平测试的全面推广具有积极意义，但同时题库建设也是一项旷日持久的工作，建设过程中不可避免地会遇到各种困难，如素材库中各项描述性属性的标注，需要投入较多的人力、物力和时间；题库中试题信度、效度、难度、区分度等组卷属性的标注，还需要在大规模实测或试测的基础之上进行统计才能得出；如何科学地增加锚题的数量，避免部分锚题曝光度过高；如何构建试题难度等级模型，使主观难度系数（通过汉字的属性如笔画数量、结构复杂度、声符表音准确度等指标综合给出）和客观难度系数（通过试测或实测得出）互相校验；针对笔画较少、结构较为简单的汉字，采用何种形式进行测试比较合理等。总之，汉字应用水平测试从首测到现在不过 10 年时间，还比较年轻，题库建设的工作任重道远，希望能和同人一起努力。

【参考文献】

［1］谢小庆、许义强．HSK（初中等）题库与试卷生成系统［J］．世界汉语教学，1999（3）．

［2］桂诗春．题库建设讲话（一）［J］．现代外语，1989（4）．

［3］王渝光、陈典红、杨万兵．普通话水平测试题库建设的理论与实践［J］．语言文字应用，1997（3）．

［4］张凯．汉语水平考试题库的描述性参数［J］．世界汉语教学，1999（3）．

［5］张晋军．新汉语水平考试（HSK）题库建设之我见［J］．中国考试，2013（4）．

［6］《汉字应用水平测试指导用书》编写组．汉字应用水平测试指导用书［M］．上海：上海锦绣文章出版社，2016：190～199．

The Construction and Application of Chinese Character Application Level Test

Wang Shuhua   Guo Shulun

（College of Liberal Arts, Shanghai University, Shanghai 200444, China;

School of Humanities, Shanghai Jiao Tong University, Shanghai 200030, China）

Abstract: To construct the Chinese character application level test should adhere to the principles of comprehensiveness, equality, openness and automatically forming test paper. A database marked with various properties is the foundation of the construction of question bank. Question bank can be generated from the database with the help of computer programs, and the standard test papers for Chinese character application level can be further generated from the question bank. The question bank can directly serve the Chinese character application level test, can be used in daily practice, and can also play an active role in the realization of the computer self-adaptive test and the Chinese character grading test for primary and middle school students.

Keywords: Chinese character application level test; question bank; principles of construction; material database; descriptive parameter

部件、部首规范比较研究*

李　华

【摘　要】　汉字部件、部首规范性成果，隶属于不同研究团队，适用范围各有侧重，出台时间亦先后有别。但在实际应用过程中，汉字部件、部首等相关内容互有交集、多有关联，必然要求在部件拆分、部首提取方面能够不断修订完善，既体现各自特点又保持相对一致；在代表字选用、位置解读、俗称沿用等命名原则方面，能够更加科学、实用；在成字、非成字，常用字、非常用字等术语界定方面，能够更加规范、统一，以便更好地指导汉字应用实践。

【关键词】　汉字规范；汉字部件；部首；通用字

【作者简介】　李华，女，西北师范大学国际文化交流学院副教授，博士，硕士生导师。研究方向为汉语国际教育。（甘肃　兰州　730070）

引　言

本文研究对象主要为2001年《中华人民共和国国家通用语言文字法》颁布实施后，教育部、国家语言文字工作委员会最新出台的《现代常用字部件及部件名称规范》（以下简称《部件规范》）、①《汉字部首表》（以下简称《部首表》）② 等汉字规范成果。其中，字表内容参照《通用规范汉字表》（以下简称《通用字表》），③ 部首名称参考《现代汉语词典》（第7版）"汉字偏旁名称表"。④

汉字规范指导汉字应用，同时汉字应用实践亦进一步促进汉字规范的完善。在汉字应用过程中，往往会出现《部件规范》《部首表》等规范标准交叉使用、参照对比的情形。因此，部件、部首规范比较研究，在进一步加强现代汉字规范科学性；推动汉字规范间的横向联系、协调统一；促进语言文字规范化工作，提高国家语言文字标准化水平等方面具有一定的理论价值和现实意义。

一　分合原则的合理性

部件、部首提取基于对汉字结构的分析，提取过程中拆或不拆的分合原则正是规范特色的体

* 基金项目：本文为甘肃省高等学校科研项目"现代汉字规范比较研究"（2017B－89）部分研究成果。
① 《语言文字规范手册》，商务印书馆，2014，第149页。
② 《语言文字规范手册》，商务印书馆，2014，第225页。
③ 《语言文字规范手册》，商务印书馆，2014，第6页。
④ 《现代汉语词典》（第7版），商务印书馆，2016，第1794～1796页。

现，可以从以下三方面对两个规范进行比较（表1）。

表1 部件、部首规范特点比较

	《部件规范》	《部首表》
概念界定	部件是现代汉字字形中具有独立组字能力的构字单位，它大于或等于笔画，小于或等于整字	部首是具有字形归类作用的偏旁，是字书中各部的首字
拆分层级	部件拆分具有层级性特点	部首提取不具有层级性特点
拆分数量	现代汉字部件数量514个	现代汉字部首数量301个（其中附形部首100个）

可见，部件拆分层级性特点使得拆分单元更小，数量更多；且相对于现代部首提取注重形符、声符、记号作用，部件拆分往往更看重字形，一定程度上忽略了拆分的理据性。也就是说，根据字形和根据理据两条原则出现矛盾时，只能依据前者。[①] 较之《部首表》，《部件规范》在汉字拆分方面体现出明显特色。

（一）《部件规范》突出了部件的层级性特点

层级性特点是部件拆分有别于部首提取的重要特征。20世纪60年代"文字改革"讨论中，倪海曙首次给部件以明确界定，其界定内容已经触及部件拆分的这一特点。之后，苏培成、费锦昌针对该特点，提出一级部件、二级部件、三级部件……末级部件及基础部件、复合部件等部件名称分类。施正宇进一步论证层级性是部件拆分有别于偏旁提取的突出特征。[②]

因此，《部件规范》既包括"百、术、天、夫、失、矢、夭、正、主、少、凡、为、办、血、刃、戌、亚、严、朱、韭、再、乒、乓"等复合部件，亦涵盖以上复合部件进一步拆分后的基础部件。《部件规范》的这种层级性特点更好地满足了汉字应用实践：计算机输入汉字，更多地要求基础部件；在汉字教学中，为方便对字形、字义进行理解和记忆，有时又需要复合部件。

（二）《部件规范》强化了部件作为汉字结构最小单位的特征

早在20世纪60年代，就有学者指出"部件"是比偏旁分析得更细的汉字结构单位。[③]

将《部件规范》和《部首表》进行比较，部件作为汉字结构最小单位的特点非常鲜明。也就是说，不少部首是由部件组合而成的。

《部首表》"无、木、支、虫、足、⻊、齐、邑、麦、走、卓、香、骨、音、首、彡、麻、黍、鼓、鼻、齿、黾、阜、青、虎、羽、色、比"等28个部首，在《部件规范》中需通过其他基础部件组合产生。最为典型的就是《部首表》中的"青"，《部件规范》拆分为"青字头"和"青字底"两个部件。这完全体现了两个汉字规范的制定目标：部件基本职能是充当汉字"零件"，部件本身就是汉字的合理拆分，且拆分目的是用尽可能少的基础部件组构更多的汉字字形，是一项很有

---

① 苏培成：《现代汉字的部件切分》，《语言文字应用》1995年第3期。
② 倪海曙：《偏旁和部件》，《文字改革》1966年第1期；苏培成：《现代汉字学纲要》，北京大学出版社，1994，第63页；费锦昌：《现代汉字部件探究》，《语言文字应用》1996年第2期；施正宇、吕文杰、范佳燕、房磊：《60年对外汉字教学研究之研究（上）》，《云南师范大学学报》2015年第1期。
③ 叶楚强：《偏旁部首名称的意义及几点看法》，《文字改革》1965年第11期。

意义的工作因此需要拆分到基础部件;[①] 而部首切分的目的是合理提取部首。[②]

再拿"翅"字来说,为方便汉字信息处理,该字需拆分为"十、又、习、习"四个基础部件,但在教学实践和辞书编撰过程中,分解为"支""羽"两个部分则更便捷。这正是《部首表》收录"支""羽"两个部首,而《部件规范》拆分为"十、又、习、习"四个基础部件;《部首表》收"青",《部件规范》拆分为"青字头"和"青字底"两个部件的原因。

二 名称规范的一致性

尽管《部件规范》《部首表》体现了各自的分合原则,但尽可能地保持规范内部、规范之间相同、相异名称的一致性十分必要,尤其对于既是部件,又是部首的汉字结构的名称规范而言。

20 世纪 60 年代"文字改革"讨论中,文之初、叶楚强、孙耀武、署名"北京首都机场民航中学语文组"的学者、倪海曙、凌远征等均就部件、部首名称问题提出各自的看法。贾博德、吕永进也陆续提出自己的观点。以上成果为《部件规范》名称规则的制定奠定了良好的理论基础。部件、部首命名是非常复杂的工作,需要通过规范内部、规范之间的比较使之进一步完善。[③]

(一) 规范内部

部件是现代汉字字形中具有独立组字能力的构字单位,它大于或等于笔画,小于或等于整字。[④] 根据此定义,我们将部件分为等于笔画类、等于整字类、大于笔画小于整字类 3 种。[⑤]

依据《部件规范》按读音、按笔画、按俗称、按部位的四大命名规则,其中"成字"部件,依读音命名;"笔画"部件,按笔画名称命名;"大于笔画小于整字"类部件,按照俗称或部位命名。

在实际操作过程中,除"笔画"部件名称完全依照命名规则外,其余两类均有例外的情况。"成字"部件包括非常用、常用两种情况,现整理如下。

1. 非常用成字部件命名情况

表 2 非常用成字部件命名情况

序号	数量	非常用成字部件	部件名称举例	命名情况
1	29	卬、朿、攴、市、艮、夬、冊、旡、 叚、聿、堇、屮、咼、庐、叐、厶、 毛、口、幺、曳、乂、弋、尤、禺、 聿、戊、豸、隹、釆	卬:卬 áng/昂（áng）字底	读音/部位命名

① 孔祥卿:《汉字部件规范与部件拆分》,《兰州学刊》2013 年第 1 期。
② 陈燕:《现代汉字部首法所用单字切分》,《天津师范大学学报》2006 年第 4 期。
③ 文之初:《汉字部件应该规定名称》,《文字改革》1965 年第 10 期;叶楚强:《偏旁部首名称的意义及几点看法》,《文字改革》1965 年第 11 期;孙耀武:《也谈汉字部件及其名称问题》,《文字改革》1965 年第 12 期;北京首都机场民航中学语文组:《对部件名称的一点建议》,《文字改革》1965 年第 11 期;倪海曙、凌远征:《先把部首的名定下来》,《文字改革》1966 年第 4 期;贾德博:《部首和部件的称说》,《语文建设》1995 年第 2 期;吕永进:《现代汉字部件异称例析——兼谈汉字名称的规范》,《烟台师范学院学报》1999 年第 1 期。
④ 费锦昌:《现代汉字部件探究》,《语言文字应用》1996 年第 2 期。
⑤ 李华:《部件拆分与对外汉字部件教学》,《海外华文教育》2017 年第 6 期。

序号	数量	非常用成字部件	部件名称举例	命名情况
2	11	丞、缶、奂、耒、廿、彡、豕、韦、兀、凶、爿	丞：丞（chéng）	读音
3	1	卩	卩：卩（jié）/单耳	读音/俗称

依据《部件规范》"部分不熟悉的成字部件，给出读音后再按部位命名；部位代表字尽量选择常用字或与该字读音相同的字"这一命名规则，我们整理出如上 41 个非常用成字部件。由表 2 可以看出，这些《常用成字部件表》未收录，本文称之为"非常用成字部件"（罕用成字部件①）的命名情况比较复杂，第一类 29 个部件，"读音/部位命名"的名称，与规范中非常用成字部件命名规则一致；第二类 11 个部件，以"读音"命名，沿用了常用成字部件命名规则，与规范中非常用成字部件命名规则不同；至于第三类 1 个部件，"读音/俗称"的命名，就更是超出命名规则交代的类型范围。

2. 常用成字部件命名情况

相比而言，成字部件的命名基本依据命名规则。即便如此，《部件规范》同其附件《常用成字部件表》相较，我们仍发现个别不一致之处（表 3）。

表 3　常用成字部件名称对比

部件	《部件规范》名称	《常用成字部件表》名称
月	月：月（yuè）/肉月（ròu yuè）	月：月（yuè）

可见，对于部件"月"，《常用成字部件表》的命名依据规则，按读音命名。《部件规范》则采用"读音/俗称"形式，使得《部件规范》及其附件《常用成字部件表》在规范内部也未能统一。

3. 大于笔画小于整字类部件命名情况

大于笔画小于整字类部件命名分为依俗称或按部位两类，但也有二者兼用，并不完全依照命名规则的情况，如表 4。

表 4　大于笔画小于整字类部件命名规则兼用情况

序号	部件	部件名称举例	命名规则
1	冫	冫：两点水/冰字旁	俗称/部位
2	夂	夂：两点/冬字底	俗称/部位

表 4 两个例子，未依据《部件规范》其他 150 个大于笔画小于整字类部件选用俗称、选用部位两者之一的命名规则，而是既用俗称，又用部位，即两条命名规则兼用，使得该类部件名称规则也不完全统一。

---

① 费锦昌：《现代汉字部件探究》，《语言文字应用》1996 年第 2 期。

（二）规范之间

《部件规范》514 个部件中，207 个是部首类部件，占《部首表》301 个部首的 69%。而且，《部件规范》配有部件名称，《部首表》没有部首名称。在实际使用过程中，使用者对于部首名称或从俗，或借鉴部件名称，导致名称使用方面因人而异，不够规范。

以《现代汉语词典》附录 69 个部首名称与《部件规范》相对照，部分名称一致，不同之处在于（表5）：

表5　《部件规范》《现代汉语词典》相同部件/部首的不同名称对照

类别	组号	部件/部首	《部件规范》部件名称	《现代汉语词典》部首名称	相关说明
成字	1	厂	厂（chǎng）	偏厂儿/厂字头	成字部件，《部件规范》以读音命名；部首名称以"某字旁"命名
		广	广（guǎng）	广字旁	
		木	木（mù）	木字旁	
		禾	禾（hé）	禾木旁	
		火	火（huǒ）	火字旁	
		米	米（mǐ）	米字旁	
	2	土	土（tǔ）	提土旁	成字部件"土""子""牛""车"以及"羊"组字过程中末笔横变提、竖变撇等笔形变化情况《部件规范》没有单列
		羊	羊（yáng）	羊字旁	
		子	子（zǐ）	子字旁	
		牛	牛（niú）	牛字旁	
		车	车（chē）	车字旁	
	3	彡	彡（shān）	三撇儿	《部件规范》给出读音，按成字命名
非成字	4	讠	言旁	言字旁	成字部件形变为非成字部件，《部件规范》依"某字＋部位"命名；部首命名则依"某字＋'字'＋部位"命名，相比而言，后者表达有歧义现象
		爫	爪头	爪字头	
		⺮	竹头	竹字头	
		礻	示旁	示字旁	
		钅	金旁	金字旁	
		衤	衣旁	衣字旁	
	5	亠	玄字头	京字头	名称代表字选用不同，或名称代表字选用及位置解读均不同
		凵	画字框	凶字框	
		囗	围字框	国字框	
		覀	要字头	西字头	
		尢	尴字框	尤字旁	
		勹	句字框	包字头	
	6	几	风省	风字头/风字框	名称代表字相同，但位置表述不一致
		疒	病字框	病字旁	
	7	巛	巡字心	三拐儿	部位命名、从俗命名不同
	8	灬	横四点	四点底	选用不同俗称命名

从表5可以看出，除成字部件/部首命名差异外，对于非成字部件/部首，名称方面主要存在代

表字选用、位置解读、俗称沿用等方面的不同。

比较而言，《部件规范》非成字部件命名在代表字选用、位置解读两个方面值得借鉴。

代表字选用方面，部件"亠"选用上下结构的"玄"作为代表字，优于部首选用上中下结构的"京"；"凵"选用"画"，"画"字"框"比"凶"字"框"更符合习惯表达；"囗"选用"围"，部件/部首与代表字构成理想的同音关系；"勹"的代表字，选"包"为譬况字，从字源上说是有理据的，但以现代汉字字形看，应该说没有代表性，因为常用字里很少见到这种被包围部件的笔画伸出框外的例子。为照顾习惯，也可仍用"包"字譬况；若考虑典型性，则可用"勺""句"等代替；[①] 至于"覀"作"要字头"，"尢"作"尴"字"框"，较之"西字头""尤字旁"就更加准确、科学。

位置解读方面，"勹""尢""疒"的位置解读为"框"，亦优于"头""旁"，因为这三个部件/部首组字基本上是包围结构；"巜"解作"巡字心"，就其所组字"巢、巡、剿"来看，选取"巡"作代表字也是比较典型的。

三 术语界定的统一性

部件拆分、部首提取均涉及成字、非成字，常用字、非常用字等术语界定，故而通过规范内部、规范之间的互相参照和横向比较，可以促使规范自身日益完善，亦使得规范之间结合更紧密，标准更统一。

首先，应当保持规范内部、规范之间成字、非成字，常用字、非常用字等术语界定的统一性。

傅永和对《辞海》所收汉字进行部件拆分，得出构字部件648个；晓东对3500个现代汉语常用字进行部件分析，拆分出474个部件，其中成字部件（独体字）195个；费锦昌也是以现代汉语3500常用字为对象，拟定"现代汉语3500常用字部件表"，收部件384个，成字部件162个；崔永华针对对外汉语教学用2866个汉字，提出"'基本部件＋基本字'汉字教学单位体系"研究设想，拟定部件537个，其中整字350个；邢红兵对《汉语水平词汇与汉字等级大纲》2905个汉字拆分，分出部件515个，其中成字285个；邢红兵、舒华对小学语文教材全部汉字进行部件拆分工作，拆分出部件506个，其中成字部件266个。[②]

以上研究成果中，晓东强调成字部件即独体字（邓章应[③]沿用此观点）；崔永华称之为整字；邢红兵指出成字部件的"成字"分别针对《汉语水平词汇与汉字等级大纲》2905个汉字、小学语文教材全部汉字。其他均未明确"成字"的界定。《部件规范》亦如此。

---

① 吕永进：《现代汉字部件异称例析——兼谈汉字名称的规范》，《烟台师范学院学报》1999年第1期。

② 傅永和：《汉字的部件》，《语文建设》1991年第12期；晓东：《现代汉字部件分析的规范化》，《语言文字应用》1995年第3期；费锦昌：《现代汉字部件探究》，《语言文字应用》1996年第2期；崔永华：《关于汉字教学的一种思路》，《北京大学学报》1998年第3期；邢红兵：《〈（汉语水平）汉字等级大纲〉汉字部件统计分析》，《世界汉语教学》2005年第3期；邢红兵、舒华：《小学语文教材用字基础部件统计分析》，《语言文字应用》2008年第3期。

③ 邓章应：《〈现代常用独体字表〉应与〈现代常用字部件及部件名称规范·常用成字部件表〉统一》，《兰州学刊》2013年第1期。

（1）规范内部

《部件规范》列举成字部件、非成字部件命名规则时，就缺少相应界定条件的说明，但倾向于参照 GB13000.1 的范围。[①]

《部件规范》附《常用成字部件表》，亦未交代"常用"的所指。通过对《常用成字部件表》中鹿、鼎、鼠等部件构字数为"1"的统计可知，其"常用"并非修饰"部件"的，而是说明"成字"的。也就是说，表内所收部件均为"常用字"。但由于不知"常用"的依据是《现代汉语常用字表》（1988）还是《现代汉语通用字表》（1988），使得《部件规范》"常用""非常用"成字部件的界定本身模糊。

（2）规范之间

通过《部件规范》《通用字表》规范之间比较，我们发现，"成字"界定亦不统一。《部件规范》514 个部件中，311 个常用成字部件，均为《通用字表》一级字。

然而，非常用成字部件的情况不很明确。表 2 所列 41 个非常用成字部件中，卬、束、攴、市、艮、夬、冊、叚、董、高、殳、厶、毛、幺、曳、乂、弋、禺、聿、豸、隹、丞、缶、奂、耒、廿、豕、韦、兀、凶、爿等 31 个，与《通用字表》二、三级字对应。采、旡、堇、丩、卢、彡、冂、尢、戉、卩等 10 个部件不在《通用字表》中，《现代汉语词典》亦未收录，视为"成字"，显然缺乏字表、字级的相应说明。

相反，《通用字表》《现代汉语词典》均收录的"戋""尢"两个字/部件，《部件规范》却又是按照非成字部件命名的："戋"的名称是钱字边，"尢"的名称是尴字框。

可见，《部件规范》非常用成字部件界定超出了《通用字表》，甚至《现代汉语词典》收录范围，而个别《通用字表》《现代汉语词典》收录的"字"，《部件规范》则又是以非"成字"规则命名的。由于缺少相应说明，成字、非成字界定条件不易把握，常用字、非常用字划分更是失去了标准。

结　论

社会是发展的，社会语文生活也日益丰富，现代汉字规范势必随着社会发展不断修订和完善。如果《部件规范》《部首表》在成字、非成字部件/部首界定方面，能以《通用字表》为依据，在常用、非常用部件/部首界定方面，能够分别同《通用字表》一级字和二、三级字表对应，而且在《部件规范》已经比较科学化的名称规范基础上，通过汉字规范间的横向比较，使得《部件规范》《部首表》中相同、相异部首/部件在代表字选用、位置解读、俗称沿用等名称规范等方面能够更统一，那么《部件规范》《部首表》及《通用字表》的比较研究，在更便捷、更有效地指导现代汉字应用工作，更好地落实《中华人民共和国国家通用语言文字法》，大力推行和规范使用国家通用语言文字，全面推动语言文字事业服务国家发展需求等方面将产生积极作用。

---

① 王汉卫、苏印霞：《关于部件命名的三个问题》，《河北师范大学学报》2012 年第 2 期。

【参考文献】

［1］北京首都机场民航中学语文组．对部件名称的一点建议［J］．文字改革，1965（11）．

［2］陈燕．现代汉字部首法所用单字切分［J］．天津师范大学学报，2006（4）．

［3］崔永华．关于汉字教学的一种思路［J］．北京大学学报，1998（3）．

［4］邓章应．《现代常用独体字表》应与《现代常用字部件及部件名称规范·常用成字部件表》统一［J］．
兰州学刊，2013（1）．

［5］费锦昌．现代汉字部件探究［J］．语言文字应用，1996（2）．

［6］傅永和．汉字的部件［J］．语文建设，1991（12）．

［7］贾德博．部首和部件的称说［J］．语文建设，1995（2）．

［8］孔祥卿．汉字部件规范与部件拆分［J］．兰州学刊，2013（1）．

［9］李华．部件拆分与对外汉字部件教学［J］．海外华文教育，201（6）．

［10］吕永进．现代汉字部件异称例析——兼谈汉字部件名称规范［J］．烟台师范学院学报，1999（1）．

［11］倪海曙、凌远征．先把部首的名称定下来［J］．文字改革，1966（4）．

［12］孙耀武．也谈汉字部件及其名称问题［J］．文字改革，1965（12）．

［13］施正宇．现代形声字形符意义的分析［J］．语言教学与研究，1994（3）．

［14］王汉卫、苏印霞．关于部件命名的三个问题［J］．河北师范大学学报，2012（2）．

［15］文之初．汉字部件应该规定名称［J］．文字改革，1965（10）．

［16］晓东．现代汉字部件分析的规范化［J］．语言文字应用，1995（3）．

［17］邢红兵．（汉语水平）汉字等级大纲部件统计分析［J］．世界汉语教学，2005（4）．

［18］邢红兵、舒华．小学语文教材用字基础部件统计分析［J］．语言文字应用，2008（3）．

［19］叶楚强．偏旁部首名称的意义及几点看法［J］．文字改革，1965（11）．

The Comparative Study of the Norms of Modern Chinese

Li Hua

（College of International Cultural Exchanges, Northwest Normal University,

Lan Zhou 730070, China）

Abstract：Modern Chinese character norm is the normative consequence of Chinese character compo-
nent, radical of Chinese character and universal character and so on, they belong to different research team,
the range of application adequately present its own side, as well as the time of introduction also present its
own precedence order respectively. In process of practical application, however, the relevant knowledge a-
bout Chinese character component, radical of Chinese character and standardized Chinese character have a
mutual intersection and a largely revelation, which ask modern Chinese character norm to be able to con-

stantly revise perfection, to coordinate and unify as much as possible, to guide the application and practice of character more convenient in the matter of term definition on character information, no character information, universal character or unused character and so on; in the matter of name norm on the selecting and using of representative character, position unscrambling and continuing use of name and so on; in the matter of using priciple on split and combination and so on.

Keywords: Chinese character norm; Chinese character component; radical of Chinese character; universal character

"茬"字的不同来源补说

姚 萱

【摘 要】现代汉语常用字"茬"（音 chá），今所见各种工具书与论著对其形的说解多误。《说文》所收及出土文字资料中已多见的音 chí 的"茬"字，其形音义皆与今所用根茬之"茬"字无关。从出土文字资料看，"根茬"义之"茬"系"差（槎）"之讹体分化字。

【关键词】茬；差；槎；讹体分化

【作者简介】姚萱，女，复旦大学国际文化交流学院副教授，文学博士，主要研究古文字学、对外汉语汉字教学（上海 200433）。

一 问题的提出

"茬"是现代汉语的一个常用字。《新华字典》最新版（第十一版）仅收 chá 一音，解释谓：

❶（—儿）庄稼收割后余留在地里的短根和茎：麦~儿．豆~儿．❷（—儿）在同一块土地上庄稼种植或收割的次数：换~．头~．二~．❸短而硬的头发、胡子。

《现代汉语词典》"茬"字的解释，与《新华字典》没有实质性出入。近年出版的由众多古文字研究者集体编写的大型工具书《字源》，在"茬"字下收了两个读音，即"chí 从纽、之部；崇纽、之韵、士之切"，和"chá 精纽、之部；庄纽、之韵、侧持切"。第二个读音 chá 对应的反切实际是错误的（"侧持切"仍系 chí 音），应为"锄加切"（见《集韵·麻韵》）。其说解则谓：

形声字。从艸，在声。本义是指草盛貌。《说文》："茬，艸皃（貌）。"《玉篇·艸部》："茬，草盛皃（貌）。"这种字义的"茬"今天读 chí。"茬"字又可指庄稼收割后留在地里的茎和根。如麦茬儿、豆茬儿。也可指在同一块地上作物种植或生长的次数。如换茬，二茬韭菜。这种字义的"茬"今天读 chá。①

---

① 李学勤主编《字源》，天津古籍出版社、辽宁人民出版社，2012，第 47 页。魏励编著《常用汉字源流字典》（第二版）（上海辞书出版社，2018）第 37 页"茬"字下说解与上引讲法差不多。

但对"茌"字为什么会有这两个大为不同的读音和意义，没有加以解释说明。而且，所谓"形声字。从艸，在声"的分析，对于 chá 这个读音来说是不适合的。"在"跟"锄加切"之"茌"在古代（不论是中古还是上古）的读音相差很远。

二　从出土文字资料看"茌"字的本音

其实，前人对于有关字形的音义关系，本已有大致正确的解释，但似乎并未得到辞书编纂者的重视。现所见各种工具书及论著所说多误（详见后文），故我们草撰此文加以补说。

"茌"字最早见于秦汉出土文字资料，如下举诸例：

秦陶文（《陶文图录》6.414.3）　《银雀山汉墓竹简（壹）》简 234

张家山汉简《二年律令·秩律》简 460　《肩水金关汉简（伍）》EJC：425

东汉杨叔恭残碑　东汉谒者景君碑（《隶辨》1.33）

敦煌悬泉置帛书"元致子方书"

上举秦陶文之例用作人名。《说文·艸部》"茌"字下谓"艸貌。从艸，在声。济北有茌平县"。上举诸例，大多正系此地名用字。银雀山汉简《孙膑兵法·擒庞涓》234："昔者，梁（梁）君将攻邯郸，使将军庞涓、带甲八万至于茌丘。"整理者原注谓："茌丘，地名，其地未详。"张震泽先生指出："今按《汉书·地理志》，东郡有茌平县。地在今山东茌平西。茌音池（chí），今写作茌。这一带多以茌为地名，例如长清县有山茌区，茌丘可能在今茌平境内。"① 上举张家山汉简、《肩水金关汉简（伍）》、杨叔恭残碑和谒者景君碑诸例，亦皆用地名"茌平"（谓"东郡茌平"或"济北茌平"）。出土文字资料中"茌平"还见于《新出封泥汇编》2949"茌平丞印"（"茌"字头部残）。《汉书·酷吏传·尹齐传》《续汉书·郡国志》等其地皆作"茌平"，"在"与"仕"读音极近，"茌"与"茌"应系声符不同的异体字；② 《续汉书·郡国志》济北国、泰山郡作"茬平"，"茬"则系形近讹字。③

上引悬泉帛书"元致子方书"云："所因子方进记茌次孺者，愿子方发，过次孺舍求报。次孺不在，见次孺夫人容君求报。"从上下文看，"茌"应系姓氏，信中首次提到此人时连姓氏称"茌次孺"，后文则仅称其名"次孺"。《广韵·之韵》"侧持切""菑"小韵"茌"字下、《集韵·之韵》"庄持切""菑"小韵"茌"字下皆谓："亦姓。"可证。讨论此帛书的诸研究者中，王冠英先生释其字为"茌"是很正确的，但将"茌"读为"差"，解释谓："记差，可能是文书一类负责文案的员吏"，疏解"所因子方进记差次孺者"句意为"通过您推荐做记差的那个次孺"，④ 则不可

---

① 张震泽：《孙膑兵法校理》，中华书局，1984，第 5 页。

② 《广韵·之韵》"士之切""茌"小韵下谓"俗作'茌'"，《集韵·之韵》"仕之切""茌"小韵下谓"茌""或从'仕'"作"茌"。

③ 以上参看吴良宝、孔令通《战国秦汉传世文献中的地名讹字问题》，《吉林大学社会科学学报》2008 年第 1 期，第 194 页。

④ 王冠英：《汉悬泉置遗址出土元与子方帛书信札考释》，《中国历史博物馆馆刊》1998 年第 1 期，第 60 页。

信。其说将"茬"跟"差"拉上关系，无疑也是与今所用"茬"字来源不明、受其读音误导有关。胡平生和张德芳先生疏解句意为"曾通过你子方递交记书给次孺"，谓"进记，递交记书。《居延新简》E. P. T53：83：'甲渠塞候，候明伏地再拜进记中卿'（A），'伏地再拜进记'（B）"，其说对"记"字的解释可从，但释其字为"差"则于形不合（对"差"字之义亦未解释）。① 此书信大致属于西汉晚期，其时代甚早，"茬"形恐与"差"字无关（详后）。

总结以上所述，出土文字资料中已多见的"茬"字，其形音义皆与现代常用的根茬之"茬"无关。

三　根茬等之"茬"系"差"之讹体分化字

"砍伐植物所余者"称"茬"，其实是一个很古老的词，只不过最初是用别的字表示。东汉末服虔所编《通俗文》一书专收当时的口语词，其中有云"刈余曰柤，又为榰"，"柤、榰"皆与"锄加切"之"茬"读音接近，应即表同一词。朱骏声《说文通训定声》引此谓"柤假借为槎"。按《说文·木部》谓"槎，衺斫也"，段玉裁注："《周礼》有'柞氏'，《周颂》曰'载芟载柞'，毛云：'除木曰柞。''柞'皆即'槎'字，异部假借，鱼歌合韵之理也。"又《文选·西京赋》："柞木剪棘。"李善注："柞与槎同。""柞"与"柤、榰"读音更近，其字与歌部之"槎、茬"的关系，犹如睡虎地秦简多见用"酢"为"疾病痊愈"义之"瘥"。砍伐植物的动作为"槎、柤"等，砍伐所余的植物短桩也叫"槎、柤"等，从词义引申关系看也是很自然的。

东汉王褒《僮约》："二月春分，……种瓜作瓠，别茄披葱。焚槎发畴，垄集破封。"研究者或注谓："槎，同'茬'，农作物收割以后留下的短桩。"② 正确可从。《汉语大词典》"槎"字第四义项为"树或农作物砍、割后留下的短桩"，所举首见书证为唐张鷟《朝野金载》卷五"其足下有槎"云云，其时代偏晚，此东汉《僮约》例可为其补充。《汉语大字典》"槎"字第二义项为"庄稼收割后留在地里的短桩"，所举首见书证为周立波《懒蛋牌子》"刨槎的、打柴的都往屯外走"云云，更嫌太晚，但谓"同'茬'"，正确指出了"槎"跟"茬"的关系，此则可从。

这类用法的"槎"字亦见于更早的出土文献。湖南龙山出土的里耶秦简8-0355谓"黔首习俗好本事，不好末作。其习俗槎田岁更，以异中县"云云，《里耶秦简（贰）》简9-1754文略同，其字作"篗"（另简9-22亦两见"篗田"语）。研究者或引"槎，斫也"等故训，谓"槎田，可能是指斫木为田。岁更，每年更替"。③ 按所谓"斫木为田"似嫌与一般事理不合，又跟"岁更"的关系难明。原发掘整理者曾谓："槎田是当时使用较普遍的一种耕作技术。'槎田'实际上是农田的休闲制，'燔田'是'槎田'之中不可缺少的一个步骤，迁陵每年春天有'燔田'的活动。"④ 其说到底对"槎"字如何理解看不出来（"燔田"在现已发表的里耶简资料中亦尚未见到），但结合起来看可以推测，所谓"槎田"实际应即谓将农作物收割后之"槎（茬）"留在田中，待其自然

①　胡平生、张德芳：《敦煌悬泉汉简释粹》，上海古籍出版社，2001，第187页、189～190页。
②　费振刚等选注《历代文选·两汉文》，河北教育出版社，2001，第257页。
③　陈伟主编《里耶秦简牍校释》（第一卷），武汉大学出版社，2012，第137页。
④　湖南省文物考古研究所编著《里耶秦简（壹）》，文物出版社，2012，"前言"第4页。

死亡干枯之后，来年再"燔"之以为重新耕种之田（故言"岁更"）。"燔田"与上引《僮约》的"焚槎"甚近。

前引《字源》对音"chá"之"茬"字意义的解释，基本采自《汉语大字典》"茬"字的第二个读音和释义（第一个读音即 chí），即"（二）chá《集韵》锄加切，平崇麻"下之第❷、❸义项。其第❶义项为：

> 同"槎"。斜砍，劈削。《汉书·货殖传》："然犹山不茬蘖，泽不伐夭。"颜师古注："茬，古槎字也。槎，邪斫木也。"

将"茬"的音义来源跟"槎"字相联系，是很正确的。但为什么"茬"即"古槎字"，仍然难以理解，因为本从"在"声之"茬"，跟从"差"声之"槎"，两字读音相差甚远，难以讲成假借关系。研究者或将此所谓"古槎、茬通用"作为声素"【屮通才】"之例，[①] 不确。

上举《汉书·货殖传》"然犹山不茬蘖，泽不伐夭"语，可以跟《国语·鲁语上》"且夫山不槎蘖，泽不伐夭"云云对读，"茬""槎"关系，王引之以字形讹误为说。王念孙《读书杂志》卷四之十四《汉书·货殖传》"𦫼"条谓：

> "山不𦫼蘖。"师古曰："𦫼，古'槎'字也。音士牙反。"引之曰："𦫼从在声，古音属之部；'槎'从差声，古音属歌部。二部绝不相通，无缘借'𦫼'为'槎'。'𦫼'盖'差'字之讹也。'差'、'槎'古同声，故通用。隶书'差'字或作'𦫼'，汉《太尉刘宽碑》"咨嗟"是也。后人误认𦫼之"廾"为"艸头"，又因师古言"古'槎'字"，乃依篆文"艸头"作"𦫼"，与"𦫼"字相似，因讹而为"𦫼"矣。《玉篇》、《广韵》"𦫼"字并"士之切"，无"槎"音。《集韵》以"𦫼"、"槎"为一字，引《汉书》"山不𦫼蘖"，则北宋时汉书已讹作"𦫼"，故作韵者误收，而《类篇》以下诸书并沿其误。[②]

其说基本可从，但所谓"误认𦫼之'廾'为'艸头'"云云，仍嫌迂曲。从出土文字资料看，"差"形之变为"茬"形，可以说就是文字形体的自然直接的演变，能举出不少同类证据。

一方面，"差"字头部在汉隶以及其后的中古文字中，常由"䒑"形而变为"卝"形；此类变化，跟"蓋/葢"字之变为"盖"、"著"字之变为"着"（并逐渐分化开），可相联系印证。后者系由本作"卝"头而变为"䒑"形，跟前者方向正相反。"差"字异体或作"茥"，中古文字中多见，[③] 亦收录于后世字书，如《干禄字书》"差"俗作"𦫼"等。魏碑文字"差"字或作 𦫼（北

① 张儒、刘毓庆：《汉字通用声素研究》，山西古籍出版社，2002，第 582 页。"屮"即"左"字所从声符，亦即"差"字的基本声符。另《古字通假会典》（高亨纂著，董治安整理，齐鲁书社，1989）第 421 页收"【茬与槎】"作为通假之例，亦不确。
② 王念孙：《读书杂志》，江苏古籍出版社，2000，第 377～378 页；徐炜君等点校《读书杂志》第二册，上海古籍出版社，2014，第 953 页。
③ 参看臧克和主编《汉魏六朝隋唐五代字形表》，南方日报出版社，2011，第 213 页；黄征：《敦煌俗字典》，上海教育出版社，2005，第 39 页。

魏张玄张黑女墓志铭）、（北魏元子直墓志），① 其间"⸌"形与"艹"形的交替演变关系可以看得很清楚。

另一方面，"工"形与"土"形可以互作，又是很早就多见于汉字的现象，下面仅以这里讨论涉及的"左"（即"差"字下所从）跟"在"为例。如战国齐陶文"左"字即或作（《陶文图录》2.24.3）、（《陶文图录》2.5.1）、（《陶文图录》2.5.2）；汉简中"左"字或作（居延5.18＋255.22）、（居延图35/74.6A）、② ［《肩水金关汉简（叁）》73EJT26：16］、（武威汉简《仪礼》甲本《有司》简12），"佐"字或作［《肩水金关汉简（壹）》73EJT3：55］、（《地湾汉简》86EDT5H：140），等等，例多不必备举。安徽亳州出土的曹操宗族墓文字砖中，"左"从"土"作与"在"形近同者亦多见。③

以上所述两个方面的变化结合起来，作（晋辟雍碑）一类字形的"差"字，如果其上部变为"艹"头，"艹"头下省去一横，余下的"左"变作"在"形，就成为如前举"莇"之作那类字形了。这里面还有一个很重要的因素，即要努力将文字的各个部分写得"成字"，以便于记忆和书写，所以"差"在除去头部的"艹"形后，其下半或变作"老"形，或变作"在"形，"老"与"在"都跟全字的音义无关，仅是出于所谓"偏旁成字化"的普遍倾向而已。

最为关键的证据，是刻于东汉桓帝永兴二年（154）的"芗他君石祠堂石柱题记"中两见的"差"字。试看其原形及对比同铭有关诸形如下：④

其辞例分别为"九月十九日被病，卜问奏解，不为有差（瘥）""兄弟共居，甚于亲在；财立小堂，示有子道，差于路食"，其字释"差"没有问题。对比同铭从"艹"头之字（除上所举外尚有之，皆同）与"才"字，可以说其形已经跟"莇"（如前举）没什么区别。

由此看来，"差"字曾有过作"莇"形的讹体写法，就可以根据出土文字资料定论了。从文字的演变过程来讲，应该是先假借"差"表"｛槎｝"，然后再加意符"木"为"槎"；为了分化一般的"差"字与其假借为"｛槎｝"的用法，又逐渐比较固定地用其讹体"莇"来表示"｛槎｝"。这类利用文字的异体加以分工从而将多义字的职能分化开的情形，是汉字演变中的常见现象。⑤ 现所见字书韵书中，音"锄加切"之"莇"在宋代《集韵》中始见，其彻底分化开的时代应该较晚，估计至少是在魏晋以后（上举芗他君铭之"莇"形仍然是"差"字）。

---

① 参看毛远明《汉魏六朝碑刻异体字字典》上册，中华书局，2014，第72页。"嗟"字所从"差"旁亦多作此类形，参看该书上册第418～419页。
② 参看佐野光一编《木简字典》，［东京］雄山阁出版株式会社，1985，第251页。
③ 李灿编著《亳州曹操宗族墓字砖图录文释》，中华书局，2015，上册第10页008号"稽留砖"、第29页027号"长安砖"，下册第468页028号"字燕左帝砖"等。
④ 徐玉立主编《汉碑全集》第三册，河南美术出版社，2006，第735～740页。
⑤ 参看裘锡圭《文字学概要》（修订本），商务印书馆，2013，第214～217页。

四　今所见工具书与论著说多误

现所见坊间流行的各种讲汉字的工具书，对"茬"字的说解可谓五花八门。一类是径以会意字作解，如号称"现代版《说文解字》"的《汉字图解字典》谓：

> 会意字。从艸（艹），篆书形体像草，表示与草本植物有关；从在，表示农作物收割后还留在地里的茎和根是茬。本义是庄稼收割后残留的根茎。①

或谓"茬""由'艹'和'在'构成。意思是草被割去其根还在，由此产生茬儿的含义"，②与上说大致相同。其迂曲牵强是显而易见的。

或径解为"本从艹，在声"，谓"本义为庄稼收割后留在地上的靠近根部的茎"，③或谓"'艹'是形旁，'在'是声旁。农作物收割后留在地里的茎或根叫茬"，④皆完全不顾及"在"之读音与"茬"不合，以及古"茬"字的音义与现所用"茬"字不同的问题，显然不可信。或谓"'茬'的本义是草木生长茂盛的样子，引申为庄稼收割后留在地里的茎和根……又引申为同一块地上作物种植或生长的次数"云云，⑤即将古"茬"字与现代所用者从意义上强为牵合；或谓"'槎'字就是'在'字一声之转"，⑥或谓"茬为什么从之部字变成了歌部字？……槎又可写作茬，双声假借，对茬字来说，就是又读作歌部了"，⑦此则又系从读音上强为牵合，皆不可信。

或注音为 chá 而谓"又同'槎'"⑧"通'槎'"，引前举《汉书》及颜师古注为说。⑨此较上举诸说要好，但何以两字能"同"能"通"，仍嫌难解。或解析其形为"形声字，从艹在声"，"有两个读音"即"草盛"等之 chí，以及"斜砍、劈削，是槎的异体字之"chá，却又谓"现代义与上述意义无涉"，⑩而不顾"斜砍、劈削植物"义与"收割后所余植物残桩"义的明显联系，亦不可从。

经过本文的梳理，可知上述讲法均不可信。不过，就算是在清代《说文》学家那里，也已经有不少人对古"茬"字与作为"差（槎）"的讹体分化字之"茬"的关系，或是不解或是误解了，亦即对此本无关之两字已不能分别。例如，作为"《说文》四大家"之一的桂馥，在其《说文解字义证》"茬"字下尚谓"草貌者，《鲁语》'山不茬蘖'"云云，即误牵合本无关之两字。严可均《说文斟议》谓"《玉篇》'艸盛貌'；《史记》（引按：此应系《汉书》之误记）'山不茬蘖'；《郡国

---

①　顾建平编著《汉字图解字典》，东方出版中心，2008，第863页。
②　窦文字、窦勇：《汉字字源：当代新说文解字》，吉林文史出版社，2005，第126页。
③　张玉金、高虹主编《全功能汉语常用字字典》，辽海出版社，2000，第1148页。
④　丁义诚等主编《常用字音·形·义·用第1分册》，国防工业出版社，1998，第159页。
⑤　张章主编《说文解字》上册，中国华侨出版社，2012，第268～269页。
⑥　张友鸾：《释"茬"字》，收入《古典编余录》，文化艺术出版社，2008，第137页。
⑦　齐冲天、齐小平编著《汉语音义字典》下册，中华书局，2010，第748页。
⑧　谷衍奎编著《汉字源流字典》，语文出版社，2008，第785页。
⑨　王力主编《王力古汉语字典》，中华书局，2000，第1055页。
⑩　曹先擢、苏培成主编《汉字形义分析字典》，北京大学出版社，1999，第48页。

志》济北茬平县，本属东郡"，亦牵混为说；王煦《说文五翼》据"茬平"等有关地名用字资料，还反过来谓颜师古以"茬"为"古槎字"之说为非（以上皆见）。[①] 由此说来，今人的种种误解，亦可谓事出有因。

Further Discussion on Different Sources of the Character "Cha（茬）"

Yao Xuan

（International Cultural Exchange School，FuDan University，ShangHai 200433，China）

Abstract：There are many mistakes in the interpretation of this common modern Chinese character "茬"（pronounced chá）in current reference books and works. The form, sound and meaning of the Chinese character "茬"（pronounced chí）in *Shuo Wen Jie Zi* and in unearthed written materials has nothing to do with those of the character "茬"（pronounced chá）which now used in word "根茬". Seen from the unearthed written materials, the character "茬"（pronounced chá）which now used in word "根茬" is the erroneous character which differentiated from the character "差（槎）".

Key Words："cha（茬）"；"cha（差）"；"cha（槎）"；the erroneous character which differentiated from other character

---

① 以上皆参见丁福保编纂《说文解字诂林》，中华书局，1988，第 1745 ~ 1746 页。

顾炎武《唐韵正》"逢""逄"讹混订误一则

田佳鹭 李 烨

【摘 要】《唐韵正》在论述"逢"和"逄"的关系时,存在一处本该是"逢"而写成"逄"的讹误,致使文意不通。"逢""逄"讹混,本质上是由二字异体关系导致的,只是《唐韵正》中这一段话恰好是辨析"逢""逄"二字关系的,二者不能互相替换。

【关键词】《唐韵正》;《隶释》;逢;逄

【作者简介】田佳鹭,女,西南大学汉语言文献研究所博士研究生,研究方向为汉语汉字史。(重庆 北碚 400715)。李烨,西南医科大学人文与管理学院讲师,文学博士,研究方向为汉语汉字史。(四川 泸州 646000)。

顾炎武在《唐韵正》①卷一江韵"逄"字下对"逢"和"逄"的异体关系做了讨论,他赞同并引用了宋人洪适《隶释》②中的相关论述,认为"逢"和"逄"古本一字,古时写作"逄",而"后之言姓者始皆作逢",这一观点基本是正确的③。而在顾氏所引用的洪适《隶释》的相关论述中,有一句顾氏书引作"石刻有汉故博士赵传逢府君神道、逢童子碑,其篆文皆从夅"。从前后文意看,此处顾氏所引的文句本是洪适为证明古时有"逄"而无"逢"所列举的石刻证据,原文似当应作"石刻有汉故博士赵传逄府君神道、逄童子碑,其篆文皆从夅"。但在顾氏著作中把"逄"字引成了"逢",把"夅"引成了"夅",以致相关引文前后文意混乱,与顾氏的观点亦不相符。

我们查核了乾隆汪日秀楼松书屋刻本和同治洪氏晦木斋刻本等清代以来主要的《隶释》版本,证明我们的上述推论是可信的:在这两个版本的《隶释》中,与顾炎武所引用的句子对应之处,正如我们所推论的那样写作"石刻有汉故博士赵传逄府君神道、逄童子碑,其篆文皆从夅"。从《隶释》原文的前后文意来推断,上述顾炎武所引文字确实存在错误。我们又查核了包括清康熙符山堂本、清乾隆四库全书本、清光绪长沙思贤讲舍刻本以及民国年间鸿章书局石印本、渭南严氏刻本等

---

① 《唐韵正》为顾炎武《音学五书》之一种,为明清之际重要的古音学著作,1982年中华书局影印出版了清光绪观稼楼仿刻本《音学五书》,出版时标注了便于查检的阿拉伯数字页码,我们最初即在该书235页下发现文中所论及的文字讹误问题。

② 洪适在《隶释》卷十《逢盛碑阴》下列举古籍和汉代碑刻中姓氏用字作"逄"不作"逢"的情况,指出"逢"和"逄"古本一字,古时写作"逄",而"后之言姓者皆始作逢",并且认为训人姓的"逄"字读为"鼍鼓逢逢"之"逢"(即重唇音)。

③ "逢"和"逄"的异体关系,自古至今均有学者论述过,兹不赘述。现代学者中,虞万里、张涌泉二位先生分别从音读和字形的角度对"逢"和"逄"二字的关系做过很好的梳理,参见虞万里《孙诒让〈《广韵》姓氏刊误〉推阐》,《孙诒让研究论文集》,百花洲文艺出版社,2007,第345~346页;张涌泉:《俗字里的学问》,语文出版社,2009,第50~52页。

在内的五个版本的《唐韵正》①，发现相应的引文全都存在这一错误，可见这一文字错误在该书初刻时即已有之，从清代一直到民国年间的各种版本中都还普遍存在。

《音学五书》中属《唐韵正》最为浩博，书中引用文献极多、征引材料庞杂，所引文献难免会有文字的传抄讹误，我们推测顾炎武书中出现上述错误极有可能是其所参考的那一版本《隶释》中本来就存在文字错误。顾氏写作《音学五书》的年代大致在明末到清康熙初年，从《隶释》一书的版本流传情况来看，明末清初流行的《隶释》大致就是明万历王云鹭刻本。我们查阅了王云鹭刻本《隶释》中相关文字所在的段落，发现在该书中乾隆汪日秀楼松书屋刻本和同治洪氏晦木斋刻本里写作"逢"的地方全作"逢"，致使该书中辨析"逢""逢"二字关系的论述出现文意的混乱。而顾炎武著书时参考的《隶释》很有可能就是将"逢"字误写作"逢"，遂误引作此。

当然，由于《音学五书》最初是由张弨父子三人写刻的，上述《唐韵正》中出现的文字错误到底是顾炎武书稿中本来就有，还是誊写时的误抄，又或是刻工的误刻，这些都无从考证了，不过书中将"逢"误作"逢"这一情况是客观存在的。书中出现上述问题，本质上来说就是"逢""逢"二字异体关系导致的，只是《唐韵正》中这一段话恰好是辨析"逢""逢"二字关系的有关论述，二者不能互相替换，否则文意就不通了。我们在参阅点校本《顾炎武全集》②时，发现《唐韵正》中上述引文处本该写作"逢"字的地方仍写作"逢"，书中也无相关校勘记予以说明。③从该书点校说明中可知，整理者以符山堂刻本为底本予以整理，而对漫漶处则补配以观稼楼本及文渊阁四库全书本。④前文已指出，上述三个版本的《唐韵正》相关文句中均作"逢"，如此一来，底本和参校本相应处的文字一致，导致点校本仍然保留了从符山堂本就已存在的这一错误而并未有所订正，这需要注意。

A Textual Criticism for the Text Error of "Pang（逢）" and "Pang（逢）" in Gu Yanwu's *Tangyunzheng*

Tian Jialu　Li Ye

（Institute of Ancient Chinese Language and Documents，Southwest University，Beibei Chongqing 400715，China；School of Humanities and Management Sciences，Southwest Medical University，Sichuan Luzhou 646000，China）

Abstract：Gu Yanwu has discussed the relationship of the variant characters "Pang（逢）" and

---

① 包括《唐韵正》在内的《音学五书》初刻于清康熙六年（1667），由张弨校刻，是为符山堂本，其后的多个版本即源于此。按：除文中所述版本外，《音学五书》尚有光绪湘阴郭氏岵瞻堂刊本，我们暂未找见该书，故其中的文字情况暂不得知。
② 华东师范大学古籍研究所整理，黄珅、严佐之、刘永翔主编《顾炎武全集》，上海古籍出版社，2011。
③ 详见黄珅、严佐之、刘永翔主编《顾炎武全集》第 2 册，第 327 页。
④ 详见黄珅、严佐之、刘永翔主编《顾炎武全集》第 2 册，第 5 页。

"Pang（逢）" in *Tangyunzheng*, and there was a text error that mixed "Pang（逢）" and "Pang（逢）" in the sentences of it, so that those sentences are difficult to understand. And that mistake of writing has already existed at the first edition of *Tangyunzheng*, and it was still common from all versions of the Qing Dynasty to the period of the Republic of China. The reason of mixed "Pang（逢）" and "Pang（逢）" in *Tangyunzheng* owing to the variant relationship of this two characters. However, just like the situation in *Tangyunzheng*, variant characters "Pang（逢）" and "Pang（逢）" can't be replaced each other in the sentences that analyze the relationship of them. Otherwise, these sentences will be difficult to understand. But this kind of text error of "Pang（逢）" and "Pang（逢）" still exists in modern version of *Tangyunzheng*, and it isn't corrected by the authors.

Key words：*Tangyunzheng*（《唐韵正》）；*Lishi*（《隶释》）；Pang（逢）；Pang（逢）

关于八思巴字官印的一种拼写[*]

正　月

【摘　要】八思巴字官印中出现了"国 guigui"的拼写形式，这与《蒙古字韵》不符，后者作guegue。我们认为，其中的 i 当为 e 的形近而讹。

【关键词】八思巴字；官印；《蒙古字韵》

【作者简介】正月，女，内蒙古大学蒙古学学院教授，研究方向为八思巴字、古代蒙古语、回鹘式蒙古文。（内蒙古　呼和浩特　010021）

一　官印中的韵母 ui

照那斯图先生终生致力于八思巴字材料的搜集整理与研究工作，其所收集材料之宏富，研究之丰富，罕有其比。在这些材料中，有一种有着更为独特的意义与价值，这就是八思巴字官印资料。这些官印（有实物也有印文）共 210 多方，先生逐方研究、考释，并约请薛磊博士为每方官印进行了史学方面的补释，二人合署出版《元国书官印汇释》（辽宁民族出版社，2011）。众所周知，官印是权力的象征。照那斯图先生认为，八思巴字在官印上的运用，是八思巴字作为国书最重要的用途（《元国书官印汇释》序言）。在八思巴字推行之际，官府便宣布"诸省部台印信并用蒙古字"（《元典章》卷三十一《礼部四》）。因为这种官印都是由中书省礼部造发的，所以当时统一规定用蒙古字，也较易实行（罗常培、蔡美彪《八思巴字与元代汉语》，第 15 页）。正因为官印代表着官方的权威，所以其用字就反映了国家的规范与标准。宋洪民对官印用字进行了全面整理研究，然后与《蒙古字韵》进行比较，指出"八思巴字官印用字与八思巴字韵书《蒙古字韵》表现出了相当高的一致性，拼写不合用例仅占 2.66%，这就使我们更加有理由相信，《蒙古字韵》完全可以作为元代官方'汉语——八思巴字'的译音标准来看待和研究，汉语语音史也完全应该将《蒙古字韵》作为重要的研究对象"（宋洪民，2017：63），这对明确《蒙古字韵》的地位无疑是非常有效的，从而也可以作为我们研究元代语音史参考《蒙古字韵》的一项重要依据。另外，碑刻等"八思巴字实际应用文献与《蒙古字韵》在字头拼写上相符程度非常之高，拼写形式不一致的还占不到百分之

＊ 基金项目：本研究得到 2018 年度国家语委甲骨文等古文字研究与应用专项科研项目"八思巴字蒙古语词典"重点项目的资助。

二。因此，我们可以初步得出这样的结论，即《蒙古字韵》所代表的八思巴字拼写系统确实可以看作是元代八思巴字译写汉语的规范和依据"（宋洪民，2017：41）。

不过，官印的用字偶尔也会出现不规范的地方，下面我们来讨论一下八思巴字官印的一处拼写问题。

在《蒙古字韵》中，"国"等字的韵母是复合元音韵母 ue，而在官印中却出现了拼作 ui 的用例。先看涉及的官印及其用字的拼写形式：

与《蒙古字韵》拼写不同的用例：
gui 国 105①；106；111；209；
105. 统领释教大元国师（2）；
106. 大元帝师统领诸国僧尼中兴释教之印；
111. 门（嫩）国公印；209. 国子监印。

与《蒙古字韵》拼写相同的用例：
gue Ⅴ 国 102；103；104；108；112；
102. 国师之印（1）；103. 国师之印（2）；
104. 统领释教大元国师（1）；
108. 灌顶国师之印；112. 昌国公印。

yui 尉 115；116；
115. 大尉之印（1）；
116. 大尉之印（2）。

yue Ⅴ 尉 117；626—628；／慰 302；303；／域 325；
117. 太尉之印；626. 泰宁县主簿兼尉印；
627. 井陉县尉司印；628. 天城县尉司印；
302. 乌思藏纳里速古鲁孙等三路宣慰使司都元帅府之印；
303. 海西辽东道宣慰使司都元帅府照磨印；
325. 西域亲军都指挥使司千户所之印。

yui 威 535（《字韵》作 yue Ⅴ）；
535. 扬威征行义兵万户府印。

另，附 2 例声母与《蒙古字韵》不同的，以资比较：

aue Ⅴ 尉（《字韵》作 yue Ⅴ）629；
629. 大定县尉司印。
aue Ⅴ 威（《字韵》作 yue Ⅴ）441；
441. 威州军民千户印。

我们认为，韵尾的 e 写作 i，当属形近而讹，理由如下分析。

二　ui 当属 ue 的形近而讹

首先，从字形上看，在八思巴字官印中，i 有两种拼写形式，这两种形式即照那斯图先生

---

① 在《元国书官印汇释》这部著作中官印代码均为三位数，首位数字代表每方官印所属的类别，后两位数字代表每方印在本类别中的序号，如 118 即代表第 1 类的第 18 方印。

《八思巴字篆体字母研究》（1980）一文中所说的"原体"和"繁体"。"原体就是使楷体字母的直线及直线转折笔划保持原状，而把弧线笔划或者改作直线，或者用直线笔划的转折，按照楷体字母的笔划趋向改作相应的方形结构而成的，与楷体字母的差别只是线条的不同。繁体是在原体的基础上进一步运用直线转折笔划增加方形结构而成的，与楷体字母的差别，除了线条的不同，还增加了若干方形结构。在原体上增加方形结构，部位可以在单个儿的直线上，如 t、n、m 等，也可以在对称的直线上，如 y、g 等；层次可以是单层，也可以是多层，如 b、č '等；方法可以是套加，如 i、u 等，也可以是递加，如 o 等。方形结构的增加，目的是为了扩展字体：竖线笔划加转折，则扩展高度；横线笔划加转折，则扩展宽度；转折笔划的套加，则扩展整体。"（照那斯图，1980）

八思巴字篆体字母为何出现"繁体"呢？八思巴字"篆体字母笔划结构的繁化，同篆体字母的用途有直接的关系。它主要用于元朝官方印章和碑额。而元朝八思巴字官方印章的印面一律为正方形，碑额的刻字平面范围也取方形——或为正方或为长方。在方形面积上不留空当，其中包括四个直角，整齐划一地刻写字母，当然直线笔划最为理想。元朝八思巴字官方印章印面的大小有一定规格，碑额有大有小，因此，在既定的面积上刻写既定数目的字母，必须做出全盘的安排，其中包括行列的数目、距离和书写单位（音节）的行位，字体的大小肥瘦和繁简，笔划线条的粗细和间隔的疏密。这里字体的繁简是影响全局的关键因素，尤其是繁体，因为它最能适应调整全局、填补空当的需要。这就是八思巴字篆体字母结构繁化的原因。"（照那斯图，1980）

既然如此，所以我们在官印材料中见到了大量的八思巴字篆体字母的繁体实例，或者可以这样说，繁体形式更为常见。下面我们看两个例证（选自《元国书官印汇释》）：

104. 统领释教大元国师（1）
图 A

105. 统领释教大元国师（2）
图 B

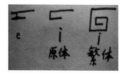

e①、i 形体（原体、繁体）比较
图 C

---

① 关于八思巴字字母的拉丁转写做一说明：在八思巴字蒙古语中，学界一般把 e 转写作 ė，ǀ 转写作 e。先师照那斯图先生在其八思巴字蒙古语的论著中都循此原则，《元国书官印汇释》亦然；但在八思巴字汉语中，则一般把 e 转写作 e，ǀ 转写作 ė，照那斯图、杨耐思《蒙古字韵校本》即循此原则。我们一律遵循八思巴字汉语的转写习惯，即据照那斯图、杨耐思《蒙古字韵校本》转写或改写。下同。

国 gue 　　　　　　国 gui

104、105 两方官印内容相同，都是"统领释教大元国师"印，仅"国"字拼写稍异，我们先把八思巴字楷体拼写形式与拉丁转写转录如下（录自《元国书官印汇释》，并据《蒙古字韵校本》改写。另，印章所刻八思巴字的行款为从上到下，从左到右。换行时以／标记）：

$$t'uη \quad liη \quad / \quad ši \quad gèw \quad / \quad tay \quad 'uèn \quad / \quad gue（105 写作：gui）\quad ši$$
统　领　　释　教　　大　元　　国　　　　　师

我们看到，在这两方内容相同的官印中，"领""释""师"三字中的字母 i（i）都是以繁体形式出现的，无独有偶，与之结构相似仅开口方向不同的 u（u）也都用繁体（见"统""国"二字），只有"国 gui"中的"i"是原体写法。我们不能忽视的一点是，"i"的原体写法与"e"字形相似（见图 A、B 截取单字与字母小图），容易混淆（见图 C）。正是基于这一点，我们才怀疑韵尾的 e 写作 i，当属形近而讹。更加坚定了我们这种想法的是，所有所谓"gui"韵母（有"国""尉"等字）中的"i"无一例外都是原体形式，没有出现一例繁体形式。换言之，只有通过繁体形式我们才能对其身份进行确认，确定它是"i"而不是"gue"；而原体形式的"i"与"gue"字形相似，这就很难排除刻工误读误刻的可能性。为进一步澄清事实，我们把所有包含所谓"gui"韵母的印章拼写转录如下（为方便识别比较，特从每方印章中截取单字小图。另，印章所刻八思巴字的行款为从上到下，从左到右）：

国 　　　　　　　　　　　　　　　　国

06. 大元帝师统领诸国僧尼中兴释教之印　　　**111. 门（嫩）国公印**

图 D　　　　　　　　　　　　　　　　**图 E**

国 ①

209. 国子监印
图 F

尉

115. 大尉之印
图 G

尉

116. 大尉之印
图 H

威

535. 扬威征行义兵万户府印
图 I

从所列材料可以看到，"ui"韵母中的"i"都是原体写法，无一例外。如上文所说，"i"的原体写法与"e"字形相似，容易混淆，只有通过繁体形式我们才能对其身份进行确认，确定它是"i"而绝对不是"e"。特别是当内容相同或基本相同的两方印章中对应的字母一为"i"一为"e"时，我们就更怀疑"i"的真实性。如图 A、图 B 所示 104、105 两方官印内容相同，都是"统领释教大元国师"印，仅"国"字拼写稍异，末尾字母一为"e"一为"i"。这就更加坚定了我们这种想法，韵尾的 e 写作 i，当属形近而讹。下面再看两方内容基本相同的印章，进一步比较：

尉

图 H
116. 大尉之印

尉

图 J
117. 大尉之印

这两方印章拼写除了首字声母有清浊之异外，就只有末尾字母一为"e"一为"i"的区别。我们之所以一再说韵尾的 e 写作 i 当属形近而讹，是因为还有更重要的理由，下面我们接着从这一角度讨论。

三 拼写规则不允许 ui 的出现

其次，从拼写规则上看八思巴字音节中单元音不能同音节共现。这与八思巴字源出的藏文有着密切的联系。

在藏文中，一个音节内部，i、u、e、o、a（a 为零形式）五个单元音韵母之间是互相排斥的，也就是音节中的元音具有唯一性（关于构词复合元音的情况，后文再谈），只有基字才有资格与元音对应（前、上、下、后、再后加字都不能再带其他元音），而元音前后辅音的地位在书写形式上的确认依赖的则是音节的分立，即音节界限的明确化。正缘于此，书面形式上无法真正实现复元音的组合。一般认为，藏文创制以前的藏语中没有复元音韵母，而藏文体系中反映出的就是 i、u、e、o、a（a 为零形式）五个单元音韵母，但若进一步探究还可以发现仅有的三种构词的复元音韵母 ［ʔafiu、ʔefiu、ʔifiu，参瞿霭堂、劲松（2000：464）；也可参江荻（2002：188）］，但其中的韵母在书面形式上没有真正实现复元音的组合。从古藏语指小词缀-úu 的来源看，它原本是一个独立的音节 gu，表示幼小义，如绵羊羔 lug gu，当它跟在开音节词根后面时，声母因词缀弱读而脱落，两个音节元音连缀成复合元音 ［参江荻（2002：189）］，但元音组合在字面上无法实现，必须借助于辅音字母-fi，使复合元音的后一成分在字面上看来仍是一独立音节，于是藏文中就出现了通则（以音节为书写单位）之外的变例，即用字面上两个音节连写的"超常手段"来表达实际语言中的复合元音韵母。它的两个组成成分依然各自依附于一个辅音符号，尽管这些辅音已不发音，仅仅是符号而已，但为文字体系所拘（或者还有语法范畴因素的制约），书面形式难以真正贯彻语音原则做到与实际发音相吻合。

质言之，这种文字体系元音不能在同一音节中共现。八思巴字也严格遵循着这一原则，那作为国字的"八思巴字"如何来完成回鹘式蒙古文早已实现了的拼写复合元音这一历史性的任务呢？照那斯图先生给我们做了翔实的描述。当时蒙古语中共有复合元音 7 个：ai、ėi ｜i、eėe ｜e ▽、oi、'üe a｜e ▽、ue ue ▽、ua。其组合分别这样来实现：

两个单元音直接组合：ėe ｜e、ue ue；（'üe a｜e 只见于词首）

两个元音之间用 y 连接的有：ai、ėi ｜Ki、oi；中间用连写字母"·"连接：ua U 凵。

可以看出，元音的组合一多半是用其他字母来连接，也就是用曲折手段来表达的，但以 ee（i 的变体）出现在ėl、u、ü 后构成复合元音时元音组合倒是可以直接实现的。为什么 ee 可以冲破元音不能在同一音节中共现的原则限制呢？我们认为，这儿的 e 不是 e，而是为出现于其他元音后的 i 专门造的变形字符。

照那斯图先生《有关八思巴字母 ė 的几个问题》（《民族语文》1988 年 1 期）一文认为，ee 源于藏文 i，并从字形上做了令人信服的论证。我们认为，出现在ėl、u、ü 后构成复合元音的 ee 来源于藏文字母 i；而与ėl 互补的 ee 则源于藏文字母 e。也就是说，为了绕开元音不能在同一音节中共现的原则限制，拼写者动了一番脑筋，他们将 i 的两笔拆开，重新组合，并且笔画走向也做了改动 ［详参照那斯图（1988：3）］，让这一变形符号专门来表示这一语音环境中出现的元音 i（因形体已变，所以可不算元音在同一音节中共现，如后来八字汉语系统中"怀ɣu̯aj HWK"等字，实为复合元音，但字面上只有一个元音，u̯、j 都做了变形处理）。这样，ui、ʔ i 等元音组合就可以通过变形为 ue ue 丆、ėe l e 丆 顺利实现了。既不与原则显悖（从书写层面上还是符合的），又达到了拼合的目的，可谓构思巧妙。

既然末尾字母原本为"i"的都要写作"e"以避免与拼写规则相抵触，那《蒙古字韵》（该书体现了通行的拼写规范）中明明拼作"e"而官印中却写作"i"的现象就只能看作一种不规范现象，是因为刻写者不熟悉拼写规则而导致的形近而讹。

【参考文献】

［1］呼格吉勒图、萨如拉编著．八思巴字蒙古语文献汇编［M］，呼和浩特：内蒙古教育出版社，2004.

［2］江荻．藏语语音史研究［M］，北京：民族出版社，2002．

［3］罗常培、蔡美彪．八思巴字与元代汉语（增订本）［M］，北京：中国社会科学出版社，2004.

［4］宁忌浮．古今韵会举要及相关韵书［M］，北京：中华书局，1997.

［5］瞿霭堂、劲松．汉藏语言研究的理论和方法［M］，北京：中国藏学出版社，2000.

［6］宋洪民．八思巴字资料与蒙古字韵［M］，北京：商务印书馆，2017.

［7］照那斯图．八思巴字篆体字母研究［J］，中国语文，1980（4）．

［8］照那斯图．有关八思巴字母ė的几个问题［J］，民族语文，1988（1）．

［9］照那斯图．八思巴字和蒙古语文献 I 研究文集（1990）［A］，八思巴字和蒙古语文献 II 文献汇集（1991）［A］，东京：〔日本〕东京外国语大学アシア・・アフリヵ言语文化研究所（东京外国语大学亚非语言文化研究所）（东京），1990、1991.

［10］照那斯图．蒙古文和八思巴字元音字母的字素分析［J］，民族语文，1999（3）．

［11］照那斯图．八思巴字蒙古语文献的语音系统［J］，民族语文，2007（2）．

［12］照那斯图、薛磊．元国书官印汇释［M］，沈阳：辽宁民族出版社，2011.

［13］照那斯图、杨耐思．《蒙古字韵》校本［M］，北京：民族出版社，1987.

The Review on One of Spelling Form of Official Seals of
hP'ags-pa Script

Zheng Yue

（School of Mongolian Studies, Inner Mongolia University,

Inner Mongolia Hohehot 010021, China）

Abstract：The spelling form "国 guigui" has been found in the official seals of *hP'ags-pa Script*, which is in conformity with that *of Menggu-ziyun*, and the latter is spelled as guegue. I think that the ee is wrongly spelled asii, this is a mistake.

Key words：hP'ags-pa Script；Seals；*Menggu-ziyun*

四川盐源县达祖村的一封东巴文感谢信[*]

甘 露

【摘 要】本文对最新刊布的四川省凉山州盐源县泸沽湖镇达祖村的一封东巴文感谢信进行译释，并从年代、书写者及地区、文字结构、字词关系、用字特色等角度进行初步研究。

【关键词】达祖村；东巴文；感谢信

【作者简介】甘露，女，广州大学人文学院副教授，文学博士，主要从事纳西东巴文研究。（广东 广州 510006）

一 引言

2019 年 1 月 19 日，设在丽江的云南省东巴文化保护与传承协会主办的微信公众号"东巴视界"推送了一篇名为"一份来自达祖人民的感谢"的推文，文中说道：1 月 15 日，东巴文化传承协会收到达祖村东巴文化传承带头人杨本玛直之代表村民制作的一封感谢信，感谢协会对达祖村民族文化传承保护工作的支持与帮助，感谢信用东巴文写成。推文未刊布该信的汉语译文。

达祖村位于四川省凉山州盐源县泸沽湖镇，与云南省宁蒗县交界。全村沿着泸沽湖修建而成，共有 150 多户 800 多人，百分之九十以上的村民是纳西族。据记载，他们是明代丽江木氏土司派出征战的士兵的后裔，在木氏土司势力衰退后，这些土兵再没回到丽江。他们定居的地方，纳西语称为达住（Da-dzu）或达最（Ta-dzui），历史上属于木里活佛的辖区。① 达祖村至今仍然保留着丽江地区的东巴文化传统，为了传承东巴文化，达祖小学除了开设语文、数学等课程外，还开设了东巴文化课。东巴文化传承协会曾派玉水寨东巴院的和学东东巴到达祖村培训祭天仪轨，帮助达祖村恢复中断了 60 年的祭天仪式，并连续两年派东巴主持当地的祭天仪式。达祖村和达祖小学传承东巴文化的活动一直受到媒体和社会各界的关注。

近些年来，田野调查者在云南丽江宝山（李锡，2000）②，香格里拉白地（喻遂生，2006）③、

---

* 基金项目：国家社科基金一般项目"纳西东巴文异体字研究及语料库建设"（批准号：17BYY179）。

① 〔美〕约瑟夫·洛克：《中国西南古纳西王国》，云南美术出版社，1999，第 291 页。

② 李锡：《丽江宝山纳西象形文字砖初考》，《丽江教育学院学报》2000 年第 2 期。

③ 喻遂生：《东巴文白地卖拉舍地契约译释》，《中国文字学报》第一辑，商务印书馆，2006，第 201~213 页。

波湾村（和继全，2016）①，宁蒗县拉伯乡（钟耀萍，2014）②，四川木里县俄亚乡（喻遂生，2016）③、依吉乡（杨亦花，2018）④等地收集到不少地契、账本、书信等东巴文应用性文献，相关研究得到了较多的重视。但是，到目前为止，四川盐源县的东巴文应用性文献还未见到公开发表的材料，因此这份达祖村的东巴文感谢信显得非常珍贵，有重要的研究价值。

东巴文书信使用的前提，是通信双方都懂得东巴文，以前都在东巴之间使用，后来也在东巴和东巴文研究者之间使用，因此都不附汉语或其他语言的译文。要想让东巴文书信成为学界普遍能使用的材料，要研究书信中东巴文的使用情况，还需要对东巴文书信做出译释。有鉴于此，本文对其进行释读并进行初步的研究。

本文写作过程中，得到了达祖杨本玛直之东巴、鸣音构布塔东巴和西南科技大学曾小鹏博士的帮助，谨致谢忱。

达祖东巴文感谢信

赠送现场照片⑤

二 感谢信译释

这封感谢信写在传统的东巴纸上，并固定在木制相框中。根据照片中实物与人物的比例推算，感谢信的横长为 30 厘米左右，竖宽为 30 厘米左右。感谢信共 13 行，108 字，图中序码为笔者所加。因达祖村保留着丽江地区的东巴文化传统，本文的标音采用丽江大研镇音系。

① 和继全：《香格里拉县波湾村现存清末、民国时期东巴文地契述要》，《民族学刊》2016 年第 5 期。
② 钟耀萍：《纳西族汝卡东巴文研究》，民族出版社，2014，第 52 页。
③ 喻遂生：《俄亚、白地东巴文化调查研究》，中国社会科学出版社，2016，第 854 页。
④ 杨亦花：《木里县依吉乡甲波村东巴文人情账簿译释研究》，《中国文字研究》第二十七辑，上海书店出版社，2018，第 187 页。
⑤ 东巴协会：《一份来自达祖人民的感谢》，东巴视界，2019 年 1 月 18 日（https://mp.weixin.qq.com/s/SGF40cxhGkHXFl6eu408Hw）。

字　释：

第 1 行

[字] dẑə²¹秤锤，假借作辛苦、艰难。[字] be²¹做，像以锄挖物之形。

[字] se²¹岩羊，假借作语气词了。三字连读作 dẑə⁵⁵be²¹se²¹辛苦了，引申作谢谢。

[字] tsæ³³画卷、画轴。因感谢信装潢成画框形式，所以用画轴字。四字可译作感谢状、感谢信。

第 2 行

[字] i²¹漏，像蛋破流液之形，假借作地名 i³³gv³³dy²¹依古堆的第一音节。

[字] kv³³蛋，假借作地名 i³³gv³³dy²¹依古堆的第二音节。

[字] dy²¹地。三字连读作地名 i³³gv³³dy²¹依古堆，意为金沙江转弯的地方，指丽江坝。

[字] ko³³鹤，假借作 ko²¹高原。[字] dʑi²¹水。

[字] kho³³角，假借作洞。两字连读作 dʑi²¹kho³³泉水。

[字] lo²¹山谷。四字连读作地名 ko²¹dʑi²¹kho³³lo²¹郭吉可洛，意思是高原上有泉水的山谷，现在是丽江著名的风景区玉水寨所在地。

[字] be³³做。[字] kv³³蛋。两字连读假借作 be³³gu³³兄弟。

第 3 行

[字] dɯ²¹一。[字] hua³³白鹇鸟，假借作量词 hua⁵⁵伙、群。

[字] be²¹做，像以锄挖物之形，假借作状语助词 be³³。[字] dẑə²¹秤锤，假借作辛苦、艰难。

[字] be²¹做，像以锄挖物之形。[字] se²¹岩羊，假借作语气词了。三字连读作 dẑə⁵⁵be²¹se²¹辛苦了。

第 4 行

[字] nv²¹你，从[字]人，[字] nv²¹黄豆声。[字] gɯ³³裂开，假借作 gɯ²¹们。两字连读作 nv²¹gɯ²¹你们。[字] dɯ²¹一。[字] hua³³白鹇鸟，假借作量词 hua⁵⁵伙、群。

[字] be²¹做，像以锄挖物之形，假借作状语助词 be³³。

[字] ne³³苋米，假借作连词 ne²¹和。

[字] la³³虎，假借作地名 la³³tha²¹hɯ⁵⁵拉塔海的第一音节。

[字] tha²¹塔，假借作地名 la³³tha²¹hɯ⁵⁵拉塔海的第二音节。

[字] hɯ⁵⁵海，我国西部地区很多地方称湖为海。三字连读作 la³³tha²¹hɯ⁵⁵拉塔海，泸沽湖。

第 5 行

[字] ta⁵⁵柜子，假借作村名达。[字] dzɿ³³围墙，引申作村寨。两字连读作村名 ta⁵⁵dzɿ³³达祖。

[字] uə³³村庄。[字] be³³雪，假借作村庄。两字连读作 uə³³be³³村庄。

[字] lo²¹山谷，假借作方位词里。

na²¹çi³³纳西，从🗶人，● na²¹黑（写在人头内），🖎 çi²¹稻谷声。

the³³ɣɯ³³文化，从🖎书，🖎 the³³旗子声。丰 zη³³草，假借作寿命、世、代。

t ʂu⁵⁵锥子，假借作连接。

t ʂu⁵⁵锥子，假借作连接。两字连读作 t ʂu⁵⁵t ʂu³³连接、继承，动词重叠表示动作的延续。

第 6 行

ka³³哥巴文，力量。dɯ²¹大。gə²¹上，在此用作状语向上。

thv²¹水桶，假借作 thv³³出。四字连读作 ka³³dɯ²¹gə²¹thv³³向上出大力。

be²¹做，像以锄挖物之形。le⁵⁵茶叶，假借作 le³³又。字形说明详见下文。

ka⁵⁵哥巴文。ka³³哥巴文。两字连读作 ka⁵⁵ka³³帮助。

第 7 行

t ʂη³³悬吊，假借作这。sη²¹三。khv³³收割，假借作 khv⁵⁵年。

lo²¹山谷，假借作方位词里。ŋə³³我。

gɯ³³裂开，假借作 gɯ²¹们。两字连读作 ŋə³³gɯ²¹我们。

na²¹çi³³纳西，从🗶人，● na²¹黑（写在人头内），🖎 çi²¹稻谷声。

the³³ɣɯ³³文化，从🖎书，🖎 the³³旗子声。

zη³³草，假借作寿命。t ʂu⁵⁵锥子，假借作连接。

t ʂu⁵⁵锥子，假借作连接。两字连读作 t ʂu⁵⁵t ʂu³³连接、继承，动词重叠表示动作的延续。

第 8 行

ne³³苋米，假借作句尾助词 ne²¹，表示正在。zη³³路。

gu²¹背，假借作复音词 zη³³gv³³道路第二音节。两字连读作 zη³³gv³³道路。

lo²¹山谷，假借作方位词里。mə³³不。he³³月份，假借作停止。

be²¹做，像以锄挖物之形，假借作状语助词 be³³。kæ²¹秋千，假借作 kæ³³前面。

dʑi³³走。ne³³苋米，假借作句尾助词 ne²¹，表示正在。

第 9 行

mæ³³尾巴，引申作 mæ⁵⁵后面。gu²¹粮仓，假借作随后。ŋə³³我。

gɯ³³裂开，假借作 gɯ²¹们。两字连读作 ŋə³³gɯ²¹我们。dɯ²¹一。

be³³雪，假借作村庄。be²¹做，像以锄挖物之形，假借作状语助词 be³³。

gu²¹背。be²¹做，像以锄挖物之形。两字连读假借作很好地、努力地。

第 10 行

ka³³哥巴文，力量。thv²¹水桶，假借作 thv³³出。

bə³³脚底，假借作想要。

nv³³你，从 人， nv²¹黄豆声。

guɯ³³裂开，假借作 guɯ²¹们。两字连读作 nv²¹guɯ²¹你们。 dɯ²¹一。

hua³³白鹇鸟，假借作量词 hua⁵⁵伙、群。

be²¹做，像以锄挖物之形，假借作状语助词 be³³。

第 11 行

gu³³背。 mu²¹簸箕。两字连读假借作 gu³³mu²¹身体。 la³³虎。

la³³手。两字连读假借作 la³³la³³健康。 ŋv²¹银子。

ʂu²¹铁，借 tse⁵⁵be³³斧头之形，假借作 ʂu²¹找。 ŋv²¹银子。

dɯ²¹大，假借作 dɯ³³得到。四字连读作 ŋv²¹ʂu²¹ŋv²¹dɯ³³找银得银，有心想事成、恭喜发财的意思。 ho²¹肋骨，假借作 ho⁵⁵祝愿。

第 12 行

ta⁵⁵柜子，假借作村名达。 dzɳ³³围墙，引申作村寨。两字连读作村名达祖。

uə³³村庄。 be³³雪，假借作村庄。两字连读作 uə³³be³³村庄。

第 13 行

ȵi³³二。 tv²¹千。 tse²¹十。 ho⁵⁵八。 khv³³收割，假借作 khv⁵⁵年。

da⁵⁵砍。 ua³³五。两字连读假借作 da⁵⁵ua³³腊月。

he³³月。三字连读作 da⁵⁵ua³³he³³腊月。 lo²¹山谷，假借作方位词里。

pər⁵⁵梳子，假借作写。 se²¹了。

全文标音：

（1）dzə⁵⁵ be²¹ se²¹ tsæ³³。（2）i³³ gv³³ dy²¹ ko²¹ dzi²¹kho²¹ lo²¹ be³³ gu³³，（3）dɯ²¹hua⁵⁵be³³
　　感谢　　状　　依古堆　高原　泉水　谷　兄弟　　一　群（助）

dzə⁵⁵ be²¹ se²¹！（4）nv²¹gu²¹dɯ²¹hua⁵⁵ be³³ ne²¹ la³³tha²¹huɯ⁵⁵（5）ta⁵⁵dzɳ³³ uə³³be³³ lo²¹ na²¹ɕi³³
　辛苦了　　你们　一　群（助）和 拉塔海　　　达祖　村　里 纳西

the³³ɣɯ³³ zɳ³³ tʂu⁵⁵tʂu³³，（6）ka³³dɯ²¹ə³³ thv⁵⁵ be³³ le³³ ka⁵⁵ka³³。（7）tʂhɳ³³sɳ³³ khv⁵⁵lo²¹，ŋə³³
　文化　寿命　传承　　力 大 上 出 做 又 帮助　　这 三 年 里 我

gu²¹na²¹ɕi³³the³³ɣɯ³³zɳ³³ tʂu⁵⁵tʂu³³（8）ne²¹, zɳ³³ gu²¹lo²¹mə³³ he³³ be³³ kæ³³ dzi³³ ne²¹。（9）mæ⁵⁵
　们　纳西　文化　寿命　传承　（助）道路 里 不 停（助）前面 走（助）　后面

gu²¹ ŋə³³gu²¹dɯ²¹be³³ be²¹ gu²¹be²¹（10）ka³³ thv³³ bə³³。nv²¹gu²¹dɯ²¹hua⁵⁵be³³，（11）gu³³ mu²¹
随后 我们　一　村（助）努力　　力 出 要　你们 一 群（助）　　身体

la³³ la³³, ŋv²¹ ʂu²¹ ŋv²¹ dɯ²¹ho⁵⁵！（12）ta⁵⁵ dzɳ³³ uə³³be³³。（13）ȵi³³tv²¹tse²¹ ho⁵⁵ khv⁵⁵da⁵⁵ua³³ he³³
健康　　银 找 银 得 愿　　达祖　村　　二 千 十 八 年　　腊月

lo²¹ pər⁵⁵se²¹。
里　写 了

译文：

（1）感谢信。（2）丽江郭吉可洛的兄弟，（3）大家辛苦了！（4）你们一群人和泸沽湖（5）达祖村一起传承东巴文化，（6）使出大力来帮助。（7）这三年里，我们传承纳西文化，（8）在路上不停地向前走。（9）今后，我们全村要努力（10）使劲。祝你们大家，（11）身体健康，恭喜发财！（12）达祖村。（13）二千一十八年腊月书写。

三　书信研究

1. 年代、书写人和地区

现在学术界公开发表的东巴文书信共 5 封，分别是丽江五台中和村和芳东巴于 1964 年致和志武①，香格里拉三坝习阿牛东巴于 1998 年 6 月致郭大烈②，白地吴树湾杨玉发东巴于 1998 年 8 月致杨正文③，丽江鸣音和即贵东巴于 2000 年 2 月致喻遂生④，白地吴树湾和树昆、杨秀光东巴于 2004 年 5 月致喻遂生⑤。东巴之间的通信，见于学者的透露，但未见发表⑥。这封感谢信是目前见到的第 6 封东巴文信件。这封信写于"2018 年腊月"，从收到信的日期推算，这封信写于 2019 年 1 月 6 日至 1 月 15 日之间，是目前公开发表的最新的东巴文书信。

感谢信原件未署书写者，我们通过微信和短信向杨本玛直之东巴求证，确认书写人为杨本玛直之本人。杨本玛直之，又称作杨彬玛或杨兵玛，达祖村人，1981 年生，他爷爷曾是村里最厉害的东巴。杨彬玛 12 岁时跟着本村的东巴扎西杜基学念东巴经，19 岁时又到四川木里县依吉乡学了近 3 年，现在会念 50 多本经书，村里有人结婚、生孩子、举行成人礼时，会请他去主持仪式。

达祖村所在的四川省凉山州盐源县，属于纳西语东部方言区，长期以来学术界认为纳西语东部方言区无文字，李霖灿先生曾在《么些象形文字字典·引言》中说："大约由永宁以东，金沙江外，无量河以东直至雅砻江一带，都是无么些文字之地区。"⑦ 在该引言所附的地图中，地处泸沽湖北岸的大嘴（达祖），在永宁以东，属于无文字地区。和即仁、和志武认为"纳西族原有两种文字（象形文和哥巴文），长期以来只通行在操西部方言的纳西族地区，刚好和东西方言的划分情况紧相吻合"⑧。近些年的调查表明，东部方言区的有些地方是有东巴文和东巴文献的，达祖东巴文感谢信即最新的例证。

2. 信件的公开性

先前所见的几封东巴文信，都是东巴与学者之间的私人信件，而这封感谢信，明显地带有公

① 方国瑜、和志武：《纳西象形文字谱》，云南人民出版社，1981，第 586 页。
② 郭大烈：《东巴文化面临的危机及其学科建设》，《玉振金声探东巴》，社会科学文献出版社，2002，第 387 页。
③ 喻遂生：《俄亚、白地东巴文化调查研究》，第 870 页。
④ 喻遂生：《一封最新的东巴文书信》，《纳西东巴文研究丛稿》，巴蜀书社，2003，第 286 页。
⑤ 喻遂生：《俄亚、白地东巴文化调查研究》，第 871～883 页。
⑥ 钟耀萍：《纳西族汝卡东巴文研究》，第 55 页。
⑦ 李霖灿：《么些象形文字字典》，国立中央博物院筹备处，1944，引言第 6 页。
⑧ 和即仁、和志武：《纳西族的社会历史及其方言调查》，《纳西族社会历史调查》第 3 卷，民族出版社，2009，第 126 页。

文和公开的特点。首先，虽然收信人写的是"丽江郭吉可洛（玉水寨）的兄弟"，但实际上是送给在丽江的云南省东巴文化保护与传承协会的。其次，信虽由杨本玛直之执笔，但落款是"达祖村"。再次，信中的内容完全是公事。最后，呈现的方式是装框，意味着将会悬挂展示，而且很快就会在网络上公布出来。这反映了在网络时代东巴文应用性文献使用的新形式、新面貌，也预示着纳西族的社会生活，特别是东巴文化的传承保护情况，可能会更多地通过这样的方式得到发布。

3. 文字结构和应用

这封感谢信按字头计算共有 58 个不同的字，其中东巴文 57 字，占总字数的 98.28%，哥巴文 1 字，占总字数的 1.72%。57 个东巴文中，有象形字 40 个，占 70.18%，指事字 7 个（〇一、〇〇二、〇〇〇三、〇五、〇〇八、〇十、〇千），占 12.28%，会意字 7 个（〇做、〇漏、〇裂、〇收割、〇走、〇背、〇砍），占 12.28%，形声字 3 个（〇你、〇纳西、〇文化），占 5.26%。由此可以看出，东巴文中还是象形字占优势。

按字频计算共用字 108 字次，其中东巴文 57 字 104 次，占总次数的 96.3%，哥巴文 1 字（〇）4 次，占总次数的 3.7%。东巴文中，出现频率最高的是〇做，共 10 次；出现 4 次的 4 字：〇一、〇裂开、〇锥子、〇山谷；出现 3 次的 3 字：〇雪、〇苋米、〇白鹇鸟；出现 2 次的 16 字：〇秤锤、〇岩羊、〇蛋、〇水、〇你、〇柜子、〇围墙、〇纳西、〇文化、〇草、〇大、〇水桶、〇收割、〇我、〇背、〇银子；其余 33 字均只出现 1 次。

从音义关系看，东巴文 104 次中，用为假借 67 次，占东巴文总次数的 64.4%，非假借字 37 次，占 35.6%。非假借字及次数是：4 次：〇一；2 次：〇做、〇你、〇围墙、〇村庄、〇纳西、〇文化、〇我、〇银子；1 次：〇画卷、〇地、〇水、〇山谷、〇海、〇大、〇三、〇路、〇不、〇走、〇尾巴、〇二、〇千、〇十、〇八、〇月、〇了。

4. 字词关系

这封信共 13 行，108 字，其中标题 4 字，正文 89 字，落款 15 字，记录了 112 个音节。因有两个双音节形声字〇 $na^{21}çi^{33}$ 纳西、〇 $the^{33}ɤɯ^{33}$ 文化，各用了 2 次，这样，这封信文字与语词完全一一对应，实现了逐词记录语言。书信是即兴之作，为了让对方读懂信件，书写人往往会按照顺序逐词记录语言，因此书信中假借字的占比一般都较高，本信为 64.4%。相较于和芳信假借占比为 81.6%[①]、和即贵信为 71.08%[②]、和树昆信为 86.36%[③]，这封感谢信的假借字占比较低。其主要原因是信中有 3 个形声字，各用了 2 次，数字出现 6 字 9 次，这就降低了假借字的占比。

---

① 甘露：《纳西东巴文假借字研究》，华东师范大学博士学位论文，2004，第 67 页。
② 喻遂生：《一封最新的东巴文书信》，《纳西东巴文研究丛稿》，第 303 页。
③ 喻遂生：《俄亚、白地东巴文化调查研究》，第 882 页。

5. 用字特点

感谢信的用字和丽江东巴文用字总体来说大同小异，但也有一些疑难字、特色字和避复字。如：

，见于信第 6、10 行，此形不见于各东巴文字典，略似东巴文 bu^{21} 山坡[①]的变形，但山坡中间不应该中断。联系上下文，信中此字应读作 thv^{33} 出现，而东巴文中假借作 thv^{33} 出现的字常用 thv^{21} 桶和 thv^{55} 奶渣。桶各字典写作 、（方 889）[②]、（李 1158）[③]、[④]，与 差异较大，但俄亚东巴文有写作 、 者[⑤]，因此 有可能是桶字。经向达祖杨本玛直之东巴求教，他肯定这就是桶字。只是 桶耳过度膨大，桶身变成一条窄缝，已不成桶形，难以识别。

，见于信第 6 行，不见于各东巴文字典。此字粗看像人挥臂之形，如 v^{33} 舞（方 602）[⑥]，但东巴文人头为圆圈，故此字不可能为人的动作。实此字为茶叶字的变形。喻遂生先生已推导出茶叶的变形序列如下：（圆形茶砖）→（上部变尖）→（上部出头）→（变瘦变直，下横省略）[⑦]。在此基础上，横笔拉穿即成 形。读作 le^{55} 茶叶，在信中假借作 le^{33} 又，文从字顺。以上两字为感谢信中的疑难字。

路，见于信第 8 行，用作本义。各东巴文字典作 、（方 1131）[⑧]、（李 223）[⑨]、[⑩]，像山区蜿蜒崎岖小路之形。感谢信中的"路"加上两棵草，更形象一些。此字又见于达祖账簿，作 [⑪]，说明这是达祖村典型的"路"字。

ta^{55} 柜子，见于信第 5、12 行，假借作村名达祖的第一音节。柜子各字典作 ，都为"回"字形，俄亚东巴文作 、[⑫]。以上两字为感谢信中的特色字。

为了避免重复，东巴有时会变化字形或变换用字，如感谢信中第 5 行和第 7 行两次锥子连用假借作"连接、继承"，一次写作 ，一次写作 。第 11 行 la^{33}la^{33} 健康的两个音节完全相同，一用 虎字，一用 手字。两处明显地是为了避免重复而变化字形或换用他字。

①　木琛：《纳西象形文字》，云南人民出版社，2003，第 100 页。
②　方国瑜、和志武：《纳西象形文字谱》，第 283 页。
③　李霖灿：《纳西族象形标音文字字典》，云南民族出版社，2001，第 213 页。
④　〔美〕约瑟夫．洛克：《纳西语英语汉语语汇》，云南教育出版社，2004，第 606 页。
⑤　喻遂生：《俄亚、白地东巴文化调查研究》，第 470 页。
⑥　方国瑜、和志武：《纳西象形文字谱》，第 232 页。
⑦　喻遂生：《纳西东巴文疑难字词考释举例》，《纳西东巴文研究丛稿》第二辑，巴蜀书社，2008，第 40 页。
⑧　方国瑜、和志武：《纳西象形文字谱》，第 324 页。
⑨　李霖灿：《纳西族象形标音文字字典》，第 47 页。
⑩　〔美〕约瑟夫．洛克：《纳西语英语汉语语汇》，云南教育出版社，2004，第 648 页。
⑪　曾小鹏、武晓丽：《四川泸沽湖达祖东巴文人情账簿字释》，中国文字学会第七届年会论文，吉林长春，2013。
⑫　喻遂生：《俄亚、白地东巴文化调查研究》，第 472 页。

Translation and Annotation of the Letter of Thanks in Dongba Characters from Dazu Village, Yanyuan, Sichuan

Gan Lu

(Chinese Department, Guangzhou University, Guangzhou 510006, China)

Abstract: This paper translate a recently published letter from Dazu village, Yanyuan county, Sichuan province. This paper will annotate this letter from the time, writer, area, the structure of characters, the relationship between words and the characteristics of characters.

Key words: Dazu Village; Dongba Characters; Letter of thanks

汉语音读东巴经《五方五帝经》中的文字问题[*]

张春凤

【摘　要】《五方五帝经》是一本用东巴文记录汉语的经书，它的内容与道教相关。这本经书中出现了一些特殊的文字学现象：从语言和文字对应关系来看，文字可以逐词记录语言；从文字布局上来看，东巴文如同汉字一样，文字之间布局规整，按照语言顺序呈线性排列；经书中还出现了新造的变音字和切音字。产生以上现象的原因是使东巴文更精确记录汉语。这本经书对于研究东巴文发展阶段和性质有重要价值，也是研究文字接触的重要材料。

【关键词】汉语音读；《五方五帝经》；音变；切音；文字接触

【作者简介】张春凤，女，华东师范大学中国文字研究与应用中心助理研究员，博士，研究方向为比较文字学。（上海　200062）。

纳西族是中国的少数民族之一，生活于滇川之地，周边少数民族聚集，语言文化交流密集。东巴经是纳西族使用的典籍，主要用于宗教活动。绝大部分的东巴经是用东巴文记录本民族语言纳西语，还有少部分经典是用东巴文记录其他民族语言，如藏语、汉语、傈僳语、彝语等。

李霖灿先生最早关注东巴经记录其他"异族语言"的现象，并且根据语言类别把东巴经分作西藏文、汉族语文、民家语文、傈僳语文四类。① 这里的汉语语文是指与汉语相关的东巴经，包含本文所说的汉语音读东巴经。

"汉语音读"这一说法，主要引自和继全教授研究纳西东巴经中的"藏语音读"东巴经的研究成果，他参照日语中借汉字的情况分为音读和训读，将东巴经中按藏语来读的东巴经称作"藏语音读"东巴经。② "藏语音读"文献的范围比李先生的"西藏语文"范围更小。其他异族经典借入东巴经时，理论上都有两种模式，即音译或者意译。在"汉族语文"中就有音译和意译两类经典，一类音译，也就是本文的研究对象《五方五帝经》。另一类意译，如东巴文译本《玉匣记》之"六壬时课"。③ 因此用"汉语语文"东巴经指称音译和意译的汉语东巴经，用"汉语音读"指称音译的汉语东巴经，有理有据，故从之。

---

* 基金项目：本文为国家社科基金青年项目"哈佛燕京学社藏东巴经书写流派研究"（项目批准号：17CMZ010）和四川省社科规划项目"藏羌彝走廊多种民族图画、符号文献历史关系研究"（项目批准号：SC17A033）阶段性成果。文中所引用的《全集》是《纳西东巴古籍译注全集》的简称，数字15—74代表第15卷经书第74页。

① 李霖灿：《论么些经典之版本》，载《么些研究论文集》，台湾故宫博物院，1984，第107页。
② 和继全：《纳西东巴经藏语音读文献初探》，《西藏大学学报》2013年第2期。
③ 具体参见和继全《汉籍〈玉匣记〉"六壬时课"之东巴文译本研究》，载《东巴文考论稿》，民族出版社，2017，第114页。

一 关于《五方五帝经》的概况

李霖灿曾在《么些研究论文集》中谈到了一册用纳西文记录汉语的经典《五方五帝经》，这是目前为止唯一发现用东巴文记录汉语的经典，所引内容如下：

> 《五方五帝经》出现在鲁甸一带，而且为此创造了一个新字，在《象形文字字典》上的编号是 1587，可见他们的辨音的程度也很精细。这册经典是《五方五帝经》，内中有什么"南方将军南方去，穿红袍，骑红马……"等的句子，丽江一带甚崇奉文昌君，是不是由供奉文昌的经文中摘出，没有加以对证，尚不敢说。纳西经典有一部分用纳西文记汉人之音，故变化原字之形状及音读，此字见于一本《送五方五帝》之经典中。唯见于鲁甸一带，为鲁甸大东巴和世俊所创译者。①

根据经书的内容和特点，笔者鉴定出李先生所述的经书就是《纳西东巴古籍译注全集》（以下简称《全集》）第 15 卷《延寿仪式·送龙》② 的上半册，经书的作者是和世俊，经书的主要内容与道教相关，③ 其核心内容讲述了五方（东、南、西、北、中）龙喜欢人世间，五色（赤、白、青、黑、黄）将军穿对应的五色衣服，戴着五色帽，扛着五色旗，骑着五色马。东巴要把五色将军送回各自的方向。④《五方五帝经》绝大部分记录的是汉语，也有几句纳西语，从释读的语音来看，是一种带有纳西腔的汉语。⑤ 经书中出现了李霖灿所谈到的和世俊东巴为此经书专造的"去"字，还存在其他特殊的文字现象。

这种特殊的文字现象引起了笔者的注意。本文拟从字词关系和特殊字的现象分析来揭示东巴文在记录其他外族语言时东巴文为了适应其他语言而自身所做的变化。

二 《五方五帝经》的语言和文字对应关系

《五方五帝经》使用的文字以东巴文为主，还掺杂了少量的哥巴文。全文多数使用七言或者九言的句式，行款布局规整，多数情况下一栏分为两行，上下两字对应。全文采用假借的方式记录汉语，字符之间严格分离。从文字记录语言单位上来说，基本达到一字一音节，即一个字符记录一个汉语音节。例如《全集》15—74 这页经书记录的是"东方爱么东方去，南方爱么南方去，西方爱么西方去，中央爱么中央去，山头爱么山头去，山下爱么山下去，路上爱么路上去……"，汉语是七言句式，对应的东巴文都是上下排列，阅读顺序从上到下，从左到右，记录了所有的音节。

---

① 李霖灿：《论么些经典之版本》，载《么些研究论文集》，台湾故宫博物院，1984，第 106 页。

② 具体经书释文可参见东巴文化研究所《纳西东巴古籍译注全集》，云南民族出版社，2000，第 307 页。（本文简称《全集》）。

③ 关于这本经书的鉴定详见张春凤《汉语东巴经〈五方五帝经〉的发现和价值》，《西北民族大学学报》2019 年第 3 期。关于《五方五帝经》的内容来源可另见拙作《汉语音读东巴经〈五方五帝经〉的来源和发展》，待刊。

④ 东巴文化研究所：《纳西东巴古籍译注全集》，云南民族出版社，2000，第 307 页。

⑤ 参见拙作《汉语音读东巴经〈五方五帝经〉中的语言接触》，待刊。

《全集》15—74

三 《五方五帝经》中的特殊字

《五方五帝经》中的特殊字可以分为音变字和切音字两种，音变字是指该字在原字的基础上形体发生了局部的变化，语音也发生局部变化。其与原字构成形体近似、读音相类的关系。切音字是指利用反切原理，上字取声母，下字取韵母拼合而成的字。由于切音字在东巴文中还处于不成熟阶段，存在切音准确和不准确两类，我们把这两类合称为广义上的切音字。

（一）音变字

，李霖灿先生认为此字是和世俊东巴为汉语东巴经《五方五帝经》专造的一个新字。《象形文字字典》（本文简称《字典》）第 1587 字的确是 ，[tɕʰy¹³]，去也。此学汉语之"去"也，由"穿" 字之音 [tɕʰo³³] 变来，亦读 [tɕʰy⁵⁵]。 [tɕʰo³³] 刺穿， 画锥穿皮之形。 画以刺穿物之形。从李先生的《字典》解说来看， 是从 演变而来的，只是在读音上发生较小的变化，属于音变字。

我们在对字典和文献进行考察时发现 属于常见字，在其他地方都有出现。如方国瑜《纳西象形文字谱》也有表示刺穿的字，读作 [tɕʰy³³]， 从锥穿物， 从刺穿物，两字属于异体关系。同样表示刺穿义的字形，还出现在经书中，如俄亚经书中有 的字形，读作 [tʂʰʅ³³]；依吉 ，读作 [tɕʰy³³]；白地东坝 ，读作 [tɕʰy³³]①。上述字形可分为两类，一类是已经刺穿，一类是尚未刺穿，尚未刺穿的字形都与 相同或相似，因此这个字有可能是从其他地方传入鲁甸的。在对《全集》中的鲁甸经书进行考察时，尚未发现 ，也有可能此字只是和世俊东巴的个人创制，并未在鲁甸地区流行。

若是前一种情况，那么 就是一个普通字；若是后一种情况，那么该字属于音变字，与其他地方相同的字构成了同形字的关系。李霖灿先生与和世俊东巴交往甚密，和东巴是李先生的东巴文老师，而且该字目前尚没有在鲁甸地区发现，因此李说有合理之处，本文将此字认定为音变字。

（二）广义切音字

《五方五帝经》出现了两个字符记录一个音节的情况，从字符形体上来看，这两个字符比较接

---

① 以上字形由西南科技大学曾小鹏教授提供，这些字都是他在田野调查采集的经书中所得，在此表示感谢。

近，记录的是一个汉语音节，也应当属于一个文字单位，而且这两个比较靠近的字符之间存在语音关系，属于广义上的切音字。

1.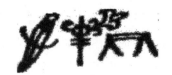

该字由 ✦ 和 ✦ 构成，其中 ✦，手转经，读作 $[li^{33}]$；✦，美，读作 $[zi^{33}]$。如《全集》15—69 所示，它在经书中共出现 4 次，用来记录 $[li^{33}]$ 的读音。在经书中，也用单字 ✦ 表示 $[li^{33}]$ 的读音，✦ 在经书中出现 3 次，如《全集》15—72 所示。由于该经书没有完全释读，该字没有直接对应的汉语词，因此在统计时计算了所有音节。该字取上字 $[li^{33}]$ 的声母以及下字 $[zi^{33}]$ 的韵母，反切成新的读音 $[li^{33}]$，因此此字可以认定为切音字，而且是切音准确的切音字。

《全集》15—69　　　　　　　　　　《全集》15—72

2. ✦

✦ 由 ✦ 和 ✦ 构成，✦ 是腰带，读作 $[bɯ^{21}]$；✦ 是艾蒿，读作 $[pɯ^{33}]$。✦ 出现在经书中都是用来记录北方之北 $[pe^{24}]$。如《全集》15—69，整段经文的意思是"北方五龙喜欢世间"，在记录北方之北 $[pe^{24}]$ 时用了 ✦，这样的情况在经书中出现了 7 次，但也有使用 ✦ 来记录北方之北 $[pe^{24}]$ 的情况，如《全集》15—71 所示，该段经文与《全集》15—69 构成了同义异文的关系。✦ 记录北方之北 $[pe^{24}]$ 只使用了 1 次，而且在该字的上方有浓厚的一笔，可能是东巴想在 ✦ 上方添加 ✦，无奈空间太小没有余量写不下了。该字在记录北 $[pe^{24}]$ 时，用字情况比较稳定。经书中还使用 ✦ $[pɯ^{33}]$ 记录白旗之白 $[pə^{33}]$，所有的白 $[pə^{33}]$ 都用 ✦ $[pɯ^{33}]$ 记录。

从上可知，✦ 是东巴为记录北 $[pe^{24}]$ 而专造的新字，以区别白 $[pə^{33}]$。假如东巴只是为了区别北 $[pe^{24}]$ 和白 $[pə^{33}]$ 的读音，完全可以用《全集》15—71 的方式，即在 ✦ 字上面添加一笔来达到语音变化的目的。而经书大部分情况使用 ✦ 的形式，显然是为了更准确记录语音，✦ $[bɯ^{21}]$，✦ $[pɯ^{33}]$ 与 $[pe^{24}]$ 读音很接近，只是从切音原理上来说，语音并非很准确，声母取下字，韵母不完全吻合但比较接近（ɯ 比 e 音位略靠后），因此该字可以认定为准切音字。

《全集》15—69　　　　　　　　　　《全集》15—71

3. 𝌆

𝌆由 𝌅 和 𝌄 构成，这是两个哥巴文，都读作 [na]。𝌆出现在经书中都是用来记录南方之南 [næ³³]。如《全集》15—75，这段经文的意思是"南方爱么南方来"，此处记录南方之南 [næ³³] 时，使用𝌆字这样的情况在经书中共出现了 2 次。在记录"南"时更多的是单独使用 𝌄，如《全集》15—78，经文的意思是"南方爱么南方去"，使用 𝌄 这样的情况在经书中出现了 6 次。从使用次数上来说，𝌄 比 𝌆 更多，经文中也用 𝌄 去记录其他的同音词。𝌆从造字动机上来说，𝌅 和 𝌄 临时组合在一起，只是与 𝌄 构成行文上的差异。𝌆由两个同音 [na] 构成，可以认为是双声字，也可认为是准切音字。[næ³³] 与 [na] 只是韵母不同，而且 æ 和 æ 只是元音高低的差异。

《全集》15—75　　　　　　　　　《全集》15—78

4. 𠂤

𠂤由 𝍖 和 𝍗 构成，这是两个哥巴文，𝍖读作 [ʂʌ]，𝍗读作 [ʂæ]。𠂤出现在经书中都是用来记录山头之山 [ʂæ³³]，① 如《全集》15—76，经文的意思是"山头爱么山头来，山尾爱么山尾来"。使用𠂤记录山 [ʂæ³³] 在该本经书中使用了 4 次，在《全集》其他经书中也有出现。在记录山 [ʂæ³³] 时还可以单独用 𝍖 记录，如《全集》15—78 所示，经文的意思是"山头爱么山头去，山下爱么山下去"（需要注意的是，后半句的经文写错了，𝍖应该替换成汉字"下"，读 [çiə²¹]。或者此处读作 [ʂæ]，翻译为"上"。从文意来看，似乎两种情况都说得通）。单独使用 𝍖 记录山的情况出现了 2 次。经文中还用 𝍖 记录"上"一词。从这个角度上来说，东巴也是有意在区分"山"和"上"的读音，因此造新字𠂤。从读音上来看，𠂤 [ʂæ³³]，取上字 𝍖 的声母，取下字 [ʂæ] 的韵母，可以认定是切音字，是切音准确的切音字。

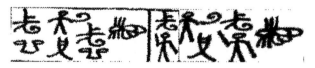

《全集》15—76

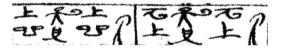

《全集》15—78

---

① 《全集》原文作 [ʂæ³³]，经向当地人询问这是丽江音，鲁甸汉话读作 [ʂæ³³]，从 𝍖 和 𝍗 的读音来看，经书中应当读作 [ʂæ³³]，故而改之。

四　关于上述文字现象的思考

（一）关于记录语言文字对应关系

《五方五帝经》中语言和文字对应关系密切，甚至可以做到字词完全对应，与普通宗教文献截然不同。普通宗教文献语言和文字的对应关系并不密切，不需要完全记录，有些经书的记录率只有40%。这种现象并非偶然，与《五方五帝经》相似的情况还在藏语音读东巴经中出现。和继全教授在分析藏语音读文献时发现，藏语音读文献和多数东巴经不同，藏语音读东巴经典最大的特征是字词关系严密，一个字对应一个音，呈线性排列。①

汉语音读东巴经和藏语音读东巴经都出现语言和文字对应关系密切的原因在于外族语言对于东巴来说属于相对陌生的语言，外族语言东巴经在东巴当中并非完全盛行，属于小众范围。和文中还提道，藏语音读东巴经典的使用范围和使用量都不是很大，只是用于丧葬超度、延寿等少数几个仪式。即使在丧葬超度、延寿等程序烦琐的仪式中，也只在点油灯、烧天香、除秽等少数程序中念诵藏语音读经典。② 全篇记录汉语的东巴经目前只发现一册，所以外族语东巴经无法和普通的宗教经典一样出现程式语，它必须忠实记录语言，否则东巴很容易念错。在行款布局上遵循线性排列是因为字符之间不再承担语义，全篇采用假借的形式记录语音。字符之间需排列整齐，按照语序排列，否则也容易念错。

普通宗教文献在语言和文字上的对应关系受到地域和时间的影响。一般来说，在时间相当的条件下，鲁甸经的字词关系最为紧密，丽江经次之，白地经字词对应关系最不密切。在地域相同的条件下，时间越早，语言和文字对应关系越不紧密，时间越晚，语言文字对应关系越密切。东巴经语言和文字的对应关系还受到体裁的影响，根据最新研究材料，应用性文献字词关系对应关系比普通宗教文献更为密切，在跋语、规程、地契、对联、咒语等应用性文献中得到了充分的体现。③ 通过对汉语音读东巴经和藏语音读东巴经的研究，我们可以认为除了时间、地域、文献体裁的因素，东巴经的字词关系还受到记录语言的种类的影响，在记录外族语言时语言和文字的对应关系更为密切。

（二）关于新造字

和世俊东巴是一位善于创造的东巴，他不仅在记录汉语时使用了新字，在记录藏语时也创造了许多新字。李霖灿在《么些象形字典》中谈到"古宗字"就是和世俊自创的新字：此一类字只见于鲁甸之两册经典中，为前有名之大"多巴"和世俊所创制，用之以记一部藏文经典之音。④ 根据和继全教授对该字典所有"古宗"字的分析，得出这些新造字一部分是切音字，一部分是变音，还有连读字。⑤ 这些新造字的出现都是为了记录非本民族语而创造的。这样的造字动机并

---

① 和继全：《纳西东巴经藏语音读文献初探》，《西藏大学学报》2013 年第 2 期。
② 和继全：《纳西东巴经藏语音读文献初探》，《西藏大学学报》2013 年第 2 期。
③ 喻遂生等：《俄亚、白地东巴文化调查研究》，中国社会科学出版社，2016，第 927 页。
④ 李霖灿：《么些象形文字字典》，台湾文史哲出版社，1972，第 128 页。
⑤ 可参见和继全《东巴文切音字研究》，载《东巴文考论稿》，民族出版社，2017，第 18 页。

非偶然，还有类似情况的是汉语中记录佛经出现的新造字，其他民族文字中出现的反切字（以西夏文为典型代表）。

经文中创造的新字属于东巴个人的行为，只是临时使用，是为特定词而专造，大部分的字没有在其他经书中出现，因此没有进入文字流通范围。创造的切音字所切语音也并不精准，许多切音字存在非切音字的异体。

五　结论

本文通过对汉语东巴经《五方五帝经》的文字现象进行研究，发现这本经书的语言文字对应关系密切，记录汉语部分是一字对应一音节。原因在于东巴在记录外族语言经典时，这种外族语言经典使用群体和流通范围较小，无法和普通东巴经一样存在很多程式语和固定的故事框架，因此必须忠实记录语音，文字排列顺序合乎语序，否则东巴在读经时容易读错。

经文中还出现了特殊字，是和世俊东巴为了更准确记录语音而独创的新字，可分为音变字和广义的切音字。音变字是在原字的基础上发生局部形体变化，从而使读音发生变化。经书中切音字从外观上来看，是两个字符挨在一起，属于一个文字单位。根据切音是否准确又分为准确切音字和准切音字。而这些切音字从主观上来说，是东巴为了更准确地记录语音，区别不同的词而产生的新字。从客观上来说，这些切音字并没有完全产生的必要，因为这些切音字存在非切音的异体字，切音字读音上并不完全切合，切音准的切音字也并非必须使用切音的造字法。

尽管这些新造字存在不足之处，然而我们无法忽略的事实是东巴在记录其他民族语言时，知晓外族语与本民族语相异，出现了记录语音准确的自觉。并且基于读音准确的需要，改变了传统东巴经记录语言的规律，出现了字词关系完全对应、行款呈现线性排列的特点。这也是东巴文从原始走向成熟的一个动因，对于研究东巴文的发展阶段和性质有重要意义。

东巴文切音字造字原理来自汉字中的反切，取上字声母，取下字韵母。这个原理借用到东巴文中，出现了东巴文特有的现象，是研究文字接触的具体案例。我们除了要关注纳西语东巴经以外，还要关注其他民族语的东巴经，或者是纳西语东巴经中的其他语言借用词用字现象，这将扩大文字接触的研究材料，扩展文字接触研究的研究范围，加深文字接触理论的研究。

总之，汉语东巴经《五方五帝经》的重新发现，为东巴经记录外族语言研究提供了坚实基础，在语言接触、文字接触、宗教传播、民族关系等方面都有重要的研究价值。

附记：小文的写作得到西南大学喻遂生老师和丽江市鲁甸纳西人杨树高老师的帮助，谨致谢忱！

Study on Special Graphic Phenomenon in Naxi Manuscript
Wu Fang Wu Di Recorded Chinese Pronunciation

Zhang Chunfeng

(Center for the Study of Chinese Characters and Their Applications,

East China Normal University, Shanghai 200062, China)

Abstract: Naxi manuscript *Wu Fang Wu Di* records Chinese pronunciation in Dongba glyphs, and its contents are related to Taoist classics. There is some special graphic phenomenon in this Naxi manuscript: from the perspective of the relationship between language and writing, Dongba glyphs are cable of recording Chinese completely. As similar with Chinese characters, Dongba glyphs are arranged neatly in language order, from the perspective of writing layout. Besides, New created characters, including Yinbian and Qieyin, are emerged in this manuscript. The reason is that Dongba glyphs record Chinese pronunciation more precisely. This manuscript is of great value to research the development stage and nature of the Dongba glyphs, and an important material for studying character contact.

Key words: Naxi manuscript recorded Chinese pronunciation; *Wu Fang Wu Di*; Yinbian; qieyin; character contact

《暹罗馆译语》所见古泰文的汉字对音及相关问题研究[*]

李晨雨　郑　伟

【摘　要】《暹罗馆译语》是明清以来四夷馆、会同馆等官方机构所编《华夷译语》中的重要组成部分，其反映的汉字对音材料可以作为明清汉语音韵、古泰文早期读音研究的重要参考。本文从版本源流、汉字对音所见音节结构特点、汉字对音所见汉语基础方言、相关史实钩稽等角度，对《暹罗馆译语》的已有研究进行了全面评述，并介绍了本文作者的相关见解。

【关键词】华夷译语；暹罗馆译语；汉字对音；古泰文；汉语近代音

【作者简介】李晨雨，女，华东师范大学中文系博士生，研究方向为汉语音韵学、汉语方言学。郑伟，华东师范大学中文系教授、博士生导师，研究方向为南方少数民族语言古文字与古文献、现代汉语方言等。（上海　200241）

引　言

明朝中央政府设立的负责教授中国境内少数民族语言和联络、接待中国境内少数民族及外国来往使臣的专门机构，前者称为"四夷馆"，后者称为"会同馆"。清顺治年间，四夷馆改为四译馆。乾隆时，四译馆与会同馆合而为一，改为"会同四译馆"，职责不变。四夷（译）馆下置蒙古、女直、西番等馆，暹罗馆也在其列。

四夷（译）馆作为明清政府设立的一所专门培养语言翻译人才的学校，以教学为主，对教材的编纂十分重视。而接待外来觐见、朝贡人员的会同馆也会有一些简单的翻译手册。这些机构出于教授语言和日常翻译的需要，曾编写过一批汉语和少数民族语言或外国语的对译材料，后世统称为《华夷译语》。《华夷译语》是这类对译辞书的集合，《暹罗馆译语》是其中一种。

《华夷译语》甲、乙、丙、丁四种版本的区别在于，甲种本单指洪武时蒙汉对译的《华夷译语》一种。乙种本又称永乐本，一般都分为杂字和来文两部分，杂字指的是四夷（译）馆所编各馆

* 本文是国家社科基金重大招标项目"西南各民族及'一带一路'邻国语言文字中汉字音的数字化整理与研究"（18ZDA296）的阶段性成果。

"译语"，即汉语和诸番语对译词汇，来文是指四夷朝贡的"表文"。[①] 永乐本各译语中的杂字部分，每一组词条都含有民族文字、汉字义项及标音汉字。丙种本又称会同馆本，由明末茅瑞征辑录，每一词条只包含汉字义项和标音汉字。丁种本由福克斯（Walter Fuchs）在故宫发现，共四十二种七十一册，均是杂字，没有来文。与乙种本一样，丁种本各馆杂字的词条也具备民族文字、汉字义项和标音汉字三个要素。

随着国内外学者对《华夷译语》的深入研究，《暹罗馆译语》的众多抄本与藏本也渐显其形。较早提到《暹罗馆译语》的是石田干之助，他指出《华夷译语》丙种本共有 9 种抄本，除了水户本外，其余 8 种均含有《暹罗馆译语》[②]。这篇文章主要介绍女真语研究的新材料，至于这 8 个丙种本抄本的《暹罗馆译语》，各收录了多少门类，多少词条，并无确数。

冯蒸对北京地区《华夷译语》的收藏情况做了一个细致的梳理。根据其调查结果，北京地区所藏乙种本《华夷译语》，包含有女真馆、鞑靼馆、暹罗馆、百译馆、八百馆、缅甸馆、西番馆、西天馆、高昌馆和回回馆。前八馆是译语，后两馆是杂字。其中的《暹罗馆译语》，分 18 门，594 个词条，成书年代在明万历七年（1579）后。丁种本暹罗馆译语的题名为《暹罗番书》，分 20 门，收录了 971 个词条，此版本现藏于故宫博物院[③]。

其后国内外学者介绍了《华夷译语》在海内外的藏本及研究（如闻宥[④]、魏英邦[⑤]、乌云高娃[⑥]、刘红军、孙伯君[⑦]等），都更倾向于从整体上去把握《华夷译语》研究概况，少有单独提及《暹罗馆译语》的。

一　版本源流及比较

暹罗馆设立于万历七年[⑧]（1579），乾隆十三年（1748）暹罗馆与缅甸、八百等其他五馆合并为百夷馆[⑨]。《华夷译语》共有甲、乙、丙、丁四个版本，另有众多抄本、藏本。除甲种本外，乙、丙、丁三种均包含暹罗馆译语。

已知甲种本只有蒙汉对音。乙种本的藏本及抄本数量最多，共计 26 种；分布最广，其藏本在日本、英国、法国、匈牙利、俄罗斯及中国都可看到。每一种乙种本藏本所包含的番汉译语并不相同。法国国立图书馆藏的乙种本含有西番、西天、高昌、回回、八百、百夷、缅甸、暹罗各一册；台北故宫博物院所藏刊本，包含回回、高昌、百夷、缅甸不分卷四册。远藤光晓等收集整理了《华

① 乌云高娃、刘迎胜：《明四夷馆"鞑靼馆"研究》，《中央民族大学学报》（哲学社会科学版）2002 年第 4 期，第 62 ~ 68 页。
② 〔日〕石田干之助：《女真语研究の新资料》，《桑原博士还历记念东洋史论丛》，弘文堂，1931。
③ 冯蒸：《"华夷译语"调查记》，《文物》1981 年第 2 期，第 57 ~ 68 页。
④ 闻宥：《国外对于〈华夷译语〉的收藏和研究——兼介绍西田龙雄的〈研究丛书〉》，《学术集林》（第 7 卷），上海远东出版社，1995，第 244 ~ 249 页。
⑤ 魏英邦：《〈华夷译语〉研究拾零》，《青海社会科学》1982 年第 2 期，第 114 ~ 120 页。
⑥ 乌云高娃：《日本学者对明"四夷馆"及〈华夷译语〉的研究状况》，《中国史研究动态》2002 年第 6 期，第 19 ~ 24 页。
⑦ 刘红军、孙伯君：《存世"华夷译语"及其研究》，《民族研究》2008 年第 2 期，第 47 ~ 55 页。
⑧ 许嘉璐、安平秋：《二十四史全译：明史》，汉语大词典出版社，2004，第 1409 页。
⑨ 赵尔巽等：《清史稿》，中华书局，1970，第 3283 ~ 3284 页。

夷译语文献目录》，据其目录所示，乙种本《暹罗馆译语》共有藏本 16 种；丙种本《暹罗馆译语》藏本数量为 5 种；丁种本仍只有故宫博物院图书馆藏清乾隆抄本 1 种①，现就《暹罗馆译语》的收藏情况，节录列如下表：

表 1　《暹罗馆译语》的版本及收藏

	1	日本东洋文库所藏明抄本②	杂字、来文
	2	日本国立公文书馆内阁文库所藏抄本③	来文
	3	英国剑桥大学图书馆所藏 Wade 旧藏书《译字》④	杂字
	4	日本内藤湖南氏旧藏本⑤	来文
	5	法国国立图书馆所藏清代抄本⑥	杂字、来文
	6	巴黎亚洲协会所藏清康熙年间抄本⑦	杂字
	7	Edkins 旧藏本⑧	杂字
乙种本	8	日本今西春秋氏旧藏本⑨	杂字
	9	中国台湾中研院傅斯年图书馆所藏本⑩	杂字
	10	清刊本⑪	杂字
	11	G. Ros（e）氏所藏本⑫	译语、来文
	12	英国伦敦大学旧藏（大明本）写本（残本）⑬	杂字
	13	天一阁所藏明刻本⑭	未明
	14	中国国家图书馆所藏本⑮	杂字
	15	中国科学院图书馆所藏本两种⑯	未明
	16	俄罗斯科学院东方学研究所圣彼得堡分所藏本⑰	来文

① 〔日〕远藤光晓等：《华夷译语文献目录》，《元明汉语文献目录》，中西书局，2016，第 539~548 页。
② 此抄本的影照本还可见于日本京都大学人文科学研究所、京都大学文学部、台湾中研院傅斯年图书馆。
③ 此抄本的影照本还可见于日本东洋文库、京都大学文学部。
④ 据〔日〕池上二良《满洲语研究》，汲古书院，1999，第 359~385 页。
⑤ 据〔日〕西田龙雄《东アジア诸言语の研究 I》，京都大学学术出版会，2000，第 194~195 页。
⑥ 〔法〕钱德明神父（Jean-Joseph-Marie Amiot）旧藏本。
⑦ 此抄本的影照本还可见于日本东洋文库、京都大学人文科学研究所、京都大学文学部。
⑧ 今藏不明。
⑨ 即礼部会同四译馆暹罗译语。据〔日〕西田龙雄《东アジア诸言语の研究 I》，第 100~101 页。
⑩ 明同文堂朱丝栏抄本，不分卷共 7 册。
⑪ 2 册（西番、暹罗），〔日〕神田喜一郎旧藏本，今见于日本东洋文库、京都大学。
⑫ 此本"版心刻有'同文馆'的白纸写本 12 册，与（清）瞿中溶《古泉山馆跋》著录的《同文堂翻译馆课》记载一致，因此推测为同一系统本。"（据〔日〕神田喜一郎《神田喜一郎全集》（第 3 卷），同朋舍，1983，第 76~87 页。）现如今收藏单位不明。〔据〔日〕高田时雄《ジュゼッペ、ロスとロス文库》，《文学》（第 2 卷），2001 年第 3 期，第 2~10 页。〕
⑬ 旧藏于 School of Oriental and African Studies, London University，现藏于 William Lockhart Library。
⑭ 《中国古籍善本书目》经部 4786，只有书目，原书未见。
⑮ 即清初同文堂抄本，《中国古籍善本书目》经部 4797。
⑯ a. 罗振玉旧藏内阁秘笈，仅存天文、地理、时令、花木、人物、人事、身体各门；b. 据马鸿宾藏明写本景抄，有碧藻馆藏印。
⑰ 据〔日〕西田龙雄《缅甸馆译语の研究—ビルマ言语学序说—》，《华夷译语研究丛书 II》，松香堂，1971。

续表

丙种本	1	英国伦敦大学图书馆所藏 R. Morrison 旧藏明抄本	杂字
	2	越南河内法国远东学院所藏杨守敬旧藏日本抄本①	未明
	3	日本稻叶君山氏旧藏本②	杂字
	4	日本静嘉堂文库所藏本	杂字
	5	日本阿波国文库所藏本③	未明
丁种本	1	故宫博物院图书馆所藏清乾隆抄本	杂字

需要说明的是，石田干之助④提到的9种丙种本抄本中，除水户本外，其余8种均收录了《暹罗馆译语》，而远藤光晓等⑤只列5种。两者比对后可以发现，远藤光晓等的文献目录所收丙种本各藏本共计12种，已将石田干之助提到的9种囊括在内。石田认为全本的近藤守重《正斋书籍考》著录本、松泽老泉《汇刻书目外集》著录本，原书实际未见；王闻远《孝慈堂书目》所载"十国译语"也引自清邵懿辰《四库简明目录标注》卷七，未经目验。因此我们采信远藤光晓等的编目。

上述《暹罗馆译语》的各种藏本并未全部公开，现今能看到的全本情况概括如下表：

表2 乙、丙种本《暹罗馆译语》概况

版本	名称	成书年代	门数	词条数
乙种本⑥	中国国家图书馆所藏本	1579 年后	18	594
丙种本	英国伦敦大学图书馆所藏 R. Morrison 旧藏明抄本	未明	17	539
	日本稻叶君山氏旧藏本	未明	17	513
	日本静嘉堂文库所藏本	1875 年后	17	540

表2中乙种本里中国国家图书馆所藏的（即清初同文堂抄本）《暹罗馆译语》已由北京图书馆出版社公开出版，收录在国家图书馆古籍组和北京图书馆出版社编的《北京图书馆古籍珍本丛刊》中，题名为《暹罗馆译语一卷》，目录中注明为清抄本（以下简称此版为"清抄本"）。从门类和词条的数目来看，此种抄本正是冯蒸⑦提到的乙种本。

1.1 乙种本与丙种本的异同

丙种本里的稻叶君山氏旧藏本（下文简称"稻叶本"）已由台湾珪庭出版社有限公司于1979年影印出版。书中首页有"火源洁译第伯符辑"字样。茅瑞征，字符仪，号伯符，为明万历二十九年（1601）进士⑧，"第伯符"应为"茅伯符"之误。据杨守敬《日本访书志》，这一版本的《华夷译

---

① 据〔日〕神田喜一郎《远东博古学院观书记》，《典籍札记》，高桐书院，1947，第43~64页。
② 原本在战时佚失，副本今见于日本京都大学文学部、京都大学人文科学研究所；抄本见于韩国首尔大学校中央图书馆；影印本由台湾珪庭出版社有限公司1979年出版。
③ 影照本见于日本东洋文库、京都大学人文科学研究所、京都大学文学部。
④ 〔日〕石田干之助：《女真语研究の新资料》。
⑤ 〔日〕远藤光晓等：《华夷译语文献目录》，第539~548页。
⑥ 乙种本数据引自冯蒸《"华夷译语"调查记》；丙种本数据引自〔日〕远藤光晓《丙种本〈暹罗馆译语〉的混合性质》。
⑦ 冯蒸：《"华夷译语"调查记》。
⑧ 朱保炯、谢沛霖：《明清进士题名碑录索引》，上海古籍出版社，1989，第2627页。

语》是在茅伯符领大鸿胪时所辑①，也就是说，丙种本《华夷译语》的成书年代要在 1601 年之后，而丙种本的各种抄本为何时所抄，时间未明。据考察，静嘉堂文库所藏本（下文简称"静嘉堂本"）是 1875 年以后抄写的②。

在门类的次序先后上，清抄本前十门与稻叶本相同，都是天文门、地理门、时令门、花木门、鸟兽门、宫室门、器用门、人物门、人事门、身体门。清抄本后八门为饮食门、文史门、方隅门、珍宝门、衣服门、声色门、数目门、通用门；丙种本后七门为声色门、衣服门、珍宝门、饮食门、文史门、数目门、通用门。从收录门类的数量上看，清抄本比丙种本多了一个方隅门。根据义项，我们找出了 167 条清抄本与稻叶本共同收录的词条。在对音汉字的选择上，时令门的"今年"，清抄本为"比泥"，稻叶本作"必泥"；鸟兽门的"鸡"，清抄本为"该"，稻叶本作"盖"，等等。这是两者义项与对音汉字匹配的情况。还有如鸟兽门的"犀牛"，清抄本为"勒"，稻叶本为"希剌窝"；宫室门的"寺"，清抄本为"瘩罕"，稻叶本为"细希"这种汉字对音完全不匹配的情况，且两种版本汉字对音不匹配的情况占多数。

出现这种情况的原因，一是清抄本与稻叶本在成书年代上有先后差别；二是清抄本为乙种本，其成书的主要目的在于教学，是明政府为培养翻译人才所编纂的教材，而稻叶本为丙种本，是会同馆接待外来朝贡人员的简单翻译手册。从形制上看，丙种本较乙种本少了民族文字；从内容上看，丙种本的词条里混杂有马来语、印尼语，一些词条不符合泰语的词序，还有一些词条就是泰语与印尼语的生硬组合③。

1.2 丙种本三个抄本间的异同

在对比了静嘉堂本和伦敦大学图书馆所藏 R. Morrison 旧藏明抄本（下文简称"伦敦本"）之后，两种版本之间在义项、译音、词条上都有不同的地方，另外还有一些误抄。但总而言之，两种抄本差异并不很大④。

我们把稻叶本与静嘉堂本、伦敦本进行互校，三种抄本有如下几种差别：

1.2.1 词条数量不同。稻叶本共有词条 513 个，静嘉堂本 540 个，伦敦本 539 个。静嘉堂本词条数目最多，与其相比，伦敦本在身体门多了"洗手"这一条，在文史门少了"金叶表文、番字文书"这两条；稻叶本多了通用门"来方"、身体门"洗手"这两条，在鸟兽门"犀牛、它鸡"之间少了"仙鹤"这一条，天文门"风、云、雷、雨、雪、霜、露、霞、雾、参、光、水、亮了、晚了、大风、避雨、下雨、大雨、天河、天打、六星、七星、阴了、日光、月色、小雨、北方"这二十八条也未录。

1.2.2 词条次序不同。除了缺失和增加的词条外，稻叶本与静嘉堂本在其他词条的次序上完全一致，而与伦敦本的次序差异，远藤光晓⑤已经详细列出，此不赘述。

1.2.3 字形讹混。因字形相似产生的讹混，抄本间并不少见。汉字义项中，稻叶本地理门

---

① 杨守敬：《日本访书志》（第六卷），清光绪邻苏园刻本，第 73 页。

② 〔日〕远藤光晓：《丙种本〈暹罗馆译语〉的混合性质》，《青山スタンダード论集》（第 11 号），2016，第 143~155 页。

③ 〔日〕远藤光晓：《丙种本〈暹罗馆译语〉的混合性质》。

④ 〔日〕远藤光晓：《丙种本〈暹罗馆译语〉的混合性质》。

⑤ 〔日〕远藤光晓：《丙种本〈暹罗馆译语〉的混合性质》。

"水潭",静嘉堂本作"水浑";稻叶本花木门"胡瓜",静嘉堂本作"甜瓜";稻叶本鸟兽门"骗马",静嘉堂本作"骗马";等等。对音汉字中,如人事门"谢恩"条稻叶本对音汉字为"占頡",静嘉堂本为"占项";人事门"立定"条稻叶本为"君右",静嘉堂本为"尹右";饮食门"茶"条,稻叶本为"南茶",静嘉堂本为"南茶";等等。以上都是由于字形相似导致抄写有异。

1.2.4　用字正俗不同。稻叶本器用门"劒",静嘉堂本作"劍",等等。

1.2.5　叠字符号使用情况不同。静嘉堂本中共有9处出现叠字,都使用"々"符号,稻叶本中的9处叠字只有6处使用"々"符号,其中2处是花木门的"栗子"条,静嘉堂本作"我々安",稻叶本作"我我要";人物门的"父"条,静嘉堂本作"巴々",稻叶本作"巴巴"。还有身体门的"水银灌尸"条,静嘉堂本为"西儿阿汪々",稻叶本为"定因"。

稻叶本身体门"人心好、有心人、身上冷、水银灌尸"这四条的对音汉字分别为"坤短利、坤短利、殃南短坤、定因"。"坤"是泰语"人(คน khon)"的意思,可知"身上冷"对应"殃南短坤"有误。"坤短利"重复出现是误抄,"水银灌尸"条汉字对音在稻叶本中阙如。

类似这样的错误在稻叶本中不少,我们一一抄录如下:

表3　稻叶本与静嘉堂本同义异译词

门类	义项	稻叶本对音汉字	静嘉堂本对音汉字	门类	义项	稻叶本对音汉字	静嘉堂本对音汉字
地理门	洞	沽隆	来洋	身体门	人心好	坤短利	坤短利
	岭	剌洋	沽隆		有心人	坤短利	殃南短坤
	川	架班	剌洋		身上冷	殃南短坤	定因
	园	架班	架班		水银灌尸	定因	西儿阿汪々
时令门	更	达	达不	饮食门	醋	雅	南酸
	岁	不达	几细		药	谨	雅
	正旦	几	本那儿		吃	分	谨
	八节	别	别唤		柴	南酸	分
鸟兽门	犀角	那汪	那列	文史门	接勅	傲赛囊细	傲细
	燕子	那列	达々哩		番字	哈囊细米达	尤提亚囊细
	鹤顶	达々哩	把掇不由		金叶表文	傲细	洞囊细勒
	翠毛	杷椶不由	不笼不		番字文书	尤提亚囊细	尤提亚囊细
	海蛇	不笼不	必灭		投进表文	洞囊细勒	镇囊细
	白象	盖堪	长不的		接勅书	囊细尤提亚	傲赛囊细
	鸡叫	长不的	盖堪		有无番字	镇囊细	哈囊细米达

地理门中"川、园"条都是"架班",应为误抄。时令门中两种抄本的汉字对音次序混乱,不确定哪个正确。鸟兽门中"海蛇"条,静嘉堂本作"海虵"。"燕子"条,伦敦本亦为"达达哩",可知稻叶本汉字对音次序混乱。"白象""鸡叫"两个义项的汉字标音相反,"不的"表示印尼语的"白色 putih",因此静嘉堂本正确,稻叶本有误。身体门上文已述,饮食门里,两种抄本的汉字对音次序混乱,暂不确定哪个正确。文史门中"接敕""接敕书"两条在静嘉堂本中为"接勅""接

勅书"。"勅",洛代切,俗误用为"敕"字;"勅"同"敕"①。

丙种本各抄本中的义项、对音汉字出现用字的误抄、正俗字、叠字符号等,也从一个侧面说明丙种本比乙种本粗糙许多。无论是乙种本还是丙种本,《暹罗馆译语》各种抄本散落各地,难以遍览,这也是《暹罗馆译语》版本研究尚不充分的原因之一。

二　从汉字对音论暹罗、汉语的音韵演变

对《暹罗馆译语》版本的研究不容忽视,而其中暹汉对音、古泰文材料的研究也至关重要。乙种本《暹罗馆译语》每一组词条都包含民族文字、汉字义项和汉字标音,这三个要素增进了我们对当时汉语、暹罗语实际语音面貌的了解。丙种本虽然缺少民族文字,但也为我们提供了探讨汉语与暹罗语对音规律的可能性。

2.1　暹罗语史的研究

将丙种稻叶抄本的 17 门 511 个词条②与现今标准泰语曼谷方言、泰语南方方言和泰语东北方方言逐一比较之后,可以发现,当时用于对音的暹罗语应为泰语曼谷方言,除去难以认清的词语外,约有 50% 的暹罗语词语与今泰语曼谷方言无差别,剩下的暹罗语词语到今日或词义不再使用,或词义发生变化。

在涉及具体的对音规则时,因汉语音系与暹罗语音系并不能一一对应,暹罗语中的浊辅音 [d-]、[b-] 和颤音 [r-],汉语音系中没有,所以在选择对音汉字时,常用清辅音 [t-]、[p-] 声母字来对应,这在丙种稻叶抄本中得以体现。韵母方面,暹罗语 [-u] 韵母常用汉语 [-o] 韵母来对应;[-am] 韵母常用汉语 [-an] 韵母来对应。值得注意的是,丙种稻叶抄本中不少词条并不符合泰语的词序,其对音汉字是按照义项生硬翻译③。这与远藤光晓④的结论不谋而合。

受限于丙种本无民族文字这一特性,从乙种本展开对暹罗语的研究更为适合,然而至今尚无全面完整的研究论著出现。

2.2　汉语语音史的研究

对音汉字声母方面,虽然在元代的《中原音韵》(1324)、代表明初口语音的《韵略易通》(1442 年成书)及明末韵书《书文音义考私编》(1587 年成书)里,均无浊音声母存在,但中古全浊声母清化的过程仍有迹可循。元代韵书《蒙古字韵》(1308 年朱宗文增订本)、明初韵书《洪武正韵》(1375)等全浊声母自成一类,在十五世纪朝汉对音材料中,汉语古并、定、群、邪母等浊声母用于对应朝鲜语紧辅音,这一现象反映了当时汉语浊声母可能是一种带浊流的清音。现代泰语中只有 [b-]、[d-] 两个浊塞音,但是在早期泰语中,有 [ʔb-]、[b-]、[bv-]、[ʔd-]、[d-]、

---

① 许慎撰、段玉裁注、许惟贤整理《说文解字注》,凤凰出版社,2007,第 1214 页。
② 稻叶本为 17 门 513 个词条,但苏小萌漏录时令门"亥"、鸟兽门"虾"这两条。
③ 〔泰〕苏小萌:《〈暹罗馆译语〉与今标准泰语语音关系》,《海洋文明与汉语语言文字书写》,厦门大学出版社,2013,第 76~96 页;〔泰〕苏小萌:《〈暹罗馆译语〉研究》,厦门大学博士学位论文,2014;〔泰〕苏小萌:《〈暹罗馆译语〉与现代泰语读音差异》,《海外华文教育》2016 年第 1 期,第 119~137 页。
④ 〔日〕远藤光晓:《丙种本〈暹罗馆译语〉的混合性质》。

［z-］、［g-］等浊辅音形式。观察清抄本中这些浊辅音用哪些汉字来对音，可以给我们带来一点汉字标音音系是否仍保留有浊音的线索。

表4　乙种本泰语浊辅音声母对音字

暹罗语声母	对音字母	例字	暹罗语声母	对音字母	例字
ʔb（ຢ）	帮$_{6/7}$*	榜、饱、包	d（ຖ）	定$_{14/30}$	搪、达、特
b（ພ）	並$_{9/15}$	平、拔、盆、婆		透$_{12/30}$	腆、铁、兔
	滂$_{4/15}$	拍、撒、普	g（ฅ）	溪$_{13/15}$	砍、細、克
bv（ຟ）	奉$_{8/13}$	筏、服	z（ຊ）	心$_{4/8}$	司、洗
	非$_{3/13}$	反、做		邪$_{2/8}$	词
ʔd（ດ）	来$_{35/44}$	老、勒、脸、鲁		——	
	端$_{8/44}$	顶、典、答			

* 此处数字表示7个［ʔb-］首音节中，有6个用汉语帮母字对音，下同。

由表4可知，［bv-］首音节多用汉语非、奉母字对音，说明其时暹罗语已经完成了由［bv-］向［f-］的转变。暹罗语声母［g-］和［z-］也经历了［g-］＞［kh-］、［z-］＞［s-］的清化过程。［ʔb-］首音节多用汉语帮母字对音，［ʔd-］首音节多用来、端母字对音，在侗台语里普遍存在着［ʔd-］＞［d--］＞［n-］／［l-］（单数调）的音变（曾晓渝，2014），这就提示我们此时暹罗语［ʔb-］、［ʔd-］两个浊音声母完成清化。［b-］首音节的对音汉字多为並母字，［d-］首音节的对音汉字定母、透母各占一半，［b-］、［d-］的清化速度有快有慢，这时的汉语是否存有浊音，难以判断。

对于中古知、庄、章声母的演变，传统的看法是章组先并入庄组，变成韵图时代的照系声母，而后知系由塞音变为塞擦音，再并入照系[①]。《中原音韵》时代，知、庄、章对立的格局仍然存在。《蒙古字韵》用一套相同的八思巴字符号来代表知组与照组声母，该书一般是知二与庄组一类，无［-i-］介音；知三与章组一类，有［-i-］介音。从八思巴字对音来看，除了有无［-i-］介音这个不同点之外，知二庄与知三章的区别还在于主元音的不同。直至《韵略易通》、《韵略汇通》（1642年成书），也还存在着知二庄与知三章的区别[②]。

与汉语不同，现代泰语中没有塞擦音声母，只有一对舌面清塞音［c-］（จ）和［ch-］（ฉ、ช、ฌ）和舌面浊不送气塞音［ɟ-］（ช）。这一对舌面清塞音的国际音标，国内学者标注为［ts-］、［tsh-］，没有卷舌的成分。而对于清抄本《暹罗馆译语》，其汉字标音能否反映出知、庄、章声母演变的痕迹？

考察后可知，不仅知、庄、章声母字用于对应暹罗语的［c-］声母及［ch-］声母，精组字、见组字、晓组字也都被用来对应暹罗语的这一对舌面清塞音声母。见晓组声母在细音前腭化为汉语史上重要音变，但观察用于对应［c-］／［ch-］／［ɟ-］声母的七例见晓组声母字，仅有汉字"起"。暹罗 ɟii 这一例为细音，其余六例全为洪音，故洪细并不是见晓组声母字读如舌面清塞音的

---

①　王力：《汉语语音史》，中国社会科学出版社，1985，第232、264页。
②　董建交：《明代官话语音演变研究》，复旦大学博士学位论文，2007，第27～29页。

原因。再看精组字，"一些方言如洛阳话、南京话，在其知三、章组字［-i-］介音消失的过程中，为了保持原来的语音对立，知二、庄组声母发生了链式音变，知二、庄组声母变同精组"①。即是说，知二、庄组声母为了与知三、章组声母区别开来，会与精组字趋同。清抄本里对音汉字中的精母字都用来对应暹罗语的［c-］声母，清母字对应暹罗语的［ch-］声母，从母、邪母清化对应暹罗语的［ch-］声母，与知、庄、章、见、晓母无分别。我们从清抄本中难以看到知二、庄向精组转化的痕迹。

对音汉字韵母方面，在全面分析了清抄本中塞音、鼻音韵尾音节的汉字对音之后，可知至晚在16世纪中后叶，汉字对音反映的汉语基础方言中，［-m］、［-n］、［-ŋ］韵尾和［-p］、［-t］、［-k］韵尾仍完整保留。就塞音韵尾而言，［-p］尾独立，［-t］尾与［-k］尾有合流迹象；就鼻音韵尾而言，［-m］尾与［-n］、［-ŋ］尾部分混同，［-n］尾与［-ŋ］尾并不相混，总体上，塞音、鼻音韵尾内部界限仍比较分明。

对音汉字声调方面，从清抄本对音汉字的选择上，可以观察到汉语上声字多用泰语 A 调对应，汉语浊平字多对应泰语 B、C 调，而汉语入声字则常常对应泰语 D 调。调值和调形相似或是促成这样对音的原因。②

三　对音汉字的基础方言及相关译语的研究

3.1　对音汉字的基础方言

在《暹罗馆译语》汉字对音反映的是哪种汉语方言音系这个问题上，学界尚无定论。

一方面，乙种清抄本中，由暹汉声调对应规律可以看出，清抄本汉字对音的基础方言可能不仅限于北京方言，泰语方面，也不仅限于泰语大城（Ayuthaya⁻）方言③。从声调方面去探索对音材料的汉语方言音系，这在华夷译语的研究中并不是首创，日本学者（如泉井久之助④、西田龙雄⑤、更科慎一⑥、富田爱佳⑦等）于此用功尤深，大体的思路是把现代番语的声调与对音汉字的声调做对比，从声调选择的倾向性来拟测汉语基础方言的声调情况。

另一方面，直接考察清抄本对音汉字与暹罗语音节的对应情况，可知对音汉字仍保留独立入声及鼻音韵尾⑧。而在丙种静嘉堂抄本中，对音汉字中最明显的特点是［-p］／［-t］／［-k］韵尾已经消失，也没有喉塞尾，这表明当时汉语已没有独立的入声，并且也没有独立的［-m］韵尾⑨。乙

---

① 董建交：《明代官话语音演变研究》，第 34 页。
② 〔日〕远藤光晓：《『暹罗馆译语』乙种本の声调》，《语学教育フォーラム》（第 13 号），2007，第 31～36 页。
③ 〔日〕远藤光晓：《『暹罗馆译语』乙种本の声调》。
④ 〔日〕泉井久之助：《百夷馆译语における百夷の言语の声调》，《言语研究》（第 19、20 辑），1951，第 23～34 页。
⑤ 〔日〕西田龙雄：《十六世纪におけるパイ・イ语—汉语、汉语—パイ・イ语单语集の研究》，《东洋学报》（第 3 期），1960，第 1～48 页。
⑥ 〔日〕更科慎一：《〈百夷馆译语〉音译汉字声调初探》，侗台语及汉藏语言学术讨论交流会会议论文，天津，2003。
⑦ 〔日〕富田爱佳：《关于〈车里译语〉音译汉字的声调》，藏缅语・侗台语研讨会会议论文，日本神户，2015。
⑧ 李晨雨：《清抄本〈暹罗馆译语〉所见古泰文塞、鼻音韵尾音节的汉字对音》，第六届音韵与方言青年学者论坛会议论文，上海，2018。
⑨ 〔日〕远藤光晓：《丙种本〈暹罗馆译语〉的混合性质》。

种清抄本与丙种静嘉堂抄本显示出不同的语音特征，特别是在对音汉字是否存在独立入声这一问题上存在分歧。其原因可能是，乙种清抄本用于教学，在选择对音汉字方面更趋向于书面及保守。丙种静嘉堂抄本用于与番使日常对答，在对音汉字的选择上更为口语化。并且，乙种清抄本与丙种静嘉堂抄本成书年代先后有别，时间相差一两百年，在此期间，汉语基础方言也有了新的发展。再者，丙种静嘉堂抄本中虽然没有民族文字，但是有日语片假名标注。根据其片假名注音音系，全浊音和入声得以保留；尖团有对立。综合这些语音特征，可知片假名音系最有可能为杭州官话，而不是北京官话[1]。

还有一些学者（如苏小萌[2]）直接使用代表明代北京语音的《重订司马温公等韵图经》（1602）来作为构拟《暹罗馆译语》对音汉字基础方言的依据。这里面有两个问题：①丙种本《暹罗馆译语》成书年代在 1601 年之后，但《暹罗馆译语》的编撰是一个因袭层累的过程，它的汉字标音反映的是明代哪个时期的官话，还有待考证；②《暹罗馆译语》的编撰，是一种官方行为，我们认为它用于对音的应是官话，但并不一定就是北京语音。所以直接使用《重订司马温公等韵图经》所代表的明代北京语音来比对《暹罗馆译语》中的汉字标音，可能未必妥当。

3.2 相关译语的研究

与暹罗语同属侗台语族的相关译语还有傣汉对音的《百夷译语》《芒市译语》《车里译语》《干崖译语》等百夷馆系列译语；《八百馆译语》也是傣汉对音材料，但因八百馆单列一馆，故此处与百夷馆系列译语分开列出；另外还有壮汉对音的广西《庆远府属土州县司译语》（下文简称庆远府译语）、《太平府属土州县司译语》（下文简称太平府译语）、《镇安府属土州县司译语》（下文简称镇安府译语）。

暹罗与百夷、八百关系颇深。从地理位置上说，百夷中的芒市、车里（西双版纳旧称）、干崖（盈江旧称）都属于云南省德宏傣族景颇族自治州。八百指的是八百媳妇国，就在车里之外，原是泰国北部清迈地区的一个国家，又名兰纳。八百馆专译兰纳傣文。从文字源流上来说，傣哪文（德宏傣文）源自德宏古傣文（老傣文），傣仂文（西双版纳傣文）源自兰纳傣文，古泰文（素可泰文字）与前两者系出同源。三者都来源于印度字母体系，不过有巴利文、婆罗迷文和梵文这三个支系的分别[3]。

百夷馆作为四夷馆初设的八馆之一，一直有效运转，至乾隆十三年，暹罗、缅甸、百夷、八百、苏禄、南掌合并为百夷馆[4]。较早关注《百夷馆译语》的是日本学者（泉井久之助[5]、西田龙雄[6]），百夷馆专译云南德宏地区傣文[7]，更进一步说，明代乙、丙种本《百夷译语》是基于德宏芒市傣语而产生。以明代《百夷译语》至清代《芒市译语》这六百年为时间纵轴，可以观察到德宏

① 〔日〕远藤光晓：《丙种本〈暹罗馆译语〉的混合性质》。
② 〔泰〕苏小萌：《〈暹罗馆译语〉研究》。
③ 龚锦文：《关于德宏古傣文的源流问题》，《云南民族学院学报》（哲学社会科学版）2001 年第 5 期，第 192～199 页。
④ 赵尔巽等：《清史稿》，第 3283～3284 页。
⑤ 〔日〕泉井久之助：《百夷馆杂字并に来文の解读その释字、释语、释文と言语比较的研究》，《比较言语学研究》，创元社，1949，第 191～304 页。
⑥ 〔日〕西田龙雄：《十六世纪におけるパイ、イ语—汉语、汉语—パイ・イ语单语集の研究》。
⑦ 罗美珍：《车里译语考》，《中国民族古文字研究》（第二集），中国社会科学出版社，1993，第 226～244 页。

傣语芒市方言在声母方面的历时演变①。而利用傣汉塞擦音对音规律，则可推测出清初德宏傣语的塞擦音存在［ts-］/［tɕ-］这两种变体形式②。文字书写方面，清代丁种本《百夷译语》中的德宏傣语，作为一种拼音文字，其拼写还未做到一音一符，并未完全规范③。考察了明代《百夷译语》编纂者对对音汉字的选择倾向后，我们知道，编纂者难以区分前后鼻音，且无法正确拼出［-p］尾，但基本用古入声字对应傣语塞音尾音节④。此前有学者（更科慎一⑤、曾晓渝⑥）已经注意到这一点，这说明明代《百夷译语》对音汉字基础方言保留入声调。

在此之前，日本学者对百夷馆系列译语、《八百馆译语》等已多有研究，其研究可以分为前后两个阶段。前一个阶段对译语进行一般性介绍及把译语中每一词条逐一进行拉丁转写，如泉井久之助⑦、西田龙雄⑧等，对《百夷馆译语》《干崖译语》《八百馆译语》的简介及转写。后一个阶段是对译语的声调和性质进行多方面的探讨，如泉井久之助⑨、更科慎一⑩、远藤光晓⑪、富田爱佳⑫分别对《百夷馆译语》、《八百馆译语》、乙种本《暹罗馆译语》、《车里译语》的番汉对音声调规律进行了讨论。

国内最早论及《车里译语》的是罗美珍⑬，她将其与西双版纳傣文和老挝文比较之后，可以确定，《车里译语》是八百媳妇国一带使用的民间文字，与现今仍在使用的，属于经书文字的西双版纳老傣文并不相同。

庆远府、太平府、镇安府这三府译语，同属《华夷译语》丁种本，是壮汉对音的材料。经考证，太平府处于广西左江土语区，镇安府处于广西德靖土语区，这两者都属于壮语南部方言区；广西宜州是庆远府府治所在，属于壮语北部方言区。闻宥以太平府译语为主，辅以庆远、镇安两府译语，对其记录的壮字做了全面考释⑭。覃晓航在闻宥的基础上对太平府壮字做了再考释⑮。曾晓渝利用庆远府译语中的对音汉字，与现代宜州西南官话、平话做对比，推测其对音汉字基础方言为西南官话⑯。张文萱沿用通过对音汉字与番语声调对应倾向性来看对音汉字基础方言声调情况这一办

① 曾晓渝：《基于〈百夷译语〉的傣语汉语历史语音探讨》，《民族语文》2015 年第 1 期，第 23～37 页。

② 章富刚：《从清代"百夷译语"对音材料看德宏傣语塞擦音的发展》，《科学经济社会》2017 年第 4 期，第 105～111 页。

③ 章富刚：《德宏古傣文 a 音字母考》，《南开语言学刊》2016 年第 2 期，第 38～44 页。

④ 章富刚：《〈百夷馆译语〉（杂字）译者身份探析》，《民族翻译》2017 年第 2 期，第 32～40 页。

⑤ 〔日〕更科慎一：《〈百夷馆译语〉音译汉字声调初探》。

⑥ 曾晓渝：《丙种本〈百夷译语〉语音现象初探》，《南开语言学刊》2004 年第 1 期，第 13～27 页。

⑦ 〔日〕泉井久之助：《百夷馆杂字并に来文の解读その释字、释语、释文と言语比较の研究》；〔日〕泉井久之助：《干崖译语》，《比较言语学研究》，创元社，1949，第 155～175 页；〔日〕泉井久之助：《云南省の干崖》，《比较言语学研究》，创元社，1949，第 145～154 页；〔日〕泉井久之助：《百夷の言语》，《比较言语学研究》，创元社，1949，第 177～190 页；〔日〕泉井久之助：《パリ本、东洋文库本华夷译语、八百馆杂字ならびに来文の解读》，《京都大学文学部纪要》（第 2 辑），1953，第 1～109 页。

⑧ 〔日〕西田龙雄：《十六世纪におけるパイ、イ语—汉语、汉语—パイ・イ语单语集の研究》。

⑨ 〔日〕泉井久之助：《百夷馆译语における百夷の言语の声调》。

⑩ 〔日〕更科慎一：《〈百夷馆译语〉音译汉字声调初探》；〔日〕更科慎一：《关于〈八百馆译语〉音译汉字的声调》，《"华夷译语"与西夏字符国际学术研讨会论文集》，中国社会科学院民族学与人类学研究所，2013，第 127～135 页。

⑪ 〔日〕远藤光晓：《『暹罗馆译语』乙种本の声调》。

⑫ 〔日〕富田爱佳：《关于〈车里译语〉音译汉字的声调》。

⑬ 罗美珍：《车里译语考》。

⑭ 闻宥：《广西太平府属土州县司译语考》，《国立中央研究院历史语言研究所集刊》（第 6 册），1936，第 497～552 页。

⑮ 覃晓航：《〈广西太平府属土州县司译语考〉的壮语方言词》，《民族语文》2007 年第 6 期，第 40～44 页。

⑯ 曾晓渝：《〈广西庆远土司译语〉壮汉对音研究》，《民族语文》2017 年第 3 期，第 23～39 页。

法，对庆远府译语壮汉声调对应情况进行统计分析，得出对音汉字基础方言里入声调基本消失的结论①。

从以上译语的研究情况可以看出，对音汉字基础方言的性质及声调是当前研究的热点。除了关注译语中的汉语基础方言性质之外，番汉对音规律、番语及汉语的实际语音面貌，或由此引发的汉语语音史、台语语音史相关讨论少之又少。

四　史实钩稽

相较于《暹罗馆译语》的版本、基础方言等研究，暹罗馆及《暹罗馆译语》作为中暹交往的重要史证聚集了更多学者的目光。13 世纪中后叶，在今泰国的土地上，存在着五个古国，哈里本柴、兰纳（八百媳妇）、帕夭、暹国和罗斛国。他们划地而治，并不是一个统一的封建集权国家。其时与之相对应的是元朝，哈里本柴是最先与元朝建立官方交往的国家，而后兰纳、暹国及罗斛国也与元朝建立贡赐关系。据记载，元至元十二年至明正德十年（1275～1515），中暹贡赐频率极高，暹国每两年入贡一次，是中泰交往史上的第一个高潮。明正德十一年至清乾隆三十二年（1516～1767），中暹贡赐关系渐疏，平均每八年一贡。清乾隆四十七年至咸丰二年（1782～1852），暹罗又恢复三年一次的朝贡②。政治和经济是影响中暹封贡关系疏密变化的两大原因。一方面，鉴于中国在东亚、东南亚的权威，暹罗需要得到朝廷的认可，这从其多次请求封号、敕印可以说明。另一方面，明清实行长期的闭关锁国政策，严禁国民参与海外贸易，而东南亚国家需要将其国内物资换成丝绸、瓷器、铜铁等紧缺之物。向中国进贡是当时唯一能与中国进行贸易的途径，所以暹罗进贡次数频密。然则暹罗国内政权更替，战争频繁，导致中暹贡赐关系一度冷落。直到暹罗却克里王朝建立，清朝又需要暹罗的大米以补东南的不足，中暹贡赐才又逐步恢复。

暹罗朝贡，需向朝廷提供堪合、金叶表文等物，此前暹罗来文都由回回馆代译。明成化二十三年（1487），暹罗国王隆勃剌略坤息尤地亚遣使来访，谈到中暹文书交流用第三方文字，恐不能正确表达本意，希望明廷查辨，但明廷仍要求其使用回回文字③。弘治十年（1497），暹罗国王再进表文，此次表文用暹罗文字写就，朝中无人能识。明孝宗令广东布政司访取通暹罗文字者一二，起送听用④。直到万历三年（1575）时，明廷才决定"取精通番字人员赴京教习"⑤。

暹罗馆的设立、教学、翻译等活动及《暹罗馆译语》本身，忠实地反映了中暹交往的史实，下面就暹罗馆及《暹罗馆译语》相关史料，列如表5：

①　张文萱：《〈广西庆远土司译语〉所反映的壮语汉语声调探讨》，《南开语言学刊》2016 年第 2 期，第 32～37 页。
②　江应梁：《古代暹罗与中国的友好关系》，《思想战线》1983 年第 4 期，第 44～52 页；余定邦、陈树森：《明代四夷馆中的暹罗馆》，《中泰关系史》，中华书局，2009，第 19、50～54 页；王巨新：《清朝与缅甸、暹罗封贡关系比较研究》，《广州大学学报》（社会科学版）2010 年第 11 期，第 92～96 页。
③　《大明孝宗敬皇帝成化实录》卷 2，北平图书馆红格本微缩影印，书同文古籍数据库收录，第 18 页。
④　《大明孝宗敬皇帝弘治实录》卷 129，第 4 页。
⑤　王宗载：《四夷馆考》卷下，东方学会排印本，1924，第 21 页。

表 5　暹罗馆及《暹罗馆译语》相关史料

时间	事件
成化二十三年（1487）九月	暹罗国王国隆勃剌略坤息尤地亚遣使臣坤江悦等赍金叶表文入贡谢恩。且言旧例本国番字与回回字互用。近者请封金叶表文及勘合咨文间有同异，国王疑国人书写番字者之弊，乞赐查辨。而表文番字难于辨识，乃命本国自行究治，仍令今后止许用回回字样，不得写难识番字，以绝弊端。①
弘治十年（1497）九月	时暹罗国进金叶表文而四夷馆未有专设暹罗国译字官，表文无能译辨。大学士徐溥等以为请。上曰，既无晓译通事，礼部其行文广东布政司，访取谙通本国言语文字者一二人起送听用。②
正德十年（1515）	（暹罗）国王遣使贡方物进金叶表文诏译其字无有识者。 凡遇海中诸国如占城、暹罗等处进贡，来文亦附本馆（回回馆）带译，但各国言语土字与回回不同，审译之际，全凭通事讲说。及至降敕、回赐等项，俱用回回字。今次有暹罗国王差人来京进贡金叶表文，无人识认，节次审译不便，及查得近年八百大甸等处夷字失传，该内阁具题暂留差来头目蓝者歌在馆教习成效，合无比照蓝者歌事例，于暹罗国来夷人内选留一二名在馆，并选各馆官下世业子弟数名，送馆令其教习，待有成之日，将本夷照例送回。③
万历三年（1575）九月	（暹罗王）其次子昭华宋顼嗣为王，以印被兵焚，因奏请另给。礼部以印文颁赐年久，无凭查给且表字译学失传难以辨验，覆题行彼国查取印篆字样，并取精通番字人员赴京教习。④
万历五年（1577）八月	通事握文源同其使握闷喇、握文铁、握文贴、赍原奉勘合赴京请印，并留教习番字，各赐冠带衣服有差。⑤
万历六年（1578）十月	内阁大学士张居正题：据提督少卿萧某呈请，于本馆添设暹罗一馆，考选世业子弟马应坤等十名送馆教习。⑥
万历六年（1578）十月	丁巳，诏以暹罗开馆，事系创始，凡选择生徒，建修馆舍等项，宜酌定成规，以便遵守。⑦
万历七年（1579）正月	（握文）源等将本国大字母二十五个生出杂字三千五百五十字，又生切音一万有余，仍将杂字类成十八门与诸生讲解。⑧
万历八年（1580）五月	除握文铁到馆即病，原未效劳，难以概授，候另行外访。得握闷辣一员，译学精通，教习勤谨，似应优处。通事握文源原系中国人，于彼国译业未能精晓，然其通达言语，诱进各生，劳亦难泯。似应与握文铁一体授职，以励将来合无。⑨
万历十年（1582）四月	大学士张居正等题为教习已成，乞赐送回本国，以隆恩泽。 闷辣等于万历六年九月内蒙行取到京教译本国番字。七年正月初四日开馆。闷辣等尽将本国字母杂字来文等项教习译字生马应坤等十名。至九年十二月初四日，三年已满，于十年四月二十六日，廷试各生俱无差缪，准令食粮肄业。 夷使从人因水土不服，数年之间死亡将半。 乞将差使转送广东造船送回本国。⑩
万历十年（1582）六月	戊申颁暹罗国王印信，仍赏其差使握闷辣等币物有差。⑪
万历三十九年（1611）十二月	暹罗国王普埃表文发四夷馆译之，辅缴进。⑫

① 《大明孝宗敬皇帝成化实录》卷2，第28页。
② 俞汝楫：《礼部志稿》，《钦定四库全书·史部十二·职官类》卷92，第53页。
③ 梁储：《郁洲遗稿》，四库明人文集丛刊《归田稿震泽稿郁洲遗稿》，上海古籍出版社，1991，第1256页。
④ 梁廷枏著，袁钟仁点校《粤海关志》卷21，广东人民出版社，2014，第288页。
⑤ 梁廷枏著，袁钟仁点校《粤海关志》卷21，第288页。
⑥ 梁廷枏著，袁钟仁点校《粤海关志》卷21，第288页。
⑦ 《大明神宗显皇帝万历实录》卷81，北平图书馆红格本微缩影印，书同文古籍数据库收录，第4页。
⑧ 《万历起居注》第2册，北京大学出版社影印本，1988，第56~60页。
⑨ 《万历起居注》第2册，第56~60页。
⑩ 《万历起居注》第2册，第218~221页。
⑪ 《大明神宗显皇帝万历实录》卷125，第12页。
⑫ 《大明神宗显皇帝万历实录》卷490，第6页。

续表

时间	事件
崇祯三年（1630）三月	暹罗馆教师鸿胪寺主簿李荣春考取一等教师、暹罗馆李正芳、李作衡、袁宗德考取一等译字生。①
乾隆十三年（1748）	乾隆十三年，省四译馆入礼部，更名会同四译馆，改八馆为二，曰西域，曰百夷，以礼部郎中兼鸿胪寺少卿衔一人摄之。光绪二十九年省。②

五　结语

从上文的讨论中，可得到几点基本结论，罗列如下。

第一，版本方面，乙种本《暹罗馆译语》主要用于教学，丙种本为简单的翻译手册。两者因成书目的不同产生了门类数量、门类次序先后、义项与对音汉字是否匹配的区别。总的来说，乙种本较丙种本更为精细。将丙种本三个抄本对比后可以发现，与伦敦本不同，稻叶本与静嘉堂本可能出自同一母本，而静嘉堂本在词条数量、次序、字形等方面更为完整。

第二，对音材料的音韵特点方面，从暹罗语浊音声母的对音汉字可以看出，我们当时汉语基础方言可能保留浊音。暹罗语中只有一套塞音声母，对应汉语的塞音、塞擦音声母，由此难以看出汉语中知、庄、章声母的演变痕迹；韵母中韵尾的对音情况和声调的对应规律，提示着我们对音汉字基础方言仍保留入声。

第三，对音汉字基础方言性质方面，学界尚未有统一定论，乙、丙种本的对音汉字保留入声这一点，可以为对音汉字基础方言的性质提供研究线索。与《暹罗馆译语》同属侗台语族的傣汉、壮汉系列译语的研究，主要集中在文字考释、声调对应规律和对音汉字基础方言的性质三个方面，整体而言仍不够充分。

第四，史实方面，中国与暹罗往来频密，但万历前一直使用通用的第三方文字回回文（波斯文）进行交流，万历七年（1579）设立暹罗馆之后，有效促进了中国与暹罗的交往。《暹罗馆译语》作为教材和翻译手册，不仅为朝廷培养了一批精通暹罗语的人才，还为我们了解当时暹罗语、汉语的实际语音面貌提供了可靠的材料。

【参考文献】

[1] 曾晓渝，孔祥卿，朗杰扎西，聂鹏，王振，章富刚．"华夷译语"里汉藏语言对音材料的对音关系探析[C]．《中国民族语言学报》（第一辑），北京：商务印书馆，2017：144～163.

[2] 曾晓渝．《广西庆远土司译语》壮汉对音研究[J]．民族语文，2017（3）：23～39.

[3] 曾晓渝．丙种本《百夷译语》语音现象初探[J]．南开语言学刊，2014（1）：13～27.

---

① 吕维祺：《四译馆增订馆则》卷14，民国景明崇祯刻清康熙补刻后印本，第76页。
② 赵尔巽等：《清史稿》，第3283～3284页。

［4］曾晓渝．基于《百夷译语》的傣语汉语历史语音探讨［J］．民族语文，2015（1）：23～37.

［5］丁锋．日汉琉汉对音与明清官话音研究［M］．北京：中华书局，2008.

［6］董建交．明代官话语音演变研究［D］．上海：复旦大学博士学位论文，2007.

［7］冯蒸."华夷译语"调查记［J］．文物，1981（2）：57～68.

［8］富田爱佳．关于《车里译语》音译汉字的声调［C］．日本神户外国语大学藏缅语·侗台语研讨会论文集．神户：神户外国语大学，2015.

［9］更科慎一．《百夷馆译语》音译汉字声调初探［C］．侗台语及汉藏语言学术讨论交流会论文集．天津：南开大学，2003.

［10］更科慎一．关于《八百馆译语》音译汉字的声调［C］."华夷译语"与西夏字符国际学术研讨会论文集．北京：中国社会科学院民族学与人类学研究所，2013：127～135.

［11］龚锦文．关于德宏古傣文的源流问题［J］．云南民族学院学报（哲学社会科学版），2001（5）：192～199.

［12］火源洁译，第伯符辑．华夷译语［M］．台北：珪庭出版社有限公司，1979.

［13］贾敬颜，朱风．蒙古译语女真译语汇编［M］．天津：天津古籍出版社，1990.

［14］江应梁．古代暹罗与中国的友好关系［J］．思想战线，1983（4）：44～52.

［15］李晨雨．清抄本《暹罗馆译语》所见古泰文塞、鼻音韵尾音节的汉字对音［C］．第六届音韵与方言青年学者论坛会议论文集．上海：华东师范大学．2018.

［16］刘红军，孙伯君．存世"华夷译语"及其研究［J］．民族研究，2008（2）：47～55.

［17］刘俊彤．从《暹罗馆译语》看明清时期中泰贡赐关系［J］．东南亚纵横，2015（5）：62～66.

［18］罗美珍．车里译语考［C］．中国民族古文字研究（第二集）．北京：中国社会科学出版社，1993：226～244.

［19］泉井久之助．パリ本、东洋文库本华夷译语、八百馆杂字ならびに来文の解读［J］．京都大学文学部纪要，1953（2）：1～109.

［20］泉井久之助．百夷の言语［C］．大阪：创元社，1949.177～190.

［21］泉井久之助．百夷馆译语における百夷の言语の声调［J］．言语研究，1951（19～20）：23～34.

［22］泉井久之助．百夷馆杂字并に来文の解读その释字、释语、释文と言语比较的研究［C］．大阪：创元社，1949.191～304.

［23］泉井久之助．干崖译语［C］．大阪：创元社，1949.155～175.

［24］泉井久之助．云南省の干崖［C］．大阪：创元社，1949.145～154.

［25］石田干之助．女真语研究の新资料［C］．桑原博士还历记念东洋史论丛．京都：弘文堂，1931.

［26］史先建．明代暹罗译馆兴亡考辨［J］．兰台世界，2015（30）：41～42.

［27］苏小萌．《暹罗馆译语》研究［D］．厦门：厦门大学博士学位论文，2014.

［28］苏小萌．《暹罗馆译语》与今标准泰语语音关系［C］．海洋文明与汉语语言文字书写．厦门：厦门大学出版社，2013：76～96.

［29］苏小萌．《暹罗馆译语》与现代泰语读音差异［J］．海外华文教育，2016（1）：119～137.

［30］覃晓航．《广西太平府属土州县司译语考》的壮语方言词［J］．民族语文，2007（6）：40～44.

［31］王巨新．清朝与缅甸、暹罗封贡关系比较研究［J］．广州大学学报（社会科学版），2010，9（11）：92～96.

［32］王力．汉语史稿［M］．北京：中华书局，1985.

［33］魏英邦．《华夷译语》研究拾零［J］．青海社会科学，1982（2）：114～120.

［34］闻宥．广西太平府属土州县司译语考［J］．国立中央研究院历史语言研究所集刊（第6册），1936：497～552.

［35］闻宥. 国外对于《华夷译语》的收藏和研究——兼介绍西田龙雄的《研究丛书》. 学术集林（第 7 卷）. 上海：上海远东出版社，1995：244～249.

［36］乌云高娃，刘迎胜. 明四夷馆"鞑靼馆"研究［J］. 中央民族大学学报（哲学社会科学版），2002（4）：62～68.

［37］乌云高娃. 日本学者对明"四夷馆"及《华夷译语》的研究状况［J］. 中国史研究动态，2002（6）：19～24.

［38］西田龙雄. 十六世纪におけるパイ、イ语—汉语、汉语—パイ・イ语单语集の研究［J］. 东洋学报，1960（3）：1～48.

［39］余定邦，陈树森. 中泰关系史［M］. 北京：中华书局，2009.19～54.

［40］远藤光晓，竹越孝，更科慎一，冯蒸. 元明汉语文献目录［M］. 上海：中西书局，2016.539～548.

［41］远藤光晓.『暹罗馆译语』乙种本の声调［J］. 语学教育フォーラム，2007（13）：31～36.

［42］远藤光晓. 丙种本《暹罗馆译语》的混合性质［J］. 青山スタンダード论集，2016（11）：143～155.

［43］张文德. 从暹罗馆的设立看明朝后期与暹罗的文化交流［J］. 东南亚纵横，2009（11）：116～122.

［44］张文萱.《广西庆远土司译语》所反映的壮语汉语声调探讨［J］. 南开语言学刊，2016（2）：32～37.

［45］章富刚.《百夷馆译语》（杂字）译者身份探析［J］. 民族翻译，2017（2）：32～40.

［46］章富刚. 从清代"百夷译语"对音材料看德宏傣语塞擦音的发展［J］. 科学经济社会，2017（4）：105～111.

［47］章富刚. 德宏古傣文 a 音字母考［J］. 南开语言学刊，2016（2）：38～44.

The Chinese Transcription of Ancient Thai Characters Revealed by *Xianluoguan Yiyu* and the Related Matters

Li Chenyu   Zheng Wei

（Department of Chinese Language and Literature, East China Normal University, Shanghai 200241, China）

Abstract：*Huayi Yiyu* is an official translation textbook, and *Xianluoguan Yiyu* is one important part of this series. *Xianluoguan Yiyu* provides us plenty information of Chinese phonology in Ming and Qing Dynasty and Ayutthaya Thai. This paper makes a comprehensive review of the existing studies on different versions of *Xianluoguan Yiyu*, the syllable structure and basic dialect reflected in Sino-Thai transcriptions from *Xianluoguan Yiyu*, and combined with relevant historical facts. An introduction on some notable problems will be done.

Keywords：*Huayi Yiyu*; *Xianluoguan Yiyu*; Sino-Thai transcription; Ayutthaya Thai; Mandarin

日本汉文古辞书引文模式研究[*]

——以《倭名类聚抄》为例

刘寒青

【摘　要】日本早期古辞书通过引文的形式留存了很多珍贵的汉文典籍，这些引文材料正逐渐成为汉字汉语研究以及中国古代典籍校读、辑佚的重要参考材料。然而这些辞书的引文留存情况复杂，大多并非完整地保存了原书的面貌，以日本古辞书中引文方面最具代表性的《倭名类聚抄》一书为例，按照性质的不同，其引文可分为七种模式：①照录原书；②节引原书；③引文为原文通俗说法；④转述原文；⑤引文与今本原文有版本差异；⑥引文不见于现今传本；⑦佚书引文。同时分析造成不同引文模式的原因，以此正确认识日本汉文古辞书中引文的性质。

【关键词】日本汉文古辞书；引文模式；倭名类聚抄

【作者信息】刘寒青，中国人民大学文学院博士生，研究方向为文字学、域外汉籍。（北京100872）

一　引言

日本受中国文化影响由来已久，从引进汉字开始，日本本土便有学者编纂汉文和汉和辞书以供本国人学习使用。受到汉文化的影响，这些早期的日本古辞书保存了大量的汉文典籍引文。随着域外材料在汉字汉语研究领域愈来愈受到重视，日本古辞书中留存的汉文典籍也被更多的研究者关注，成为中国古代典籍校读、辑佚过程中重要的参考材料，也为汉字汉语研究和域外汉字传播研究提供了新的材料。

然而受到辞书编写者自身文化背景和成书过程等因素的影响，这些辞书的引文留存情况复杂，大多并非完整地保存了原书的面貌。如何正确地认识这些日本汉文古辞书中引文的性质，是利用这些材料进行深入研究的基础。本文以《倭名类聚抄》一书中的引文为例，分析日本汉文古辞书中的引文模式及其成因。

《倭名类聚抄》由日本汉学家源顺于平安时代承平初年编纂而成，是日本最早的以和名命名的百科全书式辞书，也是日本现存最古老的意义分类辞书。对于中国古代典籍的研究来说，《倭名类聚抄》是一座包孕丰富的材料库。《倭名类聚抄》征引的文献数量有360多种，其中约90%都是中

---

* 本文系国家社科基金重大项目"日本藏汉文古字书集成与整理研究"（15ZDB097）的阶段性成果。

国典籍，《倭名类聚抄》的成书时代大致相当于中国历史的唐五代时期，书中保留的基本为唐朝末期以前的典籍文献，这些典籍有些至今尚存，而有些已经亡佚。在《倭名类聚抄》传入中国之后，中国学者很早便开始利用《倭名类聚抄》中留存的典籍引文来做比对、校勘，例如周祖谟先生曾用《倭名类聚抄》中的材料校勘《方言》，胡吉宣先生用其校释过《玉篇》。

但是正如前文所言，《倭名类聚抄》中典籍的引用状况并不单纯。经过系统比对，《倭名类聚抄》中的引文和现存典籍原文完全一致的引文数量非常少，大部分引文或多或少有所改动，不过这些改动并不是没有规律的。

目前国内研究者对于《倭名类聚抄》引文的研究多集中于其所引用的某一部或某几部书，研究模式较为单一，多是利用《倭名类聚抄》中留存的佚文进行辑佚或是利用引文校订原文，这样的研究模式固然对于中国古籍的研究是有益的，但是仅仅将目光集中于某一部或者某几部书上，不用整体的眼光来考察《倭名类聚抄》的引文状况和模式，就无从对《倭名类聚抄》的引文进行整体把握。本文要做的是突破以往专注于某一部或某几部书的研究模式，从整体上对《倭名类聚抄》的引文状况进行考察，分析其引文模式及成因。

只有从整体上把握了《倭名类聚抄》一书的引文模式，才能在辑佚和校订中正确地处理这些引文材料。且通过对《倭名类聚抄》一书引文模式的研究，其成果可助益与其时代或情况相仿的其他日本汉文古辞书的引文研究。

二 《倭名类聚抄》的引文体例及术语

（一）引文体例

《倭名类聚抄》一书的引文价值很早就被学者发现和重视，是与它特有的引文体例相关的。与同性质或同时期的其他字书相比，《倭名类聚抄》对于引文出处的标注是最明确、最清晰的。

源顺在书的自序中有这样一段话：

> 或汉语抄之文，或流俗人之说，先举本文正说，各附出于其注。若本文未详，则直举《辨色立成》《杨氏汉语抄》《日本纪私记》。或举《类聚国史》《万叶集》《三代式》等所用之假字，水兽有苇鹿之名，山鸟有稻负之号，野草之中女郎花，海苔之汇①於期菜等是也。至如於期②菜者，所谓六书法，其五曰假借，本无其字，依声托事者乎。内典梵语，亦复如是，非无所据，故以取之。或复有以其音用于俗者，虽非和名，既是要用，石名之磁石、矾石，香名之沉香、浅香，法师具之香炉、锡杖，画师具之燕脂、故粉等是也。或复有俗人知其讹谬，不能改易者，鮇讹为鲑，榅读如杉，锻冶之音误涉锻③治，蝙蝠之名伪用蟵蛦等是也。若此之类，注加今案，聊明故老之说，略述闾巷之谈。

---

① 尾张本作"类"。
② 前田本作"胡"。
③ 尾张本作"假"。

　　源顺这段话概括了《倭名类聚抄》引文的基本体例。首先收录字头，在字头之后注明在中日典籍中的出处来历。如果无法找到字头的准确出处，则直接收录《辨色立成》《杨氏汉语抄》《日本纪私记》中关于字头的解释或者和训，或者列举《类聚国史》《万叶集》《三代式》等书"所用之假字"。源顺所说的"假字"，按照其后的解释，是指本文未详，用音相同或者相近的字代替情况，例如：

　　　　苇鹿　　《本朝式》云：苇鹿皮。和名阿之加，见于陆奥出羽
交易杂物中矣，本文未详。①

　　　　稻负鸟　　《万叶集》云：稻负鸟。其读以奈于
保世度里。

　　　　女郎花　　《新撰万叶集》云：女郎花。倭歌云女倍芝乎美那闭之，今案花如
蒸粟也，所出未详。

　　　　於期菜　　《本朝式》云：於期菜。

　　"苇鹿""稻负鸟""女郎花""於期菜"等并非事物原本的名称，因为本字无可考，所以用音同或者音近的字代替。

　　《倭名类聚抄》的实际引文体例和源顺在序中所说的基本一致，但是比较二十卷本和十卷本，两者在体例上仍有一定区别：

　　二十卷本：

　　　　滨　　《唐韵》云：滨，水际也。音宾。和名波
万。

　　十卷本：

　　　　滨　　《唐韵》云：滨音宾，和，水际也。
名波万。

　　二十卷本的汉文注音、和名分为两种情况，一是出现在释义之后，和名用双行小字的格式，二是紧跟在引文中的字头之后，汉文注音、和名均为双行小字。十卷本的汉文注音、和名则只有一种情况，即紧跟在引文中的字头之后，汉文注音、和名均为双行小字。不仅是注音，十卷本中除了字头和其出处引文之外的所有内容均为双行小字，例如：

　　二十卷本：

　　　　滑石　　《本草》云：滑石，一名脆石。苏敬云：极软滑故以名之。

　　十卷本：

滑石　　《本草》云：滑石，一名脆石。^{苏敬云：极软
滑故以名之。}

下文所用的《倭名类聚抄》引文例证均依据经校对的二十卷本①。

在标注引文出处的时候，《倭名类聚抄》中有以下几种不同的格式。

一是某人某书云，例如刘熙《释名》云；郭知玄《切韵》云；崔豹《古今注》云等。

弦月　　刘熙《释名》云：弦月，月之半名也，其形一旁曲一旁直，若张弓弦也。

弦^{和名由美八利，
有上弦下弦。}。

晕　　郭知玄《切韵》云：晕，气绕日月也。音运。^{此间云日月［晕］加左，《辨
色立成》云：月院也。}

微风　　崔豹《古今注》云：柳微风大摇。此间云。^{古加
世。}

二是某书云，例如《兼名苑》云；《汉书》云；《本草》云等。此种体例在《倭名类聚抄》中出现得最多。

明星　　《兼名苑》云：岁星一名也。^{此间云阿
加保之。}

大风　　《汉书》云：大风吹兮云飞扬。此间云。^{于保加
世。}

长石　　《本草》云：长石，一名方石。

露　　《三礼义宗》云：白露，八月节。寒露，九月节。音路。《白虎通》云：甘露，美露

也，降则物无不美盛矣。^{和名豆
由。}

三是某人云，或某人曰，例如陆词云、孙愐云、陶隐居曰等。

雹　陆词云：雹，雨冰也。补角反。^{和名安
良礼。}

巅　孙愐曰：巅，山顶也。都年反。^{和名以太
太木。}

脊　疮陶隐居曰：盐有九种，柔盐疗马脊疮。^{俗云多
胡。}

峰　祝尚丘曰：峰，敷容反。^{和名三
褊。}用下二字，岑音寻，岭音领，山尖高处也。又

矾石　苏敬曰：矾石，有青白黑绿（绛）黄五种矣。音繁，此间云冈石。

---

① 前五卷依据刘寒青《〈倭名类聚抄〉卷一~卷五校注及研究》，中国人民大学硕士学位论文，2017。后十五卷校对文章尚未公开发表。

第一种"某人某书云"是《倭名类聚抄》标注引文出处格式的完整体,第二种、第三种则为省略体。古籍书名重名者少,一般只列书名,不会引起歧义。而"某人云/曰"则不同,一人往往不止一部著作,只列出"某人云/曰",无法明确地标识引文来源。

通过对《倭名类聚抄》引文中"某人云/曰"逐一考察,本文认为"某人云/曰"是《倭名类聚抄》中曾出现过的"某人某书云"的省略,例如"陶隐居曰"即"陶隐居《本草注》云"的省略;"苏敬曰"即"苏敬《本草注》云"的省略;"陆词云/曰"即"陆词《切韵》云"的省略等。下面以"陆词《切韵》云"和"陆词云/曰"为例,对这种情况稍做说明。

二十卷本《倭名类聚抄》中作"陆词《切韵》云"的共有 36 处,作"陆词云/曰"的共有 17 处。① 作"陆词《切韵》云"的引文和作"陆词云/曰"的引文举例如下:

霜　陆词《切韵》云:霜,凝露也。音苍。^{和名之毛。}

颈　陆词《切韵》云:领^{冷反},颈也。^{颈居井反,和名久比}头茎也。

鼻^{嚏附}　陆词《切韵》云:鼻^{秘反,和名波奈},面中岳也。

盘　陆词云:盘,大石也。音盘。

石　陆词云:石,凝土也,常尺反。^{和名以之。}

肌　陆词云:肌^{饥反,和名加波倍},肤肉也。

畔　陆词曰:畔^{音半,和名久吕,一云阿。}田界也。

首先,"陆词《切韵》云"与"陆词云/曰"两种引文并没有体例和格式上的区别。且与《全王本》②《王一》③《王二》④ 对照,"陆词《切韵》云"与"陆词云/曰"下的大部分引文与以上三书相同,可知《倭名类聚抄》中"陆词云/曰"的引文不是出自其他典籍,正是与"陆词《切韵》云"同出一处,"陆词云/曰"是"陆词《切韵》云"的一种省略形式。

其次,一部分在二十卷本中作"陆词《切韵》云"的字头,在十卷本中作"陆词云",如"卵、鸧、鶏鸟、鸒"几个字头均是如此,这也可侧面说明"陆词《切韵》云"与"陆词云/曰"源出同一典籍,只是不同版本在抄写时选择的繁简方式不同。

以常理推之,作为完整体"某人某书云"应该出现在"某人云/曰"这种省略体之前,以便读者获取完整的信息,但考察《倭名类聚抄》的各个版本,十卷本和二十卷本大多是"某人云/曰"的省略体先于完整体出现,只有两处是完整体出现在省略体之前。究其原因,应是《倭名类聚抄》

---

① 此处数据依据的是二十卷本的统计结果,十卷本的统计数据与二十卷本有出入,十卷本作"陆词云/曰"的数量多于二十卷本。

② 唐写全本王仁昫《刊谬补缺切韵》简称为"全王本"。

③ 敦煌唐写本残卷《刊谬补缺切韵》简称为"王一"。

④ 故宫内府本《刊谬补缺切韵》简称为"王二"。

中的部分引文为源顺从他处转引①而来，源文献是怎么标注引文出处的，源顺便照抄过来，并未有意识地对引文出处的完整体、省略体进行整理，所以造成了这种省略体先于完整体出现的现象。

（二）引文术语

除了编排体例，《倭名类聚抄》的引文术语使用也自成体系。

1. 云/曰

通过对《倭名类聚抄》术语使用的考察可知，引文中使用频率最高的术语是"云"，"云"字既适用于"某书云"，也适用于"某人云"。"曰"字的使用频率远低于"云"，多适用于"某人曰"的情况，"某书曰"的情况极其少见。

2. 一云/或说云

"一云"是《倭名类聚抄》中常用来表示字头的另外一种叫法的术语，例如"商人，一云商买"，"渔父，一云渔翁"，"《日本纪》云：用渔人二字，一云用海人二字"，等等。二十卷本中"一云"也经常用于"某书云"的省代，在十卷本中作"《杨氏汉语抄》云""《日本纪私记》云"的情况，在二十卷中时常会被"一云"所代替。"或说云"出现的次数较少，功能和"一云"相同，用于表示字头的另外一种说法。例如：

丑女　　《日本纪》云：丑女^{和名志}_{古女}。或说云黄泉之鬼也，世人为恐小儿称许许女者，此语之讹。

三　《倭名类聚抄》引文模式及其成因

源顺在序言中说"先举本文正说，各附出于其注"，其中"附出于其注"的"出"是指字头的文献出处。除去曲牌名、地名、时令名和极少数的一些字头，剩下的字头源顺都用征引文献的方式对字头进行解释。

源顺所引用的日本典籍基本已在序言中提道，即《日本书纪》《辨色立成》《杨氏汉语抄》《日本纪私记》《新抄和名本草》《类聚国史》《万叶集》《三代式》等书，这些书的性质包括汉和辞典、日本史书和日本法律条令等，《倭名类聚抄》所引用的内容主要是这些书中记录的俗词、惯用语及其和名训读。

《倭名类聚抄》里中国典籍的引用数量大大超过日本典籍，且引用的典籍种类繁多，经史子集各个部类无不涉及。引用的重点是《唐韵》、《尔雅》（包括各类《尔雅》注疏）、各类《切韵》系韵书、《说文解字》、《四声字苑》、《玉篇》等韵书和字书。这些中国典籍有些至今尚有传本，而有一部分已经散佚无存，甚至有些书目不见于各代藏书目录，著录无考，所以可以说《倭名类聚抄》为中国古代典籍研究提供了一个丰富的文献资源库。

---

① 《倭名类聚抄》中引文为源顺转引的问题将在下文详细论述。

然而源顺对《倭名类聚抄》中的引文有不同的处理方式，并非每一条引文都保持了原书本来的面貌，所以在利用《倭名类聚抄》中的引文材料之前，需要厘清源顺对于引文所采取的不同的处理方式。《倭名类聚抄》中的全部引文可归纳为七种引用模式，但是在中日两类典籍中这七种引文模式的出现频率和呈现方式各不相同，下文将分别说明。

（一）日本典籍

《倭名类聚抄》中日本典籍的引用情况较为简单，只存在两种引文模式。

1. 照录原书，对字头与和训进行节引

源顺在引用日本典籍时，大多数情况是简短地节引原书中与字头相关的内容，用以标明该字头在日本典籍中的出处以及和名。这部分引文，少则只包括字头，多则包含字头的一句话。例如：

> 沫雪　《日本纪》云：沫雪阿和由岐。其弱如水沫①。
>
> 稻魂　《日本纪》云：稻魂和名宇介乃美太万，俗云宇加乃美太万。
>
> 幸魂　《日本纪》云：幸魂和名左知美太万。俗云佐岐太万。
>
> 现人神　《日本纪》云：现人神和名安良比止加美。
>
> 磐　陆词云：磐，大石也。音盘。和名以波。《日本纪》云：千人可〈所〉引磐石。
>
> 客作儿　《杨氏汉语》云：客作儿和名豆久乃比之止。
>
> 田舍人　《杨氏汉语》云：田舍儿和名井奈加比止。
>
> 吉舌　《杨氏汉语抄》云：吉舌和名比奈佐岐。
>
> 粪堆　《辨色立成》云：阿久太布。上付问反，下都回反。
>
> 市郭儿　《辨色立成》云：市郭儿和名伊知比止。一云市人。
>
> 择食　《辨色立成》云：择食和名豆波利，又杨氏说同。

这部分字头大多数是日语汉语词，即所谓的"和制汉语"，基本只通行于当时的日本社会。源顺无法在中国典籍中找到文献用例，所以在这些字头下，只标注这些词见于日本的哪本典籍及其和名。

这些日本典籍中辞书和字书性质的文献占了很大一部分，主要是《杨氏汉语抄》《辨色立成》《日本书纪》等，其中《日本书纪》虽为史书，但源顺大多节取其中的字头或包含字头的短句，引用方式与辞书、字书相同。

---

① "沫雪"出自《日本书纪·神代记上》"若沫雪以蹴散"，"其弱如水沫"并非原书中的内容。

2. 转述原书典故

除了辞书、字书之外，源顺还引用了一些日本的古史书和故事集。因为这部分典籍大多是叙事性的，源顺在处理这类材料时，除了像对《日本书纪》一样节取原书中相关的字头之外，也会采用转述的方式进行引用，即用简练的语言概括原书典故。

> 玉茎　《房内经》云：玉茎^{男阴名}_{也。}《杨氏汉语抄》云：^{屡破前，一云麻前良，今案犀臀骨}_{也。音课，可为玉茎之义不见。}《日本灵
>
> 异记》云：纪伊国伊都郡，有一凶人，不信三宝，死时蚁着其閗^{今案是闭字也。俗云或以次子为男}_{阴，以开字为女阴，其说未详。}。

"玉茎"字头下引用的《日本灵异记》并非原文，而是源顺对于原文的转述，原文见于《日本灵异记·中卷·十一》"骂僧与邪淫得恶病而死缘"，原文作"时彼里有一凶人，姓文忌寸也，字云上田三郎矣。天骨邪见，不信三宝。凶人之妻，有上毛野公大椅之女。一日一夜，受八斋戒，参行悔过，居于众中。夫从外归家，而见无妻。问家人。答曰：'参往悔过。'闻之，瞋怒，即往唤妻。导师见之，宣义教化。不信受曰：'为无用语。汝婚吾妻，头可所罚破，斯下法师矣。'恶口多言，具不得述。唤妻归家，即犯其妻。卒尔屌着蚁嚼。"源顺保留其中和字头相关的信息，将原文的故事概括成了一句话。

> 畠　《续搜神记》云：江南畠种豆。畠，一曰陆田^{和名八}_{太介。}。[白田二字作一字者，讹也。
>
> 《日本纪》云：陆田种子，波多介豆毛乃也。今案《延喜·内膳式》：营瓜一段，种子四合五勺也。位三百六十，粪人雍人。师云：位训久良比，粪训古江，雍训豆知加布。]①

引文见于《延喜式·内膳司》，原文作"营晚瓜一段，种子四合五勺，总单功卅五人半。耕地二遍，把犁一人，驭牛一人，牛一头，料理平和三人，掘畦沟三人，位三百六十座，蹈位一人，下子半人，雍一人"。源顺引用时只用一句话概括。

（二）中国典籍

源顺对于中国典籍引文的处理则更加复杂，七种引文模式全部出现。

1. 与原书文同无异

源顺在对中国典籍引文的处理中，存在一部分引文照引原书，未做改动的情况。例如：

> 望月　《释名》云：望月^{和名毛知}_{豆岐。}，月大十六日，小十五日，日在东，月在西，遥相望也。
>
> 原　《毛诗》云：高平曰原。
>
> 埴　《释名》云：土黄而细密曰埴。
>
> 洲　《尔雅》云：水中可居者曰洲。李巡曰：四方皆有水也。

---

① 自"白田"至"雍训豆知加布"据十卷本的前田本、笺注本补，二十卷本无。

凑　　《说文》云：凑，水上人所会也。

以上引文皆与今本《释名》《毛诗》《尔雅》《说文》原文同。

2. 对原书进行节引

当原书的相关内容篇幅较长时，源顺一般只节取原文中自己需要的部分。例如：

箫　　《风俗通》云：舜作箫，^{先尧反，和名}_{世宇乃布江。}，其形参差象凤翼也。

引文见于《风俗通·声音》，原文作"谨按《尚书》：舜作萧，韶九成，凤凰来仪，其形参差像凤之翼"。《倭名类聚抄》引文为节引。

肝　　《白虎通》云：肝^{干反，和}_{名岐毛。}，木之精也，色青。

脾　　《白虎通》云：脾^{俾移反，和}_{名与古之。}，土之精也，色黄。

"肝"字见于《白虎通·情性》，原文作"肝，木之精也。仁者，好生。东方者，阳也。万物始生，故肝象木，色青而有枝叶"，源顺仅从原书中截取"木之精也"和"色青"两句。其余内容均不引用。"脾"字见于《白虎通·情性》，原文作"脾者，土之精也。土尚任养万物为之象，生物无所私，信之至也。故脾象土，色黄也"，源顺仅从原书中节取"土之精也"和"色黄"两句。

涧　　《释名》云：涧，在两山间也。古晏反。

"涧"字见于《释名·释水》，原书作"山夹水曰涧。涧，间也，言在两山之间也"。源顺只节取"在两山间也"一句。

仍孙　　《尔雅》云：昆孙之子为仍孙。仍，重也。今案七代之孙也。《汉书》云：耳孙，仍耳声相近，盖一号也。

"耳孙，仍耳声相近，盖一号也"引自《汉书·惠帝纪》"耳孙"颜师古注，原文作"耳孙，诸说不同。据平纪及诸侯王表说，从己而数，是为八叶，则与晋说相同。仍耳声相近，盖一号也"。源顺只取其中"仍耳声相近，盖一号也"一句。

源顺节引原书的目的，是使引文更好地为《倭名类聚抄》服务。《倭名类聚抄》作为辞书，追求的是精炼准确地解释字头的含义，而源顺所征引的书目中很大一部分并不是字书、辞书性质的，所以论述往往详细而冗长，对于此种书籍，源顺大多只节取自己需要的部分。

3. 源顺引文为原文的通俗说法

对于这一部分引文，源顺会通过增加、删减、替换等方式对原文进行小幅度改造，如增加或删减一些助词、介词及不影响释义的形容词，或者对同义词进行替换等。这些改动对原文本来的面貌不会产生太大的影响，只是造成一些细微的差别。本文把这种改动称为《倭名类聚抄》引文为原文的通俗说法。例如：

> 云　　《说文》云：云，山川出气也。王分反。^{和名久毛。}
>
> 雨　　《说文》云：水从云中而下也。^{音禹。和名阿女。}

"云"字见于《说文·云部》，原文作"云，山川气也"，《初学记》引《说文》作"云，山川气也"，可证大徐本，源顺的引文在原文的基础上增加了"出"字。"雨"字见于《说文·雨部》，原文作"雨，水从云下也"，《十三经注疏》中《春秋左传正义》引《说文》作"雨，水从云下也"，同大徐本。源顺的引文在原文的基础上增加了"中""而"二字。

> 偷儿　　《世说》云：园中夜呵云有偷儿^{他候反。}偷儿^{和名奴须比止。}窃盗^{和名美曾加奴须比止。}一云不良人也。

引文见于《世说新语·假谲》，原文作"潜入主人园中，夜叫呼云有偷儿贼"。源顺引文用"呵"替换"叫呼"二字，但并未对文意造成影响。

> 项　　陆词云：项，^{胡讲反，和名字奈之。}颈后也。《公羊传》注云：齐人项谓之脰^{田候反。}。

《公羊传》注引文见于《公羊传·庄公十二年》"公绝其脰"何休注，原文作"脰，颈也。齐人语"。"齐人项谓之脰"与"脰，颈也。齐人语"意义等同，而源顺引文把原文打散，对词语进行了重新组合，使之更加通俗流畅。

> 欧吐　　《病源论》云：胃气逆则欧吐^{上于后反，字亦作呕，倍止都久，又太万比。}

引文见于《诸病源候论·上气呕吐候》，原文作"胃气逆故呕吐也"。源顺引文用"则"替代了原文的"故"。

这类对原书文字细小的改动在《倭名类聚抄》中很多，此处无法一一穷尽列出，但这些改动是有规律的，基本可以归纳为两条，一是用今语、口语词替换文言、书面词，二是用当时习用的语法改造古语语法。改动的目的是使引文更加通俗易懂，可能更符合当时日本人的语言和阅读习惯。

4. 源顺引文对原文进行转述

对这一部分引文，源顺所做的不再是细节上的调整和改动，而是对原文进行归纳概括，用自己的话转述原文内容，导致这部分引文与原文有较大的差异。本文将这种改动称为转述原文，例如：

聤耳　　《病源论》云：聤耳^{上音亭，和名美之太利。}，风热耳生脓汁也。

欬嗽　　《病源论》云：欬嗽^{亥走二音，欬字亦作咳，之波不岐。}，肺寒则成也。

漆疮　　《病源论》云：漆疮^{和名宇流之加不礼。}，人见漆中其毒而肿是也。

"聤耳"见于《诸病源候论·耳病诸候》，原文作"劳伤血气，热乘虚也，入于其经，邪随血气至耳，热气聚则生脓汁，故谓之聤耳"。"欬嗽"见于《诸病源候论·欬嗽候》，原文作"欬嗽者，肺感于寒，微者则成欬嗽也"。"漆疮"见于《诸病源候论·漆疮候》，原文作"漆有毒，人有禀性畏漆，但见漆便中其毒，喜面痒然，后胸臂腝臗皆悉瘙痒，面为起肿"。

源顺引文对以上三处的处理是进行精简浓缩，保留原文中与字头相关的要素，其余内容用一句话概括，虽原文的核心文意并未更改，但是《倭名类聚抄》的引文已与原文大不相同。

5. 引文与今本原文有版本差异

这部分引文与今本原文存在差异，但不同于上面第 3、4 小节所说的情况。这部分引文与原文的不同并非由源顺的转述造成的，而是由版本差异造成的。这种差异也涉及句意的改变，但不能与第 3、4 小节的情况等同视之。

喎僻　　《说文》云：呙^{口蛙反，或作喎，和名久知由贺无。}，口戾也。《病源论》云：喎僻，则言语不正也。

"呙"见于《说文·口部》，原文"口戾"后有"不正"二字。《玄应音义》卷六"喎斜"注引《说文》："喎，口戾也。"与《倭名类聚抄》引文同。王贵元师《说文解字校笺》在校释"呙"字释文中提道："唐写本《说文·口部》残卷正作'口戾也'，当据正。'戾'即是'不正'，'不正'二字当是后人注语，传抄误入《说文》正文中。"《倭名类聚抄》引文与唐写本《说文》残卷合。唐写本《说文》残卷与《玄应音义》均为唐写本文献，《倭名类聚抄》成书于稍晚的五代时期，三条材料互证，能够证实唐代流行的《说文》版本"呙"字释文的原貌，今本在流传中经过了后人的改易。

婢　　《说文》云：婢^{和名夜豆古。}，女之卑称也。

引文见于《说文·女部》，原文"称"作"者"。宋本《玉篇》、《集韵》、《洪武正韵》、《正字通》等书引《说文》"称"皆作"者"。唯有日本元文三年至延亨三年狮谷莲社刻本《慧琳音义》卷二十七"婢"字下注引《说文》作："婢，女之卑称。"《倭名类聚抄》引文与《慧琳音义》的《说文》引文相合，又《慧琳音义》亦为日本刻本，故可能日本当时流传的《说文》版本作"女之卑称"。至于是传入日本后改易，还是保留了《说文》原本的面貌，仍有待进一步考察。而《倭名类聚抄》中的这条引文把"者"作"称"还存在一种可能，即源顺并非引自《说文》原书，而是从《慧琳音义》处二次转引。

由上文分析可知，造成这种引文与今本原文不同的原因主要是版本的差异。两种原因会产生这种情况，一是《倭名类聚抄》的引文保留了该书早期版本的原貌，该版本现今已经失传，而今本经过历代传抄有所改易；二是源顺所引并非来自原书，而是转引他书引文，即是对原文的二次转引，所以与原文的不同亦是继承成自其他的典籍。

6. 引文不见于现今传本

这类引文按照性质可以分为两类，一是佚文；二是引文出处错标。

《倭名类聚抄》中不见于今本的佚文，其中一些可以在其他典籍的引用中找到存留，例如：

潮　《四声字苑》云：海水朝夕来去波涌也。直遥反。又作淖。^{和名宇 之保}周处《风土记》云：海神上朝于天。鳅鲸迎送海神出入于穴，令水进退为潮。又《抱朴子》云：天河与地河海水相槫击，五水相荡，激涌而成潮。

《倭名类聚抄》对《抱朴子》的此条引文不见于今本《抱朴子》。《增修埤雅广要·地道门》引《抱朴子》："天河从北极分为两条，至于南极，两河随天转入地下，过而下水，又与海水合，三水相荡而天转之，故激成潮。"《事类备要·天文门》引《抱朴子》："天河从北极分为两条，至于南极，其一经南斗中过，其一经东斗中过，两河随天转入地下，过而下水相得，又与海水合，三水相荡而天转之，故激涌而成潮水。"《倭名类聚抄》引文与这两本书对《抱朴子》的引文相类似，但还是互有差异，《倭名类聚抄》中的引文应是《抱朴子》佚文，且经过了源顺的改动。

而另外一部分不见于今本，在其他典籍中也没有引用记录的引文，我们不能轻率地认为是佚文，因为还有一种情况是源顺在《倭名类聚抄》中错误地标注了引文出处。

妯娌　《尔雅》云：关西兄弟之妻相呼为妯娌，逐理二反^{和名阿比 与女}。

引文不见于今本《尔雅》，《方言》"筑娌，匹也"郭璞注云："今关西兄弟妇相呼为妯娌。"可知此句非出自《尔雅》，源顺应是把《方言》郭璞注误作《尔雅》之句。

天神　《周易》云：天神曰神。食邻反。^{和名加 美}《日本纪》云：天神^{和名安万豆 夜之吕}。

地祇　《周易》云：地神曰祇。巨支反。《日本纪》云：地祇，^{和名久尔豆加 三，或夜之路}。

"天神曰神""地神曰祇"两句均不见于今本《周易》。"天神曰神"见于《吕氏春秋·顺民》"神鬼"高诱注："天神曰神，人神曰鬼。""地神曰祇"见于《尸子》："天神曰灵，地神曰祇，人神曰鬼。"此亦见于《汉书》颜师古注等处。虽然不能明确这两句引文源顺到底引自其中哪部典籍，但可以明确的是源顺为误引，这两句并非《周易》的佚文。

7. 佚书引文

这部分引文所在的书目，现今已经亡佚无存，使得这部分材料尤其珍贵，使《倭名类聚抄》成为辑佚的重要材料。

> 霞　《唐韵》云：霞，赤气云也，胡加反。^{和名加须美。}

霞　《唐韵》云：霞，赤气云也，胡加反。和名加须美。

腭　《唐韵》云：腭音萼，字亦作咢，和名阿岐，口中上腭也。

潦　《唐韵》云，潦，音老和名尔八太豆美，雨水也。

《唐韵》今无传本，《新唐书·艺文志》录"孙愐《唐韵》五卷"，《崇文总目辑释》录"《唐韵》五卷，孙愐撰"。段玉裁《古文尚书撰异》卷二："《切韵》者，陆法言《切韵》，孙愐增之为《唐韵》者也。"可知《唐韵》为《切韵》系一派韵书。

齘齿　《录验方》云：齘齿上胡介反，波贺美，睡眠而齿相切有声也，今人取其席下土内口中，勿令知，则止矣。

痞　《录验方》云：痞符鄙反，上声之重，衣贺波良，小儿腹病也。《唐韵》云：腹内结病也。

《录验方》今无传本。《通典》录"《古今录验方》五十卷"，撰者甄立言。《旧唐书·经籍志》录"《古今录验方》五十卷，甄权撰"。除《倭名类聚抄》之外，《古今录验方》的佚文散见于《千金要方》《外台秘要》《医心方》等书。

细射　《唐卤薄令》云：细射弓箭今案此间云和名万之岐由美。

《唐卤薄令》今无传本，为《唐令》其中一令。《新唐书·仪卫》"细射弓箭"，《倭名类聚抄》引文与此合。

兔缺　《续晋阳秋》云：魏泳〈咏〉之生而兔缺俗云以久知。《辨色立成》云：缺唇也。

《续晋阳秋》今无传本。《隋书·经籍志》录"《续晋阳秋》二十卷，宋永嘉太守檀道鸾撰"。佚文亦散见于《世说新语》《太平御览》等书。

四　结语

《倭名类聚抄》引用的典籍繁多，涉及经史子集各个部类，其中有百余种典籍在《倭名类聚抄》中只引用过一次。结合源顺当时所能接触到的书籍范围和他编纂《倭名类聚抄》所用的时间，很多学者认为源顺书中所用引文并非征引自原书，大部分是从同时期的日本其他辞书和中国的类书中转引而来的。林忠鹏（2000）将《倭名类聚抄》引用的典籍目录与《日本国见在书目录》收录的典籍相比对，认为当时源顺是无法亲自见到他引用的一些典籍的，所以更大的可能是他转引自《杨氏汉语抄》《辨色立成》《功程序》等其他早期的日本辞书，并参考了《艺文类聚》等中国类书。① 虞万里（2008）认为："体味、揣摩这些短语与特例，可以悟彻源顺引录《方言》及郭注多数是二手材料，亦即根据他以前的《杨氏汉语抄》《辨色立成》，或东传的顾野王《玉篇》、释远年《兼名苑》等书转录，而并非全部直接引自《方言》原书。"②

源顺当时到底是否亲自查阅了他所引用的全部典籍，目前学界尚不能有一个笃定的答案，但是当我们把目光集中在对引文内容的研究上面时，掌握了《倭名类聚抄》对于引文的处理规律，源顺是否亲自查阅过他引用的典籍将不再是研究讨论的焦点问题。《倭名类聚抄》中体现出的对于引书原文的改易规律，无论是出自源顺自己的改动，还是他继承自同期的其他日本辞书，都代表着当时日本的辞书编写者对于中国典籍的引用态度。

在很长一段时间里，特别是日本古辞书发展的早期阶段，引用其他典籍对字头进行注解，是相当普遍的事情。日本学者称这种现象为"本文主义"。现存的《新撰字镜》《类聚名义抄》等书都是这样，亡佚的《杨氏汉语抄》《辨色立成》《功程序》根据《倭名类聚抄》的留存情况来看，体例也是如此。

与其他日本汉文古辞书相比，《倭名类聚抄》的引书价值最先被发掘研究，究其原因，是因为《倭名类聚抄》的引文格式较为清晰，每个字头之下都会标明出自某某典籍，有利于研究者"按图索骥"进行研究。图书寮本《类聚名义抄》情况与《倭名类聚抄》相似。

《新撰字镜》及观智院本《类聚名义抄》等书，虽然也都有对中日典籍进行引用的情况，但都没有明确的出典说明。没有明确的标识不代表没有引用，只不过引用形式较为隐晦，这也使得这些书中的引文资源尚未得到相应的重视，所以我们以《倭名类聚抄》为材料研究日本汉文古辞书的引书模式，以期为后续研究提供基础。

【参考文献】

［1］龙宇纯. 唐写全本王仁昫刊谬补缺切韵校笺［M］. 香港中文大学，1968.

［2］杨守敬. 日本访书志［M］. 辽宁：辽宁教育出版社，2003.

［3］洋泉社编集部编. 日本书纪［M］. 东京：洋泉社，2016.

［4］王贵元. 说文解字校笺［M］. 上海：学林出版社，2002.

［5］王贵元. 汉字与出土文献论集［M］. 北京：中国社会科学出版社，2016.

［6］潘钧. 日本辞书研究［M］. 上海：上海人民出版社，2008.

［7］韩娜. 关于《和名类聚抄》引用《说文解字》的考察［D］. 东北师范大学，2010.

［8］张小柯. 关于《倭名类聚抄》所引《尔雅》［D］. 东北师范大学，2010.

［9］翁振山. 二十卷本《倭名类聚抄》研究［D］. 广西大学，2011.

---

① 林忠鹏：《〈倭名类聚抄〉与中国典籍》，《重庆师范大学学报》（社会科学版）2000 年第 2 期。
② 虞万里：《〈倭名类聚抄〉引〈方言〉参证》，《东亚文化交流与经典注译》2008 年第 12 期。

［10］陈晨．日本辞书《倭名类聚抄》研究［D］．山西大学，2014．

［11］林忠鹏，《倭名类聚抄》与中国典籍［J］．重庆师院学报：哲学社会科学版，2000（2）．

［12］林忠鹏，《倭名类聚抄》所引《兼名苑》考［J］．日本学论坛，2003（1）．

［13］林忠鹏，黄雪莲．《和名类聚抄》成书过程的文化概观［J］．日本学论坛，2004（3）．

［14］林忠鹏，《和名类聚抄》与《释名》论考［J］．日本学论，2007（1）．

［15］桂海岚．《和名类聚抄》所引《唐式》之考察［J］．剑南文学：经典教苑（下），2013（10）．

［16］虞万里．《倭名类聚抄》引《方言》参证［J］．东亚文化交流与经典注译，2008（12）．

An Analysis of the Quotations in Ancient Chinese-Japanese Dictionary
——Based on the Study of *Wamyō ruiju shō*

Liu Hanqing

（School of Liberal Arts, Renmin University of China, Beijing, 100872）

Abstract：The ancient Chinese-Japanese dictionaries retained many precious Chinese classics in the form of quotations. These quotations are gradually becoming an important reference material for the study of Chinese characters and for reading and compilation of ancient Chinese classics. However, the quotations of these dictionaries are complicated, and most of them do not completely preserve the appearance of the original book. For example, the most representative of the quotations in ancient Chinese-Japanese dictionaries is "*Wamyō ruiju shō*", which quotations can be divided into seven modes：1）same as the original book；2）excerpt from the original book；3）popular saying of original text；4）retelling of the original text；5）the quotation has a version difference with the original text；6）the quotation is not seen in today's version；7）quotations of lost book. Analyzed the reasons for different quotation patterns.

Keywords：Ancient Chinese-Japanese dictionaries；quotation pattern；"*Wamyō ruiju shō*"

早期中国、古埃及及古中美洲最初的计时法

〔俄〕阿列霞

【摘　要】本文对三大早期文明（早期中国、古埃及及古中美洲）记时符号的形体构成与社会功能进行分析与比较，介绍国内外学者就此资料提出的看法，并在比较的基础上，考察记时符号与其他早期文字符号之间的关系，同时略谈有关时间表现的原始思想观念。

【关键词】文字起源；记时符号；记数符号；王名符号；比较研究

【作者简介】阿列霞，女，复旦大学出土文献与古文字研究中心博士生，研究方向为古文字学。（上海　200433）

在本文比较的三大早期文明已知的早期文字资料里面，都发现有记时符号，这表明文字用来计算和记录时间的功能在文字形成与发展的初始阶段很受重视。目前有学者认为，计算和记录时间的需要很可能推进了文字的发明。① 本文就此做进一步讨论。

各种早期文明上层阶级设计历法的目的主要是确保社会秩序（social order），并将其与宇宙秩序（cosmic order）联系在一起。加拿大人类学家 Bruce Trigger 的比较研究结论显示，早期文明的宇宙观普遍不区分社会、自然和超自然领域。② 社会秩序和人类行为的模式都被认为是超自然力量规定的，而早期文明统治者的目的就是维持这种模式。③ 在这一模式中，统治者宣称神授权威。因时间也是由超自然力量保护和控制的，极其关注王朝延续的王室贵族通过与超自然界（即神祇和人类祖先的灵魂）相互沟通，希望改变未来可能发生的能影响王朝命运的各种事件。Trigger 教授的这一结论就是本文研究的出发点。

本文对古人最早选择用什么方式来记录基本时间单位进行考察，并揭示出时间理念如何体现在字形和用法上。主要是想说明，在文字产生的时代，无法形成单纯的天文学和数学上的时间概念，对自然世界周期的观察都"存在于科学和魔法不分的框架中"。④

一　古埃及

古埃及的最初记时法可以追溯到第一王朝时期，即大约从公元前 3100 年至公元前 2900 年。相

---

① 〔美〕Pankenier, David William（班大为），2015. *Astrology and Cosmology in Early China：Conforming Earth to Heaven*. Cambridge University Press, pp. 149 – 150, 155 – 156, 171 – 172.

② 〔加〕崔格尔·布鲁斯（BruceG. Trigger）：《理解早期文明：比较研究》，徐坚译，北京大学出版社，2014，第 294～295 页。

③ 〔加〕崔格尔·布鲁斯（BruceG. Trigger）：《理解早期文明：比较研究》，徐坚译，第 439～441 页。

④ 〔加〕崔格尔·布鲁斯（BruceG. Trigger）：《理解早期文明：比较研究》，徐坚译，第 440 页。

关证据出自上埃及阿拜多斯（Abydos）以及更远的北方王室贵族墓地，如萨卡拉（Saqqara）墓地。第一王朝王族葬礼广泛使用活人牺牲和大量随葬品，其中陶罐和用于盛放物品的木箱子带有象牙、骨质或木质标签。这些标签所记录的内容，除珍贵随葬品的名称、数量与产地之外，还包括生产物品的具体年份，因此学术界称其为"纪年标签"（year-labels）。

在社会功能上，这类标签似乎是很实用的东西，即它们登记配送物品的时间和其他信息，但标签显示的纪年方式在一般的行政记载中是很不方便使用的。作为王族葬礼仪式的一部分，标签主要展示王室贵族特权。David Silverman 先生认为，在古埃及人心目中，这些标签供墓主人在另一个世界使用。[①]

标签上看不到完整的句子，标签通过对空间进行划分的形式来传达信息。年份名称本身需要十分复杂的表现方式，并不是通过文字直接传达的，而是通过一系列图像与文字组合而成的场景来表示的。英国 David Wengrow 教授在谈到"时间"（time）与"王权"（kingship）这两个概念之间的相互关系时指出，在第一王朝时期，"时间是根据历史上的某位君王之行为计算而划分的。'君王行为'主要包括如下大事：家畜普查、仪式用船的完工、征服外敌、制造神庙中专用的塑像和其他崇拜物；喜庆的场面或游行队伍也是较为常见的"[②]，刻在纪年标签上的这些重大事件不是真正的历史记述，而是礼仪性的场景（ceremonial performances），场景所描绘的反映出理想的君王行为模式。

Wengrow 教授在《古埃及文字的发明》一文中介绍了登（Den）王时期比较完整的标签，以下在此基础上说明埃及最初纪年法的几个主要特征。[③] 图1中的这一乌木标签出土于阿拜多斯登王墓葬，其所属的年代在公元前2950年。标签正面左下方的一列字符所记录的是标签所附物品的名称，即产自 Tjehenu 地区（在今利比亚境内）的质量上乘的橄榄油，以及其特定数量。标签左方刻文的主体包含代表榨取橄榄油的工场的一个符号。在其右边是登王名框（所谓的"serekh"），代表太阳神的何露斯神鹰（Horus）书写于王名框之上，以及一位高级官员的名字（Hemaka）与头衔。

标签右侧最上面的栏线区域内绘有一个复杂的场景，所描绘的是一个仪式。年份专名就是通过这个仪式而表示的。在图像中，国王的身体，或他身体的代表物，周围环绕着意味着国王政治统治范围的标记。这个场景的核心信息应是"王权赋予土地生命"。这幅图像文字右侧附加一个钩状符号"𐦂"，表示区域内的这些图像与文字符号一同构成了一个年份的专名。Henry George Fischer 教授指出："从登（Den）统治时期到第一王朝结束，表示'年'的字符被放在这类标签的右侧。"[④] 他又说："可惜这种标签似乎在第一王朝之后不再使用了。"[⑤]

尽管第一王朝之后纪年标签不再出现，Wengrow 教授认为，古埃及编年史的传统正是来源于纪

① 〔美〕David P. Silverman, 2011. *Text and Image and the Origin of Writing in Ancient Egypt*, in *Dawn of Egyptian Art* by Diana Craig Patch. The Metropolitan Museum of Art, New York. Yale University Press, New Haven and London, p. 206.

② 〔英〕David Wengrow, 2006. *The Archaeology of Early Egypt：Social Transformations in North-East Africa*, 10,000 to 2650 BC. Cambridge University Press, p. 128.

③ 〔英〕David Wengrow, 2011. *The Invention of Writing in Egypt*, in *Before the Pyramids：The Origins of Egyptian Civilization*, Emily Teeter (ed.). Oriental Institute Museum Publications 33. The Oriental Institute of the University of Chicago, pp. 101–103.

④ 〔美〕弗斯科尔（Henry George Fischer）：《埃及文字的起源》，陈永生译，《广义文字研究》（黄亚平、白瑞斯、王霄冰主编），齐鲁书社，2009，第129页。

⑤ 〔美〕弗斯科尔（Henry George Fischer）：《埃及文字的起源》，陈永生译，《广义文字研究》（黄亚平、白瑞斯、王霄冰主编），第130页。

年标签上的这种年份的命名方式，即根据王室的特定活动来命名的方式。这类年份专名的汇编出现在稍晚的古王国时期（公元前 2685 年至前 2100 年）的记载中，如第五王朝的巴勒莫石碑（Palermo Stone）。①

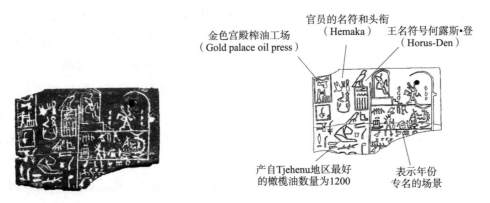

金色宫殿榨油工场
（Gold palace oil press）

官员的名符和头衔
（Hemaka）

王名符号何露斯•登
（Horus-Den）

产自Tjehenu地区最好
的橄榄油数量为1200

表示年份
专名的场景

图 1 古埃及第一王朝登（*Den*）王统治时期的乌木标签（直径约 8 厘米）；其所属的年代
在公元前 2950 年；出土于古埃及阿拜多斯（*Abydos*）登王墓葬中。②

二 古中美洲

中美洲记时法的起源很古老，谁也不知道何时就已经出现了，但无疑不限于玛雅文化圈。根据考古学家 Alfonso Caso 从 1928 年起提出的研究假设，居住于墨西哥南部瓦哈卡谷地的萨婆特克人（*Zapotecs*）早就拥有后来流行于全中美洲的计时模式（calendrical model）。此模式是由圣年历（sacred count）和 365 天的太阳历（solar count）这两个计时法结合而成的，学术界称为 "Calendar Round"。圣年历的一个周期包括 260 个时间单位，是由 20 个纪日符号（day name glyphs）和 "1" 至 "13" 的数字轮番搭配而成的。③ 然而，这种模式的具体表现形式在各地互不相同。古中美洲各民族文化的记录系统，在继续吸收计时传统的基础上，创造了自己的符号以及表示年份的方法。与时间单位符号相配的数符是该模式最稳定的部分，就是因为古中美洲普遍使用同一种记数法。这种最初的记数法用两个很简单的几何形符号，即用圆点代表 "1"，用横条代表 "5"。

从前古典时期的中期阶段，即大约从公元前 500 年起，萨婆特克人已使用较为成熟的文字系统。早期文字记载至今还没得到可靠的释读，但记载一般很简短，而开头的总是日历文字，这类文字符号就是意义最明确的部分。目前最完整的相关学术著作是 2001 年美国文字学家 Javier Urcid Serrano 发表的《萨婆特克文字》。④ 下面从 Javier Urcid Serrano 专著中取几个例子，以便具体说明萨婆特克人最早选择用什么方式来记录时间周期的最基本的单位，即 "日"。

① 〔英〕David Wengrow, 2006. *The Archaeology of Early Egypt: Social Transformations in North-East Africa*, 10, 000 *to* 2650 *BC*, pp. 131 - 133.

② 图片来源：http://www. ancientegyptonline. co. uk/den. html. 线描图来源：〔英〕David Wengrow, 2011. *The Invention of Writing in Egypt*, p. 101, Figure 11. 1.

③ 〔美〕Coe, Michael D. , and Stephen Houston, 2015. *The Maya* (9th edition). Thames and Hudson, pp. 63 - 65

④ 〔美〕Javier Urcid Serrano, 2001. *Zapotec Hieroglyphic Writing.* Studies in Pre-Columbian Art and Archaeology, No. 34. Dumbarton Oaks, Trustees for Harvard University, Washington, D. C.

　　萨婆特克人主要用象形纪日。这种纪日方式基于古中美洲各地共同的宗教信仰观念。古中美洲人相信，自然世界是被诸神驱动的，他们的生活空间与时间，作为自然世界的一部分，也是被神祇维护和控制的。每一时间单位都是与这些维持时间运转的神祇密切相关的。对于文字符号来说，记录时间单位要用具体的视觉形体来体现。无形的神祇一般表现为各种自然力量，可以化身为动物和植物，也可以呈现为人类的形态。时间单位符号中，植物、动物和人物的形象是常见的。这些具体的图像借助象征、隐喻、暗示等手法代表神祇及与其相连的自然力量（如雨水、风暴和闪电）。

　　用于纪日的文字符号与图像表现系统（iconography）之间在表达形式上存在密不可分的联系。纪日符号形体所像之形与其意义就是从图像表现系统中得到线索的。纪日符号之中，人面形的符号带有最强烈的图画意味，大部分都有相对应的雕塑形式。

图2　（A）古中美洲早期萨婆特克人（Zapotecs）用来记录第4个日名符号的异体（glyphic variants），以戴蛇形面具的人头为形体；（B）与该日名符号相对应的人面瓮（effigy urn），出土于墨西哥瓦哈卡蒙特·阿尔班（Monte Albán）遗址104号墓中。[①]

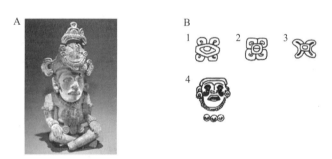

图3　（A）萨婆特克人面瓮，出自墨西哥瓦哈卡蒙特·阿尔班遗址（公元200～300年）；藏于墨西哥国立人类学博物馆。[②]（B）根据Javier Urcid Serrano先生的研究结果，第16个纪日符号的异体，以人眼象形为形体；B－4就是A所显示的三维形式，脸部下面附上由三点组成的数字"3"。[③]

　　数百个人面瓮（effigy urns）被发现在蒙特·阿尔班（Monte Albán）遗址（就是当时祭祀中心）大型墓葬中，往往几个一组按一定规则置于墓主人周围，也有些出土于神庙建筑中。[④] 人面瓮代表自然神祇和祖先神，对王室和上层家族具有保护作用。其中有些陶瓮同时也是纪日符号的三维

---

①　字形来源：〔美〕Javier Urcid Serrano, 2001. *Zapotec Hieroglyphic Writing*，（A）p. 195, Figure 4. 95（4, 6, 20）；（B）p. 196, Figure 4. 97（3）.

②　图片来源：https://www.bridgemaneducation.com, Bridgeman Image No. XBP351812.

③　字形来源：〔美〕Javier Urcid Serrano, 2001. *Zapotec Hieroglyphic Writing*, p. 189, Figure 4. 91（6, 7, 10）；p. 190, Figure 4. 92（3）.

④　〔美〕Coe, Michael D., and Rex Koontz, 2013. *Mexico: From the Olmecs to the Aztecs*（7th edition）. Thames and Hudson, pp. 132－134.

形式。举个例子来说，图2B所显示的是出土于蒙特·阿尔班104号墓中的人面瓮。Javier Urcid Serrano先生指出，其面部特征明显与图2A中的纪日符号相似，所描画的是束发的戴蛇形面具的人头，[1] 从这种人面像所带的人和动物的特征来看，应是代表具有变化形体能力的人（nahual）。

根据Javier Urcid Serrano的考释结果，图3B中的字形是标准的人眼象形，有些人面瓮眼部呈现出相似的卷形纹，而图3A中的人形雕像的面具就可以直接定为这一符号的三维形式（图3B－4）。[2]

纪日符号都需要和数字结合在一起，两者之间结构和意义上的关系非常紧密，因此学术界称之为"glyphic compound"，可以翻译成"合成字"。如图3A中，脸部下面由三点组成的装饰就代表数字"3"。

这种合成字，除了记时之外，还可以用作人名符号（name glyph）。根据Javier Urcid Serrano的结论，大部分流传至今的纪日符号的例证实际上是与历史人物相连的日名（calendrical names），其中大多为王室贵族的名符。[3] 有些很可能是神祇的日名。日名在王室祖先崇拜和丧礼中具有关键性的作用。

纪日符号的这一用法以及上述的三维表现形式表明，时间概念在瓦哈卡地区被赋予特殊的内涵，将死后世界、王族祖先、王位继承等观念联系在一起。

三　早期中国

殷商时代，记录时间的基本单位是"日"，其表现方式较为复杂。殷人对白天和黑夜的时间进行了很细密的划分。根据李宗焜先生的分析，甲骨卜辞中共有36个专门的"时称"。李先生指出："有些时称，我们连它们所指的时间的大致范围弄不清楚，有些甚至连一点推断的线索也没有。"[4]

甲骨文字中，"日"作为"整日"的时间概念是由天干与地支表达的。董作宾先生早就说明，一个干支单位可以代表一个完整的白昼，也可以代表一个完整的黑夜。在殷人福祸观念中，干支之"日"具有"嘉"（即能带来好运）或"不嘉"的性质，因此在当时占卜和礼仪文化中其意义十分重大，在文字中的使用频率很高。

干支纪日法应早于时称，呈现出商代历日的原貌。商代晚期，干支已整合为一种完整的时间循环系统：十天干与十二地支相配构成60个时间单位的循环。尽管甲骨文字中保存有不少以天干或地支一字纪日的辞例，[5] 但有一个考古发现表明，干支在早于安阳殷墟的刻辞中已互补使用。这就是1953年在郑州市二里岗西北部的考古发掘工地上采集到的一片牛肋骨，其表面刻有干支日期，即"乙丑"。[6]

从构形上来看，个别干支符号的历史很悠久。裘锡圭先生曾说过，一部分天干字跟新石器时代

---

① 〔美〕Javier Urcid Serrano, 2001. *Zapotec Hieroglyphic Writing*, pp. 190－192.

② 〔美〕Javier Urcid Serrano, 2001. *Zapotec Hieroglyphic Writing*, p. 184.

③ 〔美〕Javier Urcid Serrano, 2001. *Zapotec Hieroglyphic Writing*, pp. 423－424, 436, 440.

④ 李宗焜：《卜辞所见一日内时称考》，《中国文字》新十八期，台北艺文印书馆，1994，第173～208页。关于夜间时段名称，参见黄天树《殷墟甲骨文所见夜间时称考》，《黄天树古文字论集》，学苑出版社，2006，第178～193页。

⑤ 常玉芝：《殷商历法研究》，吉林文史出版社，1998，第89～95页。

⑥ 李学勤：《郑州二里岗字骨的研究》，《中国古代文明研究》，华东师范大学出版社，2004，第12～15页。

文化陶器上的刻画符号很相似，很可能与基本数字同样是从这些原始社会的陶符吸取过来的。[1] 例如，"十"（甲）、"）"（乙）、"己"（己）、"工"（壬）、"※"（癸）等形体很简单，[2] 在不同时期的或同时期而不同类的卜辞中无别，其本来的意义无法解释清楚，就是因为它们从文字产生之前的记号而得形，原来就没有任何象形基础。

除了构形不明的"下"（亥），其他地支字形和部分天干字形原来是某种实物的象形。比如，"酉"（酉）象酒尊之形，"申"（申）象闪电之形，"戊"（戊）和"戌"（戌）象两种斧钺类兵器。[3]

干支符号的来源不一致，它们代表日的次序是如何选定的，尚不清楚。刘钊教授特别强调，在甲骨文中，天干地支字都只是记音符号，其字形与字义没有任何关系。[4]

根据学术界流行的看法，干支符号系统原来就是为了计算和记录日数而设计出来的，而其他功能是后来才出现的。实际情况是否如此，难以确认。但不可忽视的是，商代晚期的纪日制度围绕祖先崇拜而展开。

殷人将十天干符号用作王族宗庙谥号。殷墟甲骨卜辞中较为常见的王室祖先称呼为"祖某""妣某""父某""母某"等，在这种命名格式中，第一个字一般表示亲属，第二个字就是天干之一，如"祖丁""父甲""母辛"等。学术界早就用卜辞资料编制按即位顺序排列的商王名表。

关于商代先王和先妣的日名谥号究竟是如何选定的，学术界仍存在着彼此矛盾的说法，其中主要有以生日为名、以死日为名和以葬日为名三个说法。李学勤教授早就发现，甲骨文资料保存有占卜选择日名的辞例，李教授以此为证提出，日名还是死后选定的。[5] 最近郭静云女士对日名问题的论辩进行整理，根据她的观点，李教授的这一说法有一点需要说明："巫师在占卜前已经过某种推测，先提出几个最吉祥的日名谥号，而后才行占卜，灵验顺吉则定，灵验不吉则再作选择。"[6] 值得注意的是，根据过去学者的统计，商人日名制，十干日名出现次数并不均等，偶数干字（乙、丁、己、辛、癸）最常用作日名。[7] 但这几个"吉祥的日名"是如何挑选的，很可能没有唯一的标准。

值得注意的是，殷商文明中存在以十日为一旬的时间概念。这一纪日方法很特别，不见于其他早期文明。根据学术界普遍存在的假设，殷人特有的十日概念与后世神话中的十个日球应有一定的联系，十个天干符号很可能就是十个日球的名称，原来单独用于纪日。

美国汉学家 David Keightley 早就说，祖先神是通过日名与十个日球关联的。[8] 郭静云女士同样认为，日名谥号具有宗教信仰的深层含义：殷人对日的崇拜包含死者再生的信仰，因此十日名（即

① 裘锡圭：《汉字形成问题的初步探索》，《裘锡圭学术文集·语言文字与古文献卷》（第四卷），复旦大学出版社，2012，第29页。

② 字形来源：刘钊主编《新甲骨文编》[（增订本），福建人民出版社，2014]："甲"合474；"乙"合9682；"己"合549；"壬"合17055正；"癸"合16939正（以宾组卜辞为例）。

③ 字形来源：刘钊主编《新甲骨文编》（增订本）："亥"合522正（宾组）；"酉"合19866（自组）；"申"合20139（自组）；"戊"合6572（宾组）；"戌"合18880（宾组）。

④ 刘钊：《古文字构形学》，福建人民出版社，2011，第231页。

⑤ 李学勤：《评陈梦家殷虚卜辞综述》，《考古学报》1957年第3期，第119～129页。

⑥ 郭静云：《殷商王族祭日与祖妣日名索隐》，《甲骨文与殷商史》新2辑，上海古籍出版社，2011，第54页。

⑦ 朱凤瀚：《金文日名统计与商代晚期商人日名制》，《中原文物》1990年第3期，第72～77页。

⑧ 〔美〕David N. Keightley，（吉德炜），2000. The Ancestral Landscape: Time, Space, and Community in Late Shang China, ca. 1200 – 1045 B. C. Berkeley: Institute of East Asian Studies, University of California. China Research Monograph 53, pp. 25 – 26.

神话中的十个日球的名称）在丧礼中具有关键性的作用，成为代表死者的日名，也成为祭祀他的日干。郭静云女士又进一步认为，殷人卜选祖先日名，是选择死者升天的日期，这样他们在祭祀祖先的同时，也会祭祀"与死者一起升天的十日之一"。①

目前至少可以肯定，祖先的日干名与对这位祖先祭祀之日相同。常玉芝女士发现了殷墟甲骨卜辞往往用先王和先妣的日名来纪日。她在《殷商历法研究》一书中说明，"某王日"这一纪日格式在早期的宾组卜辞中已用来代替干支日期。②此外，根据常玉芝女士的考察，在黄祖卜辞的时代，按周祭祭祀记录日期的方式很流行。③这种纪日方式是与干支日期同时并用的：殷人在干支日后可以记录受祭的祖先名，也可以记录祀典名说明当日是举行哪一种祀典的日子。④

总之，殷商文明中，计日和纪日的方式体现出殷人与祖先神生活在同一个时间中。"日"被理解为"祭祀某位祖先的日子"，每一个时间周期被定为以先王的祭祀次序表示的祭祀周期，而祭祀用语（即祖先的日名或祀典名）被用作记时用语。因受祭的祖先及相关祀典不断增多，到了商王朝末期，对祖先的祭祀全部需要一个完整的太阳年周期。

David Keightley 教授谈到殷商时间概念时指出，与祖先崇拜相连的干支记时法比较复杂，需要专门知识，不会在农民生活中起到非常实际的作用，只有社会上层阶级才会使用。⑤干支周期与社会上层组织的模式密切关联。实际上，历法是规范和保持社会与礼制秩序的主要工具之一。在商代上层贵族的时间观念中，他们在死后世界的生活时间同样与干支周期相连。⑥

四　结论

尽管时间单位在三个早期文字系统中的具体表现形式没有相似之处，但时间单位符号的用法表明，这些符号并不是单纯的记时工具，而是作为当时上层阶级记录系统的一部分，能够表达几层文化含义。

我们习惯将时间视为纯粹概念性的东西，但在早期文明普遍存在的观念中，整个物质世界是被神祇力量驱动的，所有存在的都是有生命的，对于时间也是按照这种观念来理解的。早期文明之中，时间具有生命力的观念最突出地体现在古中美洲记时符号的形体和意义上。这种记时符号往往直接画作维持相关时间周期的神祇或其代表物。

早期萨婆特克文字和中国甲骨文字中，记时符号在用法上存在着部分重合，即使用记时符号作为人名。萨婆特克人将人出生这一天的名称用作本人的日名，因此，大部分流传至今的记时符号的例证实际上是记名符号，其中有王室贵族的名符。随葬的陶制雕塑之中，有些是与纪日符号相对应

① 郭静云：《殷商王族祭日与祖妣日名索隐》，《甲骨文与殷商史》新 2 辑，第 69～74 页。
② 常玉芝：《殷商历法研究》，吉林文史出版社，1998，第 95～103 页。
③ 常玉芝：《殷商历法研究》，第 103～115 页。
④ 常玉芝：《殷商历法研究》，第 104、109 页。
⑤ 〔美〕David N. Keightley，（吉德炜），2000. *TheAncestral Landscape：Time，Space，and Community in Late Shang China，ca.* 1200－1045 *B. C.*，p. 39.
⑥ 〔美〕David N. Keightley，（吉德炜），2000. *TheAncestral Landscape：Time，Space，and Community in Late Shang China，ca.* 1200－1045 *B. C.*，pp. 18－19.

的，几个例子可释为先王日名的三维形式。这表明日名作为祖先崇拜的一部分在丧礼中起着特殊的作用。商代社会上层阶级用记时符号记录王室祖先的名符，先王的日名是与对这位祖先祭祀之日密切相关的。一个完整的时间周期就是经过商王与王室贵族的相关祭祀活动计算和控制的。

古埃及文明最初就开始通过王室的象征性行为来解释时间。古埃及纪年方法十分复杂，即通过图像直接描绘国王的行为，并与国王名符搭配在一起。这类象征性场景的主题是战事或者仪式活动，这凸显君王职责主要包括维护古国边界和内部秩序，以及维护与神祇的关系。

早期中国、古埃及及古中美洲萨婆特克，在建构时间概念时以"君王"作为其核心。记时符号在表现形式或用法上将"时间"与"王权"不同程度地联系在一起。时间轮转体现在王权继承上，而君王，无论在世与否，被视为王国活力、社会秩序和繁荣的表现。

Linking Rulers to Time Cycles: Earliest Calendrical Notation in China, Ancient Egypt, and Mesoamerica

Olesia Volkova

(Center for Research on Chinese Excavated Classics and Paleography, Fudan University, Shanghai 200433, China)

Abstract: It has long been believed that calendrical signs constitute the most archaic layer of the Chinese writing system, as well as of several Mesoamerican scripts. Moreover, it has been proposed that calendrical notation preceded other forms of record-keeping and may provide a clue to the origins of writing, which remain a mystery in both areas of the ancient world. Yet, the comparative evidence does not support this hypothesis. Rather, earliest known calendrical signs are bound with numerals and onomastic signs, forming part of elite recording systems and iconography. This paper points out that, although the inventors of calendrical notation in Egypt, China, and Mesoamerica used diverse representational techniques, the link between concepts of time and kingship seems essential in each case. It will be illustrated and clarified through comparison that calendrical signs were not simply astronomical or counting device, but rather special-purpose signs intimately related to a royal persona, royal acts and the schedule of rituals that often allowed them to serve as royal appellations.

Key words: origins of writing; calendrical signs; numerical signs; royal names; cross-cultural comparison

战国文字研究的一座里程碑

——评《出土战国文献字词集释》

赵平安　王挺斌

【作者简介】赵平安，清华大学出土文献研究与保护中心教授，主要研究古文字学与先秦史；王挺斌，浙江师范大学人文学院讲师，主要研究古文字学与训诂学。（北京　100084；浙江　金华　321004）

王国维先生曾说："古来新学问起，大都由于新发见。"二十世纪七十年代以来，战国文字资料不断涌现。这极大地激活了战国文字研究，并使战国文字研究成为当下古文字研究的热点。

从材料上看，战国文字种类繁多，主要门类有竹简、铜器、玺印、货币、陶器、玉石、帛书等。较之殷商西周文字，战国文字可谓五花八门；并且，每一种材料在数量上又成千上万。我们甚至可以夸张地说，战国文字已经"洋洋大观"。从内容上分，战国文字丰富多样，已经涵盖了史学、哲学、文学等诸多学科文献门类。为此，不同学科、不同领域的学者非常积极地投身到这波研究热潮中，研究成果日新月异、层出不穷。

然而美则美矣，未尽善焉。战国文字材料的多元化与内容的多样性的背后，也存在一些问题。战国文字种类繁多、数量巨大，但往往散见于一些发掘报告、整理辑刊中，不方便集中性地进行检索利用；而研究论著也有分散性特点，古文字学者往往难以穷尽搜集，很多优秀的研究成果庶几湮灭。很显然，这种情况对其他相关学科的学者也极为不利。因此，学术界亟须有一部基础性、集大成、高水准的工具书以改变这一现状。千呼万唤始出来，中山大学曾宪通、陈伟武两位教授及其团队终于在 2019 年 3 月推出了《出土战国文献字词集释》（以下简称为"《集释》"），嘉惠学林，其功至伟！

一　体例谨严，字词并重

《集释》正文十五卷，分十七册，其中第二卷与第十卷各分上、下册。前十四卷按照《说文》顺序编排；第十五卷为"待问编"，集录战国文献中的疑难字。另附索引一卷，共一册，分笔画索引和音序索引两种形式。凡十六卷十八册，字数已达千万，堪称鸿篇巨制。

《集释》在每一字头下首先罗列具有代表性的战国文字字形，按照异体分行排列，次以各家对该字的字形考释，详记出处。然后收录战国文献词语，以语文性词语为主，以史学、哲学等学科专业词语为辅，最后仍次以各家对该词的词义训释，详记出处。无论是字形考释还是词义训释，若是出现聚讼难解的情况，《集释》往往系以按语。总体上看，《集释》每个字头下的主体框架为：

　　　　字形——〇引说——△按语
　　　　词语——〇引说——△按语

在字形方面，《集释》所选的字形注重其代表性，并以异体分行的方式进行编排，这就既突出了字形的典型性，又兼顾了字形的差异性。值得一提的是，《集释》在字形图版的选取上较为审慎细心。比如，在已有研究的基础上，卷十一"濩"下所录夕阳坡竹简字形即选用了日本每日新闻社、每日书道会《古代中国の文字と至宝》中的高清图版。

古文字研究以汉字为本位，穷究汉字的源流，所以每一个汉字的历史都应该得到尊重。但字难自名，要人来解读。汉字的破译过程和汉字本身的历史在一定程度上是同等重要的，而且密不可分。比如，张政烺先生所考释的中山王器里的"替"，字形从二立，一上一下，以会废替、替代之意。最开始，该字被误认为是"竝"；张政烺先生释"替"之后，仍然有部分学者不予认同；后来，吴振武先生专门写了补证文章，对此问题做了彻底清理，学术界逐渐统一了认识。而到了楚简中，"替"的考释又是一波三折。上博简《周易》44中的"替"，整理者误认作"普"；但由于有今本对读，研究者们逐渐意识到"普"当改释为"替"。早期写法的"替"在楚简中已经讹变同"竝"，下部又累增"甘"一类形体进行繁化。《集释》辑录诸家学说，既观照汉字本身，又尊重诸家的研究成果，是古文字研究的题中之义。

《集释》"字词并重"的做法较之以往是有创新之处的。同为集释类的大型工具书，《甲骨文字诂林》《金文诂林》与《古文字诂林》仅注重诸家对"字"的考释，并未突出"词"的重要性。近年所出的《甲骨文字诂林补编》一仍旧贯，虽然在内容上收录了不少甲骨文疑难词的考释论著，但尚未列出词条并引说按断。《战国古文字典》与《上博楚简文字声系（一～八）》已经开始重视战国文献词义训释问题，但也没有列出相关词条。古文字研究中最大的工具书种类是文字编，而文字编的主要任务是收录字形，并不在意词语。因此，《集释》既吸取了文字编的优势——收录字形，做了大量的集释工作，在很大程度上已经反映了战国文字考释的历史与现状，并且还高度观照"词"的重要性，充分重视了战国文献词义训释问题。此诚可谓"杂采众长"，是值得肯定的。

"字词并重"不仅对古文字研究大有好处，对其他领域的研究也颇有价值。新词新义是汉语史研究的一大焦点，以往对秦汉及其以后的新词新义整理研究较多。《集释》收录了几千个战国词语，其中有不少是未见于传世古书的，比如"元用""上白""玉页""芒社""芳粮""里典""埜斋""田戈""车大夫""罕士""罕丞""乙星""蒿丘""甲少""蒌荅""右彤旆""朱四单"等。古文字学者都清楚，"页"的本义即头首，作为意符时"页""首"往往可以替换通用，但这个本义实际应用的语料在传世文献中甚为稀少，《汉语大词典》所录书证已晚至北周卫元嵩之《元包经·太阴》；《集释》卷九"页"下引何琳仪之说，指出战国文字"页"可用作姓氏之"首"，按语中又引说以揭示新蔡简乙四98"俛页"与上博简《竞公疟》2"举页"之"页"皆训为"首"，如此则将"页"之本义书证大大提前。有些词语属于历史学中的职官、地理，所以《集释》对职官制度、历史地理的研究应该不无裨益。

二　内容翔实，按断精审

《集释》首先立足于学术史的角度，对战国文字研究做了一次大规模梳理。字、词之后所录前贤时修之说，往往少则两三家，多则八九家；关键之处，甚至有数十家之说；重要文章则大幅摘录。其后又详细列出出处，为研究者提供了极大的便利。

但作为一部大型的集释性工具书，《集释》并非仅仅是在做简单的资料整合工作，其精彩之处其实在按语部分。《集释》所收战国文献字词考释成果截至 2007 年底，2008 年及其以后的考释成果体现在按语中。所以，按语具有一定的开放性与延伸性。与现在有些"集而不释""一按便错"的集释集解类著作不同，《集释》中体现了不少编著者自己的学术新见，可说融资料性与学术性于一体。

比如，卷一"芌"下指出战国文字中"芌""菰"字义用例与《说文》所记正好相反，卷一"藏"下指出"藏"的本义未必是藏匿，卷二"右"下指出《殷周金文集成》11908 右下一字可能是"内"字，卷三"敏"下指出从力之"敏"乃言力之敏而从心之"敏"乃言心之敏，卷五"笄"下指出天星观竹简"笄"当读为"膉/旆"，卷六"橘"下指出"橘官"当为掌管橘柚之官，卷六"某"下指出"某"所从之"甘"实从"口"形加点或横画演变而来，卷七"最"下指出"最""冣"本为一字，卷八"僻"下指出包山简"僻脩"当读作"蟗蛸"，卷十二"床"下指出"床"为"户"增加意符"木"而成以及陈胎戈铭文"陈胎之右床"之"床"乃门户之义，卷十二"氏"下指出"氏"本取象于人体向下俯抵及地之态，卷十三"絭"下指出《古玺汇编》3827 之旧释为"縢"之字当改释为"絭"，等等。

不过，《集释》按语并不总是好立新说。实际上，其中很多地方都出现了"不能确定""疑不能定""待考""有待研究"等字眼，甚至没有任何按语。即便提出新见，也往往冠以"疑"字。这些足以说明，《集释》的编著者所持的态度是十分审慎的。许慎在写作《说文》时，也往往著以"阙"字，《集释》秉承着这种阙疑精神是很可贵的。

三　白圭微玷，瑕不掩瑜

具备这些优点的《集释》无疑将迅速推动古文字学的发展，对其他古代文史学科也饶有意义。但平心而论，《集释》仍有个别地方需要改进完善。

其一，缺少辞例。何琳仪先生在《战国古文字典·序言》中指出："分类字书或有附辞例兼释字义、词义者，然而综合字书由于体例的限定则无此优长。"为此，《战国古文字典》则在字形之后，专门附上辞例。其后《包山楚墓文字全编》《新见金文字编》《上博楚简文字声系（一～八）》等都有这种"随文辞例"的形式。既然《集释》讲究"字词并重"，那么在字形之后引出辞例也许更加完满。辞例可长可短，长则长句，短则短语。将字词放到具体的语境中去，对研究者来说显然直观便捷。

其二，漏引语料。《集释》虽然观照了"词"，但难免会遗漏一些语料。《集释》"一"下收录了"一元"一词，取自侯马盟书。相关的研究已经引到《礼记·曲礼下》之"一元大武"及旧注"元，头也"。事实上，"一元"还见于新蔡简，即新蔡简乙四 48、零 651，不过后面跟着的中心语是羊一类牲畜，而不是牛。根据侯马盟书、新蔡简与《礼记》可以看出，"元"是一个量词，与一头牛的"头"近似。众所周知，"元"的本义是头。因而"元"作为量词用是正常的。可是目前大型字典辞书并未承认"元"量词用法，究其原因，应是辞例不足。"例不十，法不立"，辞例总归越多越好。新蔡简的"一元"对"元"的量词用法问题来说，是弥足珍贵的。

四 总结

总体上说，《集释》已经充分反映了当前战国文字研究的学术水准，完全可视为战国文字研究的一座里程碑。《集释》保存了大量的字料、语料、史料，也体现了丰厚的文化传承价值，对开阔我们的传统文化视野也起到了重要作用。希望在不久的将来，中山大学古文字研究团队在《集释》的基础上，推出更全更优的著作及数据库！

汉字传播的历史重构与汉字文化的价值再现

——陆锡兴先生《汉字传播史》（增订版）读后

王世友

【作者简介】王世友，人民教育出版社编审、汉语室资深编辑，研究方向为汉语二语教学研究与教材编写。（北京　100081）

如何看待和对待汉字，如何看待和对待汉字研究，是当下中国语言学能否自省、自觉、自立的关键性标志。汉字和汉字研究，以及类型学意义上的文字学研究，本应是中国语言学的优良传统和对世界语言学的巨大贡献，但清末民初一拥而入的西方语言学如今已经几乎彻底淹没了中国旧有的语言研究，汉字和汉字研究不但沦为语言学研究可有可无的附庸被束之高阁，而且更是被贴上了落后的、非现代的、缺乏起码语言学意识的标签，几成无人问津的冷域。汉语语言学研究正在"集体有意识"地掩蔽、抛弃汉字的自嗨之路上伴随着西方语言学理论的花样翻新尬舞。一些人还在捏着"繁难的方块字是 20 世纪最有趣的时代错误"[1] "口说的语言是第一位的，书写的语言（文字）是第二位的"[2] 的剑诀，置汉字汉语的实际于不顾，认真地苦练着神功。

实际情况是，不少西方的语言学者早就对汉字汉语的实际情况，特别是它们之间的紧密关联——有时甚至几乎达到了"倒置式决定关系"的程度，有着深刻的认识。高本汉先生说："中国人扔掉汉字之日，就是他们放弃自己的文化基础之时。"[3] 加拿大语言学与人类学学者亨利·罗杰斯认为："几乎可以这样说，现在全球的文字系统要么起源于汉字，要么起源于闪米特文字。"[4] 洪堡特、萨丕尔等学者均认识到并不断指出汉字汉语在语言学、人类学、文化学、社会学等不同层面上的独特性关联。

好在，与语言学界的置若罔闻不同，汉字学界的不少学者在承继中国文字学良好研究传统的基础上，奋力在文字类型学、比较文字学、接触文字学、跨文化汉字学和汉字传播学等领域辟出了新壤，捧出了实绩，唱出了新声。其中，陆锡兴先生对汉字传播学的学科建设注力尤勤，成果尤为醒目。

陆先生于 1989 年出版《汉代简牍草字编》，并于 1991 年获第四届王力语言学奖，在传统汉字学研究领域中，可以说成绩斐然。但是，他更倾力于对传统汉字学研究的反思与突破，特别是不局

---

① 倪海曙：《中国拼音文字运动史》，河南人民出版社，2016，第 17 页。

② 〔英〕L. R. 帕默尔：《语言学概论》，李荣、王菊泉等译，商务印书馆，2016，第 118 页。

③ 〔加〕亨利·罗杰斯：《文字系统：语言学的方法》，孙亚楠译，商务印书馆，2016，第 8 页。

④ 〔加〕亨利·罗杰斯：《文字系统：语言学的方法》，孙亚楠译，第 3 页。

限于传统汉字学研究的藩篱，不画地为牢，而是勇于从文字类型学的研究高度和国际比较的学术视野出发来审视汉字的发生和发展，来审度汉字的碰触与传播，从文化交流激荡的宏大背景中寻找汉字的"损伤"与自适应，从而以我为主地探寻并书写出了属于自己的汉字传播史和汉字文化流布史，深度发掘了汉字超越民族边界和国家疆界的文化魅力和文化价值，对汉字传播学的学科建设做出了开创性的探索与贡献。这集中体现在他的专著——《汉字传播史》（增订版）中。该书的突出特点表现在以下几个方面。

一、从文字类型学的研究高度和国际比较的学术视野审视汉字的语言学地位与文化地位。

专著前言第一段开宗明义："亚洲是世界文字演化的大舞台，西亚是西方标音文字的发源地，东亚是东方标意文字的故乡，两种文字交汇、融合，产生出多姿多彩的民族文字。西方的标音文字起源于西亚的苏美尔文字。"[1] 然后这一段再一气呵成，列出了其后由苏美尔文字演化出的 26 种不同文字，勾勒出了它们的来龙去脉。

第二段首先明确"汉字是独立发展起来的一种标意文字"，接着从西、南、北、东北、东五条路线描摹汉字传播的内核、路径、阶段与圈层，指出："非汉藏语系的民族语言，都采用与标意文字不同的标音文字，如朝鲜的谚文、日本的假名、契丹的契丹小字和女真小字。日本假名取法梵文、契丹小字取法粟特回鹘文、谚文取法汉字反切，都是用汉式字形做外壳而标音。……西夏和彝族……都没有走标音文字的道路，而是采用与汉字一致的标意文字体系。……（越南）喃字是在汉字框架内采取方字形式的文字。"[2]

短短两段文字，清楚明白地梳理了世界文字传播演化的基本脉络，厘清了不少令人疑惑或悬而未决的文字传播、替代问题，界定了汉字传播的本体价值和文化价值："汉字传播不同于西方拼音文字的传播……有使用汉字历史的民族，即使自创了民族文字，也不切断与汉字的关系，契丹、西夏都实行汉字、民族文字的双字体制，女真一度实行包括契丹字在内的多字体制。朝鲜、越南在推行民族文字之后，汉字依然是当地的正式文字，社会上层还在使用，许多重要的文件也使用汉字。……汉字扎根在（中原）文化的沃土之中，根基特别牢固……，所以，有汉字使用史的民族与汉民族在文化上的认同感远远超过西方民族。……汉字的传播不仅仅是一个语言文字问题，更是一个历史文化问题。"[3] 这种认识和结论是亨利·罗杰斯等当代西方文字本体论学者在《文字系统：语言学的方法》（*Writing System：Linguistic Approach*） 等著作中忽视忽略的方面。

二、以深厚的文字学、文献学和古代器物学学养全方位勾勒出汉字传播的历史脉络，揭示了文字接触、借用、模仿与创制的复杂关联与多元模态，明确了汉字传播学学科建设的基本问题，奠定了汉字传播学研究的学术地位。

首先，汉字本身并非一成不变的，而是中华先民集体智慧日积月累的文化结晶。维特根斯坦说："哲学的一整片云凝结成了语法的一滴水。"[4] 汉字亦是无数先哲思想之云的凝聚，在此意义上，每个汉字都弥足珍贵。自殷商时代始，汉字就从中原地区不断地向四周传播，与西戎、东夷、

---

[1] 陆锡兴：《汉字传播史》，商务印书馆，2018，前言第 I 页。
[2] 陆锡兴：《汉字传播史》，前言第 II 页。
[3] 陆锡兴：《汉字传播史》，前言第 III 页。
[4] 〔奥〕维特根斯坦：《哲学研究》，李步楼译，商务印书馆，2017，第 340 页。

北狄、南蛮及百越的各种类文字互相碰撞、吸纳、交融，熔铸出汉字与汉字系统的基形，经秦初"书同文"的整理规范，通过中央政权的力量一变而为秦朝广大疆域中的通用文字。东汉许慎则从学理上归纳出了汉字造字、用字及共时平面上分门别类、应用排序等一系列深具非凡智识的汉字学原理和普通文字学理论。"六书理论"和"部首法"使看似杂乱无章的汉字成为一个系统，使汉字学发展成为一门涵及形、音、义并最终支撑经学与史学的关键性显学。陆先生认为，东汉以降，汉字之不变在其实质，在造字用字之法的恒定守一。汉字之一变在形体，真草隶篆宋楷。汉字之二变在族、域。西北出河西走廊，及西域诸国；西南以巴蜀为中心，及彝族、南诏、大理；南向及楚、吴越、闽越、南越、西瓯、骆越、壮族、苗族、瑶族、侗族、傈僳族、水族以及越南；北向及白狄、匈奴、西夏；东北及高句丽、契丹、女真；东及朝鲜、日本、琉球。因此，汉字研究应义不容辞地相当重视汉字的二度传播以及汉字文化圈圈层的渐次养成，并从自近代以来"汉字—儒学文化圈"圈层的逐渐剥蚀中吸取教训，从文字传播学的角度阐述汉字汉语国际传播应有的传播策略与传播智慧，摸清当下中华文化走出去的深层逻辑和特点规律。所以，汉字国际传播没有结束时，只有进行时。

其次，从反向传播的角度审视标音文字对汉字的影响与作用，重视汉字与各种文字的多元接触和碰撞研究。《汉字传播史》（增订版）第二章撇开汉字传播不谈，先谈"西方标音文字东传的影响"：中路佉卢文东传，形成古于阗文、鄯善文；婆罗米文字东播，形成于阗文、焉耆—龟兹文，焉耆—龟兹文传给回鹘，形成婆罗米回鹘文，此后阿拉伯文字东传，形成新回鹘文。北路粟特文字传入，或多或少影响了突厥文字，回鹘文即用做了必要改进的粟特文字拼写回鹘语；回鹘蒙古文字借自回鹘文字，女真人参照蒙古文创制满文。南路梵文从陆路传入西藏，形成藏文，元代蒙古人采用藏文字母创制八思巴蒙古字；婆罗米文字经云南传入傣族地区，催生了傣文。

与标音文字的反向传播相向而行的是汉字在五个路径上的全方位传播。汉字与各种标音文字的多元接触和碰撞，尤以西域最为突出。陆先生认为：西域地处古代中华文明与古代埃及、希腊、印度文明之中间地带，是连接诸文明的桥梁，是世界四大古文明交流汇通的重要场地。丝路文化的多元化，决定了人们交流沟通的语言文字的多样化。汉唐逐步形成汉字为主、兼用胡书的双字制。汉字是汉语的书面工具，是汉民族文化的载体，寄寓了中原民众的好尚，是装饰和美化生活的重要文化因素，因此，不管是从文献学的角度，还是从器物学的角度来看，汉字在西域多元文化的文字碰撞中逐渐居于主导地位。简片、文书、碑铭以及绢、帛、布匹、日用器物之上均流淌着汉字优美精绝的形体；楼兰、且末、尉犁、车师、龟兹、于阗、西羌各地都流布着汉字与中原文化的影响。

所以，汉字传播学要处理的基本问题是：（1）整理汉字传播的路线和时间，弄清汉字传播的地理走向和历史时间；（2）梳理汉字传播的形式和状态，弄清该民族使用汉字的方式和范围；（3）厘清民族文字创制的蓝本，研究汉字在民族文字创制的二元或多元蓝本中的历史层次与作用；（4）分析汉字、汉字文化对民族文化集体心理形成的影响维度与方式，研究"汉字—儒学文化圈"历史圈层形成、消长的规律和特点，努力做到研以致用，促进当下汉字的国际传播力和影响力。

三、与时俱进的大文化传播的研究视角与学术眼光，使研究富于创新，卓见迭出。

2002 年，《汉字传播史》初版的出版，已经很好地奠定了陆先生在汉字传播学学科建设上的学术地位。对许多人来说，完全可以搁笔暂歇，坐享前功。难能可贵的是，陆先生从来没有放弃对汉字传播的思考与研究，从来没有停止对已述领域的继续探索。刚刚由商务印书馆推出的《汉字传播史》（增订版）很好地体现了陆先生"与时俱进，不断创新"的治学态度，比较全面地反映了陆先生在汉字传播和民族文字借用改造等诸多问题上的全新而又富于创见的深入思考。

首先，与初版相比，增订版不是只增不减，而是有增有减，以更好地体现汉字传播学研究的脉络、框架与学术张力，在积极吸纳最新研究成果的同时汰旧布新。第一章"汉字的形成与发展"删去第一节"汉字的形成（一）有关中原文字萌芽的探索（二）多源的中原文字"，更加注重在汉字统一中正字、俗字、方字的研究，为汉字传播研究提供一个统一的起点和范正的内核；而其后各章，以最新的思考和研究成果为基础，重在新增、分解与详述：第二章第二节单列出"藏文在中原的流传、蒙古文在中原的流传、八思巴篆字、满文的篆体制度、圈点满文"；第三章第四节把原来的"南诏、大理使用汉字"分化为"汉字传入夜郎、汉字传入古滇、古滇无文字"；第七章第一节"汉字在朝鲜半岛的传播"单独辟出板块讲解"减字到略字、谚文字母出于古篆、谚文的合字、谚文的产生与推广"等问题，第二节增加"日文的方字"（即日本国字，又称"和制汉字"），论述"会意、形声"等造字法的异域活力。尤为可贵的是，根据新搜集的资料和研究成果，第三章伊始，专门增加了"向西域传播史"，根据西域的出土文物和有关资料，专节讲述了汉字在西域诸国和青海羌地的传播历程，从而使汉字传播史完整无缺，丰富完善了西域诸国文字交流传播的历史状貌，生动还原了丝绸之路上文字文化交往交融的鲜活历史与丰富遗存。

其次，增订版在彝文与汉字、布衣文与汉字的关系上有了新的认识：有些民族文字的创制在历史文献记载上一片空白，这时既要注重从汉字内部的因素去寻找答案，也要勇于跳出就文字论文字的局限，从包括音乐和宗教等在内的大文化传播的视角去发掘事实、发现规律。

陆先生通过对古琴谱减字的研究，发现古琴谱减字居然覆盖了契丹文字、女真文字、朝鲜谚文和日本片假名的创制，是产生新字形的理论依据。因此，乐器两谱——西来的龟兹琵琶谱和中原的古琴谱，分别代表了标音文字和标意文字的精华。不同基础的半字或减字共同创制了诸多民族文字，造就了东亚汉字文明。此外，有些民族文字的创制有意隐瞒改造方法，人为地给民族文字披上神秘的外衣。如西夏文字是"独居一楼上"闭门制造出来的，虽然人们已经泛泛地知道它"类符篆"，而如何创制出来的却成了千古之谜。增订版指出，这里说的"符篆"指的是道教的真文，因此西夏文字采用的是道教的云篆结构，所以西夏文表现出不同于通行汉字的结构和繁复的笔画。

这些创见突破了汉字传播研究仅仅局限于汉字文献传播和俗字比对的窠臼，拓宽了研究思路，深化了研究理论，发掘了汉字传播的内在和外在规律。筚路蓝缕，功不可没。《汉字传播史》（韩文版）的出版，充分显示了该书的国际学术影响力。故此，在喜读《汉字传播史》《汉字民俗史》之外，我们翘首期盼着先生汉字研究新三部曲——《汉字形体史》《汉字演变史》《汉字美术史》早日面世！

《肩水金关汉简字形编》评介

谢 坤

【作者简介】谢坤，江南大学人文学院讲师，研究方向为先秦秦汉出土文献。（江苏　无锡214122）

2018 年 10 月，由江南大学黄艳萍先生、华东师范大学张再兴先生合作编著的《肩水金关汉简字形编》（下文称"字形编"）由学苑出版社出版。① 该书是以 20 世纪 70 年代在肩水金关遗址出土之汉代简牍为字形材料编纂的文字编，全书共收录字头 2202 个，所用清晰字形多达 68811 个。它也是目前第一部正式出版的、整理专门批次西北汉简的文字编。

该书分六册，精装十六开，2600 余页，总字数达 143 余万。从结构上来看，其主体分三大部分：第一部分是凡例与前言，分别介绍了字形编的体例和主要内容；第二部分是该书的主体，包括字形编正编目录、正编、合文、未释字、字频表、参考文献、未收字出处索引、后记等部分。第三部分是供读者检索使用的"部首检字表"和"拼音检字表"。纵览全书，可以发现它在以下几个方面颇具特色。

一　材料集中，重点突出

肩水金关，位于今甘肃省金塔县北部，是汉代张掖郡肩水都尉下辖的一处关卡，也是扼守河西走廊进入居延地区的战略要塞。20 世纪 30 年代以来，肩水金关遗址曾两次经过发掘，均出土了大批汉代简牍。其中，前西北科学考察团在 1930～1931 年对该区域进行过发掘，发现汉代木简一万多枚。1973 年，由甘肃省博物馆等单位组成的甘肃居延考古队，在金关遗址范围内又新获简 11577 枚。前一次发掘的简牍收入《居延新简——甲渠候官与第四燧》，② 已公布出版多年；后一次发掘的千余枚简牍，在历经四十余年后，终于全部整理公布，这就是《肩水金关汉简》。③而且，这批材料保存了大量汉代政治、经济、军事、丝绸之路、民族关系等领域的资料，它们是研究汉代社会历史文化的"活化石"，具有极高的历史文化价值和语言文字研究价值。因此，在该批材料公布后，迅速并广泛地激起了学者的研究热情，相关研究成果不断涌现，《字形编》便在此时应运而生。

---

① 黄艳萍、张再兴：《肩水金关汉简字形编》，学苑出版社，2018。
② 甘肃省文物考古研究所等编《居延新简——甲渠候官与第四燧》，文物出版社，1990。
③ 甘肃简牍保护研究中心等编著《肩水金关汉简（壹）～（伍）》，中西书局，2011、2012、2013、2015、2016。

我们知道，西北汉简批次众多、内容丰富，而目前研究西北汉简字形的成果其实已有不少。王梦欧先生编撰的《汉简文字类编》已收录西北汉简中的部分字形；[①] 其后，陈建贡先生《简牍帛书字典》、[②] 汉语大字典字形组《秦汉魏晋篆隶字形表》、[③] 佐野光一先生《木简字典》、[④] 徐正考先生《汉代文字编》[⑤] 等，也将西北简牍字形作为主要的材料来源收录其中。随着研究深入，西北汉简的书法研究也得到了学者关注，如陆锡兴先生《汉代简牍草字编》、[⑥] 李洪财先生《汉简草字整理与研究》[⑦] 等。另外，整理某一批次西北简的文字，也成为汉简文字研究的重要课题。比如，李瑶先生《居延旧简文字编》、[⑧] 白海燕先生《"居延新简"文字编》[⑨] 与任达先生《肩水金关汉简（壹）文字编》[⑩] 等，是比较典型的代表。

如果将《字形编》和上述论著相比较，比较容易发现《字形编》具有两个明显的特点：其一，研究范围更加集中。前引论著，在整理汉简字形时大多采取兼收居延、敦煌、武威等不同批次简牍的方式，有的甚至还收录有帛书的字形。相比而言，《字形编》在甄选材料时将其限定在肩水金关汉简这一个批次上，显然其范围更加集中，这样也更容易体现该批材料的字形特点。其二，材料更加完整。在《字形编》编撰时，肩水金关汉简已全部整理出版，因此《字形编》也得以利用全部的材料进行字形的整理和选取，这样显然要比分卷的研究成果更加完整。

二　体例严谨，编排科学

《字形编》按照《说文》分部排序，这种编排在各类文字编中比较常见，这样也方便读者使用和比较。具体而言，该书共收录字头 2202 个，合文 13 个，未释字 43 个，所收字头按照大徐本《说文》部首排序，分十四卷。其中，见于《说文》的字头按《说文》分卷、分部及字头顺序排列，《说文》所无者则依其部首归入相应各部，再按笔画由少到多顺序排列，笔画相同者按笔顺排序。在字形的编排上，《字形编》于字条下先列楷书，可与《说文》对应者则列小篆，之后附字头编号。这种编排处理，不仅方便读者检索，也有利于开展不同文字的比较研究。

除此之外，该书还附有《未收字出处索引》，列出了 66800 余个由于字形模糊、残缺等原因未在正编中收录的字形出处简号。此索引与文字编正编一起可以兼具逐字索引的功能，进一步增强了本字形编的功能。当然，作者考虑到篇幅，将《未收字出处索引》以 pdf 格式电子文件形式发布于华东师范大学中国文字研究与应用中心网站上，也是方便读者之举。

---

①　王梦欧：《汉简文字类编》，译文印书馆，1974。
②　陈建贡：《简牍帛书字典》，上海书画出版社，1981。
③　汉语大字典字形组：《秦汉魏晋篆隶字形表》，四川辞书出版社，1985。
④　〔日〕佐野光一：《木简字典》，雄山阁出版，1985。
⑤　徐正考：《汉代文字编》，作家出版社，2016。
⑥　陆锡兴：《汉代简牍草字编》，上海书画出版社，1989。
⑦　李洪财：《汉简草字整理与研究》，博士学位论文，吉林大学，2014。
⑧　李瑶：《居延旧简文字编》，博士学位论文，吉林大学，2014。
⑨　白海燕：《"居延新简"文字编》，博士学位论文，吉林大学，2014。
⑩　任达：《肩水金关汉简（壹）文字编》，硕士学位论文，吉林大学，2014。

肩水汉简内容丰富、字形多样，该书通过按语的形式，对其中的特殊字形、易混字形、与《说文》重文相合等情况分别做出简要说明，方便读者区分和把握，这也是比较好的做法。

三　字形丰富，保真度高

和以往的同类字编相比，该书在字形选取和字形制作方面也有了比较明显的改进。

首先，该书取材范围为全部的肩水金关汉简，其字形选择更加丰富多样。目前，肩水金关汉简所收录的 11100 余枚简牍已全部出版，其总字形数达到 135611 个。在字形选取方面，《字形编》所收录的字头由《肩水金关汉简（壹）文字编》的 1307 个增加到 2258 个（含合文、未释字）。同时，该书总收字量也由《简牍帛书字典》的 47100 个增加到 68811 个，超过了整批简文总字数的一半。

值得一提的是，作者在整理字形时裁断审慎，取舍得当。比如，对隶定不统一者，皆统一为同一个隶定字；将简文中出现的异体字，归入同一个字头；对容易讹混的字加按语说明；等等。这些处理，对于读者查阅和使用是比较方便的。

其次，该书的字形保真度高。早期编纂的简牍字编，如《汉简文字类编》《简牍帛书字典》等，主要采用手工摹写的方式。这种处理方式的优点是可读性较高，但若字形摹写失真，则会影响字编的质量。《字形编》所收录的字形，均来自原整理者的红外线图版，字形保真度高。在具体操作方面，简文中除图画、符号、残泐重字、漫漶不清字外，其他字形皆据简牍原貌切字入编。为方便排版，在保证字形原型长宽比例不变的前提下，对字形大小稍微调整，但并不影响字形的整体性。

《字形编》"后记"中有一段文字，非常形象地记录了作者在选取字形时的谨慎考虑："字编收录了二十世纪七十年代在今甘肃张掖肩水金关遗址出土的汉代简牍文字。由于这批简牍是分批出版，因此字编前期基础工作持续时间较长，从最初的简文录入和拓片扫描工作算起，至今历时六年左右。每卷简文出版后，我们首先将释文录入数据库，建立基础语料库，同时收集阅读各家考释，对照原简审核字形释读，确保释文更加准确。再依据中册的红外线扫描版简文拓片切字，除图画简和残泐不清的文字外，切取字形时只要是清晰可识的字形均从原简切取保留。这样处理的主要原因是：肩水金关汉简书写者众多，书体多样，时代延续较长，字形复杂多变，难以取舍选择，所以本字形编只要是清晰完整的字形基本收录，旨在为学术界提供尽量丰富的字形。"

如今翻阅厚重的《字形编》，可以发现作者的最初筹划和期待，在该书中已很好地实现出来。该书不仅为研究者提供了肩水金关汉简中的丰富字形，同时还很好地保证了字形的质量。

四　现代科技手段的充分利用

在科技迅速发展的今天，简牍文字编的编撰也可以借助最新的科技手段，解决一些技术性的难题。《字形编》在整理和编撰过程中，非常充分而巧妙地借助了计算机技术手段，使得该书更具科学性。具体而言，该书对计算机技术的充分使用至少体现在如下三个方面：

其一，"肩水金关汉简数据库"的建设。《字形编》是一部在数据库基础上完成的文字编，这个数据库便是"肩水金关汉简数据库"。据作者介绍，该数据库建设始于 2012 年（《肩水金关汉简》第一册刚出版），前后历时 6 年。准确而可靠的数据库，是《字形编》众多统计数据真实可信的根本保证。"肩水金关汉简数据库"的建设，是《字形编》利用计算机技术最直接的体现。

其二，各种频率资料的统计数据。《字形编》中提供了完整的频率统计数据，包括该字在肩水金关汉简中使用的总频次、本字形编收录字形数以及未收录字形数。根据作者的"肩水金关汉简数据库"统计，该批材料的总字数为 135611 字（字形 68811 字）。显然，在如此浩繁的资料库中获得上述准确数据，是很难通过人工实现的；而利用计算机技术的数据库和检索工具，无疑会有助于完成上述工作。还值得一提的是，论著所附的"未收字出处索引"部分，由于篇幅原因未能刊出。为了方便读者使用，作者将此部分内容以 pdf 电子文件的形式，发布于华东师范大学中国文字研究与应用中心网站上。这种纸本与电子本相结合的新方式，充分利用了当今互联网络传输文件的优势，可谓方便且实用。

其三，字形编撰过程中细节的处理。《字形编》的编撰包括了简文数字化处理、字头分析、简文扫描、切字、字形拓片处理等许多环节，而其中的每个环节都离不开计算机技术的支持。也就是说，熟练地运用计算机技术对字形进行适当处理，是完成字形编的重要保证。

总之，《字形编》材料丰富、重点突出、编排科学，它的出版意义和价值巨大。该书的出版，不仅及时反映了汉简文字研究的发展轨迹，同时也为学者进一步研究汉简文字、书法提供了一种实用的工具书，相信它的面世肯定会受到学界以及其他各方人士的欢迎。当然，白璧尚有微瑕，《字形编》由于材料丰富、字形复杂、部头宏大等特点，难免有微瑕之处。首先，简牍中部分文字的释读可能存在问题，学者有一些比较好的改释意见，或可以更充分地加以吸收。比如，第 2414 页中的"乍"字（T07：045 "三月午辰亡"），《字形编》按照整理者释读意见将其归于"午"字下。而曹方向先生将此字改释"戉"，并举肩 T9：142 中的"戉"（乍）为例。[①] 其次，字形编中有一些字形的图版存在灰色背景较重的情况。对此，编者或可考虑在处理字形图版时，在不影响文字形体的情况下对字形的亮度、对比度做适当调整，使文字得到更清晰的体现。当然，这些对《字形编》整理的学术价值不会造成实质性影响。我们也坚信，《字形编》作为汉简文字整理研究的一部力作，必将为学术界所重视。

---

① 曹方向：《初读〈肩水金关汉简（壹）〉》，简帛网，2011 年 9 月 16 日（http://www.bsm.org.cn/show_article.php? id = 1549）。

附:《肩水金关汉简字形编》"封面"和"正文"

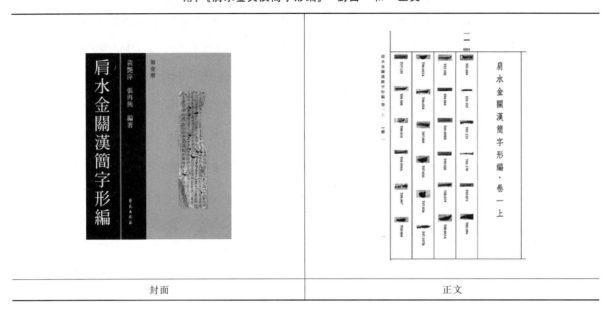

| 封面 | 正文 |

图书在版编目(CIP)数据

中国文字研究. 第三十辑 / 教育部人文社会科学重
点研究基地华东师范大学中国文字研究与应用中心, 华东
师范大学语言文字工作委员会主办. -- 北京:社会科学
文献出版社, 2019.12

ISBN 978 - 7 - 5201 - 5899 - 2

Ⅰ. ①中… Ⅱ. ①教… ②华… Ⅲ. ①汉字 - 文字学
- 文集 Ⅳ. ①H12 - 53

中国版本图书馆 CIP 数据核字(2019)第 288454 号

中国文字研究·第三十辑

主　　办 / 教育部人文社会科学重点研究基地华东师范大学中国文字研究与应用中心
　　　　　华东师范大学语言文字工作委员会

出 版 人 / 谢寿光
责任编辑 / 李建廷
文稿编辑 / 赵子光

出　　版 / 社会科学文献出版社·人文分社 (010) 59367215
　　　　　地址:北京市北三环中路甲 29 号院华龙大厦　邮编:100029
　　　　　网址:www. ssap. com. cn
发　　行 / 市场营销中心 (010) 59367081　59367083
印　　装 / 三河市龙林印务有限公司

规　　格 / 开　本:787mm × 1092mm　1/16
　　　　　印　张:19.75　字　数:504 千字
版　　次 / 2019 年 12 月第 1 版　2019 年 12 月第 1 次印刷
书　　号 / ISBN 978 - 7 - 5201 - 5899 - 2
定　　价 / 98.00 元